U1017437

中国法学会研究会支持计划
最高人民法院审判理论研究会主持

中国法院类案检索与
裁判规则专项研究

公司法上效力性强制性规定识别案件裁判规则

刘俊海　主编

法律出版社
LAW PRESS·CHINA

最高人民法院审判理论研究会
类案同判专项研究首席专家组组长
姜启波

首席专家组成员（以姓氏笔画为序）：
丁文严　王保森　王　锐　王毓莹　牛　凯　代秋影
包献荣　刘俊海　李玉萍　李　明　杨　奕　吴光荣
沈红雨　宋建宝　张勇健　陈　敏　范明志　胡田野
钟　莉　俞秋玮　姜俊禄　唐亚南　曹守晔　韩德强
黎章辉

公司法上效力性强制性规定识别案件裁判规则

主　　编：刘俊海
专 家 组（以姓氏笔画为序）：
刘俊海　张勇健　曹士兵
研究助理：谢肇煌

中国法院类案检索与裁判规则专项研究说明

最高人民法院“五五改革纲要”提出“完善类案和新类型案件强制检索报告工作机制”，周强首席大法官提出法官办案应当进行案件检索。为配合司法体制综合配套改革，落实周强首席大法官的指示要求，循序推进人民法院类案同判工作，中国应用法学研究所组织了最高人民法院审判理论研究会及其下设18个专业委员会的力量，开展中国法院类案检索与裁判规则专项研究，并循序推出类案检索与裁判规则研究成果。

最高人民法院审判理论研究会及其分会的研究力量主要有最高人民法院法官和地方各级人民法院法官、国家法官学院和大专院校专家教授、国家部委与相关行业的专业人士，这些研究力量具有广泛的代表性，构成了专项研究力量的主体。与此同时，为体现法为公器，应当为全社会所认识，并利用优秀的社会专业人士贡献智力力量，专项研究中也有律师、企业法务参加，为专项研究提供经验与智慧，并参与和见证法律适用的过程。以上研究力量按照专业特长组成若干研究团队开展专项研究，坚持同行同专业同平台研究的基本原则。

专项研究团队借助大数据检索平台，形成同类案件大数据报告，为使用者提供同类案件裁判全景；从检索到的海量类案中，挑选可索引的、优秀的例案，为使用者提供法律适用参考，增加裁判信心，提高裁判公信；从例案中提炼出同类案件的裁判规则，分析裁判规则提要，提供给使用者参考。从司法改革追求的目标看，此项工作能够帮助法官从浩如烟海的同类案件中便捷地找到裁判思路清晰、裁判法理透彻的好判决（例案），帮助法官直接参考从这些好判决中提炼、固化的裁判规则。如此，方能帮助法官在繁忙工作中实现类案同判。中国法院类案检索与裁判规则专项研究，致力于统一法律适用，实现法院依法独立行使审判权与法官依法独立行使裁判权的统一。这也正是应用法学研究的应有之义。

专项研究的成果体现为电子数据和出版物（每年视法律适用的发展增减），内容庞大，需要大量优秀专业人力长期投入。有关法院裁判案件与裁判内容检索的人工智能并不复杂，算法也比较简单，关键在于“人工”，在于要组织投入大量优秀的“人工”建设优质的检索内容。专项研究团队中的专家学者将自己宝贵的时间、智力投入到“人工”建设优质内容的工作中，不仅需要为统一我国法律适用、提升裁判公信力作出贡献的情怀，还需要强烈的历史感、责任感，具备科学的体系思维和强大的理性能力。此次专项研究持续得越久，越能向社会传达更加成熟的司法理性，社会也越能感受到蕴含在优质司法中的理性力量。

愿我们砥砺前行。

编写组

二〇一九年五月十六日

目　录

公司法上效力性强制性规定识别案件裁判规则第 1 条：
《公司法》第 16 条第 1 款是效力性强制性规定

〔**规则描述**〕:《公司法》第 16 条第 1 款是效力性强制性规定。公司法定代表人越权对外订立的担保合同无效,除非由公司决议予以追认或善意相对人主张表见代表制度保护。判断公司法定代表人越权对外订立的担保合同的效力应当依据《民法典》第 504 条的规定。公司法创设的债权人审查章程与决议的注意义务深度影响着《民法典》第 504 条的解释与适用。《公司法》第 16 条第 1 款规定了公司为股东和实际控制人以外的人提供担保的内部决策程序,同时也为相对人设定了审查担保公司是否经过了公司章程规定的内部决策程序的义务。已登记章程对法定代表权的限制可对抗债权人。债权人若已尽合理审慎的形式审查义务,即为善意。若相对人明知公司未经过对外担保的内部决策程序,或者因怠于履行审查公司章程及股东会决议或董事会决议的法定义务而不知公司未经过对外担保的内部决策程序,则符合“相对人知道或者应当知道其超越权限”的情形。此时担保合同无效,公司无须承担担保责任。相对人可请求法定代表人履约或赔偿,但与公司无涉。

一、类案检索大数据报告

时间:2020 年 8 月 2 日前;
案例来源:Alpha 案例库;
案例数量:114 件;
数据采集时间:2020 年 8 月 2 日。

本次检索获取 2020 年 8 月 2 日前共 114 篇裁判文书,整体情况如图 1 – 1 所示,认定《公司法》第 16 条第 1 款是效力性强制性规定的案件 16 件,占比为 14%;认定《公司法》第 16 条第 1 款是管理性强制性规定的案件 91 件,占比为 80%;在该问题上无明确结论的案件 7 件,占比为 6%。

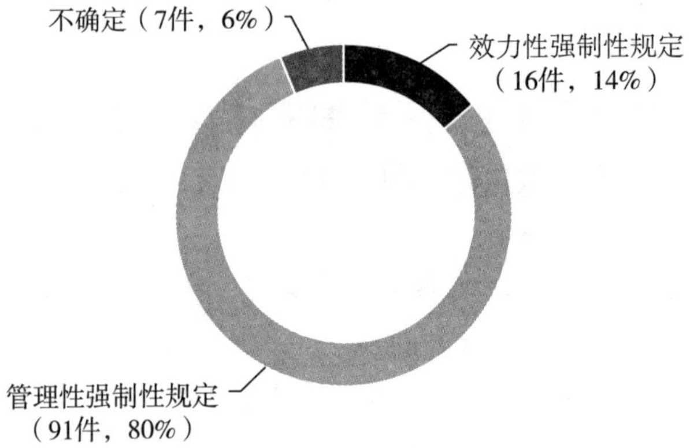

图1－1 《公司法》第16条第1款的案件性质

如图1－2所示,从案件年份分布情况可以看出当前条件下案件数量的变化趋势。

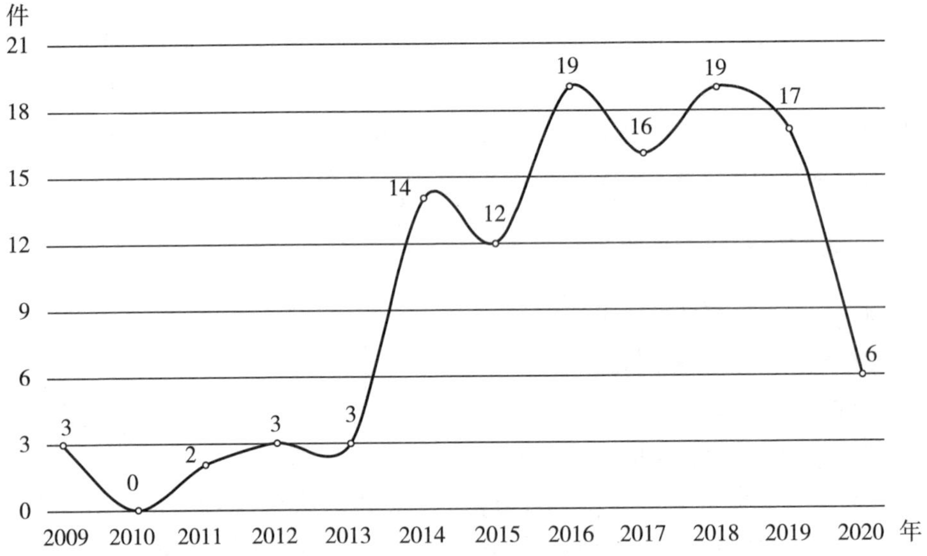

图1－2 案件年份分布情况

如图1－3所示,从案件主要地域分布情况可以看出,当前案件主要集中在安徽省、山东省、江西省、湖北省。

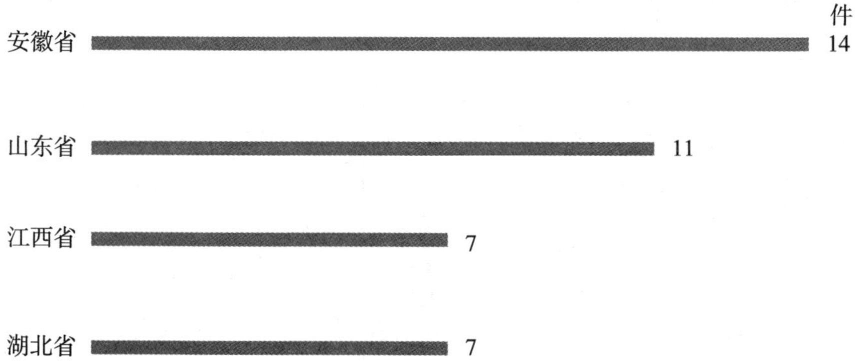

图 1－3　案件主要地域分布情况

二、可供参考的例案*

例案一 | 亿阳集团股份有限公司、亿阳信通股份有限公司合同纠纷案

【法院】

最高人民法院

【案号】

（2019）最高法民终 1603 号

【当事人】

上诉人（原审被告）：亿阳集团股份有限公司、亿阳信通股份有限公司

被上诉人（原审原告）：吉林柳河农村商业银行股份有限公司

原审被告：邓某

【基本案情】

2017 年 1 月 8 日，亿阳集团股份有限公司（以下简称亿阳集团）与长安国际信托股份有限公司（以下简称长安信托）签订《信托贷款合同》，主要内容为："第 4 条长安信托向亿阳集团发放贷款，贷款金额 2 亿元，第 5 条贷款期限为放款日至 2017 年 12 月 27 日，第 6 条贷款年利率为 10%，贷款利息自放款日起计算，按日计算，分两部分支付，第一部分贷款利息自放款日起二个工作日内支付，第一部分贷款利

---

* 例案中引用的法律法规等规范性文件，涉及的地名、机构名称、机关名称等均以裁判文书生效时为准。全书同。——编者注

息＝信托贷款金额×1%×365÷360，如贷款提前到期，贷款人已收取的第一部分贷款利息不予退还，第二部分利息按季支付，自贷款发放日起每个自然季度末月20日为结息日，借款人应于结息日前1个工作日内支付当季应支付的利息，当季应支付的利息额＝信托贷款金额×9%×当季信托实际存续天数÷360，第8条借款人应在贷款到期日一次性偿还贷款本金，第9条合同项下全部债务，包括但不限于全部本金、利息（包括复利和罚息）、违约金、赔偿金、借款人应向贷款人支付的其他款项，由担保人进行担保，担保方式为编号宁单亿阳(2)16271029－1《保证合同》、宁单亿阳(2)16271029－2《保证合同》，第15条借款人未按期足额支付利息的，贷款人有权要求借款人限期清偿，并有权要求借款人对逾期支付的利息按照贷款利率上浮50%的利率计收逾期利息，并有权按照逾期利息金额×0.08%/日×实际逾期天数标准额外收取违约金，借款人未按期足额偿还贷款本金的，贷款人有权要求借款人限期清偿，并有权要求借款人对逾期贷款本金金额按照贷款利率上浮50%的利率计收逾期利息，并有权按照逾期贷款本金金额×0.08%/日×实际逾期天数标准额外收取违约金。”同日，长安信托与邓某签订《保证合同（邓某）》，第1条保证人提供的保证为连带责任保证，第2条保证人担保的主债权本金金额为人民币2亿元，保证范围除主债权外还包括利息、罚息、复利、违约金及其他实现债权的费用，第3条保证期间为合同生效之日起至债务人的债务履行期届满后两年之日止。同日，长安信托与亿阳信通股份有限公司（以下简称亿阳信通公司）签订《保证合同（亿阳信通公司）》，第4条保证人承诺取得签署合同所必须的授权和批准（如董事会决议及股东会决议等），其他条款与《保证合同（邓某）》一致。

2017年1月11日，焦作中旅银行股份有限公司（以下简称焦作中旅）与长安信托签订《长安宁·亿阳集团流动资金贷款（2期）单一资金信托合同》[编号：宁单亿阳(2)16271029号]（以下简称《信托合同》）。主要内容为：“该信托以焦作中旅为委托人和受益人，以长安信托为受托人，信托资金金额为人民币2亿元，信托期限自信托生效日起计算至2017年12月27日。”

同日，长安信托通过中国建设银行网上银行向亿阳集团转账2亿元。

同日，焦作中旅与吉林柳河农村商业银行股份有限公司（以下简称柳河农商行）签订《信托受益权转让协议》，焦作中旅将其享有的《信托合同》项下所有信托受益权转让给柳河农商行，转让价款为人民币200,162,000元。并在银行业信贷资产登记流转中心办理了成交确认。

亿阳集团于2017年1月11日支付了第一部分利息2,027,777.78元，于2017

年 3 月 20 日支付了第一季度利息 340 万元，于 2017 年 6 月 20 日支付了第二季度利息 460 万元，从 2017 年 9 月 20 日起开始出现逾期。

2017 年 11 月 2 日，长安信托分别向亿阳集团、邓某、亿阳信通公司发出《宣布贷款提前到期通知函》，宣布贷款提前到期，提前到期日为 2017 年 11 月 6 日。

2017 年 11 月 6 日，长安信托与柳河农商行签订《长安宁·亿阳集团流动资金贷款(2 期)单一资金信托项目信托财产原状分配协议》(以下简称《信托财产原状分配协议》)，约定长安信托将信托贷款合同项下财产权利按原状分配至柳河农商行。

截至 2017 年 11 月 10 日，亿阳集团、邓某、亿阳信通公司仍欠第三季度利息 460 万元、第四季度利息 235 万元、第三季度利息的逾期利息、本金逾期利息、逾期利息违约金、逾期本金违约金。

另查明，2017 年 11 月 22 日，柳河农商行与吉林中证律师事务所签订《委托代理合同》，并向吉林中证律师事务所支付了律师代理费 20 万元，后双方于 2018 年 9 月 20 日解除了该份合同。2018 年 10 月，柳河农商行与吉林功承律师事务所签订了《委托代理合同》，向吉林功承律师事务所支付了律师代理费 17 万元，与北京天铎(成都)律师事务所律师签订了《诉讼委托代理合同》，向北京天铎(成都)律师事务所支付了律师代理费 15 万元。柳河农商行实际共计支付律师代理费 52 万元。

另查明，亿阳信通公司系上市公司，亿阳集团持有亿阳信通公司 32.89% 的股份。亿阳信通公司于 2016 年 10 月修订的公司章程第 55 条规定："公司下列对外担保行为，须经股东大会审议通过：……(五)对股东、实际控制人及其关联方提供的担保。"2018 年 6 月 29 日，亿阳信通公司召开的 2017 年年度股东大会，发布的公告未提及对案涉担保情况进行决议的事项。2019 年 3 月 21 日，哈尔滨市中级人民法院作出(2019)黑 01 破申 6 号民事裁定，受理亿阳集团的破产重整申请。2019 年 3 月 22 日，哈尔滨市中级人民法院作出(2019)黑 01 破 5 号决定，指定黑龙江某律师事务所担任亿阳集团管理人。

【案件争点】

亿阳信通公司时任法定代表人曲某以亿阳信通公司名义签订的《保证合同》是否有效。

【裁判要旨】

最高人民法院认为，《公司法》第 16 条第 1 款规定："公司向其他企业投资或者为他人提供担保，依照公司章程的规定，由董事会或者股东会、股东大会决议；公司章程对投资或者担保的总额及单项投资或者担保的数额有限额规定的，不得超过规定的限额。"按照亿阳信通公司于2016年10月修订的公司章程第55条的规定，公司对股东、实际控制人及其关联方提供的担保，须经股东大会审议通过。2018年6月29日，亿阳信通公司作为上市公司，召开的2017年年度股东大会发布的公告未提及对案涉担保情况进行决议的事项。公司章程中并未授权法定代表人为他人提供担保的决定权，亿阳信通公司时任法定代表人曲飞在《保证合同》上加盖名章、决定为他人提供担保的行为，超越了法律和公司章程规定的权限。基于《公司法》第16条第1款对公司为他人提供担保权限的规定，案涉《保证合同》的相对人柳河农商行知道或者应当知道亿阳信通公司在拟决定签订该《保证合同》时应当按照公司章程规定的权限行事。据此，柳河农商行在受让债权时，应当合理审慎地审查亿阳信通公司的章程及有关决议或者决定文件。一审中，柳河农商行起诉主张亿阳信通公司为案涉借款签订的《保证合同》合法有效、《保证合同》中载明亿阳信通公司对外提供担保已经经过亿阳信通公司股东会决议。但是，柳河农商行并未提供审查亿阳信通公司股东会决议材料的证据。《合同法》第50条规定："法人或者其他组织的法定代表人、负责人超越权限订立的合同，除相对人知道或者应当知道其超越权限的以外，该代表行为有效。"鉴于柳河农商行知道或者应当知道亿阳信通公司法定代表人决定签订《保证合同》超越权限，该《保证合同》应认定为无效。一审法院认定《保证合同》合法有效，适用法律错误，法院予以纠正。

亿阳信通公司时任法定代表人曲某，在未按其公司章程规定经股东大会决议情况下，擅自决定为他人提供担保，是导致《保证合同》无效的原因之一。曲某以亿阳信通公司法定代表人名义签订《保证合同》的行为属职务行为，《保证合同》上亦加盖亿阳信通公司公章，亿阳信通公司应对曲飞的职务行为后果承担责任。亿阳信通公司对于《保证合同》无效具有主观过错，应承担相应责任。对于亿阳信通公司方面签订《保证合同》的权限，柳河农商行未尽谨慎审查义务，其对于《保证合同》的无效也具有过错，同样应承担相应责任。根据最高人民法院《关于适用〈中华人民共和国担保法〉若干问题的解释》第7条关于"主合同有效而担保合同无效，债权人无过错的，担保人与债务人对主合同债权人的经济损失，承担连带赔偿责任；债权人、担保人有过错的，担保人承担民事责任的部分，不应超过债务人不能清偿部分的二分之一"的规定，柳河农商行与亿阳信通公司的上述过错程度大致相当，故对于债务人亿阳集团不能清偿部分债务，亿阳信通公司应承担50%的赔偿责任。根据最高人民法院《关于适用〈中华人民共和国担保法〉若干问题的解释》第9条的规定，亿阳信通公司向柳河农商行承担赔偿责任后，可以向债务人亿阳集团追偿。

例案二 山煤国际能源集团华南有限公司、中国民生银行股份有限公司广州分行金融借款合同纠纷案

【法院】

最高人民法院

【案号】

(2019)最高法民终837号

【当事人】

上诉人(原审被告):山煤国际能源集团华南有限公司

被上诉人(原审原告):中国民生银行股份有限公司广州分行

原审被告:广州大优煤炭销售有限公司、珠水能源集团有限公司、广东大华能源有限公司、运城市珠水国际大酒店有限公司、山西珠水科技有限公司、山西珠水房地产开发有限公司、李某、李某洁

【基本案情】

2014年5月27日,中国民生银行股份有限公司广州分行(以下简称民生银行广州分行)与广州大优煤炭销售有限公司(以下简称大优煤炭公司)签订编号为:公授信字第ZH14××××××8319号的《综合授信合同》。合同约定:民生银行广州分行给予大优煤炭公司最高额综合授信7亿元人民币(或等值外币),授信种类包含贷款、汇票承兑、汇票贴现、保函、开立信用证等,授信期限一年,自2014年5月28日至2015年5月27日;在授信期及最高授信额度内,大优煤炭公司可通过与民生银行广州分行签署具体的业务合同一次或分次申请使用授信额度。大优煤炭公司承诺按照偿还授信额度项下发生具体业务的资金本息,按时支付应付费用。合同第25条约定,有关综合授信合同履行过程中所产生的一切争议,均由乙方(民生银行广州分行)所在地法院管辖。

珠水能源集团有限公司(以下简称珠水能源公司)于2014年5月27日与民生银行广州分行签订公高保字第ZH14××××××8319号《最高额保证合同》、广东大华能源有限公司(以下简称大华能源公司)于2014年5月27日与民生银行广州分行签订公高保字第ZH14××××××8319-1号《最高额保证合同》、运城市珠水国际大酒店有限公司(以下简称珠水大酒店)于2014年7月29日与民生银行广州分行签订公高保字第ZH14××××××8319-2号《最高额保证合同》、山西珠水科技有限公司(以下简称珠水科技公司)于2014年7月29日与民生

银行广州分行签订公高保字第ZH14×××××××8319－4号《最高额保证合同》、山西珠水房地产开发有限公司(以下简称珠水房地产公司)于2014年7月29日与民生银行广州分行签订公高保字第ZH14×××××××8319－5号《最高额保证合同》,同意为案涉《综合授信合同》项下的债务提供最高额保证,所担保的主债权的发生期间为2014年5月28日至2015年5月27日,所担保的最高债权额人民币7亿元整(本金),在本金不超过上述限额的前提下,由此而产生的合同第6条约定范围内的所有应付款项,担保人同意承担连带保证责任。保证范围为《综合授信合同》项下最高额债权本金及其他应付款项(包括利息、罚息、复利、违约金、损害赔偿金、实现债权和担保权利的费用,包括但不限于诉讼费、律师费、差旅费等)。担保人承担保证责任的保证期间为两年。

珠水能源公司股东会于2014年5月27日作出股东会决议,同意珠水能源公司为公授信字第ZH14×××××××8319号《综合授信合同》提供担保,期限为一年。大华能源公司股东会于2014年5月27日作出股东会决议,同意大华能源公司为公授信字第ZH14×××××××8319号《综合授信合同》提供担保,期限为一年。珠水大酒店股东会于2014年5月28日作出股东会决议,同意珠水大酒店为公授信字第ZH14×××××××8319号《综合授信合同》提供担保,期限为一年。珠水科技公司股东会于2014年7月28日作出股东会决议,同意珠水科技公司为公授信字第ZH14×××××××8319号《综合授信合同》提供担保,期限为一年。珠水房地产公司股东会于2014年6月28日作出股东会决议,同意珠水房地产公司为公授信字第ZH14×××××××8319号《综合授信合同》提供担保,期限为一年。

2014年5月28日,李某与民生银行广州分行签订个高保字第ZH14×××××××8319号《最高额担保合同》,李某洁与民生银行广州分行签订个高保字第ZH14×××××××8319－1号《最高额担保合同》,同意为案涉《综合授信合同》项下的债务提供最高额保证,所担保的主债权的发生期间为2014年5月28日至2015年5月27日,所担保的最高债权额人民币7亿元整(本金),在本金不超过上述限额的前提下,由此而产生的合同约定担保范围内的所有应付款项,担保人均同意承担担保责任。担保范围为被担保主债权本金及其他应付款项(包括利息、罚息、复利、违约金、损害赔偿金、实现债权和担保权利的费用,包括但不限于诉讼费、律师费、差旅费、房产抵押人安置费用、保全费等)。

山煤国际能源集团华南有限公司(以下简称山煤集团华南公司)与民生银行广州分行签订公高保字第ZH14×××××××8319－3号《最高额保证合同》(以下

简称×319－3号《最高额保证合同》），同意为ZH14×××××××8319号《综合授信合同》项下的债务提供最高额保证，所担保的主债权的发生期间为2014年5月28日至2015年5月27日，所担保的最高债权额人民币5亿元整，在本金不超过上述限额的前提下，由此而产生的合同第6条约定范围内的所有应付款项，担保人同意承担连带保证责任。保证范围为综合授信合同项下最高额债权本金及其他应付款项（包括利息、罚息、复利、违约金、损害赔偿金、实现债权和担保权利的费用，包括但不限于诉讼费、律师费、差旅费等）。担保人承担保证责任的保证期间为两年。山煤集团华南公司于2014年5月28日在上述合同上签字盖章；民生银行广州分行于2014年7月29日在上述合同上签字盖章。

授信合同签订后，2014年5月29日，大优煤炭公司与民生银行广州分行签订公借贷字第ZH14×××××××9426号、公借贷字第ZH14×××××××0041号《流动资金贷款借款合同》，分别约定大优煤炭公司向民生银行广州分行借款4000万元，借款期限自2014年5月29日至2015年5月28日，贷款利率为年利率7.2%，按日计息，按季结息，结息日为每季月末的第20日。合同签订后，如遇中国人民银行调整基准利率，则合同项下贷款利率自动在新的基准利率基础上按照合同5.1款约定的浮动比例浮动。若大优煤炭公司逾期还款，则自逾期之日起按合同约定的贷款利率上浮50%（逾期利率）计收逾期罚息；对大优煤炭公司不能按时支付的利息和逾期罚息，按照逾期利率按月在结息日或结息日的对日计收复利，按实际逾期天数计算，逐月累算。合同签订后，民生银行广州分行于2014年5月29日发放了两笔4000万元贷款。

2014年5月30日，大优煤炭公司与民生银行广州分行签订公借贷字第ZH14×××××××0422号、公借贷字第ZH14×××××××1474号《流动资金贷款借款合同》，分别约定大优煤炭公司向民生银行广州分行借款4000万元，借款期限自2014年5月30日至2015年5月29日，贷款利率为年利率7.2%。其他约定与上述《流动资金贷款借款合同》相同。合同签订后，民生银行广州分行于2014年5月30日发放了两笔4000万元贷款。

2014年6月3日，大优煤炭公司与民生银行广州分行签订公借贷字第ZH14×××××××1865号、公借贷字第ZH14×××××××2228号《流动资金贷款借款合同》，分别约定大优煤炭公司向民生银行广州分行借款3900万元、3800万元，借款期限自2014年6月3日至2015年6月2日，贷款利率为年利率7.2%。其他约定与上述《流动资金贷款借款合同》相同。合同签订后，民生银行广州分行于

2014 年6 月 3 日分别发放了 3900 万元、3800 万元贷款。

……

2014 年 7 月 23 日,大优煤炭公司与民生银行广州分行签订公借贷字第 ZH14××××××× 4342 号《流动资金贷款借款合同》,约定大优煤炭公司向民生银行广州分行借款 1900 万元,借款期限自 2014 年 7 月 23 日至 2015 年 7 月 12 日,贷款利率为年利率 7.2%。其他约定与上述《流动资金贷款借款合同》相同。合同签订后,民生银行广州分行于 2014 年 7 月 23 日发放了 1900 万元贷款。

2014 年 7 月 24 日,大优煤炭公司与民生银行广州分行签订公借贷字第 ZH14××××××× 5629 号《流动资金贷款借款合同》,约定大优煤炭公司向民生银行广州分行借款 5,272,084 元,借款期限自 2014 年 7 月 24 日至 2015 年 7 月 13 日,贷款利率为年利率 7.2%。其他约定与上述《流动资金贷款借款合同》相同。合同签订后,民生银行广州分行于 2014 年 7 月 24 日发放了 5,272,084 元贷款。

上述流动资金借款共 21 笔,合计借款本金 611,232,084 元人民币。

大优煤炭公司在合同约定的结息日未能按期支付借款利息。

2014 年 1 月 23 日,山西晋运能源有限公司(以下简称晋运公司)与民生银行广州分行签订公贴现字第 2014 能源 0001 号《商业汇票贴现协议》,约定民生银行广州分行为晋运公司办理汇票贴现,协议中的贴现额度是指编号为公授信字第 ZH13××××××7728 -1 号的《综合授信合同》中民生银行授予大优煤炭公司的用于贴现业务的额度。贴现利率由双方商定并记载于贴现凭证,该凭证构成协议的组成部分。大优煤炭公司、晋运公司与民生银行广州分行签订了编号为 2014 -0007 号的《票据代理贴现业务合作协议》,约定大优煤炭公司代理晋运公司作为贴现申请人,以大优煤炭公司名义与民生银行广州分行签订《贴现协议》,贴现利息以签订的《贴现协议》为准,贴现利息从大优煤炭公司账号 03020××××××××××账户中扣划。2014 年 1 月 26 日大优煤炭公司与民生银行广州分行签订 2014 -0004 号《办理买方付息票据贴现业务合作协议》,约定大优煤炭公司在民生银行广州分行开立存款账户,并授权民生银行广州分行将买方付息票据贴现业务项下的票据贴现利息直接从大优煤炭公司存款账户中扣收。大优煤炭公司按季定期向民生银行广州分行提供办理买方付息票据贴现业务的供货企业名单,民生银行广州分行在收到名单后,仅就大优煤炭公司确定的供货企业办理买方付息票据贴现业务。大优煤炭公司确定晋运公司为供货企业名单中的企业。

2014 年 3 月 24 日,大优煤炭公司与民生银行广州分行签订《质押合同》,约定质押担保的主债权种类为商业承兑汇票，本金数额为2057万元，主合同债务人履行债务期限为6个月，自2014年3月24日至9月24日。本合同项下的质押财产为保证金账户内存款，价值为618万元整。

2014年3月24日，大优煤炭公司作为出票人开出金额为2057万元、到期日为2014年9月24日、收款人为山煤集团华南公司的商业承兑汇票一张。同日，民生银行广州分行为上述汇票进行贴现，贴现率8.2%。

……

2014年4月29日，大优煤炭公司作为出票人开出金额为530万元、汇票到期日为2014年10月29日、收款人为晋运公司的商业承兑汇票一张。同日，民生银行广州分行为上述汇票进行贴现，贴现率9.6%。

2014年9月26日，对于已到期的商业承兑汇票，大优煤炭公司以公司经营困难为由，拒绝支付到期款项。民生银行广州分行于2014年9月24日垫款13,962,007.1元；于2014年9月26日分别垫款3300万元、3000万元；于2014年9月29日从大优煤炭公司提供的保证金账户中扣款6,607,992.9元；于2014年10月10日垫款600万元；于2014年10月29日垫款530万元。

2014年9月29日，民生银行广州分行从大优煤炭公司账户扣款12,915.6元，其中注明该款为本金。2014年10月9日，民生银行广州分行从大优煤炭公司账户扣款19,740.15元，其中注明本金19,694.2元，罚息45.95元。民生银行广州分行表示，上述扣款是支付汇票贴现项目下的到期款项。

截至2016年4月21日，大优煤炭公司尚欠民生银行广州分行的借款本金为699,461,481.3元人民币。

另查明，山煤集团华南公司为有限责任公司。

再查明，广东省广州市中级人民法院（以下简称广州中院）于2016年4月28日受理了中国银行股份有限公司广州东山支行对大优煤炭公司、珠水能源公司提出的破产申请。

【案件争点】

山煤集团华南公司是否应对大优煤炭公司的案涉债务承担连带保证责任。

【裁判要旨】

最高人民法院认为，《公司法》第16条第1款规定，公司向其他企业投资或者为他人提供担保，依照公司章程的规定，由董事会或者股东会、股东大会决议；公司章程对投资或者担保的总额及单项投资或者担保的数额有限额规定的，不得超过规定的限额。上述关于公司机关决议程序的规定，意味着担保行为不是法定代表人所能单独决定的事项，违反这一法定限制所签订的担保合同应为效力待定合同。公司事后未予追认的，应认定该担保合同对公司不发生效力。作为金融机构，相较于其他商事主体而言，对于公司对外担保是否经过了决议程序，应具有更为严格的审慎审查义务。×8319－3号《最高额保证合同》虽系山煤集团华南公司时任法定代表人签署并加盖有公司公章，但山煤集团华南公司并未提交该事项的股东会决议或董事会决议。而且从原审查明的事实看，其他五家保证公司均出具了该公司股东会决议，唯有山煤集团华南公司未出具。民生银行广州分行明知该事实而仍与山煤集团华南公司签订×8319－3号《最高额保证合同》，主观过错明显。民生银行广州分行辩称×8319－3号《最高额保证合同》中明确载明，山煤集团华南公司承诺签署合同及履行义务所需的全部内部授权手续已经办理完毕且有效，其有充分理由相信山煤集团华南公司已经获得授权，不存在恶意串通损害第三人利益的情形。经法院审查，该条款为格式条款，案涉所有《最高额保证合同》第11.11条均为该内容，民生银行广州分行的抗辩理由不成立，法院不予采信。山煤集团华南公司主张×8319－3号《最高额保证合同》因未经股东会同意而无效，有事实和法律依据，法院予以支持。

例案三 上海瀚辉投资有限公司与上海斐讯数据通信技术有限公司、广西慧金科技股份有限公司等借款合同纠纷案

【法院】

上海市高级人民法院

【案号】

（2019）沪民终274号

【当事人】

上诉人（原审原告）：上海瀚辉投资有限公司

被上诉人（原审被告）：上海斐讯数据通信技术有限公司、广西慧金科技股份有限公司

原审被告：上海斐讯投资有限公司、顾某某

【基本案情】

2015年5月8日，上海瀚辉投资有限公司（以下简称瀚辉公司）与上海斐讯数

据通信技术有限公司(以下简称斐讯投资公司)以及顾某某、上海斐讯数据通信技术有限公司(以下简称斐讯通信公司)、广西慧金科技股份有限公司(以下简称慧金公司)签订了一份合作协议。约定:“一、甲方(瀚辉公司)以其可合法支配的资金于2015年5月8日前向乙方(斐讯投资公司)提供1.5亿元投资款项。二、投资期限为一年,投资期间自1.5亿元全部到达乙方指定账户之日起计算。若一年内达到投资目的的,双方可提前终止本协议。三、本次投资由乙方用于进行股权收购。四、投资期间,乙方向甲方支付相当于投资资金18%/年的4基本收益,基本收益按季度支付。如果在一年内完成投资目的的,则基本收益按实际天数折算。乙方收到甲方1.5亿元金额款项后支付第一笔即一个季度的基本收益。乙方运作甲方投资款对指定上市公司进行收购(乙方指定的上市公司股票代码为:002464),甲方可以获得以下超额收益:以甲方投资款到达乙方指定账户之日,乙方指定上市公司的股票价格为初始价格,以上述乙方指定上市公司的股票达到乙方操作投资目的,乙方向甲方归还投资之日的价格为到期价格,乙方按甲方1.5亿元投资款对应数量的指定股票的到期价格与初始价格的差价的50%向甲方支付超额收益。乙方运作甲方投资款对指定上市公司进行收购成功的标志为指定收购的上市公司公告顾某某为董事长。基本收益由乙方按季度支付给甲方;如经双方确认本次资金合作在一年内完成并退出,甲方的超额收益部分由乙方在归还投资本金同时一次性支付给甲方。五、双方明确,无论乙方支付超额收益的条件是否成就,甲方均有权根据本协议第4条第1款向乙方收取基本收益。六、投资期间届满,乙方保证退还甲方投资款项1.5亿元。七、担保人对本协议项下乙方的义务提供无限连带责任担保,在乙方无法按照本协议的约定履行义务时,由担保方向甲方履行本协议项下乙方所有义务,担保人担保的事项包括:1.担保人对乙方在投资期限届满之日,向甲方返还1.5亿元投资款的义务承担无限连带责任担保;2.担保人对乙方在投资期内,按照本协议约定的时间和金额向甲方支付基本收益的义务承担无限连带责任担保;3.担保人对乙方在投资期限届满之日,按照本协议应当向甲方支付超额收益的义务承担无限连带责任担保;4.担保人对其他乙方根据本协议应当履行的义务承担无限连带责任担保。八、因一方违约而给对方造成损失的,违约方应当向非违约方按照本协议约定的投资额的10%支付违约金。违约金不足以弥补损失的,还应当赔偿损失。”

瀚辉公司与斐讯投资公司、顾某某、斐讯通信公司及慧金公司(其中,顾某某、斐讯通信公司和慧金公司作为担保方)分别在协议上盖章和签名,顾某某还同时以斐讯投资公司、斐讯通信公司和慧金公司签约时法定代表人的身份签名。

签约后，瀚辉公司先后于2015年5月8日、11日分别向斐讯投资公司汇付13,000万元和2000万元。

在一审法院审理中，瀚辉公司和斐讯投资公司均确认斐讯投资公司已按约支付给瀚辉公司投资期内前三个季度的基本收益2025万元。因瀚辉公司认为斐讯投资公司未支付第四季度起的基本收益，协议到期后也未归还投资款本金，故起诉至一审法院。

另查明，慧金公司于2017年4月14日将法定代表人董某亮变更为张某，并于2017年6月6日变更企业名称为广西慧金科技股份有限公司。

顾某某于2010年12月14日起持有斐讯投资公司100%股权至今。

顾某某于2008年11月起至2017年1月25日任斐讯通信公司董事。

顾某某于2014年11月5日任慧金公司董事。同年12月1日被任命为董事长直至2016年7月18日。

慧金公司2014年第四次临时股东大会审议通过并依法公告的公司章程第41条规定："公司下列对外担保行为，须经股东大会审议通过。……（二）公司的对外担保总额，达到或超过最近一期经审计总资产的30%以后提供的任何担保……（五）对股东、实际控制人及其关联方提供的担保。"该章程第97条规定："董事应当遵守法律、行政法规和本章程，对公司负有下列忠实义务：……（四）不得违反本章程的规定，未经股东大会或董事会同意，将公司资金借贷给他人或以公司财产为他人提供担保……（九）不得利用其关联关系损害公司利益。"

慧金公司经依法公告并审计通过的《广西慧球科技股份有限公司2014年年度报告摘要》载明"……二、主要财务数据和股东情况：2.1公司主要财务数据……2014年末总资产54,472,584.15元……归属于上市公司股东的净资产1,981,964.37元……"

另查明，涉案合作协议签订之时，斐讯投资公司是斐讯通信公司的股东，顾某某同时兼任斐讯投资公司、斐讯通信公司和慧金公司的法定代表人。在二审庭审中，慧金公司能够当庭演示在巨潮资讯网上查询到该公司章程的过程。

【案件争点】

顾某某、斐讯通信公司及慧金公司所作担保是否成立和有效。

【裁判要旨】

一审中，上海市第一中级人民法院认为：第一，关于顾某某的担保是否有效并应承担保证责任。顾某某和斐讯通信公司均辩称因系争合作协议不成立或无效，该协议中作为从债务部分的担保也属无效。对此，鉴于一审法院如前已确认系争协议有关主债务中涉本案争议内容并非无效，故上述抗辩理由也不应支持。但因顾某某对其系争担保的效力无其他抗辩事由，经查也无其他法定无效情形，故顾某某的系争担保有效，应对斐讯投资公司的系争债务承担连带清偿责任。同时因瀚辉公司与顾某某未约定保证期间，故依照《担保法》* 的相关规定，应认定保证期间为6个月，即应从系争主债务履行期届满之日即2016年5月11日起6个月，瀚辉公司本案的起诉日是2016年10月8日，未过该保证期间，而瀚辉公司的诉讼请求也未超过系争协议约定的担保范围。第二，关于慧金公司辩称系争协议上代表其确认意思表示的公章非其合法备案使用的公章，不是其真实意思表示，其不应承担担保责任。因当时的法定代表人顾某某也代表慧金公司在担保人栏上签字，故其以该理由主张其系争担保合同不能成立不予支持。第三，关于斐讯通信公司和慧金公司的担保是否有效。1. 依照《公司法》第16条第2款规定："公司为公司股东或者实际控制人提供担保的，必须经股东会或者股东大会决议。"斐讯通信公司和慧金公司均认为其所作担保是为其股东和实际控制人顾某某的一人公司斐讯投资公司进行的。其实质就是为顾某某担保，故未经公司股东大会决议是违反该法规的，应认定无效。一审法院认为，上述第2款规定是很明确的，适用该规定的被担保人即主债务人必须是担保人斐讯通信公司和慧金公司的实际控制人或股东，然而本案被担保人斐讯投资公司并非担保人斐讯通信公司和慧金公司的直接股东和实际控制人。故斐讯通信公司和慧金公司的该主张是对该法规的扩展性理解和适用，并无充分的法律依据和理由，不应予以支持。2. 斐讯通信公司与慧金公司均主张其担保是违反《公司法》第16条第1款规定，未经公司股东会或董事会决议无效。《公司法》第16条第1款规定："公司向其他企业投资或者为他人提供担保，依照公司章程的规定，由董事会或者股东会、股东大会决议。"据此，该两公司系争担保虽不是为其股东或实际控制人担保，但如公司章程有规定，公司向其他企业提供担保的，必须经股东会或董事会决议。据此，斐讯通信公司认为其作的系争担保未依照该规定经该公司董事会和股东大会审议通过。但其未举证证明上述法规中该决议程序属其公司章程规定的对外担保的必经程序，故斐讯通信公司以该法条为依据的抗辩理由主张其所作担保无效，一审法院不予支持。然而，慧金公司签约时

---

* 《民法典》已于2021年1月1日施行，《担保法》同时废止。——编者注

备案的章程第41条中规定,公司董事应当遵守法律和公司章程,不得违反公司章程规定,未经股东大会或董事会同意,将公司财产为他人担保。据此可见,顾某某时任慧金公司董事长,其未经公司董事会和股东大会审议同意为斐讯投资公司担保是违反公司章程和该款规定的。同时顾某某作为慧金公司董事,其上述行为也是违反《公司法》第148条规定:"董事、高级管理人员不得有下列行为:……(三)违反公司章程的规定,未经股东会、股东大会或者董事会同意,将公司资金借贷给他人或者以公司财产为他人提供担保。"3. 斐讯通信公司和慧金公司还均主张担保无效的理由之一是,因系争担保属《公司法》禁止的关联交易行为,同时也违反了上述法规,应认定无效。对此,依照《公司法》第216条第4项规定:"本法下列用语的含义:(四)关联关系,是指公司控股股东、实际控制人、董事、监事、高级管理人员与其直接或者间接控制的企业之间的关系,以及可能导致公司利益转移的其他关系。"据此,因顾某某利用其同时担任斐讯通信公司和慧金公司董事的身份为其担任法定代表人和一人投资的本案主债务人斐讯投资公司的债务担保,显然构成关联交易。该行为违反了《公司法》第148条规定:"董事、高级管理人员不得有下列行为:……(八)违反对公司忠实义务的其他行为。"同时慧金公司担保行为也违反了公司章程第17条规定"董事不得利用其关联关系损害公司利益",且未经董事会或股东大会决议。4. 慧金公司还主张其担保违反了《公司法》第121条和公司章程第41条第2项规定而无效。上述法律和章程均规定,上市公司一年内担保金额超过公司资产总额30%的,应当由股东大会作出决议。据此,因慧金公司系上市公司,其签订系争协议是2015年5月,而2014年年末公司总资产为54,472,584.15元。显然担保金额1.5亿元是远超公司当时资产总值30%的,且未经公司股东大会审议同意。5. 因系争款项担保的受益方是斐讯投资公司,瀚辉公司也未举证证明该两公司所作担保因此受益,反而该两公司可能因代斐讯投资公司清偿债务而得不到追偿而利益受损。6. 综上所述,顾某某利用任该两公司董事身份违反上述法律规定对该两公司未尽忠实勤勉义务为自己私利进行关联担保,并代表慧金公司为其一人投资的公司即斐讯投资公司所作系争担保存在上述三种违反《公司法》和公司章程的行为,是未依法经两公司股东大会或董事会决议同意,或授权所作担保,存在公司利益受损的风险。故顾某某并无代表两公司对外担保的权利,其行为系超越权限订立担保合同的行为。7. 关于瀚辉公司是否有义务依法审查该两公司担保是否须经董事会或股东大会决议或知道顾某某存在上述超越权限签约担保的问题。首先,瀚辉公司主张《公司法》上述相关规定是管理性规定,只约束公司内部,而不能约束公司外部债权人，故不影响系争担保的效力。对此，鉴于瀚辉公司明知顾某某是利用同时担任斐讯通信公司和慧金公司法定代表人和董事身份直接代表两公司与瀚辉公司签约的职务便利为其一人独资公司进行担保，且该两担保公司有其他众多股东，尤其是慧金公司属公众性的上市公司，而为法定代表人自己全额投资的一人公司担保价值1.5亿元巨额债务，又未经该两公司股东大会或董事会决议授权或追认，剥夺了其他股东的知情权和决策权。综上所述，一旦对外承担担保责任又得不到追偿，将严重危害大多数股东和上市公司广大中小公众股东及公司债权人的利益。且上述涉系争担保的相关法律规定和公司章程均是通过公众媒体公示的，对违反这些法规、章程为如此巨额债务担保可能严重危害其他股东和社会公众利益，作为专业投资公司的瀚辉公司在签订系争协议时，应完全有所意识并作为善意相对人为防止社会公众利益受损，同时也为防范自身商业风险，应尽到基本的形式审查义务。然而，据瀚辉公司自述当时是追问过慧金公司和斐讯通信公司的法定代表人和其他人员是否经公司决策机构决议，但在该两公司未进一步出示股东会或董事会决议情况下，与其签订了系争担保协议，且事后也未经该些机构追认，故应认定瀚辉公司是知道顾某某是超越权限与其签约的，依照最高人民法院《关于适用〈中华人民共和国担保法〉若干问题的解释》第11条规定："法人或者其他组织的法定代表人、负责人超越权限订立的担保合同，除相对人知道或者应当知道其超越权限的以外，该代表行为有效。"系争担保应为无效。鉴于瀚辉公司明确向一审法院表示，其在本案中坚持要求斐讯通信公司和慧金公司对斐讯投资公司上述系争债务承担连带保证责任，不变更诉讼请求，故对担保无效的后续处理，瀚辉公司可以依照相关法律及其司法解释的规定另行主张权利。8. 当事人为证明自己的主张提供的证据中有关证明瀚辉公司签订系争协议基于与斐讯投资公司、顾某某及斐讯通信公司之间交易惯例的证据材料，综上所述仅凭该些证据不足以证明系争担保是经担保公司股东会或董事会决议授权签订而有效的，故与本案无关联性。

二审中，上海市高级人民法院认为，慧金公司虽主张合作协议所加盖的印章不真实，然顾某某作为法定代表人签了字，因而系争担保仍构成法定代表人代表公司对外担保。《公司法》第16条第1款规定："公司为他人提供担保，依照公司章程的规定，由董事会或者股东会、股东大会决议；公司章程对担保的总额及数额有限额规定的，不得超过规定的限额。"本案中，根据慧金公司章程规定，超过公司总资产30%或者公司对关联方的担保须经股东大会审议通过。其一，根据慧金公司2014年年底的审计，公司总资产5400余万元，而担保的主债务本金即达1.5亿元，故而系争担保已超过公司总资产30%；其二，顾某某是慧金公司的法定代表人，斐讯投资公司又是顾某某的全资持股公司，系争担保又构成对关联方提供的担保。按照慧金公司章程上述规定，必须经过股东大会决议。顾某某未经股东大会决议，以法定代表人的名义代表慧金公司对外担保超越了权限。该章程已在巨潮资讯网上备案公示，并可当庭查询。故而对瀚辉公司而言，随时可以查询并知晓慧金公司章程对担保所作限制性规定。瀚辉公司既然主张其系善意相对方，则其应对自己尽到了审查义务进行举证，否则应承担不利后果。鉴于慧金公司是一家上市的公众公司，系争担保超越法定代表人权限，且瀚辉公司对此应当知晓，并非善意相对人，根据《合同法》* 第50条之规定，一审法院最终认定系争担保无效，并无不当。

三、裁判规则提要

《公司法》第16条第1款通过规定公司为股东和实际控制人以外的人提供担保的内部决策程序，为公司担保的能力设定了限制，属于强制性规定。并且，《公司法》第16条第1款属于效力性强制性规定。公司法定代表人未经股东会或董事会决议，以公司名义对外签署的担保合同无效，除非由公司决议予以追认或善意相对人主张表见代表制度保护。

判断公司法定代表人越权签署的担保合同的效力，其逻辑起点在于《民法典》第504条(原为《合同法》第50条)的适用。《民法典》第504条规定："法人的法定代表人或者非法人组织的负责人超越权限订立的合同，除相对人知道或者应当知道其超越权限外，该代表行为有效，订立的合同对法人或者非法人组织发生效力。"依据该条规定，若相对人知道或者应当知道公司法定代表人超越权限订立担保合同(相对人为恶意)，则担保合同无效，公司不应承担担保责任。若相对人不知道且不应知道公司法定代表人超越权限订立担保合同(相对人为善意)，则构成表见代表，担保合同有效，公司应当承担担保责任。因此，适用《民法典》第504条的关键在于判断相对人是善意还是恶意。

公司法创设的债权人审查章程与决议的注意义务深度影响着《民法典》第504条的解释与适用。首先，《公司法》第16条第1款作为强制性规定，不仅为公司提供担保的能力设定了内部决策程序上的限制，同时还为相对人设定了审查担保公司是否经过了公司章程规定的决策程序的义务。债权人应及时索要并审慎审查担

---

* 《民法典》已于2021年1月1日施行，《合同法》同时废止。——编者注

保人公司的章程、授权决议、公章、法定代表人名章或签名等印信资料的真实性、合法性、关联性与充分性。罗马法谚有云："不知法者不免责。"法律在制定之时即已公开,任何人无论是否实际上知道法律的规定,都被推定为已经知道法律的规定,不得以不知法律规定为理由拒绝履行法律义务或承担法律责任。已登记章程对法定代表权的限制可对抗债权人。其次,相对人审查担保公司是否经过了章程规定的决策程序具有可行性。在签订担保合同之前,相对人可以在公司登记机关查阅公司章程,或者向担保公司索要公司章程以及相应的股东会决议或董事会决议。再者,对于公司章程和股东会、董事会决议,相对人仅负有审慎的形式审查义务。履行注意义务以理性人标准为主、主观标准为辅。原则上以具有通常智商、情商、法商与德商的普通理性债权人在相同或者近似场合所尽到的审慎、注意、勤勉、智慧、经验与技巧作为衡量标准。债权人若达标,即为善意。若有证据证明特定债权人的实际注意能力明显高于理性人标准,则以该债权人是否诚实地尽其注意能力作为衡量标准。中庸标准有助于激励勤勉、惩戒懈怠。

若相对人明知公司未经过对外担保的内部决策程序(恶意串通的情形),或者因怠于履行审查公司章程及股东会决议或董事会决议的法定义务而不知公司未经过对外担保的内部决策程序,则符合"相对人知道或者应当知道其超越权限"的情形。此时担保合同无效,公司无须承担担保责任。越权担保合同无效时,相对人可请求法定代表人履约或赔偿,但与公司无涉。

公司对外担保制度蕴含着公司生存权与发展权、公司善治、股权文化、契约精神与信托义务等内容,为效力性强制性规定。将《公司法》第 16 条第 1 款认定为效力性强制性规定,有利于引导与规范公司内部决策、民主治理与风险控制,限制与约束法定代表人对外代表权限,遏制法定代表人滥用权力对外提供担保,严重损害公司中小股东利益的违法现象,同时也能警示与教育外部债权人,促使其审慎注意代表权来源的真实性、合法性与关联性,精准锁定法定代表人背后公司的真实理性意思表示。这会增加一定的交易成本,但考虑到公司关联担保对于公司利益的重要影响,付出这样的交易成本是合理且必要的。

四、辅助信息

高频词条：

《公司法》

第 16 条 公司向其他企业投资或者为他人提供担保,依照公司章程的规定,由董事会或者股东会、股东大会决议;公司章程对投资或者担保的总额及单项投资或者担保的数额有限额规定的,不得超过规定的限额。

公司为公司股东或者实际控制人提供担保的,必须经股东会或者股东大会决议。

前款规定的股东或者受前款规定的实际控制人支配的股东,不得参加前款规定事项的表决。该项表决由出席会议的其他股东所持表决权的过半数通过。

《民法典》

第 153 条 违反法律、行政法规的强制性规定的民事法律行为无效。但是,该强制性规定不导致该民事法律行为无效的除外。

违背公序良俗的民事法律行为无效。

第 154 条 行为人与相对人恶意串通,损害他人合法权益的民事法律行为无效。

第 504 条 法人的法定代表人或者非法人组织的负责人超越权限订立的合同,除相对人知道或者应当知道其超越权限外,该代表行为有效,订立的合同对法人或者非法人组织发生效力。

《全国法院民商事审判工作会议纪要》

17. 为防止法定代表人随意代表公司为他人提供担保给公司造成损失,损害中小股东利益,《公司法》第 16 条对法定代表人的代表权进行了限制。根据该条规定,担保行为不是法定代表人所能单独决定的事项,而必须以公司股东(大)会、董事会等公司机关的决议作为授权的基础和来源。法定代表人未经授权擅自为他人提供担保的,构成越权代表,人民法院应当根据《合同法》第 50 条关于法定代表人越权代表的规定,区分订立合同时债权人是否善意分别认定合同效力:债权人善意的,合同有效;反之,合同无效。

18. 前条所称的善意,是指债权人不知道或者不应当知道法定代表人超越权限订立担保合同。《公司法》第 16 条对关联担保和非关联担保的决议机关作出了区别规定,相应地,在善意的判断标准上也应当有所区别。一种情形是,为公司股东或者实际控制人提供关联担保,《公司法》第 16 条明确规定必须由股东(大)会决议,未经股东(大)会决议,构成越权代表。在此情况下,债权人主张担保合同有效,应当提供证据证明其在订立合同时对股东(大)会决议进行了审查,决议的表决程序符合《公司法》第 16 条的规定,即在排除被担保股东表决权的情况下,该项表决由出席会议的其他股东所持表决权的过半数通过,签字人员也符合公司章程的规定。另一种情形是，公司为公司股东或者实际控制人以外的人提供非关联担保，根据《公司法》第 16 条的规定，此时由公司章程规定是由董事会决议还是股东（大）会决议。无论章程是否对决议机关作出规定，也无论章程规定决议机关为董事会还是股东（大）会，根据《民法总则》* 第 61 条第 3 款关于“法人章程或者法人权力机构对法定代表人代表权的限制，不得对抗善意相对人”的规定，只要债权人能够证明其在订立担保合同时对董事会决议或者股东（大）会决议进行了审查，同意决议的人数及签字人员符合公司章程的规定，就应当认定其构成善意，但公司能够证明债权人明知公司章程对决议机关有明确规定的除外。

债权人对公司机关决议内容的审查一般限于形式审查，只要求尽到必要的注意义务即可，标准不宜太过严苛。公司以机关决议系法定代表人伪造或者变造、决议程序违法、签章（名）不实、担保金额超过法定限额等事由抗辩债权人非善意的，人民法院一般不予支持。但是，公司有证据证明债权人明知决议系伪造或者变造的除外。

19. 存在下列情形的，即便债权人知道或者应当知道没有公司机关决议，也应当认定担保合同符合公司的真实意思表示，合同有效：

（1）公司是以为他人提供担保为主营业务的担保公司，或者是开展保函业务的银行或者非银行金融机构；

（2）公司为其直接或者间接控制的公司开展经营活动向债权人提供担保；

（3）公司与主债务人之间存在相互担保等商业合作关系；

（4）担保合同系由单独或者共同持有公司 2/3 以上有表决权的股东签字同意。

20. 依据前述 3 条规定，担保合同有效，债权人请求公司承担担保责任的，人民法院依法予以支持；担保合同无效，债权人请求公司承担担保责任的，人民法院不予支持，但可以按照担保法及有关司法解释关于担保无效的规定处理。公司举证证明债权人明知法定代表人超越权限或者机关决议系伪造或者变造，债权人请求公司承担合同无效后的民事责任的，人民法院不予支持。

21. 法定代表人的越权担保行为给公司造成损失，公司请求法定代表人承担赔偿责任的，人民法院依法予以支持。公司没有提起诉讼，股东依据《公司法》第 151 条的规定请求法定代表人承担赔偿责任的，人民法院依法予以支持。

30. 合同法施行后，针对一些人民法院动辄以违反法律、行政法规的强制性规

---

* 《民法典》已于 2021 年 1 月 1 日施行，《民法总则》同时废止。——编者注

定为由认定合同无效,不当扩大无效合同范围的情形,合同法司法解释(二)第14条将《合同法》第52条第5项规定的“强制性规定”明确限于“效力性强制性规定”。此后,《最高人民法院关于当前形势下审理民商事合同纠纷案件若干问题的指导意见》进一步提出了“管理性强制性规定”的概念,指出违反管理性强制性规定的,人民法院应当根据具体情形认定合同效力。随着这一概念的提出,审判实践中又出现了另一种倾向,有的人民法院认为凡是行政管理性质的强制性规定都属于“管理性强制性规定”,不影响合同效力。这种望文生义的认定方法,应予纠正。

人民法院在审理合同纠纷案件时,要依据《民法总则》* 第153条第1款和合同法司法解释(二)第14条的规定慎重判断“强制性规定”的性质,特别是要在考量强制性规定所保护的法益类型、违法行为的法律后果以及交易安全保护等因素的基础上认定其性质,并在裁判文书中充分说明理由。下列强制性规定,应当认定为“效力性强制性规定”:强制性规定涉及金融安全、市场秩序、国家宏观政策等公序良俗的;交易标的禁止买卖的,如禁止人体器官、毒品、枪支等买卖;违反特许经营规定的,如场外配资合同;交易方式严重违法的,如违反招投标等竞争性缔约方式订立的合同;交易场所违法的,如在批准的交易场所之外进行期货交易。关于经营范围、交易时间、交易数量等行政管理性质的强制性规定,一般应当认定为“管理性强制性规定”。

---

* 《民法典》已于2021年1月1日施行,《民法总则》同时废止。——编者注

公司法上效力性强制性规定识别案件裁判规则第 2 条：
《公司法》第 16 条第 2 款是效力性强制性规定

〔**规则描述**〕:《公司法》第 16 条第 1 款是效力性强制性规定。公司法定代表人越权对外订立的担保合同无效,除非由公司决议予以追认或善意相对人主张表见代表制度保护。判断公司法定代表人越权对外订立的担保合同的效力应当依据《民法典》第 504 条的规定。公司法创设的债权人审查章程与决议的注意义务深度影响着《民法典》第 504 条的解释与适用。《公司法》第 16 条第 2 款规定了公司为股东和实际控制人提供担保的内部决策程序,同时也为相对人设定了审查担保公司是否经过了股东会决议程序的义务。债权人若已尽合理审慎的形式审查义务,即为善意。若相对人明知公司未经过股东会决议程序,或者因怠于履行审查公司股东会决议的法定义务而不知公司未经过股东会决议程序,则符合“相对人知道或者应当知道其超越权限”的情形。此时担保合同无效,公司无需承担担保责任。相对人可请求法定代表人履约或赔偿,但与公司无涉。

一、类案检索大数据报告

时间:2020 年 8 月 2 日前;

案例来源:Alpha 案例库;

案例数量:188 件;

数据采集时间:2020 年 8 月 2 日。

本次检索获取 2020 年 6 月 28 日前共 188 篇裁判文书,整体情况如图 2 - 1 所示,认定《公司法》第 16 条第 2 款是效力性强制性规定的案件 26 件,占比为 14%;认定《公司法》第 16 条第 2 款是管理性强制性规定的案件 145 件,占比为 77%;在该问题上无明确结论的案件 17 件,占比为 9%。

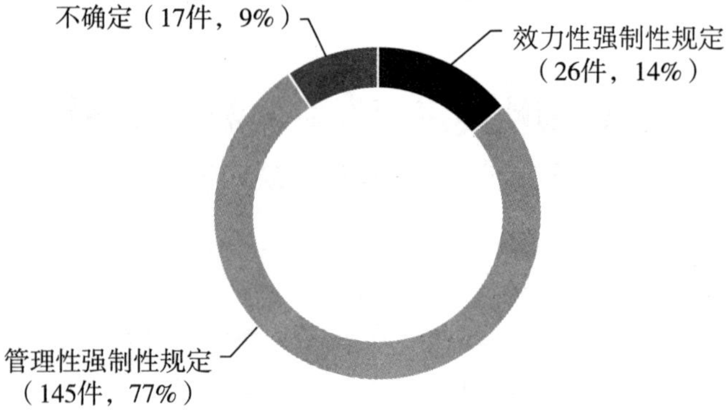

图 2－1　《公司法》第 16 条第 2 款的案件性质

如图 2－2 所示，从案件年份分布情况可以看出当前条件下案件数量的变化趋势。

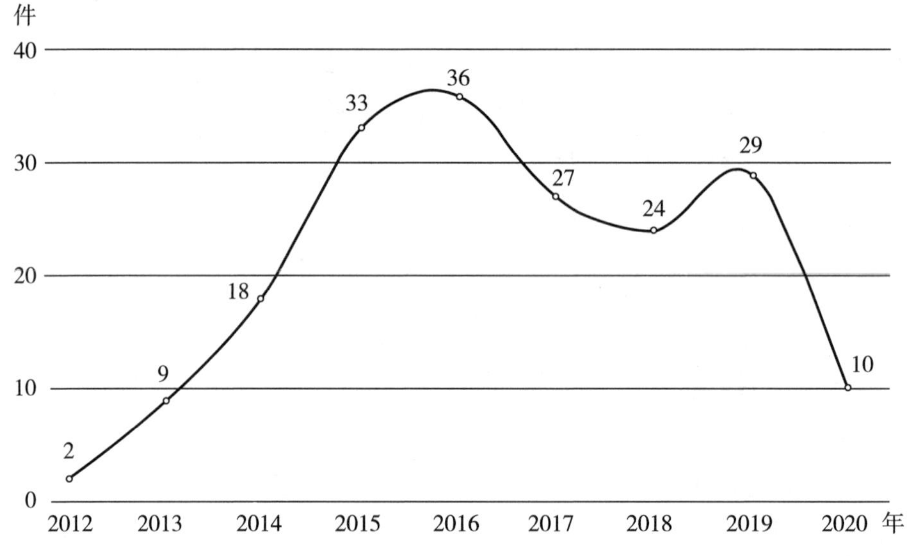

图 2－2　案件年份分布情况

如图 2－3 所示，从案件主要地域分布情况可以看出，当前案件主要集中在浙江省、四川省、江苏省、湖北省。

图2-3 案件主要地域分布情况

二、可供参考的例案

例案一 中信银行股份有限公司北京分行、乐视网信息技术（北京）股份有限公司金融借款合同纠纷案

【法院】

最高人民法院

【案号】

（2019）最高法民终1438号

【当事人】

上诉人（原审原告）：中信银行股份有限公司北京分行

被上诉人（原审被告）：乐视网信息技术（北京）股份有限公司

原审被告：乐视控股（北京）有限公司、贾某某、北京财富时代置业有限公司、北京百鼎新世纪商业管理有限公司

【基本案情】

2016年7月26日，中信银行股份有限公司北京分行（以下简称中信银行）与乐视控股（北京）有限公司（以下简称乐视控股）签订《并购借款合同》，约定：借款人乐视控股作为甲方，贷款人中信银行作为乙方。该合同项下贷款由甲方用于支付并购交易价款，用于支付甲方收购北京财富时代置业有限公司（以下简称财富公司）和北京百鼎新世纪商业管理有限公司（以下简称百鼎公司）100%的股权。贷

款金额为1,753,890,000元,贷款期限自2016年7月26日至2023年3月17日。该合同项下的提款利率为年利率,提款利率以实际借据为准。计息期间的利息=实际贷款金额×计息期间的实际天数×年利率/360。贷款定期付息,定期还本。甲方应自首次提款后第一年至第七年逐年偿还贷款本金的10%、10%、15%、15%、15%、15%、20%,每半年至少偿还本金一次,按季付息。该合同项下贷款采用抵押担保、质押担保、保证担保,上述担保由乙方与担保人就该合同的具体担保事项签订下列编号的担保合同:(1)编号为(2016)信银营抵字第000026号的《抵押合同》;(2)编号为(2016)信银营抵字第000027号的《抵押合同》;(3)编号为(2016)信银营质字第000282号的《权利质押合同》;(4)编号为(2016)信银营质字第000283号的《权利质押合同》;(5)编号为(2016)信银营保字第000444号的《保证合同》。甲方向乙方做出承诺:未经乙方事先书面同意,甲方应确保并购后企业不得将价值超过其总资产20%的所属权益及资产以任何方式转让给第三方,或向任何第三方设置抵押、质押,或设定任何优先权和其他权利。

发生下列情形之一,构成甲方违约:甲方未按约定偿还该合同项下贷款本息及其他应付款项,或未履行该合同项下任何其他义务,或违背在该合同项下任何陈述、保证或承诺的,或违背甲方向乙方出具的承诺函等法律文件的。甲方违约,乙方有权随时停止发放尚未发放的贷款,宣布贷款提前到期,提前收回已发放的全部或部分贷款本息,并有权同时采取相关法律规定和该合同约定的其他措施,直至解除合同。乙方因实现债权所发生的各项费用(包括但不限于诉讼费、律师费、财产保全费、评估拍卖费等),均由甲方承担。贷款到期(含被宣布提前到期)甲方未按约偿还贷款本息的,乙方有权自逾期之日起在原贷款利率基础上加收50%计收罚息。乙方有权对甲方未按时支付的利息(包括逾期罚息),按逾期利率按月在该合同约定的结息日或还款日的对日计收复利,按实际逾期天数计算,逐月累算。该合同所涉之债务催收、诉讼的法律文书可交付或发送至该合同首部所约定的地址或联系方式。就该合同项下乙方给予甲方的任何通知、要求、债务催收函或其他通信,邮政信函于投寄之日起第三日即视为已送达甲方。合同还约定了其他条款。

2016年8月25日的单位借款凭证(借据)显示:借款人为乐视控股,年利率为5.635%,起息日期为2016年8月25日,到期日期为2023年3月17日,币种及金额为人民币1,753,890,000元,罚息执行利率为8.4525%等。2016年7月26日,财富公司作为抵押人与作为抵押权人的中信银行签订《抵押合同》,约定:抵押人财富公司作为甲方,抵押权人中信银行作为乙方。为确保乙方与主合同债务人乐视控股签订的《并购借款合同》的履行，甲方愿意以其财产为乙方依据主合同对主合同债务人享有的全部债权提供抵押担保。甲方在该合同项下担保的主债权本金金额为人民币1,753,890,000元。该合同项下抵押担保的范围包括主合同项下主债权本金、利息、罚息、复利、违约金、损害赔偿金及实现债权、抵押权的费用（包括但不限于诉讼费、仲裁费、律师费、差旅费、评估费、过户费、保全费、公告费、执行费等，其中律师费以不超过主债权金额的10%为限）和其他所有应付的费用。甲方承诺：当主合同债务人不履行到期债务或发生约定的实现抵押权的情形，无论乙方对主合同项下的债权是否拥有其他担保，乙方均有权直接要求甲方在其担保范围内承担担保责任，无须事先行使其他担保权利。合同还约定了其他条款。合同附件为（房地产）抵押物清单。2016年7月26日，百鼎公司作为抵押人与作为抵押权人的中信银行签订《抵押合同》，约定：抵押人百鼎公司作为甲方，抵押权人中信银行作为乙方。为确保乙方与主合同债务人乐视控股签订的《并购借款合同》的履行，甲方愿意以其财产为乙方依据主合同对主合同债务人享有的全部债权提供抵押担保。该合同其他条款与财富公司与中信银行签订的《抵押合同》条款基本一致。该合同附件为（房地产）抵押物清单。

该院查明，依据京(2016)朝阳区不动产证明第0057227号记载：抵押权人为中信银行，义务人为财富公司，坐落于朝阳区工人体育场北路××院××××-0101，不动产单元号为110105、004001、GB00302、F00050982，不动产权证号码为×京房权证朝字第1086232号，被担保数额为1,753,890,000元。不动产证明附表还记载：京朝国用(2013出)第00044号、×京房权证朝字第1086232号、×京房权证朝字第1086172号、京(2016)朝阳区不动产权第0058372号共同抵押担保1,753,890,000元。债务人为乐视控股。依据京(2016)朝阳区不动产证明第0057230号记载：抵押权人为中信银行，义务人为财富公司，坐落于朝阳区工人体育场北路××院××楼××0101等××动产单元号为110105、004001、GB00302、F00030001等，不动产权证号码为×京房权证朝字第1086172号，被担保数额为1,753,890,000元。该证明亦有不动产权证附表。依据京(2016)朝阳区不动产证明第0057231号记载：抵押权人为中信银行，义务人为百鼎公司，坐落于朝阳区工人体育场北路××院××产单元号为110105、004001、GB00302、F00050001等，不动产权证号码为京(2016)朝阳区不动产权第0058372号，被担保数额为1,753,890,000元。该证明亦有不动产权证附表。

2016年7月26日，贾某某作为保证人、甲方与作为债权人、乙方的中信银行签订《保证合同》，约定：为确保乙方与主合同债务人乐视控股签订的《并购借款合同》的履行，甲方愿意为主合同项下乙方对主合同债务人依主合同所形成的债权提供保证担保。甲方在该合同项下担保的主债权本金金额为1,753,890,000元。本保证担保的范围包括主合同项下主债权本金、利息、罚息、复利、违约金、损害赔偿金及为实现债权的费用（包括但不限于诉讼费、仲裁费、律师费、差旅费、评估费、过户费、保全费、公告费、执行费等，其中律师费以不超过主债权金额的50%为限）和其他所有应付的费用。该合同项下的保证方式为连带责任保证。甲方承诺：当主合同债务人不履行到期债务或发生约定的保证人承担保证责任的情形，无论乙方对主合同项下的债权是否拥有其他担保，乙方均有权直接要求甲方在其担保范围内承担担保责任，无须事先行使其他担保权利。合同还约定了其他条款。

2016年8月23日，乐视网公司向中信银行出具函件称：鉴于乐视控股已与中信银行签署了《并购借款合同》，乐视网公司确认知晓并认可该合同的全部条款和条件。如出现逾期或拖欠贷款本息的情况，乐视网公司承诺对借款人在《并购借款合同》项下的还款义务承担差额补足责任。

2016年11月16日，乐视控股作为出质人、甲方与作为质权人、乙方的中信银行签订了编号为（2016）信银营质字第000282号的《权利质押合同》，约定：为确保乙方与主合同债务人乐视控股签订的《并购借款合同》的履行，甲方愿意以其享有的权利为乙方依据主合同对主合同债务人享有的全部债权提供质押担保。甲方在该合同项下担保的主债权本金金额为1,753,890,000元。该合同项下质押担保的范围包括主合同项下主债权本金、利息、罚息、复利、违约金、损害赔偿金保管质押财产和实现债权、质权的费用（包括但不限于诉讼费、仲裁费、律师费、差旅费、评估费、过户费、保全费、公告费、执行费等，其中律师费以不超过主债权金额的10%为限）和其他所有应付的费用。甲方以该合同附件《出质权利清单》所列明的权利向乙方出质，乙方依法律法规及该合同约定享有质权，该质权及于出质权利产生的全部孳息等从权利。甲方承诺：当主合同债务人不履行到期债务或发生约定的实现质权的情形，无论乙方对主合同项下的债权是否拥有其他担保，乙方均有权直接要求甲方在其担保范围内承担担保责任，无须事先行使其他担保权利。合同还约定了其他条款。合同附件为出质权利清单，载明：质押权利名称为财富公司100%的股权，出质人为乐视控股，质权人为中信银行。同日，乐视控股作为出质人、甲方与作为质权人、乙方的中信银行签订了编号为（2016）信银营质字第000283号的《权利质押合同》，约定：为确保乙方与主合同债务人乐视控股签订的《并购借款合同》

的履行，甲方愿意以其享有的权利为乙方依据主合同对主合同债务人享有的全部债权提供质押担保。合同的其他条款与编号为〔2016〕信银营质字第000282号的《权利质押合同》基本一致。合同附件为出质权利清单，载明：质押权利名称为百鼎公司100%股权，出质人为乐视控股，质权人为中信银行。

2016年11月18日，北京市工商行政管理局向中信银行出具(京)股质登记设字〔2016〕第00006162号《股权出质设立登记通知书》，载明：出质股权所在公司为财富公司，出质股权数额为101,000万元，出质人为乐视控股，质权人为中信银行。2016年11月18日，北京市工商行政管理局朝阳分局向中信银行出具(京朝)股质登记设字〔2016〕第00006163号《股权出质设立登记通知书》，载明：出质股权所在公司为百鼎公司，出质股权数额为3000万元，出质人为乐视控股，质权人为中信银行。2017年1月9日，财富公司和百鼎公司分别将《抵押合同》项下不动产抵押给案外人山西尧信融资再担保有限公司，并办理了抵押登记。

中信银行于2017年7月4日通过EMS特快专递向贾某某寄送了《加速到期通知书》。同日，中信银行还通过EMS特快专递向乐视控股、财富公司、百鼎公司寄送了《加速到期通知书》，收件人为上述三公司的法定代表人吴孟。上述《加速到期通知书》载明：根据乐视控股与中信银行签署的《并购借款合同》、财富公司与中信银行签署的《抵押合同》、百鼎公司与中信银行签署的《抵押合同》，财富公司、百鼎公司为借款合同项下并购后企业，且作为抵押人以其持有的北京工体北路13号3号楼及5幢(以下简称工三项目)为乐视控股的借款合同项下贷款提供抵押担保。未经中信银行同意，财富公司、百鼎公司将工三项目再行抵押给山西尧信融资再担保有限公司。根据上述合同，乐视控股、财富公司、百鼎公司已违约。中信银行宣布，乐视控股在《并购借款合同》项下的融资立即加速到期，到期日为2017年7月4日。乐视控股需于为2017年7月4日前结清借款合同项下全部贷款余额本金、利息以及其他相关费用等。依据EMS特快专递人工客服查询，寄送给乐视控股、财富公司、百鼎公司的《加速到期通知书》均由本人于2017年7月7日签收。寄送给贾某某的邮件因寄送失败被退回。

2017年2月24日，乐视控股向中信银行偿还本金87,694,500元。2016年9月20日，乐视控股向中信银行偿还利息7,412,377.61元；2016年12月20日，乐视控股向中信银行偿还利息24,982,457.88元；2017年3月20日，乐视控股向中信银行偿还利息24,378,486.38元；2017年6月21日，乐视控股向中信银行偿还利息23,994,140.86元。其余本金和利息，乐视控股尚未归还。

另查明,2017年9月25日,中信银行与北京市兰台律师事务所签订《委托代理合同》,约定中信银行聘请北京市兰台律师事务所律师作为本案的代理人。2018年12月6日,中信银行向北京市兰台律师事务所支付律师费100万元,北京市兰台律师事务所开具了发票。

再查明,2016年5月7日,百鼎公司作出股东决议,载明:鉴于乐视控股受让上海世茂新体验置业有限公司、世茂商业管理有限公司分别持有的财富公司、百鼎公司100%的股权,乐视控股向中信银行申请并购借款17.5389亿元,用于向上海世茂新体验置业有限公司、世茂商业管理有限公司支付股权转让款。现决议同意在以下条件均具备的前提下,同意将百鼎公司名下不动产权证号为京(2016)朝阳区不动产权第0058372号的房产抵押给中信银行,用于为乐视控股向中信银行申请的17.5389亿元人民币并购贷款提供担保:1.乐视控股申请的并购借款仅用于向上海世茂新体验置业有限公司、世茂商业管理有限公司支付股权转让款;2.担保的主债权本金金额不超过人民币17.5389亿元;3.各方确认的《抵押合同》及《并购借款合同》同时签署。百鼎公司当时的股东世茂商业管理有限公司盖章确认。

同日,财富公司作出股东决议,载明:鉴于乐视控股受让上海世茂新体验置业有限公司、世茂商业管理有限公司分别持有的财富公司、百鼎公司100%的股权,乐视控股向中信银行申请并购借款17.5389亿元,用于向上海世茂新体验置业有限公司、世茂商业管理有限公司支付股权转让款。现决议同意在以下条件均具备的前提下,同意将财富公司名下房产证号为×京房权证朝字第1086172号和×京房权证朝字第1086232号的房产及土地使用证编号为京朝国用(2013出)第00044号的相应土地抵押给中信银行,用于为乐视控股向中信银行申请的17.5389亿元人民币并购贷款提供担保:1.乐视控股申请的并购借款仅用于向上海世茂新体验置业有限公司、世茂商业管理有限公司支付股权转让款;2.担保的主债权本金金额不超过人民币17.5389亿元;3.各方确认的《抵押合同》及《并购借款合同》同时签署。财富公司当时的股东上海世茂新体验置业有限公司盖章确认。

又查明,依据北京市朝阳区不动产登记事务中心2018年12月14日出具的房地产权登记信息载明:

1.不动产单元号为110105、004001、GB00302、F00030001,房地坐落于朝阳区工人体育场北路13号院3号楼1层0101,房屋所有权人为财富公司,建筑面积为8997.2平方米,不动产权证书号为×京房权证朝字第1086172号。

上述不动产抵押权登记信息显示:中信银行于2016年8月8日办理抵押登

记，不动产登记证明号为京(2016)朝阳区不动产证明第 0057230 号；山西尧信融资再担保有限公司于 2016 年 11 月 17 日办理抵押登记，于 2016 年 12 月 23 日注销，再于 2017 年 1 月 11 日办理抵押登记。

2. 不动产单元号为 110105、004001、GB00302、F00050982，房地坐落于朝阳区工人体育场北路 13 号院 5 幢 －1 层 0101，房屋所有权人为财富公司，建筑面积为 7948.93 平方米，不动产权证书号为 × 京房权证朝字第 1086232 号。

上述不动产抵押权登记信息显示：中信银行于 2016 年 8 月 8 日办理抵押登记，不动产登记证明号为京(2016)朝阳区不动产证明第 0057227 号；山西尧信融资再担保有限公司于 2016 年 11 月 17 日办理抵押登记，于 2016 年 12 月 23 日注销，再于 2017 年 1 月 11 日办理抵押登记。

3. 不动产单元号为 110105、004001、GB00302、F00050322，房地坐落于朝阳区工人体育场北路 13 号院 5 幢 －3 层 3158，房屋所有权人为财富公司、百鼎公司，建筑面积为 36.39 平方米，不动产权证书号分别为 × 京房权证朝字第 1086232 号、京(2016)朝阳区不动产权第 0058372 号。

上述不动产抵押权登记信息显示：中信银行于 2016 年 8 月 8 日办理抵押登记，不动产登记证明号为京(2016)朝阳区不动产证明第 0057231 号；山西尧信融资再担保有限公司于 2016 年 11 月 17 日办理抵押登记，于 2016 年 12 月 23 日注销，再于 2017 年 1 月 11 日办理抵押登记。

又查明，2016 年 8 月 23 日，乐视网公司出具承诺承担差额补足责任的函件时，乐视控股为乐视网的股东。

2017 年 8 月 2 日，中信银行向北京市高级人民法院起诉请求：1. 判令乐视控股偿还借款本息共计 167,782.432 万元及实际偿还之日前发生的利息及罚息；2. 判令贾某某对乐视控股的前述第 1 项请求的借款本息承担连带保证责任；3. 判令乐视控股按照《权利质押合同》的约定为乐视控股的前述第 1 项请求的借款本息承担担保责任，中信银行对乐视控股质押的财富公司、百鼎公司 100% 的股权拍卖、变卖价款享有优先受偿权；4. 判令财富公司、百鼎公司按照《抵押合同》的约定为乐视控股前述第 1 项请求的借款本息承担担保责任，中信银行对财富公司、百鼎公司抵押的房地产拍卖、变卖价款享有优先受偿权；5. 判令乐视网对乐视控股的前述第 1 项请求的借款本息承担差额补足义务；6. 请求判令五被告共同承担本案诉讼费、保全费、公告费、律师费等全部诉讼费用。诉讼中，中信银行明确表示，其对乐视网主张的差额补足义务即为债务加入。

【案件争点】

乐视网是否应当依其承诺对乐视控股的还款义务承担差额补足责任。

【裁判要旨】

北京市高级人民法院一审认为,《并购借款合同》《抵押合同》《保证合同》《权利质押合同》均系各方当事人的真实意思表示,亦未违反我国法律法规的强制性规定,均属有效。各方当事人应当严格履行。

对于乐视网出具的承诺承担差额补足责任的函件的效力,该院认为,应当先确认该函件的性质。首先,《并购借款合同》第11条约定了担保方式和具体的担保合同名称,但并未将乐视网承诺差额补足责任的函件列入,说明当事人各方在签订《并购借款合同》及一系列担保合同时并未将乐视网的承诺认定为担保。其次,保证系从合同,保证人是从债务人,是为他人债务负责;并存的债务承担系独立的合同,承担人是主债务人之一,是为自己的债务负责。在乐视网的函件中,乐视网承诺只要出现逾期或拖欠贷款本息的情况,就承担差额补足责任。乐视网的上述承诺,没有保证的意思表示。相反,乐视网的承诺更具有主动加入债务的意思表示。最后,由于保证属典型的担保方式,其设立、生效、保证期间、履行方式等都有较为严格的规定。在当事人之间没有非常清晰、明确合意的情况下,亦不宜轻易认定为保证。故,乐视网承诺承担差额补足责任的函件属于乐视网自愿作出的、对其股东乐视控股的债务作出的债务加入的意思表示。对于乐视网关于该函件属于一般保证的答辩意见,该院不予采信。

作为上市公司的乐视网加入其股东乐视控股的债务,将给乐视网及其公众投资者带来潜在风险,并将直接影响证券市场秩序等公共利益问题。故应在确定乐视网出具的函件性质的基础上,依职权对乐视网出具的函件的效力予以审查。

《公司法》第16条第1、2款规定:"公司向其他企业投资或者为他人提供担保,依照公司章程的规定,由董事会或者股东会、股东大会决议;公司章程对投资或者担保的总额及单项投资或者担保的数额有限额规定的,不得超过规定的限额。公司为公司股东或者实际控制人提供担保的,必须经股东会或者股东大会决议。"即如果乐视网为乐视控股提供担保,尚且需要由股东大会作出决议。本案中,乐视网加入其股东乐视控股债务的行为虽然不属于为股东提供担保的行为,但是公司承诺债务加入这一直接承担责任的行为更应当经股东大会决议。如果不对公司加入股东债务的行为进行一定的规制,则无疑会放纵当事人通过债务加入的形式规避《公司法》第16条的规定,使该条形同虚设。本案中,乐视网作为上市公司,其加入股东的债务不仅将损害公司其他股东、公众投资者的利益，还会扰乱证券市场的正常秩序，这也是对《公司法》第 16 条保护公司和股东利益这一立法宗旨的破坏。故虽然《公司法》并未就公司加入股东债务作出规定，但依据《公司法》第 16 条的立法宗旨，该院适用该条规定处理案涉乐视网加入其股东乐视控股债务的效力问题。

乐视网对其股东乐视控股的债务作出债务加入的意思表示，既未经股东大会决议亦未经董事会决议通过，违反了《公司法》的相关规定。乐视网作为上市公司，其公司章程是对外公示的，该章程对于公司对外担保、股东大会决议事项、董事会职权都有明确的规定。依据《公司法》和行业监管部门的规定，中信银行应当对乐视网债务加入行为尽到必要的注意义务。乐视网出具的差额补足责任的函件，明显系规避《公司法》和行业监管部门对于公司对外担保的限制性规定。中信银行作为专业的金融机构，应当知晓《公司法》和行业监管部门的相关规定。中信银行对于乐视网债务加入的承诺应加强合法合规性的审查。因此，中信银行应当知道乐视网出具的函件既未经股东大会决议亦未经董事会决议。对此，中信银行存在过错，不能认定为善意相对人。《民法总则》第 171 条第 1 款规定："行为人没有代理权、超越代理权或者代理权终止后，仍然实施代理行为，未经被代理人追认的，对被代理人不发生效力。"第 4 款规定："相对人知道或者应当知道行为人无权代理的，相对人和行为人按照各自的过错承担责任。"乐视网出具的函件对乐视网不产生约束力。中信银行依据乐视网出具的函件对乐视网的相关诉讼请求，该院不予支持。中信银行的相关诉讼请求可以另行主张。

最高人民法院二审认为，关于乐视网是否应当依其承诺对乐视控股的还款义务承担差额补足责任的问题，因二审中乐视网和中信银行均认可 2016 年 8 月 23 日函件的内容构成债务加入，法院对原审判决关于乐视网出具的承诺承担差额补足责任函件的性质构成债务加入的认定，予以维持。根据民法一般原理，债务加入是指第三人加入既存的债务关系中，与债务人就其债务对债权人负连带之责，其效果相当于加入人为自己创设了一项独立的债务。与保证责任相比，加入人承担的债务较保证人的负担更重。本案中，作为上市公司的乐视网在函件中承诺承担的债务，是其控制股东乐视控股的债务。《合同法》第 124 条规定："本法分则或者其他法律没有明文规定的合同，适用本法总则的规定，并可以参照本法分则或者其他法律最相类似的规定。"据此，在现行立法未就债务加入的生效要件作出明确规定的情况下，原审判决类推适用法律关于上市公司为其股东提供保证的相关规定来认定其效果归属，法律依据充分，亦符合"举轻以明重"的法律解释方法。上诉人中信银行关于原审判决适用《公司法》第16条的规定认定函件效果归属系适用法律错误的上诉理由不能成立,法院不予支持。《公司法》第16条规定:"公司为他人提供担保,依照公司章程的规定,由董事会或者股东会、股东大会决议;公司章程对担保的数额有限额规定的,不得超过规定的限额。"公司为公司股东或者实际控制人提供担保的,必须经股东会或者股东大会决议。前款规定的股东或者受前款规定的实际控制人支配的股东,不得参加前款规定事项的表决。该项表决由出席会议的其他股东所持表决权的过半数通过。由此可见,在公司为他人提供担保这一可能影响股东利益的场合,立法规定了公司机关决议前置程序以限制法定代表人的代表权限。在公司内部,为他人提供担保的事项并非法定代表人所能单独决定,其决定权限交由公司章程自治:要么是由公司股东决定,要么是委诸商业判断原则由董事会集体讨论决定;在为公司股东或实际控制人提供担保的场合,则必须交由公司其他股东决定。这种以决议前置的方式限制法定代表人担保权限的立法安排,其规范意旨在于确保该担保行为符合公司的意思,不损害公司、股东的利益。从本案当事人自身实际具有的认知水平和注意能力来看,中信银行本身作为上市公司,对立法关于上市公司为股东提供担保须经股东大会决议的相关规定系属明知。故原审判决关于中信银行应当知道乐视网的人员采用以出具债务加入承诺函件的方式规避法律规定的做法的认定,符合本案的实际情况。乐视网作为上市公司,其相关人员未经依法决议,擅自以公司名义出具债务加入承诺函承担股东债务,不能认定为属于公司的意思,依法不应当认定乐视网为承诺函的出具主体。上诉人中信银行关于原审判决关于双方当事人的过错及责任认定不当的上诉理由,混淆了无权代理人与被代理人之间的关系,法院不予支持。

例案二 大大连大福控股股份有限公司、广发银行股份有限公司北京宣武门支行与大连长富瑞华集团有限公司、中国有色金属工业再生资源有限公司金融借款合同纠纷案

【法院】

最高人民法院

【案号】

(2016)京民终537号

【当事人】

上诉人(原审原告)：广发银行股份有限公司北京宣武门支行

上诉人(原审被告)：大大连大福控股股份有限公司

被上诉人(原审被告)：中国有色金属工业再生资源有限公司、大连长富瑞华集团有限公司

【基本案情】

2014年10月21日，授信人广发银行股份有限公司北京宣武门支行(以下简称广发银行宣武支行)与被授信人中国有色金属工业再生资源有限公司(以下简称有色金属公司)签订编号为3214CF003的《授信额度合同》，约定：广发银行宣武支行向有色金属公司提供最高额为15,000万元整授信额度敞口最高限额；额度有效期自本合同生效之日起至2015年10月20日；授信品种为银行承兑汇票、开立信用证和进口押汇，各额度之间可相互调剂；具体每笔银行承兑汇票的期限不得超过6个月，以“银行承兑汇票”所载明的实际期限为准；承兑之前，有色金属公司须按不少于票面金额的30%向广发银行宣武支行交存承兑保证金，并存入广发银行宣武支行指定的保证金账户。承兑时，由广发银行宣武支行向有色金属公司按票面金额的万分之五一次性计收手续费；无论汇票相关之商品交易各方是否存在或发生或可能发生任何纠纷，有色金属公司均必须于汇票到期日前将票款足额交存入汇票所载明“出票人”账号或有色金属公司认可的账户，并存放作为委托广发银行宣武支行支付票款之资金，否则视为有色金属公司违约；由于有色金属公司未能及时足额交存票款，致使广发银行宣武支行垫付资金时，广发银行宣武支行所垫付的款项转为广发银行宣武支行对有色金属公司的逾期贷款，广发银行宣武支行对有色金属公司尚未交付的票款自汇票到期日起按日万分之五计收利息，对欠息按日计收复利，并有权从有色金属公司银行账户中划款抵偿；有色金属公司保证按时偿还贷款本息，按时承担并支付本合同项下订立、履行及争议解决发生的有关费用，包括但不限于律师费以及广发银行宣武支行实现债权的诉讼费、执行费、律师代理费等。第9条违约及处理约定，下列事项之一即构成或视为有色金属公司在本合同项下违约事件：1. 有色金属公司未按本合同的约定履行对广发银行宣武支行的支付和清偿义务……出现前款规定的违约事件时，广发银行宣武支行有权视具体情形分别或同时采取下列措施：1. ……5. 宣布本合同、有色金属公司与广发银行宣武支行之间的其他合同项下尚未偿还的贷款/贸易融资款项本息和其他应付款项全部或部分立即到期……7. 要求有色金属公司赔偿因其违约而给广发银行宣武

门支行造成的损失……10. 要求保证人承担保证责任……

2014年10月21日,债权人广发银行宣武支行分别与保证人大大连大显集团有限公司(后更名为大连长富瑞华集团有限公司,以下简称长富瑞华公司)、大大连大显控股股份有限公司(后更名为大大连大福控股股份有限公司,以下简称大福公司)签订编号3214CF003-BZ、3214CF003-BZ01《最高额保证合同》,分别约定为担保广发银行宣武支行与有色金属公司(债务人)于2014年10月21日所签订的编号为3214CF003的《授信额度合同》项下债务的履行,大大连大显集团有限公司、大大连大显控股股份有限公司愿意向广发银行宣武支行提供连带责任保证,所担保的债权最高本金余额为15,000万元整,保证的范围包括主合同项下的债务本金、利息、罚息、复利、违约金、损害赔偿金、为实现债权而发生的费用(包括但不限于诉讼费、仲裁费、律师费、差旅费、执行费、保全费、评估费、拍卖或变卖费、过户费、公告费等)和其他所有应付费用;保证期间自主合同债务人履行债务期限届满之日起两年。

上述合同签订后,广发银行宣武支行与有色金属公司已实际发生的垫款及未到期的银行承兑汇票共计11笔,票面金额合计214,270,000元。截至本案一审立案之日,上述11笔银行承兑汇票相继到期,有色金属公司未及时偿付广发银行宣武支行垫付的票款。有色金属公司、长富瑞华公司、大福公司对广发银行宣武支行主张的上述金额均予认可。

一审法院另查明:广发银行宣武支行为实现本案债权,与北京市汉韬律师事务所签订有《委托代理合同》,并已向北京市汉韬律师事务所实际支付了8万元律师费。

一审法院再查明:2015年11月10日,经工商管理机关核准登记,大大连大显集团有限公司名称变更为长富瑞华公司。2016年6月1日,经工商管理机关核准登记,大大连大显控股股份有限公司名称变更为大福公司。

一审庭审中,广发银行宣武支行主张按日计息,按月结息,每月20日付息。大福公司认可3214CF003-BZ号《最高额保证合同》落款处公章的真实性。

二审法院补充查明如下事实:

1. 2015年9月22日,债权人广发银行宣武支行与保证人大大连大显控股股份有限公司签订编号3214CF003-BZ01《最高额保证合同》,约定为担保广发银行宣武支行与有色金属公司(债务人)于2014年10月21日所签订的编号为3214CF003的《授信额度合同》项下债务的履行,大大连大显控股股份有限公司愿意向广发银行宣武支行提供连带责任保证，担保的债权最高本金余额为15,000万元整，保证的范围包括主合同项下的债务本金、利息、罚息、复利、违约金、损害赔偿金、为实现债权而发生的费用（包括但不限于诉讼费、仲裁费、律师费、差旅费、执行费、保全费、评估费、拍卖或变卖费、过户费、公告费等）和其他所有应付费用；保证期间自主合同债务人履行债务期限届满之日起2年。

2. 一审庭审中，广发银行宣武支行主张"按日万分之五计算利息，折合年利率18%，对欠息按日计收复利，利息起算日汇票到期日，复利是利息产生之后，每月20日结息"。

3. 有色金属公司为一人公司，股东为长富瑞华公司；长富瑞华公司的股东为北京新纪元投资发展有限公司、沈阳新思科自动化有限公司、深圳市金桥信用担保投资有限公司；大福公司1993年8月17日成立，上市日期1996年9月16日，注册资本146,432.84万元，股票代码600747，股票简称大连控股，市场类型上海证券交易所，证券类别A股，长富瑞华公司持有大福公司35.51%的股权。

全国企业信用信息公示系统公示：

大福公司2015年度报告载明：企业资产状况信息：资产总额：262,147.219896万元；营业总收入：7477.378159万元；营业总收入中主营业务收入：7477.378159万元；纳税总额：76.823323万元；所有者权益：212,181.62311万元；利润总额：-7996.400643万元；净利润：-7996.400643万元；负债总额：262,147.219896万元。

【案件争点】

大福公司应否承担连带保证责任。

【裁判要旨】

根据本案现已查明事实，有色金属公司为一人有限责任公司，长富瑞华公司既是有色金属公司的唯一股东和实际控制人，还是大福公司的第一大股东和实际控制人、持有大福公司35.51%的股权。大福公司于2015年9月22日向广发银行宣武支行提供的被担保的标的是有色金属公司与广发银行宣武支行之间于2014年10月21日签订的3214CF003号《授信额度合同》项下的债务。大福公司与广发银行宣武支行之间签订3214CF003-BZ01《最高额保证合同》为有色金属公司提供最高额保证，实为长富瑞华公司（大福公司的第一大股东和实际控制人）以大福公司为自己为唯一股东和实际控制人的有色金属公司提供最高额保证。《公司法》第16条规定："公司向其他企业投资或者为他人提供担保，依照公司章程的规定，由董事会或者股东会、股东大会决议；公司章程对投资或者担保的总额及单项投资或者担保的数额有限额规定的，不得超过规定的限额。公司为公司股东或者实际控制人提供担保的，必须经股东会或者股东大会决议。前款规定的股东或者受前款规定的实际控制人支配的股东，不得参加前款规定事项的表决。该项表决由出席会议的其他股东所持表决权的过半数通过。”第121条规定：“上市公司在一年内购买、出售重大资产或者担保金额超过公司资产总额30%的，应当由股东大会作出决议，并经出席会议的股东所持表决权的2/3以上通过。”第124条规定：“上市公司董事与董事会会议决议事项所涉及的企业有关联关系的，不得对该项决议行使表决权，也不得代理其他董事行使表决权。该董事会会议由过半数的无关联关系董事出席即可举行，董事会会议所作决议须经无关联关系董事过半数通过。出席董事会的无关联关系董事人数不足三人的，应将该事项提交上市公司股东大会审议。”中国证券监督管理委员会、国务院国有资产监督管理委员会《关于规范上市公司与关联方资金往来及上市公司对外担保若干问题的通知》(证监会〔2003〕56号)第2条第2款规定：“上市公司对外担保应当遵守以下规定：(一)上市公司不得为控股股东及本公司持股50%以下的其他关联方、任何非法人单位或个人提供担保。(二)上市公司对外担保总额不得超过最近一个会计年度合并会计报表净资产的50%。(三)上市公司《章程》应当对对外担保的审批程序、被担保对象的资信标准做出规定。对外担保应当取得董事会全体成员2/3以上签署同意，或者经股东大会批准；不得直接或间接为资产负债率超过70%的被担保对象提供债务担保。(四)上市公司对外担保必须要求对方提供反担保，且反担保的提供方应当具有实际承担能力。(五)上市公司必须严格按照《上市规则》《公司章程》的有关规定，认真履行对外担保情况的信息披露义务，必须按规定向注册会计师如实提供公司全部对外担保事项。……”鉴于上市公司属于公众性公司，有限公司或未上市的股份公司属于封闭性公司，故二者在为股东或实际控制人提供担保时亦有明显的不同。有限公司或未上市的股份公司股东人数少，股东通常兼任公司执行董事或高管，管理层与股东并未实质性分离，股东对公司重大事项仍有一定的影响力，该类事项即使未经股东会决议，但通常也不违背股东的意志。而上市公司涉及众多股民利益保护、证券市场秩序维护等公共利益问题。上市公司未经股东大会决议同意即为大股东或实际控制人提供担保，将会给上市公司及其股东乃至整个证券市场带来潜在风险，一旦债务人(股东)未按期清偿债务，上市公司作为担保人就必须以其资产代为履行清偿义务，势必造成公司净资产的减少，降低上市公司的企业价值，具有显著的负财富效应，波及其他股东的原有利益，属于重大违规行为，侵害了众多投资者利益，扰乱了证券市场秩序，故应认定上市公司未经股东大会决议同意即为大股东或实际控制人提供担保无效。本案中，广发银行宣武支行未尽到对大福公司应当提供的担保材料的基本审查之责，大福公司未经股东会决议同意即为有色金属公司提供最高额保证，实为长富瑞华公司（大福公司的第一大股东和实际控制人）以大福公司为自己为唯一股东和实际控制人的有色金属公司提供最高额保证，且大福公司未按照证监会〔2003〕56 号文件的规定要求有色金属公司提供反担保，同时大福公司向社会公示的 2015 年度《审计报告》中其企业资产总额与其负债总额相等，表明大福公司的担保能力不足。综上，大福公司与广发银行宣武支行之间签订的 3214CF003 – BZ01《最高额保证合同》无效。对此，广发银行宣武支行、大福公司双方均有过错。依照最高人民法院《关于适用〈中华人民共和国担保法〉若干问题的解释》第 7 条“主合同有效而担保合同无效，债权人无过错的，担保人与债务人对主合同债权人的经济损失，承担连带赔偿责任；债权人、担保人有过错的，担保人承担民事责任的部分，不应超过债务人不能清偿部分的二分之一”的规定，大福公司对有色金属公司在本案中不能清偿债务部分的 1/2 承担连带赔偿责任。

例案三 | 河南天聚置业有限公司、陈某某企业借贷纠纷

【法院】

河南省高级人民法院

【案号】

（2017）豫民终 821 号

【当事人】

上诉人（一审被告）：河南天聚置业有限公司

被上诉人（一审原告）：陈某某、高某、高某某、河南省新世家置业有限公司

【基本案情】

2013 年 9 月 30 日，出借人马某（甲方）、借款人高某（乙方）、担保人高某某（丙方）、河南天聚置业有限公司［以下简称天聚公司（丁方）］、河南省新世家置业有限公司［以下简称新世家公司（戊方）］签订协议书一份，协议书“鉴于”部分载明：借款人高某通过马某联系的借款合计 3750 万元，用于投资天聚公司开发的贾鲁河项目。协议书正文部分约定：1. 天聚公司为前述借款提供连带责任担保；2. 新世家公

司为前述借款提供连带责任担保;3. 高某某以周口贾鲁河棚户区改造项目45%收益分配权,为前述借款提供连带责任担保,但除该项目收益以外的任何担保责任丙方(高某某)不予承担;4. 借款期限自2013年1月30日至2015年1月31日,利率20%,按年付息,即2014年1月30日支付利息750万元,2015年支付利息及本金合计4500万元;5. 若乙方借款人高某不能按照约定支付利息和本金,按照日0.15%计算罚息(计算公式:罚息=逾期金额×逾期天数×0.15%);6. 保证人保证范围为本借款合同项下的本金、利息、罚息、违约金、损害赔偿金、诉讼费、律师费及实现债权所需的一切费用。7. 保证人对上述所列款项承担连带清偿责任,保证期间为债务人履行债务期限届满之日起二年;8. 保证人保证本合同项下的担保义务具有连续性,不受任何指令、产权变动或经营方式调整等因素的影响。出借人马某、借款人高某、担保人高某某在该协议书上签名,担保人天聚公司、新世家公司在该协议书上盖章,高某某分别在两公司法定代表人的位置上签名。

2014年9月30日,债权转让人马某、债权受让人陈某某、债务人高某、担保人天聚公司、新世家公司签订债权转让协议书一份,债权转让协议书第1条:债务人确认基于2013年9月30日与债权转让人及担保人签订的协议书,对马某负有的债务为:借款本金3750万元,借款利率为年息20%。截至本协议签订之日,债务人已偿还债务本金300万元及相应利息,未偿还债务本金3450万元,利息1150万元。协议第3条:债权转让人马某将原借款协议书中债权本金1200万元及相应利息400万元(暂计至债权转让日,以后另计)转让给受让人陈某某。第4条:协议书生效后,债务人承诺按原协议书约定的利率和逾期违约金向陈某某履行债权本金1200万元还本付息的义务。债权转让人马某、受让人陈某某、债务人高某在该协议书上签名,担保人天聚公司、新世家公司在该协议书上盖章。同日,债务人高某及担保人天聚公司、新世家公司向债权人出具还款计划:2015年5月10日前还款480万元;2015年6月10日前还款320万元;2015年9月10日前还款400万元;2015年10月10日前还款400万元;2015年11月10日前本息结清。该还款计划有债务人高某签名,担保人天聚公司、新世家公司盖章确认。

2015年7月12日,债权转让人马某与债权受让人陈某某签订债权转让协议书一份,马某将原借款担保协议书项下债权本金900万元及相应利息转让给陈某某,该协议书上有债权转让人马某及债权受让人陈某某签名。

2015年10月27日,债权转让人马某及债权受让人陈某某就上述两份债权转让协议在《河南商报》刊登债权转让暨催收公告。

为证明本案借款协议中的款项已实际支付，陈某某提交了马某全部借款中的部分付款即2500万元的银行汇款凭证及相关证据，即2013年2月4日，高某出具的授权委托书，授权马某将其本人借款转入柳某某工行花园路支行账号62×××07，马某于2013年2月4日分两笔向柳某某上述账户转款400万元、100万元，于2013年2月6日向柳某某账户转款700万元；2013年4月3日，郑某受马某委托，向高某账户47×××25汇付借款600万元；2013年8月6日，郑某受马某委托，向高某账户47×××25汇付借款500万元；2013年8月9日，郑某受马某委托，向高某账户47×××25汇付借款100万元；2013年8月12日，郑某受马某委托，向高某账户47×××25汇付借款100万元。本案借款协议是出借后补签。

另查明，2013年9月30日签订本案借款协议时，担保人高某某同时为担保人天聚公司、新世家公司的法定代表人。

二审查明以下事实：

（一）本案2013年9月30日《协议》“鉴于”部分第3条显示：“经各方协商，同意以高某某投资的天聚置业股权为此笔借款提供担保，指定马某持有周口天聚置业有限公司45%的股权。”

（二）天聚公司提交的《企业基本注册信息查询单》显示，2014年2月18日，天聚公司法定代表人由柳某起变更为高某某；2013年2月5日至2013年9月11日，马某任天聚公司股东。天聚公司2014年2月12日股东会决议显示，审议通过免去柳某起执行董事、法定代表人职务，免去马某监事职务。

（三）2013年8月29日，百瑞信托有限责任公司（以下简称百瑞信托公司）与新世家公司、天聚公司、祥龙国际控股有限公司、河南祥龙四五酒业有限公司签订《合作协议》，约定百瑞信托公司与新世家公司就周口市贾鲁河东街坊棚户区综合改造项目投资开展合作，百瑞信托公司以信托计划资金向天聚公司增资，由天聚公司进行目标项目的拆迁投入和开发建设，并就各方相关权利义务作出约定。其中，协议第3条“丙方（天聚公司）管理”部分就天聚公司董事会职权约定有“决定公司对外投资、对外融出资金、负债、对外担保、重大资产处置（超过500万元）等事项”；在该条第3.3.1“日常管理”部分约定，“甲方（百瑞信托公司）有权自行或聘请律师事务所对目标项目进行驻场管理，控制丙方（天聚公司）的公章、企业营业执照、法定代表人名章、财务章、银行账户开户许可证等重要印鉴及证照，并对丙方的日常运营、财务收支、对外融资担保、预算执行等情况进行全面监控，丙方银行账户印鉴卡上预留甲方指定印鉴，甲方控制丙方的网银账户”。高某在《合作协议》上祥龙国际控股有限公司、河南祥龙四五酒业有限公司“法定代表人或授权代表”处签名。天聚公司“法定代表人或授权代表”处加盖有“柳某起”名章。新世家公司“法定代表人或授权代表”处加盖有“高某某”名章。

（四）2014年12月29日，高某某出具《情况说明》一份，内容为“2013年9月，天聚公司全部股权变更为新世家公司时，相关证照及公章等由双方经办人员进行了交接，信托成立及天聚公司股权变更为现状（百瑞信托95%，新世家5%）时，考虑到项目的地域情况，为了便于具体工作的开展，自行保留了公司公章壹枚，该公章已于2014年12月25日移交百瑞公司保管，之前使用其进行过一笔壹仟万元的借款融资，用以支付项目前期欠款，其他的融资业务均未使用发生”。

（五）二审中，本案所涉借款原债权人马某出庭作证，相关各方就法庭所提问题作答如下：

1. 关于高某某在本案《协议》上签字时的身份问题，高某某回答：“担任法人的具体时间记不清了，以工商登记为准。对天聚公司提交的工商登记材料无异议。协议是补签的。对2014年2月18日接手从柳某起那里变更法人的事实认可。补签协议时我已经不是法人了，在协议上签字是为了完善手续，我签字时以为我当时还是天聚公司法定代表人。”

2. 关于柳某强、柳某起与本案的关系问题，马某回答：“柳某强是项目的实际控制人。收购之前，柳某强和柳某起是天聚公司的实际控制人，收购后实际控制人变为高某、高某某。”另外，陈某某在一审庭审中亦有陈述称：“主债务人高某是天聚置业和新世家公司的实际控制人，高某某是两家公司的法定代表人，是新世家公司的股东，担保人和主债务人是有关联关系的。”高某某称：“签订借款协议时，高某是新世家公司实际控制人。”

3. 关于2013年9月30日《协议》签订时间问题，马某回答：“记不清了。不是当天签的。2013年9月30日之后签的，但是相隔不久。”

4. 关于2013年9月30日《协议》上显示加盖的天聚公司一枚复印公章和一枚红章分别系谁加盖问题，陈某某回答：“第一枚公章不清楚是谁加盖的；第二枚红章，是因为受让债权时我们需要原件，当时马某说原件只有一份，因此就给我们一份复印件，上面有一枚红章，但是谁加盖的不清楚。”高某某回答：“章的事情我不清楚，签字的时候有没有章记不清楚了。”

5. 关于陈某某受让的1200万元和900万元两笔债权分别对应本案基础债权中的哪几笔问题，陈某某回答：“因当时不了解马某是分多少笔向债务人高某汇款转账的，而且当时债务人也向我出具了还款计划书，所以就没有在协议中明确是哪几笔转款。我方认可一审中向法庭提交的2500万元汇款中并由一审法院判项认定的那几笔转款。”

6. 关于主债务人高某下落问题，陈某某回答：“通过马某联系高某，马某应该告诉高某诉讼的事情了，高某应该没有被刑事羁押。”

【案件争点】

天聚公司应否承担本案担保责任。

【裁判要旨】

首先，本案担保行为是否系天聚公司真实意思表示存疑。陈某某主张，2013年9月30日协议上加盖有天聚公司印章，并有公司法定代表人高某某签字，对天聚公司具有约束力。但是，根据法院二审查明情况，高某某自认其在协议上签字时并非天聚公司法定代表人，且协议上所加盖的天聚公司公章与天聚公司在公安机关印章治安信息管理系统备案公章不一致。虽然从陈某某提交工商登记证据材料看，天聚公司亦有不带防伪编码的公章，但是根据天聚公司提交的高某某于2014年12月29日出具的《情况说明》显示，天聚公司股权变更时，高某某自行保留了一枚公司印章，但该公章仅用于进行过一笔1000万元的借款融资，其他融资业务均未使用，且在百瑞信托公司注资控制天聚置业公司过程中，百瑞信托公司与新世家公司、天聚置业公司等签订的《合作协议》中明确约定有百瑞信托公司控制天聚公司公章内容，从常理上讲，签订本案《协议》以及马某向陈某某第一次转让本案债权时，天聚公司公章应已由百瑞信托公司控制，加之陈某某、高某某对于2013年9月30日《协议》上公章究竟是谁加盖均无法清楚说明，故法院认定该事实存疑。其次，《协议》相关担保约定依法对天聚公司不发生效力。本案原债权人马某及原任天聚公司法定代表人高某某均认可，债务人高某在从天聚公司原股东收购股权后系公司实际控制人，高某某并称高某在签订本案《协议》时系新世家公司实际控制人。而从天聚公司股权结构变化来看，2013年9月11日，新世家公司持有天聚公司100%的股权；至2013年9月22日，新世家公司持有天聚公司55%股权，百瑞信托持有45%股权；至2014年2月18日，新世家公司持有天聚公司5%股权，百瑞信托持有95%股权。据此，法院认定签订本案协议时，高某系天聚公司实际控制人。依照《公司法》第16条之规定，公司为实际控制人提供担保，必须经股东会或者股东大会决议，则天聚公司为高某提供担保，应当经天聚公司股东会或股东大会决议，而本案担保并未遵循上述法律规定。陈某某仅以《协议》上加盖公司印章、有法定代表人签字为由，即主张《协议》担保内容对天聚公司发生法律效力，法院不予支持。最后，本案原债权人马某亦不属于善意相对人。本案中，百瑞信托公司与新世家公司、天聚公司等五方主体于2013年8月29日签订《合作协议》，对于百瑞信托注资后天聚公司的管理事宜作出了约定，明确公司对外担保由董事会决定。而工商登记显示，债权人马某自2013年2月5日至2013年9月11日为天聚公司股东，一度持有公司90%的股权，本案《协议》"鉴于"部分亦明确显示"指定马某持有天聚公司45%股权"，即使按照马某所称，"协议系事后补签，签订时间与协议显示时间相隔不久"，马某仍担任天聚公司监事直至2014年2月12日，系公司高级管理人员，应当知悉涉及天聚公司重大权益的《合作协议》内容和公司章程所涉公司对外担保规定，以及公司股权结构、法定代表人身份及实际控制主体等相关情况。即使如马某所称，其以为高某某有权代表天聚公司签订协议，根据《合同法》第50条之规定，公司法定代表人、负责人超越权限订立合同，相对人应当知道其超越权限的，该代表行为对公司不发生法律效力。在天聚公司未经公司董事会、股东会决议通过的情况下，马某与天聚公司签订协议，约定由天聚公司向其提供担保，自身未尽谨慎注意义务，具有重大过错，亦应承担相应不利后果。因此，天聚公司抗辩《协议》担保内容对其不发生法律效力的理由成立。根据《合同法》第82条之规定，天聚公司对本案原债权人马某所提抗辩事由效力及于债权受让人陈某某，则陈某某以本案《协议》主张天聚公司承担担保责任依据不足，法院不予支持。

三、裁判规则提要

《公司法》第16条第2款通过规定公司为股东和实际控制人提供担保的内部决策程序，为公司担保的能力设定了限制，属于强制性规定。并且，《公司法》第16条第2款属于效力性强制性规定。公司法定代表人未经股东会决议，以公司名义为股东和实际控制人提供担保的合同无效，除非由公司决议予以追认或善意相对人主张表见代表制度保护。

判断公司法定代表人越权签署的担保合同的效力，其逻辑起点在于《民法典》第504条（原为《合同法》第50条）的适用。《民法典》第504条规定："法人的法定代表人或者非法人组织的负责人超越权限订立的合同，除相对人知道或者应当知道其超越权限外，该代表行为有效，订立的合同对法人或者非法人组织发生效力。"依据该条规定，若相对人知道或者应当知道公司法定代表人超越权限订立担保合同（相对人为恶意），则担保合同无效，公司不应承担担保责任。若相对人不知道且不应知道公司法定代表人超越权限订立担保合同（相对人为善意），则构成表见代表，担保合同有效，公司应当承担担保责任。因此，适用《民法典》第504条的关键在于判断相对人是善意还是恶意。

公司法创设的债权人审查章程与决议的注意义务深度影响着《民法典》第504条的解释与适用。首先，《公司法》第16条第2款作为强制性规定，不仅为公司提供担保的能力设定了内部决策程序上的限制，同时还为相对人设定了审查担保公司是否经过了股东会决议程序的义务。债权人应及时索要并审慎审查担保人公司的章程、授权决议、公章、法定代表人名章或签名等印信资料的真实性、合法性、关联性与充分性。罗马法谚有云："不知法者不免责。"法律在制定之时即已公开，任何人无论是否实际上知道法律的规定，都被推定为已经知道法律的规定，不得以不知法律规定为理由拒绝履行法律义务或承担法律责任。其次，相对人审查担保公司是否经过了股东会决议程序具有可行性。在签订担保合同之前，相对人可以向担保公司索要公司股东会决议。最后，对于股东会决议，相对人仅负有审慎的形式审查义务。履行注意义务以理性人标准为主、主观标准为辅。原则上以具有通常智商、情商、法商与德商的普通理性债权人在相同或者近似场合所尽到的审慎、注意、勤勉、智慧、经验与技巧作为衡量标准。债权人若达标，即为善意。若有证据证明特定债权人的实际注意能力明显高于理性人标准，则以该债权人是否诚实地尽其注意能力作为衡量标准。中庸标准有助于激励勤勉、惩戒懈怠。

若相对人明知公司未经过股东会决议（恶意串通的情形），或者因怠于履行审查公司股东会决议的法定义务而不知公司未经过股东会决议，则符合"相对人知道或者应当知道其超越权限"的情形。此时担保合同无效，公司无须承担担保责任。越权担保合同无效时，相对人可请求法定代表人履约或赔偿，但与公司无涉。

公司对外担保制度蕴含着公司生存权与发展权、公司善治、股权文化、契约精神与信托义务等公序良俗，为效力性强制性规定。将《公司法》第16条第2款认定为效力性强制性规定，有利于引导与规范公司内部决策、民主治理与风险控制，限制与约束法定代表人对外代表权限，遏制法定代表人滥用权力为股东和实际控制人提供担保，严重损害公司中小股东利益的违法现象，同时也能警示与教育外部债权人，促使其审慎注意代表权来源的真实性、合法性与关联性，精准锁定法定代表人背后公司的真实理性意思表示。这会增加一定的交易成本，但考虑到公司关联担保对于公司利益的重要影响，付出这样的交易成本是合理且必要的。

四、辅助信息

高频词条：

《公司法》

第16条 公司向其他企业投资或者为他人提供担保，依照公司章程的规定，由董事会或者股东会、股东大会决议；公司章程对投资或者担保的总额及单项投资或者担保的数额有限额规定的，不得超过规定的限额。

公司为公司股东或者实际控制人提供担保的，必须经股东会或者股东大会决议。

前款规定的股东或者受前款规定的实际控制人支配的股东，不得参加前款规定事项的表决。该项表决由出席会议的其他股东所持表决权的过半数通过。

《民法典》

第153条 违反法律、行政法规的强制性规定的民事法律行为无效。但是，该强制性规定不导致该民事法律行为无效的除外。

违背公序良俗的民事法律行为无效。

第154条 行为人与相对人恶意串通，损害他人合法权益的民事法律行为无效。

第504条 法人的法定代表人或者非法人组织的负责人超越权限订立的合同，除相对人知道或者应当知道其超越权限外，该代表行为有效，订立的合同对法人或者非法人组织发生效力。

《全国法院民商事审判工作会议纪要》

17. 为防止法定代表人随意代表公司为他人提供担保给公司造成损失，损害中小股东利益，《公司法》第16条对法定代表人的代表权进行了限制。根据该条规定，担保行为不是法定代表人所能单独决定的事项，而必须以公司股东（大）会、董事会等公司机关的决议作为授权的基础和来源。法定代表人未经授权擅自为他人提供担保的，构成越权代表，人民法院应当根据《合同法》第50条关于法定代表人越权代表的规定，区分订立合同时债权人是否善意分别认定合同效力：债权人善意的，合同有效；反之，合同无效。

18. 前条所称的善意，是指债权人不知道或者不应当知道法定代表人超越权限订立担保合同。《公司法》第16条对关联担保和非关联担保的决议机关作出了区别规定，相应地，在善意的判断标准上也应当有所区别。一种情形是，为公司股东或者实际控制人提供关联担保，《公司法》第 16 条明确规定必须由股东（大）会决议，未经股东（大）会决议，构成越权代表。在此情况下，债权人主张担保合同有效，应当提供证据证明其在订立合同时对股东（大）会决议进行了审查，决议的表决程序符合《公司法》第 16 条的规定，即在排除被担保股东表决权的情况下，该项表决由出席会议的其他股东所持表决权的过半数通过，签字人员也符合公司章程的规定。另一种情形是，公司为公司股东或者实际控制人以外的人提供非关联担保，根据《公司法》第 16 条的规定，此时由公司章程规定是由董事会决议还是股东（大）会决议。无论章程是否对决议机关作出规定，也无论章程规定决议机关为董事会还是股东（大）会，根据《民法总则》第 61 条第 3 款关于“法人章程或者法人权力机构对法定代表人代表权的限制，不得对抗善意相对人”的规定，只要债权人能够证明其在订立担保合同时对董事会决议或者股东（大）会决议进行了审查，同意决议的人数及签字人员符合公司章程的规定，就应当认定其构成善意，但公司能够证明债权人明知公司章程对决议机关有明确规定的除外。

债权人对公司机关决议内容的审查一般限于形式审查，只要求尽到必要的注意义务即可，标准不宜太过严苛。公司以机关决议系法定代表人伪造或者变造、决议程序违法、签章（名）不实、担保金额超过法定限额等事由抗辩债权人非善意的，人民法院一般不予支持。但是，公司有证据证明债权人明知决议系伪造或者变造的除外。

19. 存在下列情形的，即便债权人知道或者应当知道没有公司机关决议，也应当认定担保合同符合公司的真实意思表示，合同有效：

（1）公司是以为他人提供担保为主营业务的担保公司，或者是开展保函业务的银行或者非银行金融机构；

（2）公司为其直接或者间接控制的公司开展经营活动向债权人提供担保；

（3）公司与主债务人之间存在相互担保等商业合作关系；

（4）担保合同系由单独或者共同持有公司三分之二以上有表决权的股东签字同意。

20. 依据前述 3 条规定，担保合同有效，债权人请求公司承担担保责任的，人民法院依法予以支持；担保合同无效，债权人请求公司承担担保责任的，人民法院不予支持，但可以按照担保法及有关司法解释关于担保无效的规定处理。公司举证证明债权人明知法定代表人超越权限或者机关决议系伪造或者变造，债权人请求公司承担合同无效后的民事责任的，人民法院不予支持。

21. 法定代表人的越权担保行为给公司造成损失，公司请求法定代表人承担赔偿责任的，人民法院依法予以支持。公司没有提起诉讼，股东依据《公司法》第 151 条的规定请求法定代表人承担赔偿责任的，人民法院依法予以支持。

30. 合同法施行后，针对一些人民法院动辄以违反法律、行政法规的强制性规定为由认定合同无效，不当扩大无效合同范围的情形，合同法司法解释（二）第 14 条将《合同法》第 52 条第 5 项规定的"强制性规定"明确限于"效力性强制性规定"。此后，《最高人民法院关于当前形势下审理民商事合同纠纷案件若干问题的指导意见》进一步提出了"管理性强制性规定"的概念，指出违反管理性强制性规定的，人民法院应当根据具体情形认定合同效力。随着这一概念的提出，审判实践中又出现了另一种倾向，有的人民法院认为凡是行政管理性质的强制性规定都属于"管理性强制性规定"，不影响合同效力。这种望文生义的认定方法，应予纠正。

人民法院在审理合同纠纷案件时，要依据《民法总则》第 153 条第 1 款和合同法司法解释（二）第 14 条的规定慎重判断"强制性规定"的性质，特别是要在考量强制性规定所保护的法益类型、违法行为的法律后果以及交易安全保护等因素的基础上认定其性质，并在裁判文书中充分说明理由。下列强制性规定，应当认定为"效力性强制性规定"：强制性规定涉及金融安全、市场秩序、国家宏观政策等公序良俗的；交易标的禁止买卖的，如禁止人体器官、毒品、枪支等买卖；违反特许经营规定的，如场外配资合同；交易方式严重违法的，如违反招投标等竞争性缔约方式订立的合同；交易场所违法的，如在批准的交易场所之外进行期货交易。关于经营范围、交易时间、交易数量等行政管理性质的强制性规定，一般应当认定为"管理性强制性规定"。

公司法上效力性强制性规定识别案件裁判规则第 3 条：

《公司法》第 20 条是效力性强制性规定

〔**规则描述**〕:《公司法》第 20 条是效力性强制性规定。公司股东滥用股东权利损害公司或者其他股东的利益,或者滥用公司法人独立地位和股东有限责任损害公司债权人的利益的,涉案合同无效。若相对人明知公司股东存在滥用情形,涉案合同无效。若相对人因怠于审查股东是否存在滥用情形而不知滥用情形的存在,亦应认定涉案合同无效。

一、类案检索大数据报告

时间:2020 年 8 月 2 日前;

案例来源:Alpha 案例库;

案例数量:32 件;

数据采集时间:2020 年 8 月 2 日。

本次检索获取 2020 年 6 月 28 日前共 32 篇裁判文书,整体情况如图 3 -1 所示,其中认定《公司法》第 20 条是效力性强制性规定的案件 17 件,占比为 53%;认定《公司法》第 20 条是管理性强制性规定的案件 15 件,占比为 47%。

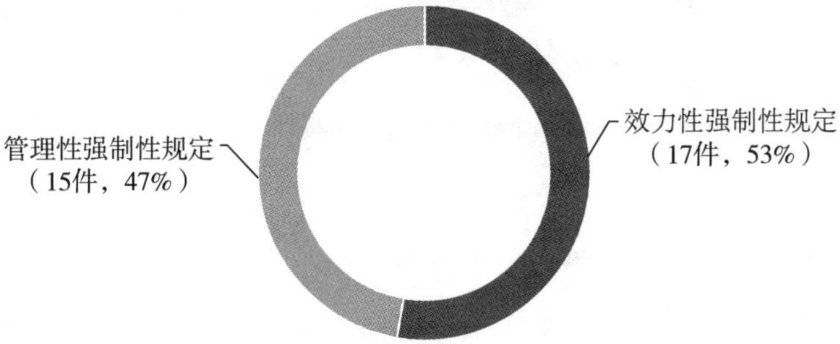

图 3 -1 《公司法》第 20 条的案件性质

如图 3 -2 所示,从案件年份分布情况可以看出当前条件下案件数量的变化趋势。

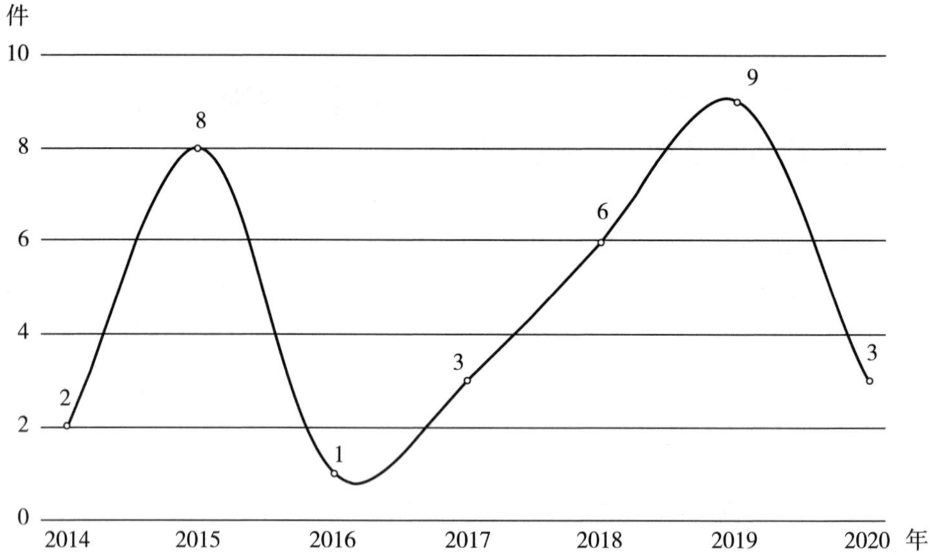

图 3－2　案件年份分布情况

如图 3－3 所示，从案件主要地域分布情况可以看出，当前案件主要集中在广东省、湖北省、吉林省、安徽省、浙江省。

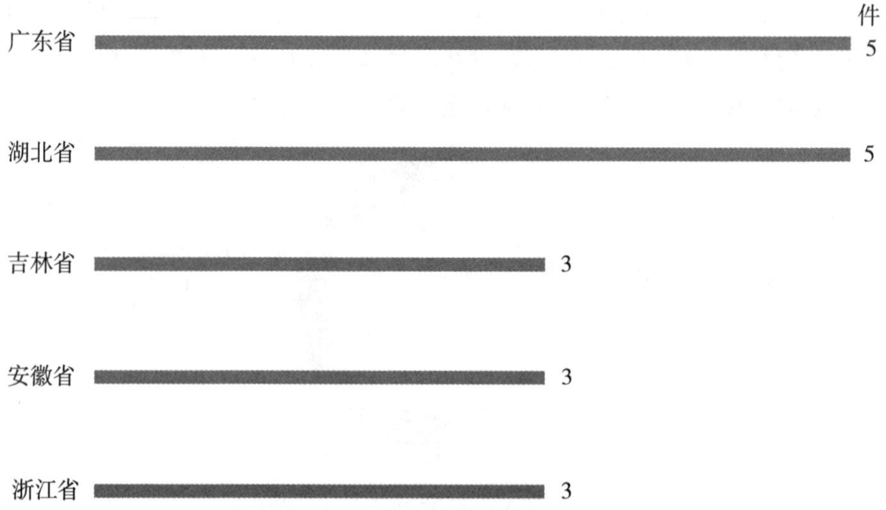

图 3－3　案件主要地域分布情况

二、可供参考的例案

例案一 方正证券股份有限公司与东营中拓投资有限责任公司、尹某某等股权转让纠纷案

【法院】

山东省高级人民法院

【案号】

(2015)鲁商终字第255号

【当事人】

上诉人(原审被告):东营中拓投资有限责任公司

被上诉人(原审原告):方正证券股份有限公司

原审被告:尹某某、孙某某、李某某、杨某某、黄某武、黄某臣

【基本案情】

2004年9月13日,陈某、刘某某、李某与房某某签订《股权转让协议》,约定:陈某将在东营中拓投资有限责任公司(以下简称中拓公司)的股权500万元,刘某某将在中拓公司的股权500万元,李某将在中拓公司的股权200万元全部转让给新股东房某某。公司原股东同意放弃优先认购权。转让方式:以现金支付。同日,中拓公司修改了公司章程,载明中拓公司注册资本为2000万元,房某某出资为1200万元,并变更了工商登记,将涉案转让的股权变更登记至房某某名下。

2005年12月12日,中拓公司因未参加年检被吊销营业执照,吊销营业执照时,公司法定代表人为房某某。

陈某、刘某某、李某与泰阳证券、长阳公司签署《证明》1份,内容为:"1. 2004年6月以陈某、刘某某、李某名义投入中拓公司的股份投资共计1200万元(其中刘某某名下500万元、陈某名下500万元、李某名下200万元)实际所有人为泰阳证券,泰阳证券通过长阳公司的账户将投资款汇入中拓公司,陈某、刘某某、李某系代行泰阳证券在中拓公司的股东权利。2. 鉴于以上事实,泰阳证券在本证明作出之日起全权负责与中拓公司现有股东协商解决公司的后续事宜。陈某、刘某某、李某、长阳公司无权再行使任何形式的权利。"《证明》落款处签字有"陈某、刘某某、李某"名字,并加盖泰阳证券、长阳公司印章。

2007年5月11日,泰阳证券与中拓公司签订《协议书》,约定:"1. 2004年6

月15日，泰阳证券通过下属子公司长阳公司划款1200万元并以陈某、刘某某、李某三人的名义投资入股中拓公司（占公司股份的60%），双方在东营合作证券投资业务，在天同证券东营营业部开立了三个资金账号63×××063×××71、63×××85。2.双方均同意中拓公司代房某某向泰阳证券支付房某某应支付给泰阳证券的股权转让款及利息，并以中拓公司存于天同证券东营营业部63×××063×××71、63×××85三个资金账户内的资产抵偿上述泰阳证券与房某某之间的全部股权转让款及利息。由于泰阳证券于2004年7月1日为刘炜平向中拓公司借款800万元提供了担保，该借款未能如期归还。根据双方原来的约定，泰阳证券向中拓公司支付违约金100万元，该100万元违约金在三个资金账号的资金中先行扣除。3.上述违约金支付后，中拓公司协助泰阳证券的委托人将中拓公司存于天同证券东营营业部63×××063×××71、63×××85三个资金账户内扣除100万元违约金后的剩余资产转取至泰阳证券指定账户内（已退市的ST嘉瑞若能重新上市，待上市抛出后再将资金划至泰阳证券的账户内）。4.自协议签订之日起，双方之间以及泰阳证券与房某某之间的问题一次性解决，双方均承诺不再以任何事实和理由向对方主张任何权利，泰阳证券亦承诺并保证下属的长阳公司及陈某、刘某某、李某三个自然人均不再以任何事实和理由向中拓公司主张任何权利。5.本协议自双方签章后生效。”泰阳证券、中拓公司分别在落款处签章。

2007年5月11日《协议书》签订后，中拓公司给付泰阳证券1,301,6711.05元。

另查明，2008年5月12日，方正证券有限责任公司吸收合并泰阳证券，承继泰阳证券的债权债务。2010年9月1日，经中国证券监督管理委员会核准，方正证券有限责任公司变更为方正证券股份有限公司。

还查明，原审法院分别于2013年7月4日、2014年5月23日进行了两次开庭，第一次由于被告王法旭去世，其继承人之一尹某某申请中止诉讼而未能进行法庭调查和辩论。中拓公司于2014年5月20日委托山东众成仁和律师事务所律师刘晔代理本案诉讼，2014年5月26日山东众成仁和律师事务所向原审法院出具律师事务所函。2014年5月23日第二次开庭，中拓公司的法定代表人、委托代理人均未到庭参加诉讼。庭后刘晔向原审法院提出了质证意见，乔湛明向原审法院提供了代理意见。

上述事实，有《股权转让协议》、《协议书》、《证明》、中拓公司工商登记查询材料、中国证券监督管理委员会证监的批复、一审和二审庭审笔录等在卷为证。

【案件争点】

2007年5月11日泰阳证券与中拓公司签订的《协议书》是否有效。

【裁判要旨】

山东省高级人民法院认为，根据查明的事实，2004年6月15日，泰阳证券通过下属子公司长阳公司划款1200万元并以陈某、刘某某、李某三人的名义投资入股中拓公司，泰阳证券与中拓公司在东营合作证券投资业务，该1200万元由中拓公司在天同证券东营营业部开立了三个资金账号63×××063×××71、63×××85并购买了相关股票。2004年9月13日，陈某、刘某某、李某分别将500万元、500万元、200万元的股权转让给房某某，关于股权转让价格，中拓公司上诉主张股权转让款为1200万元，方正证券庭审答辩亦认可"2004年9月约定的股权转让对价为1200万元"。由于以陈某、刘某某、李某名义所持中拓公司的股权实际所有人为泰阳证券，陈某、刘某某、李某与泰阳证券、长阳公司签署《证明》，约定由泰阳证券全权负责与中拓公司现有股东协商解决公司的后续事宜，陈某、刘某某、李某、长阳公司无权再行使任何形式的权利。2007年5月11日，泰阳证券与中拓公司签订《协议书》，约定由中拓公司代房某某向泰阳证券支付房某某应支付给泰阳证券的股权转让款及利息，并以中拓公司存于天同证券东营营业部63×××063×××71、63×××85三个资金账户内的资产抵偿上述泰阳证券与房某某之间的全部股权转让款及利息。上述事实的本质是陈某、刘某某、李某作为名义股东、泰阳证券作为实际出资人向中拓公司出资1200万元，中拓公司以该1200万元在天同证券东营营业部开立63×××063×××71、63×××85三个资金账户。后陈某、刘某某、李某及泰阳证券均同意将股权转让给房某某，在原债务人房某某所欠股权转让款已经超过诉讼时效的情况下，2007年5月11日目标公司中拓公司与泰阳证券签订《协议书》，使原债务人房某某退出债的关系，由中拓公司以代房某某支付1200万元股权转让款及利息的形式，将以泰阳证券实际出资的1200万元购买的63×××063×××71、63×××85三个资金账户内的资产全部返还给泰阳证券，构成股东抽逃出资。

另外，在2007年5月11日泰阳证券与中拓公司签订《协议书》时，中拓公司已被吊销营业执照，本应进行清算。但房某某作为控股股东，不履行清算义务，将公司财产用于清偿公司债务后，在公司财产有剩余的情况下行使剩余财产分配权，而是利用控股股东身份和公司法定代表人地位，在自己对公司原股东所欠股权转让款已经超过诉讼时效的情况下，使自己免除支付义务而由公司直接偿还债务，并以以物抵债的方式将原股东出资购买的证券资产全部返还原股东,构成股东滥用权利,损害了公司债权人利益、公司利益和其他股东的利益。

《公司法》第35条规定"公司成立后,股东不得抽逃出资",最高人民法院《关于适用〈中华人民共和国公司法〉若干问题的规定(三)》第14条规定,股东抽逃出资的,公司或其他股东有权请求其返还出资本息,公司债权人有权请求其在抽逃出资本息范围内对公司债务不能清偿的部分承担赔偿责任。《公司法》第20条第1款规定"公司股东应当遵守法律、行政法规和公司章程,依法行使股东权利,不得滥用股东权利损害公司或者其他股东的利益;不得滥用公司法人独立地位和股东有限责任损害公司债权人的利益",对于滥用股东权利的后果,第20条第2、3款规定:"公司股东滥用股东权利给公司或者其他股东造成损失的,应当依法承担赔偿责任。公司股东滥用公司法人独立地位和股东有限责任,逃避债务,严重损害公司债权人利益的,应当对公司债务承担连带责任。"根据上述规定,股东抽逃出资和公司股东滥用股东权利的行为都是法律明确禁止的行为,其效力不为法律所认可,属于《合同法》第52条第5项"违反法律、行政法规的强制性规定"之合同无效情形,因此,2007年5月11日泰阳证券与中拓公司签订的《协议书》无效。

例案二 | 金某某与琼中金福房地产开发有限公司保证合同纠纷案

【法院】

海南省第一中级人民法院

【案号】

(2020)琼96民终5号

【当事人】

上诉人(原审原告):金某某

被上诉人(原审被告):琼中金福房地产开发有限公司

原审第三人:林某某、王某某

【基本案情】

2012年1月2日,被告琼中金福房地产开发有限公司(以下简称金福公司)召开股东会,全体股东签订《股份决议书》,主要内容为金某某(实际占股份26%)、郑某(实际占股份39%)、王某某(实际占股份10%)、严某某(实际占股份20%)、林某某(实际占股份5%)。企业盈亏按照各自的投资比例分配负责。2014年12月

15日，被告琼中金福房地产开发有限公司全体股东金某某（占股比为34%）、林某某（占股比为5%）、王某某（占股比为20%）、严某某（占股比为12%）、郑某（占股比为29%）召开股东会，形成股东决议如下：股东金某某的股权34%、林某某的股权5%、王某某的股权20%、严某某的股权12%，全部转让给股东郑某。2014年12月15日，各股东就以上股东会议形成的决议签订了一份《股权转让协议》，各股东一致同意将其各自持有被告公司的股权转让给股东郑某。《股权转让协议》约定以上股权出让款以公司房屋出售得款支付给各出让股权的股东。为执行以上《股权转让协议》，通过销售房屋收入支付、兑现各出让股权股东的应得股权出让款，2015年1月3日，被告公司召集公司原股东金某某、林某某、王某某、严某某及现股东郑某召开股东会议，并形成了一份《股东会决议（补充）》。由被告原股东金某某，也即被告前法定代表人通过抓阄的方式取得了相应的房产，包括涉案被告公司6幢704房，7幢403房、703房，8幢503房、603房，10幢702房，11幢601房及816号商铺共计8套房产。被告原股东金某某取得了以上房产后，将涉案的房产又分配给了原告。2017年5月26日，原告与被告签订了一份《协议书》，内容为："金某某将其所有的琼中金福公司6幢704房，7幢403房、703房，8幢503房、603房，10幢702房，11幢601房及816号商铺共计8套房产，公司未能按时交付，愿意补偿一年利息损失共计477,000元。上述利息中股东王某某、林某某负责238,500元，金福公司负责238,500元。金福公司于2017年10月31日前支付138,500元，王某某、林某某于2017年10月31日前支付138,500元，金福公司于2018年5月1日前支付10万元，王某某、林某某于2018年5月1日前支付10万元。金福公司对上述所有款项承担连带责任。"上述协议书由原告、被告及被告的法人代表郑某、第三人王某某签名。原告以协议签订后被告一直未向原告支付该部分利息损失，侵犯了其自身合法权益为由，特向该院提起诉讼，遂引起本案纠纷。另查明，2014年12月31日，被告以支付阳光紫荆花园项目工程款等为由作为委托贷款的借款人，委托贷款金额为12,000,000元，由北京中泰创鑫企业管理有限公司作为委托人，海口联合农村商业银行股份有限公司作为受托人签订了《海口联合农商银行委托贷款委托合同》，该合同项下的委托贷款，委托人北京中泰创鑫企业管理有限公司确定的担保方式为抵押，担保人（物）为被告名下位于××县共计面积17,862.09平方米在建工程土地使用权证号：琼中国用（2011）第701号；建设用地规划许可证号：地字第琼建规地（2011）××；建设工程规划许可证号：建字第琼中规建（2011）0066号；建筑工程施工许可证号：编号469030201410084101；商品房预售许可证号:(2014)琼房预字(22)号;商品房预售许可证号:(2014)琼房预字(23)号。于同日,被告作为借款人,海口联合农村商业银行股份有限公司作为贷款人,双方签订了《委托贷款借款合同》,并约定在贷款期间内,被告经营决策的任何重大改变,包括但不限于转股、改组、合并、分立、股份制改造、合资、合作、联营、承包租赁、经营范围和注册资本变更等可能影响贷款方权益的情形,应至少提前30日书面通知委托人和贷款人的事先书面同意,落实贷款的清偿责任或提前清偿贷款或提供委托人认可的担保。未经委托人事先书面同意,被告不得采取任何方式转移或变相转移本委托贷款借款合同项下的债务责任。被告转让、出租或以为本委托贷款借款合同项下债务以外的债务设定担保等方式处分其重大资产或营业收入的全部或重大部分的,应至少提前30日书面通知委托人和贷款人并取得委托人的事先书面同意。同时,双方还签订了《抵押合同》,并约定在抵押合同有效期内,未经海口联合农村商业银行股份有限公司的事先书面同意,被告不得转让、出租、再行抵押、赠与、托管、重大改装增补或以其他方式处分抵押物的全部或部分。如海口联合农村商业银行股份有限公司同意被告处分抵押物,被告同意海口联合农村商业银行股份有限公司有权选择下列方式处理处分抵押物之所得款项,并协助办理有关手续:1.清偿或提前清偿主合同项下债务本息及相关费用;2.转为定期存款,存单用于质押;3.向海口联合农村商业银行股份有限公司指定的第三人提存;4.被告提供符合海口联合农村商业银行股份有限公司要求且经其认可的新的担保后,可将处分原抵押物所得价款自由处分。本案在审理过程中,被告于2018年12月10日向该院申请司法鉴定,在委托鉴定过程中,被告于2019年4月8日向法院申请撤回鉴定,该院于2019年4月12日准许撤回。

【案件争点】

金某某请求琼中金福公司支付其利息损失是否有事实根据和法律依据。

【裁判要旨】

海南省琼中黎族苗族自治县人民法院一审认为,本案中,原告主张被告于琼中开发房地产项目时需要资金,由被告原股东金某某,也即被告前法定代表人找到原告筹集资金,后因被告一直无法归还资金,才同意以房产作为对原告债权的保护,因此,原告认为向被告的前法定代表人金某某出借的资金应为被告所借,被告应以其房产对原告债务进行清偿,并向法庭提交了《协议书》等证据,该院认为,从被告原五个股东于2015年1月3日签订的《股东会决议(补充)》及其附件可知,涉案的6幢704房,7幢403房、703房,8幢503房、603房,10幢702房,11幢601房及

816号商铺共计8套房产，已经通过抓阄的方式，由被告原股东金某某取得，继而由被告原股东金某某将涉案房产分配给原告，因此，被告原股东金某某向原告借款的行为为个人行为，并非被告公司行为，而原告与被告原股东金某某的行为系由被告原股东金某某将以上涉案房产以物抵债的方式转受给了原告。本案中，被告股东郑某受让金某某的股权，只能以郑某自有资金支付给金某某股权转让款，不能以公司的房产(资产)来支付。原告与被告原股东金某某的以公司所有房产抵偿股东私人债务的行为违反了《公司法》第20条的规定，损害了被告公司的利益，是无效行为。因此，基于上述无效行为，原告与被告签订的《协议书》也违反了法律规定，应认定为无效协议。再者，根据《民法总则》第188条的规定，当事人向人民法院请求保护的诉讼时效期间为3年。最高人民法院《关于适用〈中华人民共和国担保法〉若干问题的解释》第12条第2款的规定，担保权人在诉讼时效结束后2年内行使担保物权的，人民法院应当予以支持。也即根据被告与海口联合农村商业银行股份有限公司签订的《抵押合同》第2.1条约定"主合同债务人履行债务的期限为12个月，自2015年1月4日至2016年1月3日"，以及第3.2条约定："抵押权应当在主债权诉讼时效期间行使"。抵押权人行使抵押权的期限最早也应该在2019年1月3日后才开始起算。也即金某某已将被告公司已进行了抵押登记的6幢704房，7幢403房、703房，8幢503房、603房，10幢702房，11幢601房及816号商铺共计8套房产，以以物抵债的方式转给了原告，尚在抵押权保护期限内，其行为损害了抵押权人海口联合农村商业银行股份有限公司的权益，属无效行为。因此，原告请求被告将未按时交付涉案房给原告应支付利息损失的诉讼请求，无事实根据及法律依据应不予支持。原告与被告原股东金某某之间的出借资金的借贷行为，原告可以另行起诉。第三人林某某经传票传唤，无正当理由拒不到庭参加诉讼，应视为其放弃相关的诉讼权利，依法应予缺席判决。依照《民事诉讼法》第64条第1款、第144条之规定，作出如下判决：驳回原告金某某的全部诉讼请求。案件受理费8456元(原告已预交)，由原告金某某负担。

海南省第一中级人民法院二审认为，根据最高人民法院《关于适用〈中华人民共和国民事诉讼法〉的解释》第90条的规定："当事人对自己提出的诉讼请求所依据的事实或者反驳对方诉讼请求所依据的事实，应当提供证据加以证明。但法律另有规定的除外。在作出判决前，当事人未能提供证据或者证据不足以证明其事实主张的，由负有举证证明责任的当事人承担不利的后果。"上诉人主张被上诉人的原法定代表人金某某向其借款265万元，该款项由被上诉人使用，实为被上诉人的借款。本案中，上诉人并未将涉案的265万元支付给被上诉人，其也未能提供证据证明该265万元由被上诉人使用。而从本案的事实来看，被上诉人原五个股东于2015年1月3日召开股东会形成了《股东会决议（补充）》，金某某通过抓阄的方式分得涉案6幢704房，7幢403房、703房，8幢503房、603房，10幢702房，11幢601房及816号商铺共计8套房产后，金某某将涉案8套房产分配给金某某。该事实与金某某的借款行为相印证。可见，金某某向上诉人借款系其个人行为。因此上诉人主张其出借给金某某的265万元实为被上诉人所借，缺乏事实依据。其次，2017年5月26日的《协议书》约定：被上诉人向上诉人支付逾期交房利息238,500元，被上诉人原股东王某某、林某某支付238,500元。该协议没有林某某的签名。且从该协议书的内容来看，并不是被上诉人对借款利息的确认。因此上诉人主张该协议系被上诉人对借款利息的确认，理由不成立。综上，上诉人主张被上诉人向其借款265万元，应向其支付利息477,000元，缺乏依据，法院不予支持。

例案三 | 湖北徽商投资有限公司、周某某股权转让纠纷案

【法院】

湖北省武汉市中级人民法院

【案号】

（2017）鄂01民终3367号

【当事人】

上诉人（原审原告）：湖北徽商投资有限公司

被上诉人（原审被告）：周某某、武汉巨正投资有限公司、武汉巨正环保科技有限公司、宜昌市巨正环保科技有限公司、郭某某、刘某丹、刘某姣

原审第三人：武汉汇森投资有限公司

【基本案情】

1. 2014年10月28日，周某某与武汉汇森投资有限公司（以下简称汇森投资公司）签订宜昌市巨正环保科技有限公司（以下简称巨正环保公司）股权转让协议。该协议鉴于部分载明："1. 巨正环保公司（以下简称目标公司或公司）的注册资本为4350万元，该公司依法有效存续。2. 甲方（周某某，下同）依法直接持有目标公司1445万元注册资本的股权（以下简称该股权），是目标公司的合法股东，此外，甲方还拟受让公司其他股东所持的635万元出资对应的股权（以下简称标的股

权，具体数额以甲方实际受让的股权数量为准），并同意将标的股权转让于乙方（汇森投资公司，以下同）。3. 乙方为一家合法存续的公司，乙方同意受让前述标的股权。”该协议第2条约定：“甲方将标的股权按其从公司其他股东受让的平均价格转让给乙方。”第3条约定：“本协议生效后3日内，乙方将股权转让款1800万元（暂估每元出资额3元）预付给甲方指定的银行账户。该账户由乙方监控，专门用于甲方收购标的股权，多退少补。”第4条约定：“1. 甲、乙双方同意，甲方有权从乙方处回购标的股权，乙方不得拒绝，其中：第一部分回购：2015年4月29日前，甲方有权以本次出让价格原价回购标的股权的50%。第二部分回购：2015年4月30日前，甲方有权回购标的股权剩余的50%，价格为每元出资额4.5元；若甲方本次回购延迟到2015年10月30日前行使，则回购价格为每元出资额5.5元。若甲方在本条前款约定的时间届满前不能从乙方回购，双方另行协商解决。2. 本条约定的回购期满后甲方不行使回购权，目标公司拟引进新的股东或公司增资，甲方承诺促使新的股东或增资方优先受让乙方所持公司股权。”第5条约定：“1. 乙方同意本次受让标的股权在2014年4月30日前暂不办理工商变更登记手续。待甲方行使本协议第4条约定的第一部分回购权利后3日内再办理工商变更登记。如甲方逾期一个月不行使回购权，则双方立即办理工商变更登记手续。2. 甲方在动用乙方预付的股权转让价款前须将其持有的对应目标公司635万元出资额的股权质押给乙方或乙方指定的第三方。待甲方行使第一部分回购权后解除质押。3. 有关本协议甲方转让股权给乙方导致的税费，由甲方承担。”此外，该协议还就保密条款、违约责任、争议解决等进行了约定。

2. 2014年10月28日，周某某、巨正环保公司、汇森投资公司签订巨正环保公司股权转让协议之补充协议。该补充协议第1条约定：“丙方（周某某，下同）承诺巨正环保公司（本案巨正环保公司，为合同乙方，以下简称公司或目标公司）2014年度、2015年度实现净利润分别不低于2000万元、3500万元（以下简称目标利润）。出于对公司经营层工作的理解，甲方（汇森投资公司，下同）同意：2014年度、2015年度公司净利润如果分别超过1700万元、2975万元，也即完成目标利润的85%以上，视为完成全年目标利润。”第2条约定：“若公司出现下述情形之一，甲方可以要求乙方回购其所持有的全部公司股份：（1）2014年度、2015年度公司净利润分别低于1700万元、2975万元；（2）公司放弃上市战略；（3）公司出现实质性障碍确定已无法实现上市目标；（4）丙方未能在2015年12月31日前行使转股协议约定的股权回购权利。乙方回购甲方所持公司股权的价格为每元出资5.5元，若乙方因股改或送转股份导致甲方所持股权发生变更,仍按未股改或送转股份前甲方所持公司股权份额计算。如果甲方启动回购条款,乙方应在甲方书面提出回购要求之日起3个月内完成回购股权的相关事项,回购应当以现金形式实现。补充协议第3条约定,乙方回购甲方所持股权之前,甲方不得以协议转让等方式将其持有的公司股权部分或全部转让给公司主营业务的竞争对手,或者在其持有的公司股权上为公司主营业务的竞争对手设定任何第三方权利或权益。"第4条约定:"若目标公司在甲方在退出目标公司前成功上市,则甲方承诺将所持公司股份的3%,作为奖励给予丙方为代表的公司管理团队,具体由丙方在管理团队中分配。奖励以现金方式由甲方在目标公司股票在国内交易所上市之日起一个月内支付给丙方指定的账户。"第5.1条约定:"各方同意,一方违约的,守约方有权向其发出书面通知,要求其执行本协议相关条款,违约方自收到该通知后30个工作日内仍不履行义务的,守约方有权要求其每日按照股权回购总金额的万分之五支付违约金,并有权要求其继续履行协议。"

3. 2014年11月13日,周某某向汇森投资公司出具借支单一份。该借支单载明借支人姓名为周某某、借支事由为股权款、金额为1800万元。2014年11月14日、17日,汇森投资公司通过两次转账的方式共计向周某某支付了上述1800万元。

4. 2015年8月18日,徽商投资公司与巨正投资公司签订巨正环保公司股权转让协议一份。该协议鉴于部分载明:"1. 巨正环保公司(以下简称目标公司或公司)的注册资本为4350万元,该公司依法有效存续。2. 甲方(本案巨正投资公司,下同)依法直接持有目标公司1000万元注册资本的股权(以下简称该股权),是目标公司的合法股东,甲方决定将其持有的350万元出资额转让给乙方(本案徽商投资公司,下同)。3. 乙方为一家合法存续的公司,乙方同意受让甲方持有的上述目标公司股权。"第2条约定:"甲方将其持有的目标公司8.046%的股权(对应目标公司出资额350万元,以下简称被转让股权)及其依该股权享有的相应股东权益一并以2537.5万元的总转让款转让给乙方。甲方应负责完成目标公司有关本次股权转让的股东会决议等法律程序。"第3条约定:"本协议生效后3日内,乙方将本协议第2条约定的股权转让价款合计2537.5万元汇入甲方指定的银行账户。"此外,该协议还就股权交割、工商变更及费用负担、保密条款、违约责任等进行了约定。

5. 2015年8月18日,徽商投资公司、周某某、巨正投资公司、汇森投资公司、案外人胡某某签订协议书一份。该协议书鉴于部分载明:"1. 甲方(案外人胡某某,下同)是乙方(徽商投资公司,以下同)和丙方(汇森投资公司,下同)的实际控制人,丁方(周某某,下同)是戊方(巨正投资公司,下同)的实际控制人。2.丙方和丁方曾于2014年10月签署巨正环保公司股权转让协议(以下简称原股权转让协议)及其补充协议。3.乙方和戊方于2015年8月签署巨正环保公司股权转让协议(以下简称新股权转让协议)。4.丙方和戊方曾于2014年10月签署股权质押协议”。第1条约定:“1.根据新股权转让协议,徽商投资公司受让巨正投资公司所持的巨正环保公司(以下简称目标公司)8.046%的股权(对应目标公司注册资本350万元)的价款为2537.5万元。2.本协议全体各方共同确认:新股权转让协议所约定的价格应与原股权转让协议一致,即本条前款所述股权转让价款实际为1050万元,由此产生的企业所得税或个人所得税由巨正投资公司或丁方承担。”第2条约定:“1.根据原股权转让协议第3条约定,汇森投资公司向丁方预付了股权转让款1800万元。其中,1050万元应作为本次股权转让价款,丁方无须退还,余款750万元作为丁方向汇森投资公司的借款。2.根据新股权转让协议,徽商投资公司应向巨正投资公司全额支付2537.5万元股权转让款。巨正投资公司收到该款项后,丁方应在三个工作日内向甲方指定的账户返还537.5万元;其余2000万元作为丁方向徽商投资公司的借款,期限为两个月(可以提前还款),按照月利率3%计息,归还本金时同时支付利息。本协议签订后3日内,丁方将其所持有的巨正环保公司700万元注册资本对应价格股权每股作价3元质押给乙方,为本条所述之借款提供担保。”第3条约定:“1.根据原股权转让协议第4条约定,丁方有权在2015年10月30日前以每元出资额5.5元的价格回购标的公司股权。2.扣除新股权转让协议实际转让给乙方的股权后,甲方和乙方一致同意由丁方回购标的公司250万元注册资本对应的股权,回购价款为1375万元(不含税)。3.甲方应在本协议签订后三个工作日内解除巨正投资公司质押给汇森投资公司的全部标的公司股权,原股权质押协议同时终止。4.丁方应在2015年12月31日前向甲方支付本条所述回购款1375万元,甲方在此日前不向丁方收取任何利息,逾期按每月3%计算利息等。”

6. 2015年8月26日,巨正环保公司召开临时股东会议并作出股东会决议。该股东会决议载明,参加会议人员为周某某(持有巨正环保公司33.22%的股权)、巨正投资公司(持有巨正环保公司22.99%的股权)。会议议题为协商表决本公司股东周某某股权转让相关事宜。本次股东会议已按公司法及本公司章程的有关规定,通知全体股东到会参加会议,股东会确认本次会议已按照公司法及公司章程之有关规定有效通知。巨正环保公司临时股东会代表56.21%的股份行使表决权。会议由董事长主持。本次股东会会议的召集与召开程序、出席会议人员资格及表决程序符合公司法及公司章程的有关规定。会议就股东周某某股权转让相关事宜,出席会议股东一致形成决议如下:一、同意汇森投资公司收购本公司600万股股权款1800万元的权利义务全部转让给徽商投资公司行使;二、同意公司股东周某某将所持有的公司8.046%的股权(对应公司注册资本350万元)以1050万元对价转让给徽商投资公司,且全体股东放弃优先购买权;三、同意周某某在适当的时候,以其自由商定的价格回购徽商投资公司收购公司250万元注册资本对应的股权;四、同意就上述变更事项修改公司章程相关条款。

7. 2015年8月27日,甲方(案外人胡某某)、乙方(徽商投资公司)、丙方(汇森投资公司)、丁方(周某某)、戊方、担保人(郭某某、刘某姣、刘某丹、巨正环保公司、巨正投资公司、宜昌巨正公司)签订债权转让协议。该协议载明,依据2015年8月18日五方签订的协议书第2条第1款之约定,丁方周某某向丙方汇森投资公司借款750万元。经五方友好协商并一致同意:丙方汇森投资公司将对丁方周某某的债权750万元及所对应的权利义务全部转让给乙方徽商投资公司行使,由乙方直接向丁方行使债权。丁方同意在债权转让后向乙方清偿债务,该等债务包括借款本金、利息(按月利率3%计息)、违约金、税金、损害赔偿金以及债权人为实现该项债权所发生的全部费用,包括但不限于律师费、公证费、诉讼费(仲裁费)、执行费、差旅费、税金等相关费用。丙方与乙方之间的债权转让方式为无偿转让。各担保人承诺并保证:其担保依法设立并有效存续,债权转让完成后,各担保人继续在原担保范围内承担担保责任。但是该债权协议上甲方、乙方、丙方均未签字盖章。

8. 2015年8月21日,周某某、巨正投资公司、巨正环保公司共同向徽商投资公司出具承诺函一份。该承诺函载明,根据本人及巨正投资公司、巨正环保公司与贵公司2015年8月签订的协议书、担保书(2份),本人及巨正投资公司对贵司所持巨正环保公司股权承诺如下:"1. 如巨正环保公司在股份制改造时引进新投资者,本人承诺促使新投资者优先受让贵司所持巨正环保公司股权,对此本人保证无条件负责落实完成,否则本人在巨正环保公司引进任何投资者时持反对意见(股东投票)。2. 本人承诺保证贵司出让股权价格不低于贵司按新股权转让协议受让巨正环保公司股权的名义价格,即每元注册资本对应价格7.25元人民币(若巨正环保公司因股份制改造时扩大注册资本则按扩大股本比例相应调整价格)。本人承诺,贵司持股时间延长收益,该股权价格每股按7.25元为基础每年增长幅度不少于20%（具体按月计算），否则由本人无条件补齐贵司持股或出售股权差价，贵司持股满一年可随时要求本人兑现承诺。但贵司在证券交易市场出售除外”。

9. 2015年8月21日，担保人（刘某姣、郭某某、巨正环保公司、宜昌巨正公司）为被担保人（本案周某某、巨正投资公司）向担保权人（案外人胡某某、徽商投资公司、汇森投资公司）出具担保书一份。该担保书载明，担保人愿意就被担保人周某某、巨正投资公司于2015年8月与担保权人胡某某、徽商投资公司、汇森投资公司签订的协议书提供担保。担保方式为不可撤销的连带责任保证，担保额度为上述协议全部事项以及担保权人为实现该项协议所发生的全部费用，包括但不限于律师费、公证费、诉讼费（仲裁费）、执行费、差旅费、税金等相关费用。担保期限为本担保书签订之日至上述协议全部履行完毕之日。

10. 2015年8月21日，担保人（周某某、刘某姣、郭某某、巨正环保公司、宜昌巨正公司）为被担保人（巨正投资公司）向担保权人（徽商投资公司）出具担保书一份。该担保书载明，担保人愿意就被担保人巨正投资公司于2015年8月与担保权人徽商投资公司签订的巨正环保公司股权转让协议提供担保。担保方式为不可撤销的连带责任保证，担保额度为上述协议全部事项以及担保权人为实现该项协议所发生的全部费用包括但不限于律师费、公证费、诉讼费（仲裁费）、执行费、差旅费、税金等相关费用。担保期限为本担保书签订之日至上述协议全部履行完毕之日。

11. 2015年8月25日，担保人（郭某某、刘某姣、刘某丹、巨正环保公司、宜昌巨正公司、巨正投资公司）为被担保人（周某某）向担保权人（徽商投资公司）出具担保书一份。该担保书载明，依据2015年8月18日胡某某、徽商投资公司、汇森投资公司与周某某、巨正投资公司签订的协议书第2条第1款之约定，被担保人周某某向担保权人汇森投资公司借款750万元。担保人愿意就该项借款提供担保。担保方式为不可撤销的连带责任保证，担保额度为前述借款的本金、利息（按月利率3%计息）、违约金、税金、损害赔偿金以及担保权人为实现该项债权所发生的全部费用，包括但不限于律师费、公证费、诉讼费（仲裁费）、执行费、差旅费、税金等相关费用。担保期限为借款发生之日至担保权人全部债权实现之日。各担保人之间相互就上述担保事项承担连带责任。被担保人与担保权人之间达成的任何协议均属于担保事项范围。

12. 2015年8月30日，担保人（本案郭某某、刘某姣、刘某丹、巨正环保公司、巨正投资公司、宜昌巨正公司）为被担保人（周某某）向担保权人（徽商投资公司、汇森投资公司)出具担保书一份。该担保书载明,依据胡某某、徽商投资公司、汇森投资公司与周某某、巨正投资公司于2015年8月18日签订的协议书第2条第1款及2015年8月30日签订的关于协议书相关条款的补充说明第3条之约定,被担保人周某某向担保权人汇森投资公司、徽商投资公司借款750万元及该款后期转为股权回购款1375万元。担保人对上述协议书及关于协议书相关条款的补充说明的全部内容充分知情且不持异议,自愿对协议书及关于协议书相关条款的补充说明中的上述借款及股权回购款等义务和责任提供担保。担保方式为不可撤销的连带责任保证,担保额度为前述借款及股权回购款的本金、利息(按月利率3%计息)、违约金、税金、损害赔偿金及担保权人为实现该项债权所发生的全部费用,包括但是不限于律师费、公证费、诉讼费(仲裁费)、执行费、差旅费、税金等先关费用。担保期限为借款发生之日至担保权人全部债权实现之日。各担保权之间互相就上述担保事项承担连带责任。被担保人与担保权人之间达成的任何协议均属于担保事项范围。但担保人郭某某、刘某丹并未在该担保书上签字。

13. 2015年8月30日,徽商投资公司、周某某、巨正投资公司、汇森投资公司、案外人胡某某签订关于协议书相关条款的补充说明一份。该补充说明系对前述五方于2015年8月13日共同签订的协议书的补充说明。该补充说明第1条约定,关于协议书第2条第1款,"汇森投资公司向丁方(周某某)预付了股权转让款1800万元。其中1050万元应作为本次股权转让价款,丁方无需退还"。补充说明:丙方(汇森投资公司)将此1800万元股权款及所对应的权利义务全部转让给乙方(徽商投资公司)行使,对此丁、戊(巨正投资公司)表示同意并接受。丁方仍按每股3元价格,将其所持有的目标公司(巨正环保公司)的股权转让给乙方350万股,转让股权款合计为1050万元,因丙方在此之前已经向丁方预付股权转让款1800万元,故此次调整中,乙方无须再另行向丁方支付此转让股权款,丁方也无须向丙方退还原协议中的股权转让款。本次股权转让的时间仍沿用新股权协议约定。第2条约定,关于协议书第2条第1款约定,"余款750万元作为丁方向汇森投资公司的借款",补充说明:从丙方预付股权转让款1800万元中扣除上述第2条的1050万元股权款后尚余有750万元,按协议书作为丁方向丙方的借款。后丙方将该债权的权利义务一并转让乙方。第3条约定,关于协议书第3条"关于原股权转让协议的回购安排"第1款和第2款说明:如2015年10月30日前丁方未能完全履行750万元的还款义务时,乙方有权将750万元借款转为目标公司250万股股权转让款,股权转让时间按原股权协议履行,即2015年11月3日前完成股权转让工商变更登记。乙方有权要求丁方无条件以每股5.5元的价格回购该股权，回购的价款为1375万元（不含税）。

14. 巨正环保公司的公司章程第11条第2项规定，股东向股东以外的人转让出资时，必须经过股份表决权过半数同意，不同意转让的股东应当购买转让的出资，如不购买转让出资，视为同意转让；第3项规定，股东同意转让的出资，在同等条件下，其他股东对该出资有优先购买权。该公司章程第13条第9项规定，股东会职权包括对股东向股东以外的人转让出资作出决议。该公司章程第14条规定："1. 股东会会议分定期会议和临时会议，定期会议原则上定为每年1月召开一次，代表四分之一以上表决权的股东或者监事可以提议召开临时会议；2. 召开股东会会议，应当于会议召开十五日以前将会议日期、地点和内容通知全体股东，股东会应当对所议事项的决定作出会议记录，出席会议的股东应当在会议记录上签名。……6. 股东会会议审议决定的其他事项，需经代表半数以上表决权的股东通过。"

15. 巨正环保公司企业信息咨询报告载明，截至2012年6月25日，该公司的法人股东包括江苏华工创业投资有限公司、科华银赛创业投资有限公司、上海鸿玺投资管理有限公司、巨正投资公司、武汉中盈创富投资有限公司。截至2013年5月24日，该公司的自然人股东包括藩某、郭某某、胡某某、刘某、王某某、谢某、熊某某、严某、尹某某、张某某、郑某某、周某某、朱某某。

16. 为主张本案债权，徽商投资公司委托湖北哲思律师事务所代理了本案。上述委托代理过程中，徽商投资公司委托案外人湖北卓德物业服务有限公司向湖北哲思律师事务所代为支付律师费20万元，湖北哲思律师事务所按照徽商投资公司的要求，向湖北卓德物业服务有限公司开具了20万元的律师费发票。

另查明：2014年10月28日周某某与汇森投资公司股权转让协议第5条第1项有关"受让标的股权在2014年4月30日前暂不办理工商变更登记手续"的内容中，"2014年4月30日"系笔误，实际应为"2015年4月30日"。

【案件争点】

案涉有关股权转让系列协议的效力与本案法律关系的性质如何认定，以及本案当事人的责任如何承担。

【裁判要旨】

一、案涉协议的效力与定性

湖北省武汉市中级人民法院认为，案涉系列股权转让协议在本案当事人之间所设定的法律关系，名为股权转让，实为股权转让形式掩盖下的民间借贷，故案涉系列协议中有关股权转让的约定内容均属无效，本案应按民间借贷关系定性、处理。上诉人与被上诉人关于案涉系列股权转让协议效力的诉辩理由因其基于名义上的股权转让关系，法院均不予采纳。理由如下：

1. 本案当事人之间关于股权转让的意思表示不真实。根据2014年10月28日周某某与汇森投资公司签订的股权转让协议内容，汇森投资公司先向周某某预付1800万元用于收购其他股东股权，再以周某某受让股权的平均价格转让给汇森投资公司，并且拟转让的股权不办理工商登记变更手续，而是约定在短期内由周某某直接加价回购，只有在周某某无法回购的情况下才将相应股权变更至汇森投资公司名下。后续签订的股权转让相关协议中，主要内容也同样是不实际发生股权权属变更的前提下由周某某在短期内加价回购股权。纵观股权转让整体协议，周某某实际获得的不是股权对价而是资金使用权，并且还须向徽商投资公司支付一定资金使用费用，而徽商投资公司系从周某某的加价回购中获利，收益稳固、确定且不需承担公司经营问题所产生的股权投资风险，双方权利、义务不符合股权转让的特征，其真实的意思表示不是通过股权转让获得股权对价或者持有股权，而是以之为媒介实现资金融通。

2. 股权转让双方的权利义务符合民间借贷特征。根据整体协议约定，周某某通过股权转让再加价回购的模式获得1800万元资金的使用权，徽商投资公司也因此获得固定的资金收益。周某某获得1800万元资金使用权以资金回报为对价，而不是其所持公司股权份额的减少，徽商投资公司所获得的固定收益则来自周某某的加价回购，而非1800万元对应的目标公司股权产生的经营收益。股权转让系列协议中关于目标公司利润承诺或上市的约定，其目的仅仅是担保周某某加价回购和徽商投资公司固定收益的实现，并非徽商投资公司真正对目标公司进行股权投资，且内容违反公司法第20条中公司股东不得滥用股东权利损害公司或其他股东利益的规定，故应属无效。本案当事人之间的法律关系名为股权转让，但实质上符合民间借贷关系的特征，1800万元股权转让款实为借款，所约定加价回购的固定收益则为借款利息。

二、本案责任承担

如前所述，本案应按民间借贷关系处理。周某某获得的1800万元名为股权转让款的借款，应当予以返还并支付相应利息。依照2014年10月28日周某某与汇森投资公司股权转让协议中的两步加价回购约定，该1800万元的资金回报率达到年化收益率50%，后续协议中有关回购的约定也使徽商投资公司资金的年化收益率在50%左右浮动，甚至更高。徽商投资公司变更诉讼请求后的利息损失与可期待利益损失之和，经核算年利率也远高于最高人民法院《关于审理民间借贷案件适用法律若干问题的规定》第26条中“借贷双方约定的利率未超过年利率24%，出借人请求借款人按照约定的利率支付利息的，人民法院应予支持”的最高标准，故法院对徽商投资公司主张的利息损失与可期待利益损失之和，依照前述法律规定以1800万元为基数按年利率24%的标准予以支持，自周某某收到1800万元次日起计算至债务清偿完毕之日止。徽商投资公司主张的律师费在系列协议中有约定，一审法院基于徽商投资公司存在过错酌定支持16万元并无不当。巨正投资公司、巨正环保公司、宜昌巨正公司、郭某某、刘某丹、刘某姣为周某某出具承诺提供担保，本案协议中有关股权转让的内容无效导致担保合同无效，六担保人在本案系列协议的签订中亦存在过错。法院根据最高人民法院《关于适用〈中华人民共和国担保法〉若干问题的解释》第8条“主合同无效而导致担保合同无效，担保人无过错的，担保人不承担民事责任；担保人有过错的，担保人承担民事责任的部分，不应超过债务人不能清偿部分的三分之一”的规定，确定上述六担保人应对周某某不能清偿债务部分的1/3承担赔偿责任。

三、裁判规则提要

《公司法》第20条属于强制性规定。并且，《公司法》第20条属于效力性强制性规定。公司股东滥用股东权利损害公司或者其他股东的利益，或者滥用公司法人独立地位和股东有限责任损害公司债权人的利益的，涉案合同无效。

若相对人明知公司股东滥用股东权利损害公司或者其他股东的利益，或者滥用公司法人独立地位和股东有限责任损害公司债权人的利益，则属于《民法典》第154条中“行为人与相对人恶意串通，损害他人合法权益”的行为，此时涉案合同无效。

若没有充分证据证明相对人明知公司股东存在上述情形，亦应认定涉案合同无效，理由在于：《公司法》第20条作为强制性规定，为相对人设定了审查与之缔约的公司股东是否存在滥用情形的义务。若相对人因怠于履行审查义务而不知股东存在滥用情形，则相对人应当承担合同无效的法律风险。

将《公司法》第20条认定为管理性强制性规定，实际上并不能兼顾公司、其他股东、债权人与相对人的利益。因为涉案股东在履行合同义务后，往往难以再承担对公司、其他股东、债权人的法律责任。同时，即使相对人不明知股东存在滥用情形，将《公司法》第 20 条认定为管理性强制性规定，也将放任相对人疏于尽职调查贸然签约的行为，公司、其他股东、债权人将因此承担巨大风险。

将《公司法》第 20 条认定为效力性强制性规定，有助于遏制公司股东滥用股东权利损害公司或者其他股东的利益，或者滥用公司法人独立地位和股东有限责任损害公司债权人的利益的现象，为公司、其他股东及债权人提供及时、充分的救济，并督促相对人在缔约之前做充分的尽职调查以防控合同无效的法律风险。如此方能在公司、其他股东、债权人与相对人之间实现真正的利益平衡。为此付出更多的交易成本是合理且必要的。

四、辅助信息

高频词条：

《公司法》

第 20 条 公司股东应当遵守法律、行政法规和公司章程，依法行使股东权利，不得滥用股东权利损害公司或者其他股东的利益；不得滥用公司法人独立地位和股东有限责任损害公司债权人的利益。

公司股东滥用股东权利给公司或者其他股东造成损失的，应当依法承担赔偿责任。

公司股东滥用公司法人独立地位和股东有限责任，逃避债务，严重损害公司债权人利益的，应当对公司债务承担连带责任。

《民法典》

第 153 条 违反法律、行政法规的强制性规定的民事法律行为无效。但是，该强制性规定不导致该民事法律行为无效的除外。

违背公序良俗的民事法律行为无效。

第 154 条 行为人与相对人恶意串通，损害他人合法权益的民事法律行为无效。

《全国法院民商事审判工作会议纪要》

30. 合同法施行后，针对一些人民法院动辄以违反法律、行政法规的强制性规定为由认定合同无效，不当扩大无效合同范围的情形，合同法司法解释(二)第 14 条将《合同法》第 52 条第 5 项规定的“强制性规定”明确限于“效力性强制性规定”。此后，《最高人民法院关于当前形势下审理民商事合同纠纷案件若干问题的指导意见》进一步提出了“管理性强制性规定”的概念，指出违反管理性强制性规定的，人民法院应当根据具体情形认定合同效力。随着这一概念的提出，审判实践中又出现了另一种倾向，有的人民法院认为凡是行政管理性质的强制性规定都属于“管理性强制性规定”，不影响合同效力。这种望文生义的认定方法，应予纠正。

人民法院在审理合同纠纷案件时，要依据《民法总则》第 153 条第 1 款和合同法司法解释(二)第 14 条的规定慎重判断“强制性规定”的性质，特别是要在考量强制性规定所保护的法益类型、违法行为的法律后果以及交易安全保护等因素的基础上认定其性质，并在裁判文书中充分说明理由。下列强制性规定，应当认定为“效力性强制性规定”：强制性规定涉及金融安全、市场秩序、国家宏观政策等公序良俗的；交易标的禁止买卖的，如禁止人体器官、毒品、枪支等买卖；违反特许经营规定的，如场外配资合同；交易方式严重违法的，如违反招投标等竞争性缔约方式订立的合同；交易场所违法的，如在批准的交易场所之外进行期货交易。关于经营范围、交易时间、交易数量等行政管理性质的强制性规定，一般应当认定为“管理性强制性规定”。

公司法上效力性强制性规定识别案件裁判规则第 4 条：
《公司法》第 21 条是效力性强制性规定

〔**规则描述**〕:《公司法》第 21 条是效力性强制性规定。依据《民法典》第 154 条的规定,行为人与相对人恶意串通,损害他人合法权益的民事法律行为无效。依据《民法典》第 134 条的规定,公司决议属于民事法律行为。因此,公司的控股股东、实际控制人、董事、监事、高级管理人员利用其关联关系损害公司利益的,涉案合同、决议无效。

一、类案检索大数据报告

时间:2020 年 8 月 2 日前;

案例来源:Alpha 案例库;

案例数量:21 件;

数据采集时间:2020 年 8 月 2 日。

本次检索获取2020 年8 月2 日前共21 篇裁判文书,整体情况如图4 -1 所示,其中认定《公司法》第 21 条是效力性强制性规定的案件 6 件,占比为 29%;认定《公司法》第 21 条是管理性强制性规定的案件 15 件,占比为 71%。

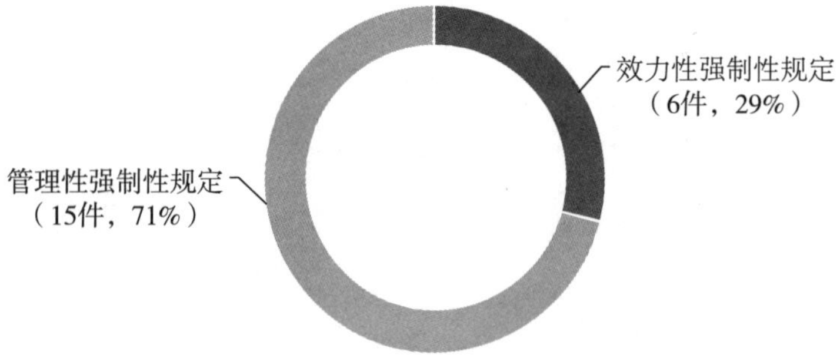

图 4 -1 《公司法》第 21 条的案件性质

如图 4 -2 所示,从案件年份分布情况可以看出当前条件下案件数量的变化趋势。

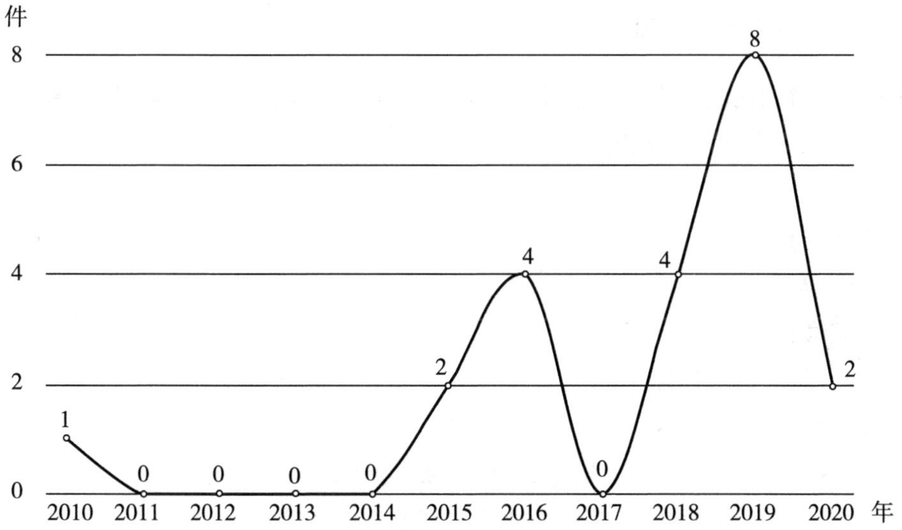

图 4－2　案件年份分布情况

如图 4－3 所示，从案件主要地域分布情况可以看出，当前案件主要集中在北京市、江苏省、吉林省、湖南省。

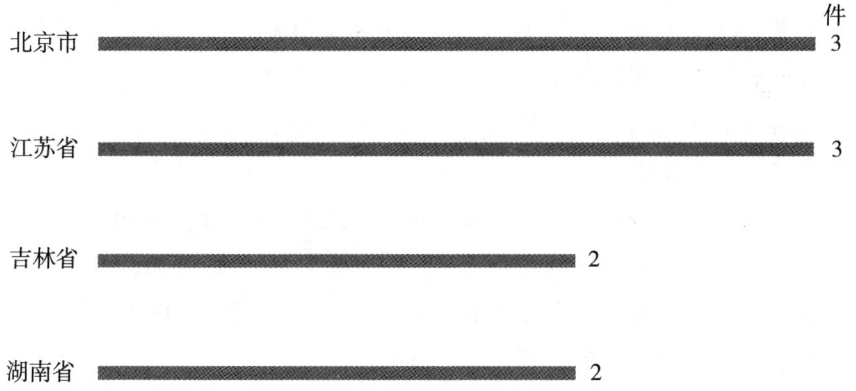

图 4－3　案件主要地域分布情况

二、可供参考的例案

例案一 贵州东圣恒泰矿业投资管理有限公司、兖矿贵州能化有限公司公司关联交易损害责任纠纷案

【法院】

最高人民法院

【案号】

(2017)最高法民终416号

【当事人】

上诉人(原审被告):贵州东圣恒泰矿业投资管理有限公司

被上诉人(原审原告):兖矿贵州能化有限公司、安顺永峰煤焦集团有限公司

【基本案情】

兖矿贵州能化有限公司(以下简称兖矿公司)是国有独资兖矿集团有限公司及其下属企业兖矿鲁南化肥厂与中国煤炭(海外)集团有限公司共同投资设立的台港澳与境内合资有限责任公司,其中兖矿集团有限公司持有兖矿公司51.37%的股权份额。安顺永峰煤焦集团有限公司(以下简称永峰公司)和恒盛公司均是自然人投资或控股的有限责任公司,金最公司是法人独资有限责任公司。

2012年1月30日,兖矿公司、永峰公司、金最公司及恒盛公司共同签署《贵州东圣恒泰矿业投资管理有限公司出资协议书》《公司章程》,共同以货币出资方式投资设立贵州东圣恒泰矿业投资管理有限公司(以下简称东圣公司),注册资本2亿元,各股东的出资额及股权比例分别为:金最公司出资9000万元,股权比例45%;兖矿公司出资8000万元,股权比例40%;恒盛公司出资2000万元,股权比例10%;永峰公司出资1000万元,股权比例5%。

根据新联谊会计师事务所有限公司邹城分所出具的新联谊邹验字(2012)第001号《贵州东圣恒泰矿业投资管理有限公司验资报告》,东圣公司注册资本已于公司设立时全额实缴到位。2012年3月6日,东圣公司领取了贵州省工商行政管理局颁发的《企业法人营业执照》,公司类型为其他有限责任公司,法定代表人为××。

2012年3月25日,东圣公司召开首次股东会会议和第一届董事会第一次会议。东圣公司股东会同日作出《贵州东圣恒泰矿业投资管理有限公司首次股东会会议决议》,主要内容为:"1.金最公司委派陶某为公司股东代表、兖矿公司委派李

某某为公司股东代表、恒盛公司委派××为公司股东代表、永峰公司委派张某某为公司股东代表；2. 审议通过《股东会议事规则》；3. 公司董事会由七名董事组成，包括金最公司委派的贾某某、邓长春、潘某等三人，兖矿公司委派的李某某、张某山、颜某某等三人及恒盛公司委派的××，并推举贾某某为东圣公司董事长；4. 公司监事会由三名监事组成，包括永峰公司委派的张某某、金最公司委派的费某、兖矿公司委派的孔某某，并推举张某某为东圣公司监事会主席。”东圣公司董事会同日作出《贵州东圣恒泰矿业投资管理有限公司第一届董事会第一次会议决议》，主要内容为：选举、聘任公司高层管理人员，其中李某涛被聘任为东圣公司财务总监；审议通过了《关于董事会议事规则的议案》等公司文件；董事会授权李某某全面主持公司工作，在授权期间，收购煤矿、托管经营、投资决策等事项，需形成完整方案，提交董事会研究决策。

2013年12月1日，东圣公司董事会发出《董事会会议通知》。2013年12月23日，东圣公司召开了“第一届第二次董事会会议”。会议议程有六项：“1. 审议《东圣恒泰公司2013年工作报告》；2. 审议《东圣恒泰公司2013年财务决算（预案）》；3. 审议《东圣恒泰公司2014年工作计划（生产、安全、技术指标）》；4. 审议《东圣恒泰公司2014年财务预算》；5. 审议其他议案；6. 形成公司第一届第二次董事会会议决议”。当日，东圣公司作出《第一届第二次董事会决议》，其中决议第3项内容为“审议并批准董事潘某提交的《关于收购贵州海隆矿业投资有限公司议案》”；第6项内容为“一致同意由公司法定代表人××负责组织收购贵州海隆矿业投资有限公司工作，并代表东圣公司与相关方签订系列收购文件”。××、李某某、张某山、贾某某、颜某某、潘某等董事签名。同日，董事长××主持召开了东圣公司临时股东会议，并作出《临时股东会议决议》：“全体股东一致同意东圣公司收购海隆公司，收购具体工作由××负责组织实施，并授权××代表东圣公司与相关各方签订相关文件。陶林、李某某、××、张某某作为股东代表签字。”

同日，金最公司（甲方）、东陶公司（乙方）与东圣公司（丙方）、海隆公司共同签署了《股权转让协议》，其中载明：海隆公司注册资本10,000万元，金最公司持有海隆公司65%股权，东陶公司持有海隆公司35%股权，截至2013年11月23日，海隆公司负债52,158.26万元。金最公司、东陶公司拟将其持有的海隆公司股权转让给东圣公司，东圣公司同意受让。股权转让款10,000万元，为承债式转让，在协议生效后的3个工作日内支付股权转让定金8000万元；在协议生效后6个月内支付股权转让余款2000万元并负责使海隆公司能有资金归还债务。股权转让款支付完成且海隆公司归还其全部债务后，金最公司、东陶公司不再持有海隆公司股权。《股权转让协议》项下的交易款项支付至金最公司账户。协议签订次日，东圣公司将8000万元定金汇入了金最公司账户。

一审法院另查明：决议作出期间，东圣公司法定代表人、董事××，是恒盛公司股东代表，亦是东陶公司法定代表人。东圣公司董事潘某，亦是金最公司法定代表人。东圣公司董事贾某某，亦是海隆公司董事长、法定代表人兼总经理。东圣公司董事、财务总监李某涛，同时兼任海隆公司财务总监。

【案件争点】

东圣公司《第一届第二次董事会决议》第3、6项及《临时股东会议决议》的效力。

【裁判要旨】

贵州省高级人民法院一审认为：一、东圣公司《第一届第二次董事会决议》第3、6项内容系审议批准东圣公司收购海隆公司并授权公司法定代表人××负责组织收购工作，东圣公司《临时股东会议决议》内容系通过上述董事会决议内容。依据《公司法》第22条第1款“公司股东会或者股东大会、董事会的决议内容违反法律、行政法规的无效”的规定，本案应当审查上述董事会、股东会决议内容是否违反法律、行政法规。而决议内容是否违反法律、行政法规，应当依据《公司法》《民法通则》*等有关效力性、禁止性规范来作出认定。

二、公司对外投资，如果属于公司正常经营行为，司法不宜干预。但是本案中，金最公司既是东圣公司股东，又是东圣公司拟收购的海隆公司的控股股东；而海隆公司另一股东东陶公司，其法定代表人××又是东圣公司法定代表人、董事；金最公司法定代表人潘某、海隆公司董事长、法定代表人贾某某、海隆公司财务总监李某涛同时又均是东圣公司董事，故东圣公司董事会、股东会决议内容中关于收购海隆公司并授权××组织收购工作的行为，属于公司关联交易，参与表决的董事及股东代表与决议事项有关联关系。

三、《公司法》第20条第1款规定：“公司股东应当遵守法律、行政法规和公司章程，依法行使股东权利，不得滥用股东权利损害公司或者其他股东的利益。”第21条第1款规定：“公司的控股股东、实际控制人、董事、监事、高级管理人员不得利用其关联关系损害公司利益。”上述规定中的“不得”表述，对公司股东或者董事

---

* 《民法典》已于2021年1月1日施行，《民法通则》同时废止。——编者注

而言，属于禁止性规定，公司股东或者董事应当恪守。根据上述规定，公司股东应当依法行使股东权利，不得违反诚实信用原则和公司制度的本质，滥用股东权利或者利用关联关系损害公司或者其他股东的利益。本案东圣公司董事会及股东会决议中的关联交易事项涉及东圣公司部分股东及董事的个人利益，但上述东圣公司股东或者董事明知存在关联关系却不回避，并利用其股东或者董事的权利行使表决权，违反了《公司法》的上述禁止性规定。在决议作出当日，××即组织东圣公司与金最公司、东陶公司和海隆公司签订《股权转让协议》，协议约定股权转让款1亿元，东圣公司次日即支付定金8000万元，并约定在协议生效后6个月内支付余款2000万元且负责使海隆公司有资金归还债务。上述行为足以认定东圣公司具有关联关系的股东或者董事，在行使表决权时掺杂其个人的利益，损害了东圣公司及其他股东的权益。依据《公司法》的上述规定，其决议内容应属无效。同时，东圣公司董事会及股东会决议中的关联交易事项涉及东圣公司部分股东及董事的个人利益，但东圣公司有关联关系的股东或者董事不但不回避，反而相互串通，利用其股东或者董事的权利行使表决权，促成决议事项的形成及实施，其行为亦符合《民法通则》第58条第1款第四项"下列民事行为无效：(一)无民事行为能力人实施的；(二)限制民事行为能力人依法不能独立实施的；(三)一方以欺诈、胁迫的手段或者乘人之危，使对方在违背真实意思的情况下所为的；(四)恶意串通，损害国家、集体或者第三人利益的；(五)违反法律或者社会公共利益的；(六)以合法形式掩盖非法目的的"的情形，应当认定无效。

四、兖矿公司、永峰公司关于决议内容所涉及的交易标的资产没有依法进行评估违背了国务院91号令"应当进行资产评估"的规定，故决议无效的理由不成立。理由是上述规定系管理性规定，而非效力性规定。此外，因兖矿公司、永峰公司诉请是确认董事会及股东会决议无效，故当事人关于董事会及股东会的召集程序或者表决方式是否违反法律、行政法规或者公司章程的诉辩，依据《公司法》第22条第2款"股东会或者股东大会、董事会的会议召集程序、表决方式违反法律、行政法规或者公司章程，或者决议内容违反公司章程的，股东可以自决议作出之日起六十日内，请求人民法院撤销"的规定，本案不予审理。另兖矿公司、永峰公司关于东圣公司根据董事会及股东会决议签订了《股权转让协议》，致使金最公司以"股权转让定金"方式抽逃出资8000万元，损害了其股东权益的主张，涉及另一法律关系，本案亦不予审理，各方可另寻法律途径解决。

最高人民法院二审认为：根据《公司法》第22条第1款"公司股东会或者股东

大会、董事会的决议内容违反法律、行政法规的无效”的规定，公司决议无效情形是指决议内容违反法律、行政法规的规定。故本案审查的重点是，东圣公司《第一届第二次董事会决议》第3、6项及《临时股东会议决议》内容是否存在违反法律、行政法规的情形。东圣公司董事会、股东会作出关于收购海隆公司并授权××组织收购工作的决议，参与表决的董事及股东代表与决议事项有关联关系，确属于公司关联交易。但涉及关联交易的决议无效，还需要违反《公司法》第20条第1款“公司股东应当遵守法律、行政法规和公司章程，依法行使股东权利，不得滥用股东权利损害公司或者其他股东的利益”和第21条第1款“公司的控股股东、实际控制人、董事、监事、高级管理人员不得利用其关联关系损害公司利益”的规定判定，也即须判定公司决议是否系股东滥用股东权利，以及是否损害公司或其他股东利益，而不能仅因涉及关联交易，辄认定股东会、董事会决议当然无效。

本案中，东圣公司董事会及股东会决议作出时，各方董事及股东代表均参加会议并一致同意表决通过，对决议内容未提出异议。参与表决的董事及股东代表与决议事项虽具有关联关系，但法律并未对其行使表决权作出限制，并不能因此认定其行为构成滥用股东权利。至于董事会或股东会的召开是否违反公司章程关于会议召集程序的相关规定，应为董事会或股东会决议撤销的事由，不属于对相关决议效力认定的依据。

另就案涉决议内容而言，其中关于收购海隆公司并授权××组织收购工作的内容并未涉及具体的交易条件等事项，现有证据不能证明该决议内容损害了公司或其他股东的利益。至于东圣公司基于董事会及股东会决议，与金最公司、东陶公司和海隆公司签订《股权转让协议》是否构成恶意串通、抽逃出资的问题，属于股权转让合同应否以及能否继续履行的问题，不构成案涉董事会及股东会决议对公司或其他股东利益的损害，不影响本案对东圣公司董事会及股东会决议效力的认定。故案涉董事会及股东会决议并不具备违反法律、行政法规的情形，一审判决关于东圣公司董事及股东恶意串通，利用关联交易损害公司及股东利益，违反法律规定的认定不当，法院予以纠正。

例案二 | 甘肃华屹置业有限公司、济宁空间房地产有限公司股权转让纠纷案

【法院】

山东省高级人民法院

【案号】

(2016)鲁民终1081号

【当事人】

上诉人(原审原告)：甘肃华屹置业有限公司

被上诉人(原审被告)：济宁空间房地产有限公司

原审被告：汶上县奥丰种植农民专业合作社

【基本案情】

空间公司设立时，甘肃华屹置业有限公司(以下简称华屹公司)持有51%的股权，深圳市世纪金诚投资发展有限公司持有49%的股权。2013年12月10日，华屹公司与汶上县奥丰种植农民专业合作社(以下简称奥丰合作社)、济宁空间房地产有限公司(以下简称空间公司)签署《担保协议书》，约定华屹公司将其持有的空间公司50%的股权转让给奥丰合作社，办理股权转让时奥丰合作社支付500万元，股权转让完成后奥丰合作社将所欠华屹公司股权转让款1487万元于2014年5月31日之前付清。为保证华屹公司债权得以实现，空间公司同意为奥丰合作社承担连带担保责任，若奥丰合作社不能如期履行债务，空间公司同意用"圣地华府"项目3号楼732层住宅为华屹公司的1487万元债务作担保。待空间公司"圣地华府"项目预售证办理完毕后进行备案登记。本协议在华屹公司给奥丰合作社办理股权转让完成时生效。2013年12月10日，华屹公司与奥丰合作社已办理了股权转让登记。奥丰公司至今未付剩余的1487万元。

另查明，空间公司《企业变更情况》载明，奥丰合作社实缴出资数额1000万元，实缴出资时间为2013年12月9日。建辉公司实缴出资数额1000万元，实缴出资时间为2013年12月9日，核准时间为2013年12月10日。建辉公司法定代表人为刘某某。

华屹公司无证据证明其在保证期间内，要求空间公司承担连带保证责任或者向一审法院提交了起诉状的事实。一审法院系于2015年1月7日对本案进行立案受理。

【案件争点】

空间公司应否对奥丰合作社欠付的股权转让款及利息承担连带担保责任。

【裁判要旨】

山东省济宁市中级人民法院一审认为，《担保协议书》是华屹公司、奥丰合作社、空间公司三方签订，该合同自三方盖章之日(2013年12月10日)起成立。担保协议书实际包括两个合同关系,第一个合同关系是华屹公司与奥丰合作社签订的股权转让合同,第二个合同关系是空间公司与华屹公司签订的为华屹公司股权转让款实现提供担保的合同关系。股权转让合同是主合同关系,担保合同是从合同关系。

华屹公司与奥丰合作社签订的股权转让合同,是合同双方的真实意思表示,不违反法律的强制性规定,是有效合同。华屹公司依约将50%股权转让给奥丰合作社,奥丰合作社应当依约支付股权转让款1487万元,奥丰合作社未按照合同约定履行,还应承担相应的违约责任。

华屹公司与空间公司签订的担保合同无效。该担保合同成立时,华屹公司是空间公司的控股股东(且华屹公司庭审时自认深圳市世纪金诚投资发展有限公司是其控制的公司),华屹公司与空间公司具有关联关系。《公司法》第16条第2、3款对涉及关联关系的公司为控股股东、实际控制人提供担保作出了具体规定,但《公司法》没有对涉及关联关系的公司为第三人对控股股东所负债务提供担保作出具体规定。公司为第三人对控股股东所负债务提供担保,应当适用《公司法》对关联关系规制的原则性规定,即控股股东不得利用关联关系损害公司利益(《公司法》第21条第1款)。若空间公司履行担保合同,损害了公司的利益,依照《公司法》第21条第2款,华屹公司应当赔偿空间公司因此受到的损失。在本案中,主合同(股权转让合同)中涉及新股东奥丰合作社,但主合同关系不因从合同无效而必然无效,担保合同的主体是有关联关系的华屹公司和空间公司,不涉及善意第三方,不存在保护交易安全的需要。如果认定《公司法》第21条第1款属于"管理性规范",不应认定合同无效,则必然出现空间公司向华屹公司履行担保义务,而华屹公司又因此向空间公司赔偿的局面,既不利于遏制控股股东利用关联交易损害公司利益,也不利于保护公司利益。因此,应当认定《公司法》第21条第1款在本案中是"效力性规范",《担保协议书》中担保条款因违反法律的强制性规定无效。

山东省高级人民法院二审认为,根据二审查明事实,据《企业变更情况》记载,奥丰合作社已于2013年12月9日实缴出资1000万元,因此奥丰合作社与华屹公司已于该日完成股权转让行为,奥丰合作社成为空间公司的股东。2013年12月10日为工商登记机关核准日期,并非双方股权实际转让之日。因此,一审法院对股权变更时间的认定错误。同时,刘某某签订《担保协议书》时也是建辉公司法定代表人,其在该《担保协议书》上签字也应当视为建辉公司同意该协议的内容,应认定空间公司的全部股东即奥丰合作社和建辉公司也认可空间公司为奥丰合作社应支付的股权转让金予以担保，故不存在华屹公司控制空间公司损害公司利益的情形。

基于上述查明事实，2013年12月10日签订的《担保协议书》实际是空间公司为股东奥丰合作社支付剩余股权转让款提供担保，空间公司的两股东奥丰合作社及建辉公司也对空间公司提供担保的行为予以认可，符合《担保法》第16条关于公司为股东及实际控制人提供担保时的程序规定，因此《担保协议书》第2条约定应为有效约定。但是，根据《担保协议书》的内容，奥丰合作社应于2014年5月31日之前付清剩余股权转让款1487万元，且并未约定空间公司的保证期间。根据法院二审查明，一审法院于2015年1月7日对本案进行立案受理。依据《担保法》第26条，"连带责任保证的保证人与债权人未约定保证期间的，债权人有权自主债务履行其届满之日起六个月内要求保证人承担保证责任。在合同约定的保证期间和前款规定的保证期间，债权人未要求保证人承担保证责任的，保证人免除保证责任。"因华屹公司无证据证明其于保证期间内要求空间公司承担连带保证责任，也无证据证明其于保证期间内向一审法院提起了诉讼，因此，空间公司的保证责任应予免除。

例案三 | 孙某等与鹰潭点石金良投资有限合伙企业确认合同无效纠纷案

【法院】

北京市第三中级人民法院

【案号】

（2018）京03民终3361号

【当事人】

上诉人（原审被告）：程某、北京市通州区西集镇沙古堆村村民委员会

被上诉人（原审原告）：鹰潭点石金良投资有限合伙企业

原审被告：孙某

【基本案情】

1994年4月28日，孙某作为乙方与北京市通县郎府乡沙古堆村经济合作社作为甲方签订《土地承包合同》，合同约定甲方将本村村东北与崔楼村交界处土地473.5亩，发包给乙方，用于果树种植。承包期30年，自1994年1月1日起至2023年12月30日。该合同第10条还约定，合同期间，甲方代表人变更，本合同继续履

行。乙方确属无力经营,须与甲方协商是否转包事宜,双方议定补充条款,并经公证处公证后生效。该《土地承包合同》由甲乙双方及甲方上级主管政府通县郎府乡人民政府签字盖章,并经通县公证处公证。

2000年5月26日,孙某与案外人马某将上述473.5亩承包土地上二人共有的经济作物(包括2600株大樱桃、1400株梨树、1400株苹果树、1200株桃树、600株杏树;评估基准日1999年8月31日估值971.16万元)及果园内的建筑物、构筑物(包括平房12间、正在施工的小院场地和围墙、大樱桃园内11座塑料大棚、5幢值守工房;评估基准日1999年12月31日估值544,200元),以实物出资的方式成立了明太阳农场公司,股东为孙某(出资比例为80%)和马某(出资比例为20%)二人,注册资本1005万元(含货币出资5万元),地上物估值大于注册资本的部分在该公司成立后记入"资本公积"账户。公司设立验资时,对实物出资的经济作物的价值评估采取"收益还原法"作为基本方法,收益年限为评估基准日至土地承包期终止日。该公司设立时提交的《公司住所证明》载明住所地为北京市通州区郎府乡沙古堆村,并由北京市通州区郎府乡人民政府在证明单位处盖章。

2011年7月20日,孙某与案外人周某签订了《股权转让协议》,孙某将其在明太阳农场公司的股权全部转让给周某,股东变更为周某(出资比例为80%)和马某(出资比例为20%)二人,孙某仅为该公司法定代表人,股权变更后公司营业执照及印章均由周某控制。关于股权转让后,明太阳农场公司如何经营一节,孙某当庭表示明太阳农场公司仍由孙某经营,孙某称所谓经营就是经营樱桃、卖樱桃,也不需要章和执照,如果需要签合同就和周某说,然后拿公章和执照使用。

另查,金良公司因借款合同纠纷于2016年3月22日将明太阳农场公司及案外人北京延农果业有限公司(以下简称延农果业公司)诉至延庆法院,经法院调解双方达成协议并由法院出具了调解书,根据调解协议延农果业公司及明太阳农场公司共同偿还金良公司借款本息800万元,分四期给付清,分别于2016年8月8日、9月8日、10月8日及11月8日前各偿还200万元;并由延农果业公司及明太阳农场公司负担诉讼费39,396元,于2016年11月8日前直接给付金良公司。因延农果业公司及明太阳农场公司未按照调解书履行还款义务,金良公司于2017年1月9日向延庆法院申请强制执行,延庆法院执行法官于同年4月21日前往明太阳农场公司所在农场进行现场执行时,程某的代理律师王某在执行现场以程某代理律师身份向延庆法院执行法官提交了一份《转租协议》及《抵债财产清单》,《转租协议》系孙某作为甲方、程某作为乙方及沙古堆村委会作为丙方于2015年7月

10日签订的,《转租协议》约定孙某将其依据1994年4月28日与北京市通县郎府乡沙古堆村经济合作社订立的《土地承包合同》承租的473.5亩土地转租给程某。《抵债财产清单》系程某作为甲方与孙某作为乙方签订,但该《抵债财产清单》落款处无签订日期[以下简称《抵债财产清单(无日期)》],《抵债财产清单》内容为:“1.3695棵欧洲甜樱桃树;2.杨树300棵;3.别墅14套(65平方米/套);4.冷库3个,共300平方米;5.硬化广场,600平方米;6.300只鸡、7只羊;7.拖拉机5台;8.大院办公室、厨房、卫生间,共350平方米;9.多功能厅,400平方米;10.仓库2个,2000平方米;11.保安亭,50平方米;12.凉棚,300平方米;13.公共厕所,80平方米;14.水塔1个;15.职工宿舍6间,100平方米;16.篮球场1个、健身设施1套、儿童游乐设施1套;17.30亩菜地”。《抵债财产清单(无日期)》后附有孙某单方出具的说明一份即《孙某473.5亩地上物价值清单》,该份清单载明截至2015年6月30日孙某承租的473.5亩土地上的地上物[具体地上物名称及数量与《抵债财产清单(无日期)》所列一致]资产价值约5031万元人民币。该份清单落款处亦无日期。延庆法院执行法官当日当场给金良公司、孙某及王某做了笔录,笔录中执行法官询问“孙某是以什么名义借款的”,王某回答“是以个人名义进行的借款”,执行法官询问“根据法律规定,孙某的债务由孙某个人承担,不能拿公司财产承担个人债务”,王某回答“我们认为孙某虽是个人借款,可是所借款项全部用于农场;转租协议签订时,已经过村民、村委会的同意并报备经管站,已履行必备的法定程序”。孙某在笔录中陈述:“欠鹰潭公司800万元,明太阳农场公司名下的财产有地上附属物及地上农作物。2015年,我因个人债务向外借款3000万元,我以个人名义将明太阳农场公司土地租赁权及地上建筑物转让给其他公司。”金良公司遂向法院提起诉讼,要求确认孙某、程某及沙古堆村委会于2015年7月10日签署的《转租协议》以及《抵债财产清单(无日期)》无效。

2017年7月27日案件第一次开庭审理时,程某对金良公司提交的《抵债财产清单(无日期)》及《孙某473.5亩地上物价值清单》真实性均不认可。2017年9月19日,案件承办法官前往延庆法院向执行法官核实,经核实该两份清单确系执行过程中程某一方提交。2017年11月17日,案件再次开庭审理,庭审中程某辩称其提交给延庆法院的两份清单都是作废的清单,因为当天延庆法院突然造访,程某本人不在,系员工的失误将两份没有日期的清单提交给了执行法官。本次开庭审理过程中,程某另行向法院提交了《以物抵债协议》《抵债财产清单》及《借款汇总单》各一份。《以物抵债协议》系程某作为甲方、孙某作为乙方签署的,落款日期为2015

年6月30日，落款处乙方签字仅为孙某个人签字。《以物抵债协议》载明："经甲、乙双方核对确认，截至2015年6月30日，乙方欠甲方借款本金23,534,950.62元，利息4,792,877.78元"并约定"鉴于乙方目前无力偿还甲方的借款本息，乙方自愿将位于北京市通州区西集镇沙古堆村473.5亩承包土地范围内的全部财产（抵债财产清单附后）抵偿给甲方，用于偿还乙方欠甲方的借款及利息。考虑到市场因素和变现费用，甲乙双方同意上述抵债财产折价人民币1500万元，用于抵偿甲方的部分借款本金及利息。抵债后，乙方欠甲方的剩余借款及利息应通过其他方式尽快偿还给甲方"。《抵债财产清单》落款日期为2015年6月30日［以下称《抵债财产清单（有日期）》］，系程某作为甲方、孙某作为乙方签订的，落款处乙方签字仅为孙某个人签字。《抵债财产清单（有日期）》内容为："1. 3695棵欧洲甜樱桃树（程某出资购买）；2. 杨树300棵；3. 别墅14套地基；4. 硬化广场，600平方米；5. 300只鸡、7只羊；6. 拖拉机5台（待修理）；7. 大院办公室、厨房、卫生间，共350平方米；8. 仓库2个，2000平方米；9. 保安亭，50平方米；10. 凉棚，300平方米；11. 公共厕所，80平方米；12. 水塔1个。"该《抵债财产清单（有日期）》缺少序号5。《借款汇总单》内容为"鉴于：1. 借款签字人孙某是北京明太阳农场有限责任公司法定代表人。2. 公司法定代表人孙某承诺借款资金是用于公司运营，厂房建设，固定资产投入、日常开支等。3. 法定代表人孙某为公司实际控制人、实际投资人，其承诺有权代表北京明太阳农场有限责任公司及股东。截至本借据汇总单出具之日前，孙某确认尚欠程某本金23,534,950.62元及利息4,792,877.78元。为保证出借人程某的合法债权，出借人程某与借款人孙某订立《以物抵债协议》用以偿还部分债务，转移所有权并交付标的物（详见清单）。"落款处虽有打印"北京明太阳农场有限责任公司"字样，但未加盖明太阳农场公司印章，仅有孙某本人签字。程某称其本次提交的协议及清单系其与孙某签订的最终的协议和清单，金良公司对程某提交的协议及清单的真实性均不认可，坚持要求确认延庆法院执行卷宗中的《转租协议》及《抵债财产清单（无日期）》无效。

案件第一次开庭审理时，程某就其主张的借款，仅提交了无银行盖章的《中国银行支付系统收付款通知书》打印件10份，显示均系程某名下个人账户向孙某名下个人账户转账汇款的信息，其中2014年11月19日转款300万元、2015年1月9日分四笔转款共计20万元、2015年3月4日转款20万元、2015年3月17日转款50万元、2015年3月27日转款20万元、2015年4月14日转款70万元、2015年4月28日转款20万元，上述转款金额共计500万元。程某称还有2014年10月以前的汇款记录没有打印,但案件再次开庭时程某未提交其他汇款记录。孙某自认其于 2014 年向程某借款 3000 多万元,借款汇入其本人账户及其儿子个人账户,后所借款项用于偿还明太阳农场公司所欠高利贷,但孙某未能就其所述向法院提交任何相关证据。程某主张孙某所借款项用于明太阳农场公司经营,但其也未能向法院提供任何证据予以证实。

法院经与明太阳农场公司股东周某核实,其表示对孙某处分公司财产抵偿债务一事并不知情,周某认为孙某签订的转租协议、抵债协议和清单都是无效的,孙某和程某恶意串通损害明太阳农场公司其他债权人及股东的利益,并称即使孙某欠程某钱,也是孙某个人债务,不能擅自处分明太阳农场公司的资产。

上述事实,有调解书、执行立案通知书、工商档案、转租协议、抵债财产清单、地上物价值清单、执行案件卷宗材料、调查笔录及当事人陈述等证据材料在案佐证。

【案件争点】

孙某、程某及沙古堆村委会签订的《转租协议》的效力。

【裁判要旨】

北京市通州区人民法院一审认为,恶意串通,损害第三人利益的合同应属无效合同。案件中,程某出借给孙某的款项均系汇入孙某个人账户,未有任何证据显示孙某系以明太阳农场公司名义或以明太阳农场公司法定代表人身份进行举债,虽然孙某和程某均主张借款用于明太阳农场公司经营,但二人均未提交任何证据予以证实,法院认为孙某所欠程某借款应属于孙某个人债务,故对程某主张其系明太阳农场公司合法债权人的意见,法院不予采纳。不论孙某是不是明太阳农场公司的法定代表人,其都无权以明太阳农场公司的财产抵偿其个人债务,程某明知孙某用于抵债的 473.5 亩土地上的地上物系明太阳农场公司的财产,却与孙某以签订抵债协议的方式将明太阳农场公司所有的上述财产用于抵偿孙某的个人债务,且在抵债时对地上物价值未作合理估值,严重侵害了明太阳农场公司及该公司合法债权人的利益,故法院认为孙某和程某以明太阳农场公司财产抵偿孙某个人债务所签订的相关协议均应属无效,故对金良公司要求确认《抵债财产清单(无日期)》无效的诉求,理由正当,证据充分,法院予以支持。对金良公司要求确认孙某、程某及沙古堆村委会签订的《转租协议》无效的诉求,孙某将其承租的 473.5 亩土地上的地上物(主要为经济作物)作为注册资本于 2000 年成立了明太阳农场公司,该土地上的地上物因此转变为明太阳农场公司的资产,孙某本人不再是地上物的所有权人,孙某无权以个人身份处分上述财产,因地上物均系不动产,与 473.5 亩土地具有不可分性，且在公司设立时对地上物价值进行评估时已经充分考虑了地上物在《土地承包合同》合同期内的收益价值，因此明太阳农场公司的注册资本不仅仅是473.5亩土地上的地上物本身，而且包括孙某依据《土地承包合同》获得的473.5亩土地在合同期内实际使用收益的相关权益，该《土地承包合同》亦作为明太阳农场公司工商档案材料的一部分存档公示，应具有对世的公示效力，因此孙某、程某及沙古堆村委会在对地上物未作合理清算的前提下签订《转租协议》将473.5亩土地承包权转让给程某并据此协议将土地及地上物交由程某实际控制，事实上损害了明太阳农场公司对地上物的所有权及对该土地实际使用和收益的相关权益，进而损害了明太阳农场公司合法债权人的利益；对于沙古堆村委会所称其仅知道涉案土地上的果园叫明太阳，不清楚存在公司的意见，法院认为该公司在沙古堆村注册成立至《转租协议》签订之日已达15年之久，沙古堆村委会不知道该村存在此公司明显与常理不符，故对沙古堆村委会主张其签订《转租协议》系善意的意见，法院不予采纳；综上，法院认为孙某、程某及沙古堆村委会签订的《转租协议》亦属于无效协议。

北京市第三中级人民法院二审认为，合同效力是法律对各方当事人合意的评价。合同无效是法律对当事人签订的合同予以否定评价，当事人订立合同时所预期的法律效果不能实现。行为人与相对人恶意串通，损害他人合法权益的民事法律行为无效。

现有证据表明，明太阳农场公司在延庆法院自愿同意与案外人共同向金良公司偿还债务，延庆法院作出的调解书已经发生法律效力并应当作为司法执行的强制性凭证，据此，金良公司是明太阳农场公司的债权人。明太阳农场公司应以其资产向金良公司偿还到期应付而未付的债务。

依照《公司法》第28条第1款“股东应当按期足额缴纳公司章程中规定的各自所认缴的出资额，股东以货币出资的，应当将货币出资足额存入有限责任公司在银行开设的账户，以非货币财产出资的，应当依法办理其财产权的转移手续”的规定，现有证据表明，明太阳农场公司在2000年以实物出资的方式注册成立后，孙某依据《土地承包合同》获取的土地使用权和地上物的占有、使用、收益、处分的权利已经成为了明太阳农场公司的资产。

现有证据表明，明太阳农场公司是在工商行政管理部门注册成立的有限责任公司，公司股东为周某、马某，依照最高人民法院《关于适用〈中华人民共和国民事诉讼法〉的解释》第90条“当事人对自己提出的诉讼请求所依据的事实或者反驳对方诉讼请求所依据的事实,应当提供证据加以证明,但法律另有规定的除外。在作出判决前,当事人未能提供证据或者证据不足以证明其事实主张的,由负有举证证明责任的当事人承担不利的后果"的规定,在孙某目前提供的证据不能证明其持有的明太阳农场公司的股权转让给案外人周某不具有法律效力的情形下,依照《公司法》第21条"公司的控股股东、实际控制人、董事、监事、高级管理人员不得利用其关联关系损害公司利益"、第38条第1款、第2款"股东会行使下列职权:(一)决定公司的经营方针和投资计划……(六)审议批准公司的利润方案和弥补亏损方案;(七)对公司增加或者减少注册资本作出决议……对前款所列事项股东以书面形式一致表示同意的,可以不召开股东会会议,直接作出决定,并由全体股东在决定文件上签名、盖章"、第36条"公司成立后,股东不得抽逃出资"的规定,明太阳农场公司减少注册资本等重大事项应由明太阳农场公司的股东一致表示同意并在决定文件上签名、盖章,公司股东作出的决定不得抽逃公司出资,孙某作为明太阳农场公司的法定代表人亦不得利用其关联关系损害公司利益。根据金良公司的强制执行申请,在延庆法院执行明太阳农场公司的财产时,程某提交了《转租协议》《抵债财产清单(无日期)》以阻却执行,依照上述民事诉法司法解释的规定,在孙某、程某目前提供的证据不能证明《转租协议》项下土地、《抵债财产清单(无日期)》上所列财产不是明太阳农场公司的财产的情形下,结合现有证据表明程某对孙某享有债权而非对明太阳农场公司享有债权的情形,涉案《转租协议》《抵债财产清单(无日期)》的内容实质是减少、抽逃了明太阳农场公司的注册资本,损害了明太阳农场公司及债权人的利益,在现有证据不能证明金良公司在本案中具有恶意的情形下,金良公司作为善意第三人有权在本案中提出诉讼请求。依照上述公司法的规定,出于维护交易安全的考虑,孙某、程某、沙古堆村委会亦不得以同谋虚伪行为无效为由对抗善意第三人金良公司。根据现有证据及金良公司的诉讼请求,由于涉案《转租协议》《抵债财产清单(无日期)》订立时所预期的法律效果不能实现,且存在违反法律、行政法规效力性强制性规定的情形,一审法院确认涉案《转租协议》《抵债财产清单(无日期)》无效的处理意见并无不妥,故法院对程某有关"……认定签订合同时存在恶意是错误的……应当确认程某提供的《以物抵债协议》《抵债财产清单》《借据汇总清单》……一审法院确认《抵债财产清单(无日期)》无效属于适用法律错误,应改判驳回金良公司的诉讼请求"、沙古堆村委会有关"……土地不是明太阳农场公司的财产……孙某自2013年7月就一直拖欠土地承包费,沙古堆村委会同意孙某将土地转租给程某并无不当,且履行了法定程序,应属有效合同……沙古堆村委会、孙某、程某没有恶意串通，损害第三人利益……法律没有规定对守约方对违约方的财产必须经过清算才能收回……一审法院认定程某提交的证据未生效是错误的。孙某作为明太阳农场公司的法定代表人、实际经营者、实际出资人有权代表公司作出处分行为，孙某与周某之间存在其他纠纷，孙某用明太阳农场公司股权抵偿所欠周某债务，周某在两年多时间里对转租未提出异议，仅凭周某陈述就推定公司股东对转租及抵债行为不知情是错误的……应改判驳回金良公司的诉讼请求”的上诉理由和请求均不予采纳。

三、裁判规则提要

《公司法》第 21 条属于强制性规定。并且，《公司法》第 21 条属于效力性强制性规定。公司的控股股东、实际控制人、董事、监事、高级管理人员利用其关联关系损害公司利益的，涉案合同、决议无效。

《民法典》第 154 条规定：“行为人与相对人恶意串通，损害他人合法权益的民事法律行为无效。”公司的控股股东、实际控制人、董事、监事、高级管理人员利用其关联关系损害公司利益，符合《民法典》第 154 条规定的情形。《民法典》第 134 条规定：“民事法律行为可以基于双方或者多方的意思表示一致成立，也可以基于单方的意思表示成立。法人、非法人组织依照法律或者章程规定的议事方式和表决程序作出决议的，该决议行为成立。”公司决议属于民事法律行为。因此，公司的控股股东、实际控制人、董事、监事、高级管理人员利用其关联关系损害公司利益的，涉案合同、决议无效。

值得注意的是，关联交易并不一定损害公司利益。若关联交易对于公司利益并无负面影响，则不符合《民法典》第 154 条和《公司法》第 21 条规定的情形，涉案合同、决议并不当然无效。

四、辅助信息

高频词条：

《公司法》

第 20 条　公司股东应当遵守法律、行政法规和公司章程，依法行使股东权利，不得滥用股东权利损害公司或者其他股东的利益；不得滥用公司法人独立地位和股东有限责任损害公司债权人的利益。

公司股东滥用股东权利给公司或者其他股东造成损失的，应当依法承担赔偿责任。

公司股东滥用公司法人独立地位和股东有限责任，逃避债务，严重损害公司债权人利益的，应当对公司债务承担连带责任。

第 21 条 公司的控股股东、实际控制人、董事、监事、高级管理人员不得利用其关联关系损害公司利益。

违反前款规定，给公司造成损失的，应当承担赔偿责任。

第 22 条 公司股东会或者股东大会、董事会的决议内容违反法律、行政法规的无效。

股东会或者股东大会、董事会的会议召集程序、表决方式违反法律、行政法规或者公司章程，或者决议内容违反公司章程的，股东可以自决议作出之日起六十日内，请求人民法院撤销。

股东依照前款规定提起诉讼的，人民法院可以应公司的请求，要求股东提供相应担保。

公司根据股东会或者股东大会、董事会决议已办理变更登记的，人民法院宣告该决议无效或者撤销该决议后，公司应当向公司登记机关申请撤销变更登记。

《民法典》

第 134 条 民事法律行为可以基于双方或者多方的意思表示一致成立，也可以基于单方的意思表示成立。

法人、非法人组织依照法律或者章程规定的议事方式和表决程序作出决议的，该决议行为成立。

第 153 条 违反法律、行政法规的强制性规定的民事法律行为无效。但是，该强制性规定不导致该民事法律行为无效的除外。

违背公序良俗的民事法律行为无效。

第 154 条 行为人与相对人恶意串通，损害他人合法权益的民事法律行为无效。

《全国法院民商事审判工作会议纪要》

30. 合同法施行后，针对一些人民法院动辄以违反法律、行政法规的强制性规定为由认定合同无效，不当扩大无效合同范围的情形，合同法司法解释（二）第 14 条将《合同法》第 52 条第 5 项规定的“强制性规定”明确限于“效力性强制性规定”。此后，《最高人民法院关于当前形势下审理民商事合同纠纷案件若干问题的指导意见》进一步提出了“管理性强制性规定”的概念，指出违反管理性强制性规定的,人民法院应当根据具体情形认定合同效力。随着这一概念的提出,审判实践中又出现了另一种倾向,有的人民法院认为凡是行政管理性质的强制性规定都属于“管理性强制性规定”,不影响合同效力。这种望文生义的认定方法,应予纠正。

人民法院在审理合同纠纷案件时,要依据《民法总则》第 153 条第 1 款和合同法司法解释(二)第 14 条的规定慎重判断“强制性规定”的性质,特别是要在考量强制性规定所保护的法益类型、违法行为的法律后果以及交易安全保护等因素的基础上认定其性质,并在裁判文书中充分说明理由。下列强制性规定,应当认定为“效力性强制性规定”:强制性规定涉及金融安全、市场秩序、国家宏观政策等公序良俗的;交易标的禁止买卖的,如禁止人体器官、毒品、枪支等买卖;违反特许经营规定的,如场外配资合同;交易方式严重违法的,如违反招投标等竞争性缔约方式订立的合同;交易场所违法的,如在批准的交易场所之外进行期货交易。关于经营范围、交易时间、交易数量等行政管理性质的强制性规定,一般应当认定为“管理性强制性规定”。

公司法上效力性强制性规定识别案件裁判规则第 5 条：

《公司法》第 35 条是效力性强制性规定

〔**规则描述**〕:《公司法》第 35 条是效力性强制性规定。公司成立后,股东抽逃出资的,涉案合同、决议无效。相对人应当知道“股东不得抽逃出资”是公司法的强制性规定。因此,股东抽逃出资的情形下,不存在保护善意相对人的问题。

一、类案检索大数据报告

时间:2020 年 8 月 2 日前;

案例来源:Alpha 案例库;

案例数量:22 件;

数据采集时间:2020 年 8 月 2 日。

本次检索获取 2020 年 8 月 2 日前共 22 篇裁判文书,整体情况如图 5 -1 所示,其中认定《公司法》第 35 条是效力性强制性规定的案件 15 件,占比为 68%;认定《公司法》第 35 条是管理性强制性规定的案件 7 件,占比为 32%。

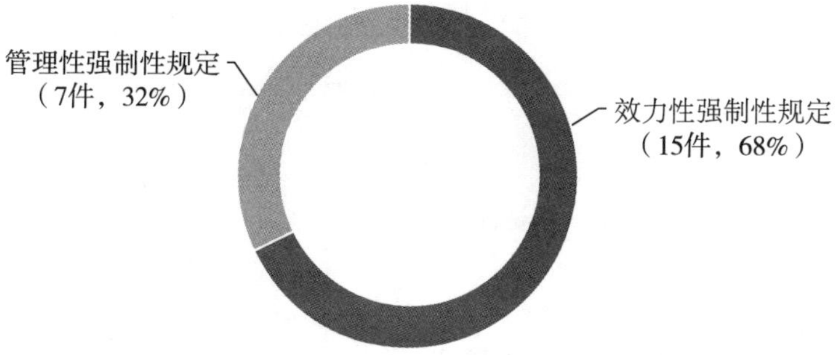

图 5 -1 《公司法》第 35 条的案件性质

如图 5 -2 所示,从案件年份分布情况可以看出当前条件下案件数量的变化趋势。

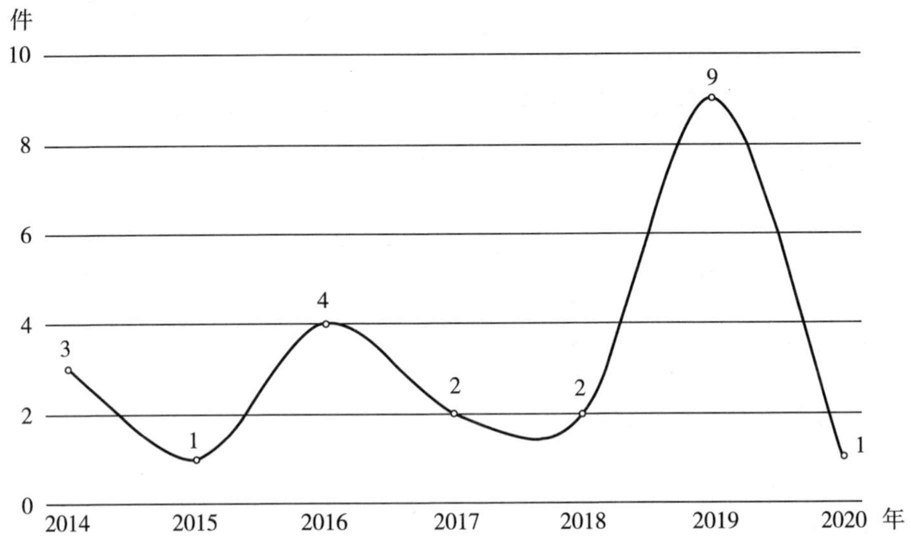

图5-2 案件年份分布情况

如图5-3所示,从案件主要地域分布情况可以看出,当前案件主要集中在湖南省、广东省、北京市、山东省。

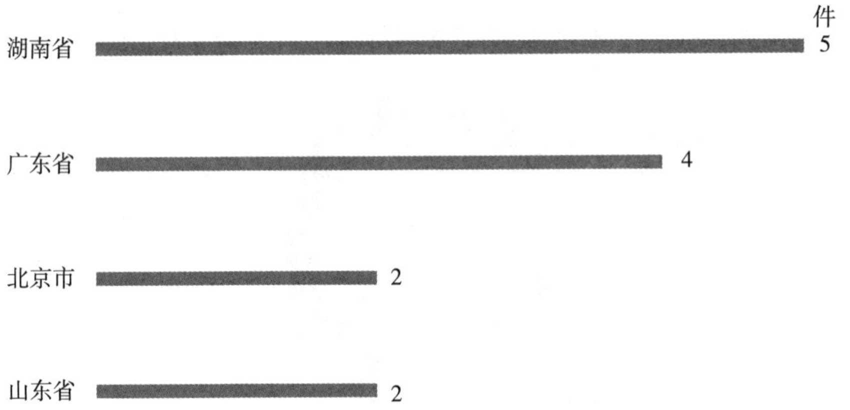

图5-3 案件主要地域分布情况

二、可供参考的例案

例案一 | 林某勇、林某芳、汤某与珠海市盛鸿置业有限公司等股权转让纠纷案

【法院】

广东省高级人民法院

【案号】

(2013)粤高法民二终字第2号

【当事人】

上诉人(原审原告、反诉被告):林某勇、林某芳、汤某

被上诉人(原审被告、反诉原告):珠海市盛鸿置业有限公司、珠海祥和置业有限公司

被上诉人(原审被告):张某

【基本案情】

2002年11月20日,林某勇、林某芳和汤某三人作为出让方与受让方珠海祥和置业有限公司(以下简称祥和公司)、华绍伟签订《股权转让协议》,约定出让方一致同意将所持有的珠海市盛鸿置业有限公司(以下简称盛鸿公司)全部股份转让给受让方,转让后祥和公司占有股份95%,华绍伟占有股份5%;股权转让费由双方在《项目转让协议》中具体约定;受让方在工商局办理完股权转让手续之日起享有(和承担)公司股东权利并承担义务。

同日,林某勇作为盛鸿公司法定代表人与祥和公司签订《项目转让协议》,约定:(一)采用盛鸿公司股东将全部股权转让给祥和公司的形式,将"紫茵山庄"项目用地红线内土地按1:1容积率核定的总建筑面积,包括该项目的现状土地及地上建筑物转让给祥和公司,而盛鸿公司法人资格及项目开发资格不变,从而达到祥和公司持有"紫茵山庄"项目的目的。(二)转让总价为人民币7500万元,其中包括祥和公司所承接的盛鸿公司向银行的借款5950万元本息及内部购房按揭贷款969.5万元,但不包括协议签订后所有贷款的利息,此外,祥和公司应向三原告支付580.5万元。转让总价不包括超容积率1:1以外所需补交的土地费用及现状条件下盛鸿公司与施工单位未结算的工程款。(三)盛鸿公司承诺已经为"紫茵山庄"项目支付的地价款为44,731,940元,已经向施工单位支付的工程款为761万元,同时确认银行贷款本金5950万元及按揭贷款本金969.5万元的利息均已支付

至2002年11月。(四)双方确认除协议书涉及的“紫茵山庄”项目外,在协议书签订前所发生的盛鸿公司的其他债权债务均由三原告享有权利并负责处理,与祥和公司及股权变更后的盛鸿公司无关,祥和公司及股权变更后的盛鸿公司必须协助三原告办理相应的转让手续。(五)协议书签订前,盛鸿公司所拥有的因情侣路工程项目而对珠海市市政基础设施土地管理中心享有的工程款债权5000万元,祥和公司承诺开设一个盛鸿公司专门账户给盛鸿公司的现股东控制使用。(六)协议书生效后一个月内盛鸿公司现股东必须与祥和公司及祥和公司指定的关联公司办理完盛鸿公司的股权转让手续。(七)协议书签订之日,盛鸿公司应向祥和公司移交有关“紫茵山庄”项目的一切有关该项目的全套政府文件、设计文件、施工合同与施工结算依据、售楼资料、银行贷款文件以及盛鸿公司的全套公司印章和印鉴。(八)祥和公司应在协议书签订的七天内以股权转让费的名义向盛鸿公司的现股东代表支付585.5万元,否则协议自动失效。(九)协议书第6条第2款约定祥和公司应在协议书签订后六个月内向盛鸿公司的贷款银行偿还2950万元借款本息,以解除盛鸿公司的“紫云山庄”土地及白藤湖房屋的抵押手续,并将上述两块土地房产更名过户到林某勇等三人所指定单位的名下。(十)该协议书签订后一年内,林某勇等三人应尽可能将协议书签订前所发生的除“紫茵山庄”外的其他债权债务从盛鸿公司剥离完毕。(十一)协议书生效后,一方违约应向对方支付相当协议书总价3%的违约金,同时守约方有权决定合同是否继续履行。

协议书“附件一”列出应从盛鸿公司剥离的资产九项,包括:(一)百田公司43%股份;(二)珠海澳亚卫视传播有限公司(下称澳亚公司)95%股份;(三)珠海盛港进出口有限公司(下称盛港公司)92%股份;(四)填海工程款5000万元;(五)岳阳盛鸿投资有限公司(下称岳阳盛鸿公司)100%股权;(六)珠海市香洲柠溪金溪花园18栋房产;(七)在湛江世联集团公司的债权;(八)办公设备一批;(九)汽车四辆(粤C29969、FV2691奔驰车,“32037”“32906”号金杯车)。协议书“附件二”(“珠海市盛鸿置业有限公司暨紫茵山庄项目移交资料清单”),分别列出盛鸿公司设立、经营中的文件、印章等十四项,以及有关“紫茵山庄”项目报建、工程技术、贷款及销售资料等文件。

2002年11月29日,林某芳与盛鸿公司、祥和公司签订《协议书》,约定祥和公司是以受让盛鸿公司股权方式获得“紫茵山庄”项目,除“紫茵山庄”项目本身所涉的银行借款、工程款及“紫茵山庄”土地和地上工程外,盛鸿公司在协议书签订前发生的其他债权债务均与祥和公司及其股东变更后的盛鸿公司无关,而由盛鸿公司的原股东享有权利并负责处理。“基于此”，三方同意将盛鸿公司名下约定的资产、股权及债权从盛鸿公司剥离无偿转让给林某芳所有，盛鸿公司和祥和公司应当协助林某芳办理资产、股权更名过户及债权转移的手续，保证林某芳不受任何阻碍地行使所有人或债权人的权利。该协议列出十一项资产、股权及债权，包括前述盛鸿公司持有的百田公司 43% 的股份、澳亚公司 95% 的股份、盛港公司 92% 的股份、岳阳盛鸿公司 100% 的股份，所有的珠海市香洲柠溪金溪花园 18 栋宿舍房屋产权、享有的情侣路填海工程款债权 5000 万元，对湛江世联集团公司享有的债权、四辆号牌分别为粤 C29 × × ×、粤 C31 × × ×、粤 C32 × × ×和粤 C32 × × ×的汽车、签订协议书前所拥有的所有办公设备、签订协议前所发生的与“紫茵山庄”项目无关的其他应收账款及债权。协议还要求盛鸿公司、祥和公司并应协助办理盛鸿公司原来职工的集体户口、社会保险费、电话费托收手续的迁移变更手续。

2002 年 12 月 2 日至 2003 年 4 月 17 日，盛鸿公司向祥和公司移交了公司公章、企业法人营业执照、部分“紫茵山庄”项目规划图、设计图、施工图、地质报告、土建工程以及与销售事项有关的资料。祥和公司接手后，陆续向盛鸿公司的债权银行清偿了 5950 万元借款中的 4400 万元，929 万元购房按揭贷款中的 727 万元。此外，祥和公司向林某勇等人支付了股权转让款 580.5 万元，但祥和公司没有按协议约定在半年内解除“紫云山庄”土地和白藤湖房屋的抵押手续并将上述两项财产过户至林某勇等人指定的单位名下，林某勇等人也未在协议约定的一年内，将协议签订前所发生的除“紫茵山庄”外的其他债权债务剥离盛鸿公司。

2002 年 12 月 26 日，盛鸿公司在工商行政管理机关办理了股东及法定代表人变更登记，股东变更登记为祥和公司和张某，法定代表人变更登记为万某某。林某勇等三人与盛鸿公司、祥和公司均确认《股权转让协议》中约定的盛鸿公司股权受让人之一华绍伟只是“挂名股东”而已，该协议约定祥和公司享有 95% 的股权、华绍伟享有 5% 股权在实际办理工商变更登记中已改为由祥和公司享有 90% 的股权、张某享有 10% 股权，林某勇等三人与盛鸿公司、祥和公司确认《股权转让协议》中约定的华绍伟享有的权益或其后登记的股东张某的权利均由祥和公司享有和行使。张某表示因在办理盛鸿公司的工商注册中，华某伟无法完成持有股权最少 10% 的出资要求，而同意将股权转由其持有；张某并表示清楚本案诉讼的情况，其不主张任何权益，也不愿意参加本案诉讼，称盛鸿公司、祥和公司主张的权益已包含其作为股东应有之权益。

2002 年 12 月 26 日，珠海市永安达会计师事务所有限公司（以下简称永安达会计师所)向委托人盛鸿公司作出永安达审字(2002)-1187号《审计报告》,报告称该事务所审计了由盛鸿公司提供的2002年12月30日止的资产负债表和2000~2002年11月的利润表,认为除会计账面反映该司截至2002年12月30日无形资产500万元缺乏相关资料外,其他"会计报表符合《企业会计准则》和《企业会计制度》的有关规定,在其他重大方面公允地反映了该公司2002年11月30日的财务状况及2000~2002年11月经营成果,会计处理方法的选用遵循了一贯性原则"。该报告资产负债表中列明至2002年11月30日,盛鸿公司有流动负债9905.735496万元、长期负债3000万元,负债合计12,905.735496万元,所有者权益3036.175508万元。

2003年3月31日,盛鸿公司致函林某勇、林某芳和汤某称广州海事法院于2002年9月26日查封香洲南村果园南及其地上建筑物(紫茵山庄)及香洲大环山南(包括地上建筑物)一事,因双方在《股权转让协议》中约定以2002年11月20日为界,之前的债权债务由林某勇等三人负责,之后的债权债务由盛鸿公司负责,但林某勇等三人在转让前及之后的财务审计报告中从未告之此事,经贷款银行参与多次协商后,至今未解封。为此事,盛鸿公司不单承担罚息,且承担巨大法律风险,所以请林某勇等三人务必在十日内解决此事,以免产生法律纠纷。盛鸿公司、祥和公司以此函主张祥和公司发现香洲南村果园南和香洲大环山南的土地及地上建筑物被查封及其他盛鸿公司被隐瞒的债务后,以盛鸿公司的名义发函给林某勇等三人要求尽快处理,同时行使不安抗辩权,停止办理《项目转让协议》第6条第2点约定的有关事项。林某勇等三人则称未收到该函件,广州海事法院查封香洲南村果园南的"紫茵山庄"土地及建筑物,也未向其送达查封的相关法律文书,故在与盛鸿公司、祥和公司签订协议转让股权、项目前不知道该地块被查封的事实。

盛鸿公司、祥和公司提交证据称林某勇等三人隐瞒盛鸿公司股权转让前债务,尤其是"紫云山庄""紫茵山庄"土地及地上建筑物因债务被查封的事实,致股权转让后的盛鸿公司要承担巨额债务,盛鸿公司、祥和公司有权拒绝履行义务,盛鸿公司承担的转让股权前发生的债务45,398,234元、债务诉讼发生的案件诉讼费324,566元及暂计至2004年9月30日的利息9,068,800元和判决还清之日止的利息均应由林某勇等三人承担。详述如下:

(一)珠海市香洲区人民法院(2004)香民一初字第1883号民事判决认定陈海山2001年12月28日与盛鸿公司签订的商品房买卖合同有效,陈海山已支付购房款998,100元,判令盛鸿公司向陈海山交付"紫茵山庄"5201号别墅,该案案件诉讼费 22,008 元，共计 1,020,108 元。盛鸿公司、祥和公司则称该别墅价值 170 万元，连诉讼费共 1,722,008 元。

（二）珠海市香洲区人民法院（2004）香民一初字第 1882 号民事判决认定陈某某 2001 年 12 月 28 日与盛鸿公司签订的商品房买卖合同有效，陈某某已支付购房款 100 万元，遂判令盛鸿公司向陈某某交付"紫茵山庄"5202 号别墅。盛鸿公司、祥和公司称该别墅价值 1,127,368 元，连案件诉讼费 21,804 元，共计 1,722,008 元。2004 年 9 月 22 日盛鸿公司与陈某某签订的《执行和解协议书》及退陈某某房款1,022,008元的支票存根载明，盛鸿公司退还陈某某已付的 100 万元购房款及案件受理费、财产保全费 22,008 元，终止双方商品房买卖合同的履行，陈某某不再申请上述判决的执行。同年 9 月 24 日盛鸿公司付还陈某某 1,022,008 元。

（三）原审法院（2003）珠法民二终字第 276 号民事判决维持了珠海市斗门区人民法院作出的（2003）斗法民二初字第 178 号民事判决，判令盛鸿公司对斗门区垣燊纸业贸易有限公司 2001 年 1 月 21 日因与珠海市井岸农村信用合作社签订保证担保借款合同而欠付的 50 万元本息承担连带清偿责任，该案一审案件受理费 10,010 元由盛鸿公司和斗门区垣燊纸业贸易有限公司共同承担，二审案件受理费 10,010 元由盛鸿公司承担。

（四）广州海事法院（2002）广海法初字第 112 号民事判决书、广州海事法院（2002）广海法执字第 200—7、200—8 及 200—10 号三份民事裁定、珠海市房地产登记中心出具的《房地产查封登记表》、2003 年 9 月 18 日盛鸿公司与广州航道局签署的《执行和解协议》、2003 年 9 月 18 日盛鸿公司向广州航道局支付 527,110 元的电汇凭证显示，盛鸿公司应向广州航道局偿付工程款 240 万元，并承担受理费 22,110 元。广州海事法院查封了盛鸿公司用于执行担保的粤 C31×××、粤 C29×××、粤 C32×××、粤 C32×××四辆汽车及位于白藤湖镇湖滨二区 5 号白藤花园的 A3、B2 房产，解除盛鸿公司位于大环山的土地使用权及地上建筑物、位于香洲南村果园南的土地使用权和地上建筑物的查封。执行过程中，盛鸿公司与广州航道局达成和解协议，约定在协议签订三日内向广州航道局支付 50 万元及广州航道局预交的诉讼费、执行费 27,110 元，2003 年 12 月 1 日前再支付 40 万元，余款在 2004 年 2 月前付清等。盛鸿公司称该项支付义务金额为 2,513,248 元，已付的 527,110 元截至 2004 年 9 月 30 日产生的利息为 33,000 元。盛鸿公司、祥和公司称因林某勇、林某芳和汤某隐瞒了应由林某勇等三人承担的股权转让前产生的该项债务，故为了减少损失，不得已将上述白藤花园的 A3、B2 房产交由广州海事法院置换查封。

(五)1999年6月30日珠海垃圾发电厂与盛鸿公司签订的《土地使用权转让合同》、2003年6月9日百田公司与盛鸿公司致珠海市人民政府的《关于申请以市政府欠情侣北路填海工程款抵顶“紫茵山庄”土地转让金的报告》(以下简称《情侣路工程款抵顶土地转让金报告》)、珠海垃圾发电厂2004年4月19日出具的《证明》、珠海垃圾发电厂2004年6月23日致盛鸿公司的函件显示,《土地使用权转让合同》约定盛鸿公司支付3874.42万元后取得珠海垃圾发电厂位于香洲南村果场南的35,222平方米土地,《情侣路工程款抵顶土地转让金报告》称因情侣路(工程)珠海市人民政府欠盛鸿公司4977.64万元,请求将其中的1674万元抵顶盛鸿公司尚欠珠海垃圾发电厂的余款1674万元。2003年7月7日珠海市市政基础设施土地开发管理中心在该报告上签注,情侣北路工程由中国安能公司中标承建,目前市政府尚欠工程款及中标押金4977.64万元。珠海垃圾发电厂2004年4月19日作出的《证明》称至2004年4月盛鸿公司已付2200万元,尚欠1674万元。珠海垃圾发电厂2004年6月23日致盛鸿公司的函件要求尽快还款1674万元,林某勇于同年7月5日签注收到该函复印件。

2004年11月23日,原审法院向盛鸿公司发出的(2004)珠法民一初字第35号民事案件应诉通知书及珠海垃圾发电厂的民事起诉状,通知已立案受理珠海垃圾发电厂请求判令盛鸿公司清偿土地转让款1674.42万元及利息(暂计至2004年12月31日的利息为5,766,699.02元)一案。2004年12月17日,原审法院作出(2004)珠法民一初字第35号民事调解书,盛鸿公司确认尚欠珠海垃圾发电厂1674.42万元将分期偿还,没有依时足额支付每一期债务将支付欠款滞纳金30万元及计付延期期间的利息,盛鸿公司提供“紫茵山庄”会所作为履行义务的抵押物,案件受理费122,564.5元、财产保全费113,225元由盛鸿公司承担。

盛鸿公司、祥和公司称盛鸿公司欠珠海垃圾发电厂土地转让款1674万元及暂计至2004年9月30日的利息299万元,其后经诉讼调解结案,珠海垃圾发电厂确认该项欠款为1674.42万元。上述债务应由林某勇、林某芳和汤某三人承担,百田公司亦认可欠土地转让款的事实,并同意以市政府欠百田公司的填海工程款抵顶土地转让款。

(六)2003年1月7日盛鸿公司与林某勇、林某芳和汤某以及百田公司签订《协议书》、2003年1月2日支付中国工商银行珠海市香洲支行的贷款利息2,244,986.6元的付款凭证、祥和公司2003年3月31日分别致百田公司和林某勇、林某芳和汤某的函显示,《协议书》约定在林某勇等三人尚欠2002年11月20日双方股权转让协议签订前应付银行的利息2,244,986.6元,因林某勇等三人资金周转困难,盛鸿公司同意借给林某勇、林某芳和汤某2,244,986.6元以支付银行欠款,林某勇等三人应在2003年3月31日前偿清该笔借款,百田公司对此承担担保责任。付款凭证显示2,244,986.6元已付银行。2003年3月31日祥和公司分别致百田公司和林某勇、林某芳和汤某的函均称《协议书》约定的还款期已到,要求还款。盛鸿公司、祥和公司称,2003年3月31日计至2004年9月30日该项代垫的银行利息款的利息为人民币214,000元,并认为双方签订股权转让协议后,林某勇等三人不能支付应付的到期银行贷款利息2,244,986.6元已证明该三人没有偿付能力,而林某勇等三人不按约定向祥和公司还款,已丧失商业信誉。

原审法院对本案一审中,盛鸿公司、祥和公司放弃主张林某勇等三人付还该项银行利息款2,244,986.6元及该款利息214,000元的请求。

（七）原审法院(2004)珠中法民二初字第24号民事判决书、广东省高级人民法院(2004)粤高法立民终字第328号民事裁定书、2004年12月24日向珠海市房地产登记中心出具的盛鸿公司《房产抵押（按揭）登记表》显示,1999年8月19日瑞京隆房地产开发（深圳）有限公司（以下简称瑞京隆公司）委托泰辉公司向盛鸿公司汇出借款2000万元,其后盛鸿公司与瑞京隆公司约定在2002年2月1日还款2000万元本息,瑞京隆公司在2004年2月26日提起诉讼,原审法院经审理,判令盛鸿公司向瑞京隆公司偿付本金2000万元及利息,其中计至2004年2月1日止的利息为500万元,该案受理费及财产保全费260,530元由盛鸿公司负担。广东省高级人民法院民事裁定书裁定盛鸿公司自动撤回对该案的上诉,原审法院(2004)珠中法民二初字第24号判决发生法律效力。《房产抵押（按揭）登记表》显示"珠海香洲大环山南（紫云山庄）"土地自2001年1月21日交由中国工商银行珠海市香洲支行抵押贷款,后因原审法院审理的(2004)珠中法民二初字第24号案中应瑞京隆公司的申请于2004年3月5日查封了盛鸿公司名下该块"紫云山庄"土地及"香洲南村果园后（紫茵山庄）"土地和地上建筑物。祥和公司、盛鸿公司以此证明因林某勇等三人未处理原在盛鸿公司的债务而致"紫茵山庄"和"紫云山庄"被广州海事法院和原审法院查封,客观上无法履约还贷并办理"紫云山庄"土地过户,尤其是"紫茵山庄"的查封严重影响祥和公司与林某勇、林某芳和汤某签订协议转让股权、承接项目的目的。本案原一审期间,原审法院因执行(2004)珠中法民二初字第24号民事判决,于2005年12月6日依法拍卖了"紫云山庄"土地,由珠海市电力房产开发有限公司以3180万元竞得。

盛鸿公司、祥和公司反诉主张林某勇、林某芳和汤某应当承担上述除在案中撤回的贷款银行利息款2,244,986.6元及该款利息214,000元的请求外，盛鸿公司股权转让前发生的债务计42,939,247.4元及因债务发生的案件诉讼费324,566元，共43,263,813.4元。另有2003年9月18日盛鸿公司已支付广州航道局的520,000元，按银行同期贷款利率5.31%计至2004年9月30日的利息33,000元；原审法院(2004)珠中法民二初字第24号判决判令盛鸿公司支付瑞京隆公司2000万元计至2004年2月1日的利息500万元，及从2004年2月2日起按银行同期贷款利率5.31%计至2004年9月30日的利息849,600元；应付珠海垃圾发电厂的1674万元从2000年6月30日至2002年2月21日按银行同期贷款利率5.85%计的利息235,000元，从2002年2月22日至2004年9月30日按银行同期贷款利率5.31%计的利息2,755,000元，以上利息共8,872,600元均应与上述债务及诉讼费一并由林某勇、林某芳和汤某承担。

林某勇等三人否认收到珠海垃圾发电厂2004年4月19日《证明》及祥和公司2003年3月31日分别致百田公司、林某勇、林某芳和汤某三人的函，并认为盛鸿公司、祥和公司未将代付银行的贷款利息2,244,986.6元的事实告知林某勇等三人，林某勇等三人对上述其他盛鸿公司股权转让前债务的证据不持异议，称林某勇等三人从未回避“尽可能”处理该些债务，但正因为盛鸿公司、祥和公司没有依约履行先行剥离股权、资产及债权的义务，致林某勇等三人无法处理债务，这不构成违约，盛鸿公司、祥和公司也不能适用《合同法》第68条的规定行使不安抗辩权；是盛鸿公司、祥和公司没有履行向银行偿付贷款的义务，导致“紫云山庄”土地和白藤湖别墅无法解除抵押，以致之后被查封；林某勇等三人未按约定向盛鸿公司、祥和公司偿付代付的银行贷款利息2,244,986.6元，是因为林某勇等三人“不知情”，故不能据此认为林某勇等三人丧失商业信誉；珠海垃圾发电厂提起诉讼也正是盛鸿公司、祥和公司未履行剥离股权、资产及债权所致；盛鸿公司、祥和公司称无能力支付瑞京隆公司一案的上诉费，当然也没有能力依约向银行偿付2900万元贷款本息；如盛鸿公司、祥和公司认为林某勇等三人隐瞒债务，可以主张撤销合同或合同无效，而不能行使不安抗辩权；双方签订的合同中没有约定林某勇等三人处理盛鸿公司债务的期限，但2003年6月9日百田公司与盛鸿公司致珠海市人民政府的报告正说明林某勇等三人积极处理在盛鸿公司的债务。林某勇等三人提交了2004年6月9日百田公司再致珠海市人民政府的《关于申请以市政府欠情侣北路填海工程款抵顶“紫茵山庄”土地转让金的报告》，报告称因施工珠海市情侣北路填海工程市政府尚欠工程款4776.64万元，请求以其中的1674万元抵顶所欠珠海垃圾发电厂“紫茵山庄”土地转让金。珠海市市政基础设施土地开发管理中心于4月22日在该报告上签注：……政府尚欠该司4768.2万元。林某勇等三人以此证明其仍在处理相关债务。林某勇等三人还认为即使双方项目转让协议中所涉的“紫茵山庄”“紫云山庄”土地及权益在转让前被法院查封，双方签订的协议也是合法有效的，且当时双方完全有资金有能力解除查封。

2004年4月28日，广东正浩永航律师事务所陈康律师受林某勇等三人的委托向盛鸿公司、祥和公司发出《律师函》，要求在律师函送达三日内将盛鸿公司持有的应无偿转移给林某芳的股权、资产及债权按约定转移；三日内向银行偿还2950万元借款本息以解除盛鸿公司的“紫云山庄”土地及白藤湖房屋的抵押手续，并在十日内将“紫云山庄”土地及白藤湖房屋更名过户在百田公司及澳亚公司名下。该《律师函》中还称，同年4月26日盛鸿公司又委托律师向林某勇等三人发出律师函称林某勇等三人在出让盛鸿公司股权过程中隐瞒债务，律师陈某代表林某勇三原告反驳认为，股权转让协议签订后盛鸿公司、祥和公司对盛鸿公司的债务情况已经掌握，协议签订后三方共同委托了永安达会计师所对盛鸿公司进行了审计，审计结果盛鸿公司、祥和公司十分清楚，不存在任何隐瞒；且按照约定，盛鸿公司的债务本应由三原告负责处理，但盛鸿公司、祥和公司一直拒绝配合和协助，后果应由盛鸿公司、祥和公司完全负责。祥和公司、盛鸿公司否认收到该律师函，且认为函中所述事实不真实。

2004年9月20日，林某勇、林某芳和汤某三人向原审法院提起诉讼，请求判令：1.盛鸿公司向林某芳过户其名下的资产、股权和债权；2.盛鸿公司和祥和公司立即解除“紫云山庄”土地使用权和白藤湖花园6栋别墅抵押登记手续，并将相关权益过户至百田公司和澳亚公司名下；3.盛鸿公司和祥和公司对前两项诉讼请求中不能履行部分承担赔偿责任；4.盛鸿公司和祥和公司各自支付违约金225万元。2004年11月2日，祥和公司和盛鸿公司以林某勇、林某芳和汤某三人隐瞒债务为由向原审法院提起反诉，请求判令：林某勇等三人共同承担盛鸿公司名下的债务45,398,234元、诉讼费324,566元、利息906.88万元，支付违约金225万元并承担诉讼费。原审法院一审本案期间，经该院审判委员会讨论认为《股权转让协议》《项目转让协议》《协议书》中关于剥离盛鸿公司原有资产的约定，有可能损害了盛鸿公司债权人及社会公共利益导致无效，故需进一步征询双方对于合同效力的意见及在合同无效情况下是否变更诉讼请求。2005年9月5日,林某勇等三人以张某代祥和公司持有盛鸿公司10%的股份为由将张某追加为被告,并将诉讼请求变更为:1.确认股权转让协议和项目转让协议无效;2.判令祥和公司返还股权;3.判令张某返还股权;4.判令盛鸿公司协助办理工商变更登记。2005年9月9日,祥和公司和盛鸿公司将反诉请求变更为:1.认定《项目转让协议》有效,责令相关当事人补办项目转让过户手续;2.判令林某勇等三人偿付其隐瞒的盛鸿公司债务45,398,234元、诉讼费324,566元、利息906.88万元并支付违约金225万元。

另查明,盛鸿公司是林某勇、林某芳和汤某三人于1995年6月29日设立的有限责任公司,注册资金500万元,主要从事房地产综合开发以及化工原料、五金交电和电子产品的批发业务。

广东省高级人民法院二审中另查明:原审法院于2006年1月18日对本案作出(2004)珠中法民二初字第133号民事判决:一、驳回林某勇、林某芳、汤某的诉讼请求;二、林某勇、林某芳、汤某于该判决发生法律效力之日起10日内向盛鸿公司、祥和公司偿付盛鸿公司的债务本金4114.23万元、诉讼费314,556元及计至2004年9月30日的利息588.26万元以及本金2052万元从2004年10月1日起计至欠款付清之日止按中国人民银行规定的同期贷款利率计算的利息;三、林某勇、林某芳、汤某在盛鸿公司履行(2003)珠法民二终字第276号民事判决义务,即向珠海市井岸农村信用合作社实际偿付50万元本息及诉讼费10,010元范围的债务后十日内,向盛鸿公司偿付同等金额的款项;四、林某勇、林某芳、汤某于该判决发生法律效力之日起10日内向盛鸿公司、祥和公司偿付违约金225万元。林某勇等三人不服原一审判决,向法院提起上诉,法院经审判委员会讨论决定,于2008年4月7日作出(2006)粤高法民二终字第69号民事判决:一、撤销原审法院(2004)珠中法民二初字第133号民事判决;二、祥和公司于该判决生效之日起30日内向林某勇等三人返还其持有的盛鸿公司90%的股权,并办理股权变更手续;三、张某于该判决生效之日起30日内向林某勇等三人返还其持有的盛鸿公司10%的股权,并办理股权变更手续;四、林某勇等三人在该判决生效之日起30日内向祥和公司返还580.5万元;五、驳回祥和公司、盛鸿公司的其他诉讼请求。祥和公司不服原二审判决,向最高人民法院申请再审,最高人民法院于2009年11月23日作出(2008)民提字第60号民事裁定,以原二审判决认定事实不清、证据不足为由,撤销原一审、二审判决,将本案发回原审法院重审。

【案件争点】

涉案协议是否具有法律效力。

【裁判要旨】

广东省高级人民法院认为：根据查明的事实，林某勇、林某芳、汤某三人于2002年11月至12月先后与祥和公司、华绍伟和盛鸿公司签订了《珠海市盛鸿置业有限公司股权转让协议》《紫茵山庄项目转让协议》和《协议书》，三份协议对林某勇等三人将拥有的盛鸿公司股权如何转让给祥和公司和华绍伟以及盛鸿公司的股权转让后公司原有债权债务的处理等问题进行了约定。这三份协议的实质是林某勇等三人与祥和公司规避开发房地产业的监管，以转让盛鸿公司股权的形式，转让盛鸿公司的"紫茵山庄"这一房地产开发项目。从上述三份协议内容看，除约定林某勇等三人出让其名下的盛鸿公司股份外，同时还约定盛鸿公司名下的资产（含债权债务）如何转让及资产剥离后的归属问题，尤其是《紫茵山庄项目转让协议》第9条及该协议"附件"部分，明确约定了盛鸿公司应将其名下包括债权债务在内的十一项资产剥离，并将这些剥离的十一项资产无偿转移给林某勇等三人。林某勇等三人与祥和公司在明知盛鸿公司负有巨额债务而未予清理以及未经盛鸿公司债权人同意情况下，将盛鸿公司的部分资产从公司资产中剥离，并将公司债务在新老股东之间进行划分转移，由此造成盛鸿公司法人财产在股东变动过程中大幅减少，削弱了公司的偿债能力，侵犯了公司所有债权人的合法权益。林某勇等三人与祥和公司这种转让股权行为违反了《公司法》第36条*关于"公司成立后，股东不得抽逃出资"的禁止性规定。依据《合同法》第52条第1款第5项规定，本案所涉上述三份协议均应认定无效。

本案所涉三份协议被确认无效，林某勇等三人和祥和公司均有过错，应各自承担相应的民事责任。祥和公司和张某因履行涉案协议取得的盛鸿公司股权应返还给林某勇等三人。同时，林某勇等三人亦应向祥和公司返还已收取的580.5万元转让款。林某勇等三人与祥和公司签订和履行涉案三份协议产生的财产后果及民事责任承担问题，包括祥和公司经营盛鸿公司期间投资开发"紫茵山庄"的营利或亏损的处理问题，由于林某勇等三人提出的本诉请求和祥和公司提出的反诉请求均未涉及，故法院对此不予审理，诉讼双方可另行协商解决或另循法律途径主张权利。

---

* 法院审判时依据《公司法》(2005年修订)，与现行《公司法》条文序号不一致，特此说明。——编者注

例案二 湖南立信融资担保有限公司与湘阴县恒博房地产开发有限公司、彭某某股权转让纠纷案

【法院】

湖南省高级人民法院

【案号】

(2017)湘民终356号

【当事人】

上诉人(原审原告):湖南立信融资担保有限公司

上诉人(原审第三人):戴某某

上诉人(原审被告):湘阴县恒博房地产开发有限公司

被上诉人(原审被告):彭某某

【基本案情】

2011年10月24日,彭某某、杨某、戴某某三方签订合伙(股东)协议,共同以湘阴县恒博房地产开发有限公司(以下简称恒博公司)的名义开发坐落于湘阴县新世纪大道以南、农业局西侧,用地面积为19,330.32平方米的房地产项目,三方确认股权比例为彭某某40%、杨某30%、戴某某30%,该协议上有彭某某、杨某、戴某某签名。2012年12月17日,彭某某、戴某某、恒博公司三方签订退伙协议,主要内容为:由戴某某代表实际权利人湖南立信融资担保有限公司(以下简称立信公司)退出合伙,将戴某某名下所持恒博公司30%的股份转让给彭某某,由彭某某退还其投资款1050万元,并另行补偿其150万元;约定付款期限为2013年12月30日之前给付500万元、2014年6月1日前给付700万元(该700万元由彭某某自2014年1月1日起按1%月利率付息)至立信公司指定的账户上;如果彭某某未按协议约定付款,则向戴某某承担每日2‰的违约金;恒博公司对彭某某的上述义务承担连带担保责任。该协议上有彭某某、戴某某签名,加盖了恒博公司公章。2014年1月12日,彭某某、戴某某、恒博公司三方签订退伙协议的补充协议,约定为“甲方(彭某某)已于2014年2月2日前付款400万元至立信公司账上,尚欠800万元由甲方在2014年6月30日前付清”,“如果甲方(彭某某)、丙方(恒博公司)将拍卖成交的土地对外转让,在转让前需告知乙方(戴某某)或立信公司,并在转让前偿还乙方(戴某某)本息,否则,乙方(戴某某)和立信公司有权向人民法院起诉追偿本息”。协议上有彭某某、戴某某签名,并加盖恒博公司公章。2014年1月13日,彭

某某书面致函戴某某，要求将30%的股份转让到苏某名下，随后戴某某按照其要求办理完股份转让的工商登记变更手续。2014年7月，彭某某偿还了100万元至立信公司账户。戴某某向彭某某出具的收条后面记载有"春节前原商议付400万元，彭某某现付200万元，由我负责该200万元推迟到3月底前付清。剩余金额420万元在2015年3月底前付清（总共820万元），春节后签正式调解协议。"落款为戴某某、彭某某，日期为2014年2月14日，但各方认可落款日期系笔误，应为2015年2月14日。2015年2月14日，彭某某通过中国农业银行户名为闵某某、账号为62×××15的银行账户，向户名为雍英、账号为62×××70的账户转入150万元。立信公司后来没有收到约定应于2015年春节前应支付200万元首款中剩下的50万元。彭某某、戴某某、立信公司在春节后没有签订调解协议，2015年3月底前彭某某也未按收条后附的约定履行支付义务。

另查明，恒博公司于2008年4月25日成立，股东为彭某某、彭某、李某某、闵某某，后进行了多次变更。2012年1月6日，股东变更为彭某某、彭某、戴某某、杨某；2013年12月24日，股东变更为彭某某、苏某、戴某某、杨某、周某某；2014年1月13日，股东变更为彭某某、苏某、杨某、周某某；2014年3月27日，股东变更为苏某、彭某、周某某，周某某为法定代表人。

【案件争点】

恒博公司是否应当承担连带担保责任。

【裁判要旨】

湖南省高级人民法院认为，《公司法》第16条第2、3款规定："公司为公司股东或者实际控制人提供担保的，必须经股东会或者股东大会决议。前款规定的股东或者受前款规定的实际控制人支配的股东，不得参加前款规定事项的表决。该项表决由出席会议的其他股东所持表决权的过半数通过。"对于该条规定的性质学术界和实务界尚有争议，认为该条规定属于管理性强制性规定的是指，该条立法目的旨在防止公司股东、实际控制人或者高级管理人员损害公司或其他债权人的利益，其实质是公司内部管理程序，只能约束公司内部人员，不能以此约束外部善意相对人。故在此意义上该规定理解为管理性强制性规定，对违反该规定提供担保的，并不必然无效。立信公司、戴某某在上诉中自认该规定是约束公司股东、董事、高管的内部控制程序，而签订案涉股权转让协议时，戴某某与彭某某均为恒博公司股东，合同交易的相对人恰为公司内部人员，且公司章程也规定公司股东有遵守公司法规定的义务，当事人的行为应当受《公司法》第16条强制性效力的约束。因此，即便是认为《公司法》第16条的规定不能约束外部善意相对人,其强制性效力只能约束公司内部人员,案涉股权转让协议中的担保条款也应认定无效。立信公司、戴某某认为《公司法》第16条只是管理性强制性规定不能以此约束相对人的主张,无法律依据。同时,公司资产是公司全体债权人的偿债保证,戴某某与彭某某在公司存续期间约定发生股权转让由公司提供担保,即意味着在受让方不能支付股权转让款的情形下,公司应向转让股东支付转让款,从而导致股东以股权转让的方式从公司抽回出资的后果。该约定不符合《公司法》第35条关于股东缴纳出资后不得抽回的规定。据此,案涉协议担保条款亦应认定无效。

另《合同法》第50条规定:"法人或者其他组织的法定代表人、负责人超越权限订立的合同,除相对人知道或者应当知道其超越权限的以外,该代表行为有效。"《担保法司法解释》第11条规定:"法人或者其他组织的法定代表人、负责人超越权限订立的担保合同,除相对人知道或者应当知道其超越权限的以外,该代表行为有效。"彭某某作为恒博公司当时的法定代表人超越公司法和公司章程的权限订立担保合同,系无权代表行为。相对人戴某某是否知道或者应当知道法定代表人越权,是认定该行为是否属于表见代表、合同是否有效的关键。从本案事实看,案涉协议使恒博公司可能承担巨额债务而不能获得任何对价,不属于公司正常的经营活动,《公司法》第16条对关联担保这种无对价的特殊交易做了限制性规定,必须经股东会同意,故该行为具有明显的超越代表权的外观。戴某某作为恒博公司股东和专职律师,知晓恒博公司由几名股东组成和公司章程规定对法定代表人权力的限制,签订案涉协议时,在没有股东会决议的情形下,理应知道彭某某的行为不是为恒博公司经营活动所从事的职务行为,而是违反公司法强制性规定的行为。综合考虑本案的交易过程和事实,戴某某知道彭某某的签约超越代表权限,不属于《合同法》第50条保护的善意相对人。彭某某的代表行为无效,案涉协议担保条款不能对恒博公司产生效力。

关于案涉担保条款无效的责任承担问题。《合同法》第48条规定:"行为人没有代理权、超越代理权或者代理权终止后以被代理人名义订立的合同,未经被代理人追认,对被代理人不发生效力,由行为人承担责任。"法定代表人代表制度是代理在商事企业法人领域的特别规定,可适用该规定。在案涉协议对恒博公司没有约束力的情况下,应由彭某某就其无权代表行为承担相应的责任。另根据《担保法司法解释》第4条规定,"董事、经理违反《公司法》第六十条的规定,以公司资产为本公司的股东或者其他个人债务提供担保的,担保合同无效。除债权人知道或者应当知道的外，债务人、担保人应当对债权人的损失承担连带赔偿责任”，在本案中恒博公司的章程已约定股东有遵守公司法规定的义务，债权人戴某某明知彭某某系违反公司法规定让公司担保，彭某某作为当时恒博公司的实际控制人和法定代表人，有代表公司和管理使用公章的权利，恒博公司对于彭某某利用对公司的控制权在案涉协议上加盖公章的行为并不具有选任或管理上的失职，其责任应由彭某某承担。立信公司提出其是本案实际债权人，不是恒博公司股东，一审法院以戴某某的股东之责来认定立信公司有过错不当。法院认为，签订案涉股权转让协议的当事人是彭某某、戴某某和恒博公司，立信公司是基于与戴某某有隐名持股的委托关系而成为诉讼主体，基于委托人与受托人之间的代理关系，受托人的责任应由委托人承担。同时，根据《合同法》第403条规定，“委托人行使受托人对第三人的权利的，第三人可以向委托人主张其对受托人的抗辩”，恒博公司基于对受托人戴某某有过错的抗辩可以向立信公司主张，故一审法院认定立信公司有过错并无不当。立信公司要求恒博公司依据案涉协议承担责任的诉请于法无据，法院不予支持。恒博公司关于其无过错不应承担赔偿责任的上诉理由成立，法院予以支持。一审法院认定恒博公司有过错，对彭某某不能支付的股权转让款的一半承担赔偿责任的处理不当，法院予以纠正。

例案三　新余甄投云联成长投资管理中心、广东运货柜信息技术有限公司新增资本认购纠纷、买卖合同纠纷案

【法院】

江西省高级人民法院

【案号】

(2019)赣民终178号

【当事人】

上诉人(原审原告)：新余甄投云联成长投资管理中心

被上诉人(原审被告)：广东运货柜信息技术有限公司、龙某

【基本案情】

2016年4月28日，新余甄投云联成长投资管理中心(以下简称甄投中心)(甲方)与龙某(乙方1)、广州市鹏合物流企业(有限合伙)(乙方2)、广州广投资有限公司(乙方3)、深圳前海深汇股权投资合伙企业(有限合伙)(乙方4)、运货柜公司

(丙方)签订《增资协议》,约定甄投中心向广东运货柜信息技术有限公司(以下简称运货柜公司)增资1050万元。

同日,上述各方及案外人任涛签订《增资协议的补充协议》,约定若有以下情形之一,运货柜公司承诺回购股权:一、未完成承诺业绩指标,即运货柜公司未达成2016年实现归属于母公司的税后净利润1.5亿元,2017年未实现归属于母公司的税后净利润2.5亿元;或2016年、2017年两年累计未实现归属于母公司的税后净利润4亿元的目的;二、2018年12月31日前运货柜公司未能完成上市。上述情形下回购公式为:回购款总额 = 甄投中心的实际投资款 ×(1 + 持股天数/365天 × 15%)- 回购日之前甄投中心已获得的股息、红利。合同中同时约定回购价格应保证甄投中心本次投资的年投资收益率不得低于15%。

2016年5月27日,甄投中心向运货柜公司转款1050万元。

2017年3月24日向甄投中心向运货柜公司发出回购函,运货柜公司未予履行,运货柜公司并表示其不能实现合同承诺的业绩指标,也不能实现公司上市的目标。

《增资协议》《增资协议的补充协议》中没有关于龙某回购股权的约定。《增资协议的补充协议》中约定若运货柜公司无法履行回购义务时,则由案外人任涛承担无条件的全额连带回购责任。

另查明:1.《增资协议》第6.1条约定,本次增资完成后且在公司上市前,除非经投资方事先书面同意,龙某不得从事以转让、质押或其他任何方式对其直接或间接持有的公司股权及该等股权所对应的权益进行处置的行为……第6.7条约定,公司、公司主要股东及其近亲属在本次增资完成后不会以任何方式直接或间接经营或参与经营与公司业务竞争的业务(包括但不限于单独设立或参与设立经营该等业务的经营实体,向该等经营实体出资,在该等经营实体任职或担任顾问等),也不得将公司的任何业务、项目、资产等以直接或间接方式向其关联企业、或其亲友的关联企业进行转移、许可使用、透露商业秘密、业务混同、交叉交易等。如目前有业务相竞争的业务,该业务将在3个月内停止或整合纳入运货柜公司体系内,并将相关股权或出资无偿转让至运货柜公司持有;第9.2条约定,乙方和运货柜公司发生违约情形的……如届时投资方已缴付本协议项下全部或部分增资款的,投资方除有权要求违约方赔偿全部损失外,还有权单方解除本协议,并有权要求违约方向投资方返还投资方已缴付的全部款项;第9.3条约定,由于任何一方违约,造成本协议及其附件不能履行或不能完全履行时,由该违约方承担由此产生的责任如属多方违约，则应根据实际情况，由各违约方连带承担违约责任。

2.《补充协议》第2.1.1条约定："除非甄投中心另以书面形式同意修改或延长，本次增资完成后，如果(1)运货柜公司未完成上述第1条承诺业绩指标；(2)2018年12月31日前运货柜公司未能完成上市；则甄投中心有权要求运货柜公司回购甄投中心的全部或部分运货柜公司股权，运货柜公司承诺予以回购，回购价格应保证甄投中心本次投资的年投资收益率不低于百分之拾伍(15%)，具体按照以下公式确定：回购款总额＝甄投中心的实际投资款×(1＋持股天数/365天×15%)－回购日之前甄投中心已从公司获得的股息、红利。持股天数指甄投中心各方增资款支付日后第二天至回购日前一天的日历天数"；第2.1.2条约定，"如果出现以下任何一种情况：(2)运货柜公司控股股东、实际控制人、及他们的关联公司进行有损于运货柜公司或者甄投中心的重大交易或重大担保行为……(5)乙方、运货柜公司违反《增资协议》及本协议项下之义务、陈述、保证或承诺，且甄投中心认为重大者。则甄投中心有权选择上述任何一种情况出现后要求运货柜公司回购甄投中心持有的全部或部分运货柜公司股权，运货柜公司承诺予以回购，回购价格应保证甄投中心本次投资的年复合投资收益率不低于百分之拾伍(15%)，具体按照以下公式确定：回购款总额＝甄投中心的实际投资款×－甄投中心届时因已转让部分乙方股权所取得的收入"；第3.3条约定，"……本协议与《增资协议》存在冲突和不一致之处，以本协议为准"。

3.根据大华会计师事务所出具的运货柜公司2016年度审计报告，运货柜公司未达到约定的实现归属于母公司的税后净利润1.5亿元，2016年度反而亏损4,429,599.08元。至2018年12月31日运货柜公司未完成上市。

4.甄投中心根据天眼查、企查查和国家企业信用信息公示系统中查询到的相关信息，认为被上诉人龙某及其亲友开办的企业与运货柜公司有相竞争的业务，其未将存在业务混同的业务停止经营或纳入运货柜公司体系内，违反了《增资协议》和《补充协议》的约定，甄投中心有权要求回购股权。据此，甄投中心认为两被上诉人的行为侵害了其合法权益，提起本案诉讼。

【案件争点】

股权回购条款是否有效，运货柜公司、龙某是否需要承担股权回购的责任。

【裁判要旨】

江西省高级人民法院认为：现已查明，甄投中心投资的1050万元分两部分进入运货柜公司，其中761,421元作为公司的注册资本，剩余的9,738,579元计入公司资本公积金。甄投中心亦基于此分别提出两项上诉请求(与一审诉请一致):第一项是请求运货柜公司、龙某连带支付进入资本公积金部分9,738,579元的股权回购款及收益,第二项是请求龙某回购其股权,支付进入注册资本部分761,421元的股权回购款及收益。甄投中心请求运货柜公司、龙某支付其股权回购款,理由有二:一是认为运货柜公司、龙某存在违约行为,故基于《增资协议》第9.2条约定提出请求;二是认为双方约定的股权回购条件已经成就,故基于《补充协议》第2.1.1条的约定提出请求。对此,法院经审查认为,《增资协议》第9.2条的约定,若运货柜公司、龙某违约,甄投中心有权单方解除协议并要求对方返还已缴付的全部投资款。而《补充协议》第2.1.1条则约定在股权回购条件成就时,甄投中心可以要求运货柜公司履行回购义务,按约定的标准支付股权回购款。可见,《增资协议》约定的责任属于违约责任,《补充协议》约定的则是继续履行回购义务的合同责任,两者适用的情形不同,要求对方承担的责任内容、款项金额均不相同,无法由甄投中心混同后在一案中一并主张。在此情况下,一审法院庭审时对甄投中心进行了释明,甄投中心明确其本案主张的是要求两被上诉人支付股权回购款、履行回购义务。故本案一审、二审均应围绕该项请求是否成立进行审理。至于运货柜公司、龙某的行为是否构成违约,应否承担违约责任的问题,不属于本案的审理范围。

关于运货柜公司回购上诉人股权内容的效力问题,暨运货柜公司应否支付股权回购款的问题。《公司法》第20条第1款规定:"公司股东应当遵守法律、行政法规和公司章程,依法行使股东权利,不得滥用股东权利损害公司或者其他股东的利益;不得滥用公司法人独立地位和股东有限责任损害公司债权人的利益。"第35条规定:"公司成立后,股东不得抽逃出资。"第142条第1款规定:"公司不得收购本公司股份。但是,有下列情形之一的除外:(一)减少公司注册资本:(二)与持有本公司股份的其他公司合并;(三)将股份奖励给本公司职工;(四)股东因对股东大会作出的公司合并,分立决议持异议,要求公司收购其股份的。"《公司法》第35、142条的规定均是公司资本维持原则的体现,除非基于法定情形,否则公司不得收购其股份。本案中《补充协议》第2.1.1条约定,在约定的条件成就时,"甄投中心有权要求运货柜公司回购甄投中心持有的全部或部分股权,运货柜公司承诺予以回购,回购价格应保证甄投中心本次投资的年收益率不低于百分之拾伍(15%)……该约定反了上述《公司法》第35、142条的强制性规定;《补充协议》约定的回购款计算方式,使得甄投中心的投资可以取得相对固定的收益,该收益脱离了运货柜公司的经营业绩,损害了公司利益和公司债权人利益,同时亦属于反《公司法》第20

条规定的情形。因此,《补充协议》有关运货柜公司回购股权的内容应属无效。上诉人认为其要求货运柜公司支付的该部分股权不是注册资本,是资本公积金部分,不存在减少注册资本的情形。对此,法院认为,股东向公司已交纳的出资,无论是计入注册资本还是计入资本公积金,都已属于公司所有,是公司资产的构成部分,同样基于公司资本维持原则的要求,如果将资本公积金返还股东,将导致公司资本规模的减少,损害公司的财产和信用基础,损害公司债权人的利益,故股东不得任意要求公司予以返还。综上,甄投中心要求运货柜公司支付列入公司资本公积金部分的股权回购款不能成立,法院不予支持。

三、裁判规则提要

《公司法》第 35 条属于强制性规定。并且《公司法》第 35 条属于效力性强制性规定。公司成立后,股东抽逃出资的,涉案合同无效。

股东抽逃出资的主要手段包括制作虚假财务会计报表虚增利润进行分配、通过虚构债权债务关系将其出资转出、利用关联交易(如关联担保)将出资转出,以及其他未经法定程序将出资抽回(如不符合《公司法》第 142 条的股份回购)的行为。在上述所有情况下,都不存在保护善意相对人的问题。相对人应当知道“股东不得抽逃出资”是《公司法》的强制性规定。至于关联交易的情形,更是构成《民法典》第 154 条中的“行为人与相对人恶意串通,损害他人合法权益”。

将《公司法》第 35 条认定为效力性强制性规定,是资本维持原则应有之义,有助于及时、充分地弥补公司、其他股东和债权人因抽逃出资行为而受到的损失。

四、辅助信息

高频词条:

《公司法》

第 20 条　公司股东应当遵守法律、行政法规和公司章程,依法行使股东权利,不得滥用股东权利损害公司或者其他股东的利益;不得滥用公司法人独立地位和股东有限责任损害公司债权人的利益。

公司股东滥用股东权利给公司或者其他股东造成损失的,应当依法承担赔偿责任。

公司股东滥用公司法人独立地位和股东有限责任,逃避债务,严重损害公司债权人利益的,应当对公司债务承担连带责任。

第21条 公司的控股股东、实际控制人、董事、监事、高级管理人员不得利用其关联关系损害公司利益。

违反前款规定,给公司造成损失的,应当承担赔偿责任。

第35条 公司成立后,股东不得抽逃出资。

第142条 公司不得收购本公司股份。但是,有下列情形之一的除外:

(一)减少公司注册资本;

(二)与持有本公司股份的其他公司合并;

(三)将股份用于员工持股计划或者股权激励;

(四)股东因对股东大会作出的公司合并、分立决议持异议,要求公司收购其股份;

(五)将股份用于转换上市公司发行的可转换为股票的公司债券;

(六)上市公司为维护公司价值及股东权益所必需。

公司因前款第(一)项、第(二)项规定的情形收购本公司股份的,应当经股东大会决议;公司因前款第(三)项、第(五)项、第(六)项规定的情形收购本公司股份的,可以依照公司章程的规定或者股东大会的授权,经三分之二以上董事出席的董事会会议决议。

公司依照本条第一款规定收购本公司股份后,属于第(一)项情形的,应当自收购之日起十日内注销;属于第(二)项、第(四)项情形的,应当在六个月内转让或者注销;属于第(三)项、第(五)项、第(六)项情形的,公司合计持有的本公司股份数不得超过本公司已发行股份总额的百分之十,并应当在三年内转让或者注销。

上市公司收购本公司股份的,应当依照《中华人民共和国证券法》的规定履行信息披露义务。上市公司因本条第一款第(三)项、第(五)项、第(六)项规定的情形收购本公司股份的,应当通过公开的集中交易方式进行。

公司不得接受本公司的股票作为质押权的标的。

《最高人民法院关于适用〈中华人民共和国公司法〉若干问题的规定(三)》

第12条 公司成立后,公司、股东或者公司债权人以相关股东的行为符合下列情形之一且损害公司权益为由,请求认定该股东抽逃出资的,人民法院应予支持:

(一)将出资款项转入公司账户验资后又转出;

(二)制作虚假财务会计报表虚增利润进行分配;

(三)通过虚构债权债务关系将其出资转出;

(四)利用关联交易将出资转出;

(五)其他未经法定程序将出资抽回的行为。

《民法典》

第 153 条 违反法律、行政法规的强制性规定的民事法律行为无效。但是,该强制性规定不导致该民事法律行为无效的除外。

违背公序良俗的民事法律行为无效。

第 154 条 行为人与相对人恶意串通,损害他人合法权益的民事法律行为无效。

《合同法》

第 52 条 有下列情形之一的,合同无效:

(一)一方以欺诈、胁迫的手段订立合同,损害国家利益;

(二)恶意串通,损害国家、集体或者第三人利益;

(三)以合法形式掩盖非法目的;

(四)损害社会公共利益;

(五)违反法律、行政法规的强制性规定。

《全国法院民商事审判工作会议纪要》

30. 合同法施行后,针对一些人民法院动辄以违反法律、行政法规的强制性规定为由认定合同无效,不当扩大无效合同范围的情形,合同法司法解释(二)第 14 条将《合同法》第 52 条第 5 项规定的“强制性规定”明确限于“效力性强制性规定”。此后,《最高人民法院关于当前形势下审理民商事合同纠纷案件若干问题的指导意见》进一步提出了“管理性强制性规定”的概念,指出违反管理性强制性规定的,人民法院应当根据具体情形认定合同效力。随着这一概念的提出,审判实践中又出现了另一种倾向,有的人民法院认为凡是行政管理性质的强制性规定都属于“管理性强制性规定”,不影响合同效力。这种望文生义的认定方法,应予纠正。

人民法院在审理合同纠纷案件时,要依据《民法总则》第 153 条第 1 款和合同法司法解释(二)第 14 条的规定慎重判断“强制性规定”的性质,特别是要在考量强制性规定所保护的法益类型、违法行为的法律后果以及交易安全保护等因素的基础上认定其性质,并在裁判文书中充分说明理由。下列强制性规定,应当认定为“效力性强制性规定”:强制性规定涉及金融安全、市场秩序、国家宏观政策等公序良俗的;交易标的禁止买卖的,如禁止人体器官、毒品、枪支等买卖;违反特许经营规定的,如场外配资合同;交易方式严重违法的,如违反招投标等竞争性缔约方式订立的合同;交易场所违法的,如在批准的交易场所之外进行期货交易。关于经营范围、交易时间、交易数量等行政管理性质的强制性规定,一般应当认定为“管理性强制性规定”。

公司法上效力性强制性规定识别案件裁判规则第6条：

《公司法》第37条是效力性强制性规定

〔**规则描述**〕:《公司法》第37条是效力性强制性规定。公司法定代表人、董事、高级管理人员、控股股东、实际控制人未经股东会决议,擅自行使《公司法》第37条规定的职权的,涉案合同无效。公司股东会超越《公司法》第37条规定的职权范围作出决议的,涉案决议、合同无效。相对人负有审查公司章程及股东会决议的法定义务,若相对人怠于履行该法定义务,就应当承担涉案合同无效的法律后果。

一、类案检索大数据报告

时间:2020年8月2日前;

案例来源:Alpha案例库;

案例数量:20件;

数据采集时间:2020年8月2日。

本次检索获取2020年8月2日前共20篇裁判文书,整体情况如图6-1所示,其中认定《公司法》第37条是效力性强制性规定的案件10件,占50%;认定《公司法》第37条是管理性强制性规定的案件10件,占50%。

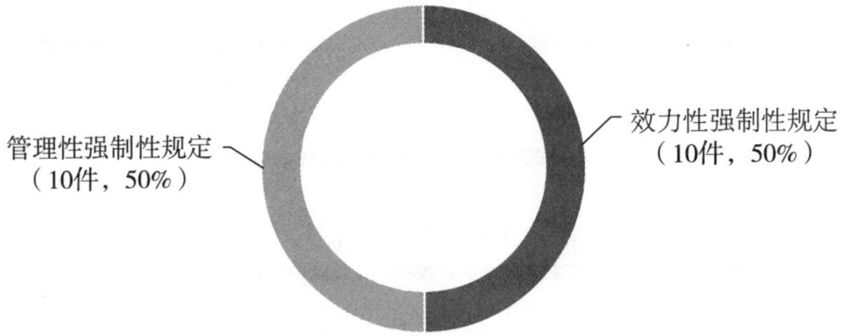

图6-1 《公司法》第37条的案件性质

如图6-2所示,从案件年份分布情况可以看出当前条件下案件数量的变化趋势。

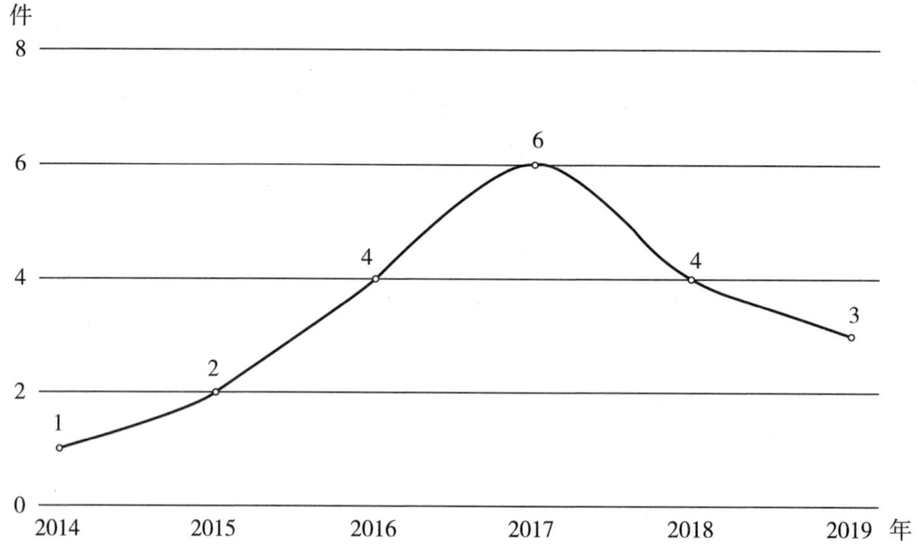

图 6－2　案件年份分布情况

如图 6－3 所示，从案件主要地域分布情况可以看出，当前案件主要集中在四川省、贵州省、黑龙江省、北京市、山东省。

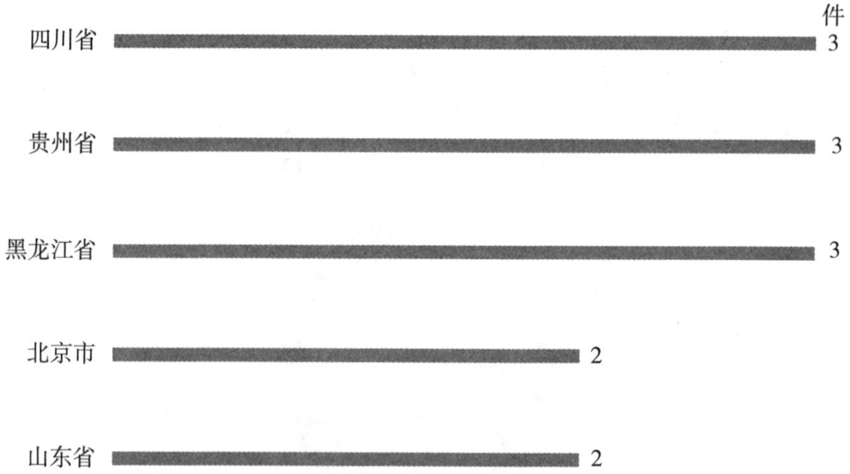

图 6－3　案件主要地域分布情况

二、可供参考的例案

例案一 | 郑某某与缪某某、冯某某确认合同无效纠纷案

【法院】

贵州省毕节市中级人民法院

【案号】

(2016)黔05民终135号

【当事人】

上诉人(原审被告):缪某某

被上诉人(原审原告):郑某某

原审被告:冯某某、徐某某、黔西县建祥煤炭经营有限公司

【基本案情】

被告黔西县建祥煤炭经营有限公司(以下简称建祥公司)成立于2004年6月23日,注册资本为70万元,其中,货币出资1万元,实物出资69万元,各占注册资本总额的1.43%、98.57%,股东为冯某某、徐某某。其中,冯某某出资额占39万元,徐某某出资额占31万元。《公司章程》规定公司设股东会,由全体股东组成,股东会每年至少召开一次,于年初举行。股东行使决定公司的经营方针和投资计划、审议批准公司的年度财政预算方案、决算方案、审议批准公司的利润分配方案和弥补亏损方案等职权。同时规定执行董事为公司的法定代表人,执行董事行使审理经理提出的公司发展计划及执行结果并向股东会报告、行使签署公司向其他企业投资参股等重要文件等职权。2012年1月18日,徐某某与郑某某签订股权转让协议,徐某某将其所持有的建祥公司48%的股份转让给原告郑某某。同时,建祥公司召开股东会,修改公司章程,将股东变更为冯某某和郑某某,确定冯某某出资260万元、郑某某出资240万元。股东变更信息于2012年2月3日经工商部门登记。2013年10月16日,被告徐某某、冯某某、建祥公司与被告缪某某在原告不知情的情况下签订《洗煤厂资产处置合同》,合同约定被告徐某某、冯某某、建祥公司将建祥洗煤厂现在使用的全部土地共计197,293平方米、办公楼1栋、洗煤流水线1套、地磅1台、打砂机1台、分筛煤机2台、煤泥搅拌机1台、压泥机2台、储油罐1个以5,600,000.00元的价款转让给被告缪某某。其中,5,045,860.00元用建祥洗煤厂欠被告缪某某的债务予以冲抵,余款在1年内付清。合同签订之日,被告徐某

某、冯某某、建祥公司将以上资产全部转让给被告缪某某占有使用,并将相关法律文书交付给被告缪某某,并签订了《建祥洗煤厂资产交接确认书》。该合同作特别约定,资产交付完毕后,被告缪某某可以自行经营,也可以成立专门的企业作为经营主体。本次交易的标的为净资产,交易之前的债权债务与被告缪某某无关。同时,被告徐某某、冯某某、建祥公司与被告缪某某签订了《洗煤厂资产处置补充协议》,约定被告缪某某以自己的名义经营,另行成立新公司作为经营主体,被告缪某某经营期间,聘请被告冯某某参与管理,所获利润的49%作为冯某某的报酬,其余利润归被告缪某某所有。被告缪某某可以用以上资产对外提供担保借款,所借款项用于申办完善土地使用手续,将土地债权证办到被告缪某某或被告缪某某指定的其他主体名下。如果以上资产不能对外提供担保借款,则由被告缪某某自行筹资申办完善土地使用手续,将土地使用权证办到被告缪某某或被告缪某某指定的其他主体名下。同时约定,被告缪某某完善土地使用手续后,双方对资产进行评估或对外拍卖,其价值用于抵偿被告缪某某的全部成本,支付建祥公司欠缪某茂的债务,并约定协议内容不得向第三方泄露。另查明,被告冯某某分别以其名义、以建祥转运站(现为建祥公司)名义于2002年3月至2007年9月向牌庄村村民租用了部分土地供建祥公司使用。

【案件争点】

1. 关于涉案《洗煤厂资产处置合同》《洗资产处置补充协议》中"目标资产"的范围及性质问题。

2. 关于《洗煤厂资产处置合同》及《洗煤厂资产处置补充协议》的效力问题。

【裁判要旨】

贵州省黔西县人民法院一审认为:被告黔西县建祥煤炭经营有限公司于2004年6月23日注册登记后,即具有独立的法人资格,具有独立的法人财产,享有法人财产权。但公司本身不能像自然人一样去实际管理拥有财产,而只能通过法定代表人以法人名义实施一定活动来表现。《公司章程》规定法定代表人有行使审理经理提出的公司发展计划及执行结果并向股东会报告、有签署公司向其他企业投资参股等重要文件的职权;股东会为公司权力机构,行使决定公司经营方针和投资计划、审议批准公司的利润分配方案和弥补亏损方案的职权。根据以上规定,被告冯某某作为建祥公司法定代表人,其虽然有签署公司向其他企业投资参股等重要文件的权利,但并无决定公司经营方针和投资计划、审议批准公司的利润分配方案和弥补亏损方案的职权。且根据《公司法》第37条第1、6项之规定,决定公司经营方针和投资计划、审议批准公司的利润分配方案和弥补亏损方案的职权归属于股东会而非法定代表人。具体到本案而言,被告冯某某因为市场经济不景气,为了公司运转,且在欠有缪某某 500 多万元债务的情形下,未经股东会决定,擅自将洗煤厂资产出让给被告缪某某、并约定建祥公司的利润分配的行为,不仅违反了《公司章程》的规定,而且违反了《公司法》的强制性规定,因此,根据《合同法》第 52 条第 5 项规定,被告冯某某与被告缪某某于 2013 年 10 月 16 日签订的《洗煤厂资产处置合同》《洗煤厂资产处置补充协议》因违反法律、行政法规的强制性规定而无效。

另外,公司法规定了不同的问题在公司内部的决策权的分配,其中属于公司常规经营中的问题,由公司的法定代表人代表公司处理,而对于公司中非常规经营问题,则属于公司股东会的决意范围。本案中,《公司章程》规定了公司的主要经营范围为硫铁矿的购销,公司的资产交易并不在《公司章程》之中,而本案交易的标的物均为公司经营所必需之物,故认定为本案资产处置的交易属非常规经营问题。对该项交易,被告缪某某负有谨慎审查义务,即审查公司经营范围、审查本次交易的相关事项是否召集了股东会、决意成立的条件是否符合法律、法规及和公司章程的规定以及股东会决议情况等,而不能仅仅根据法人代表的认可或者仅凭公司的印章就确信其效力。因此,根据《合同法》第 50 条"法人或者其他组织的法定代表人、负责人超越权限订立的合同,除相对人知道或者应当知道其超越权限的以外,该代表行为有效"之规定,视被告缪某某知道或者应当知道该公司法定代表人超越了权限,故该交易行为认定为无效。关于被告徐某某在《洗煤厂资产处置合同》及《洗煤厂资产处置补充协议》签字的问题,根据冯某某在庭审中的陈述内容可知,徐某某仅以其与冯某某系夫妻关系而在合同上签字,徐某某并非资产权利人,无权公司资产处分,且事后未得到公司追认,故依照《合同法》第 51 条"无处分权人处分他人财产,经权利人追认或者无处分权人订立合同后取得处分权的,该合同有效"之规定,被告徐某某在《洗煤厂资产处置合同》及《洗煤厂资产处置补充协议》签字的行为不产生法律效力。关于原告请求判决被告缪某某将交易资产返还给黔西县建祥煤炭经营有限公司的诉讼请求,因原告不是请求返还的主体,故该项诉讼请求依法不予支持。

贵州省毕节市中级人民法院二审认为:关于涉案《洗煤厂资产处置合同》《洗资产处置补充协议》中"目标资产"的范围及性质问题。涉案资产处置合同的目标资产在该合同上载明黔西县城××××村庄村洗煤厂的全部资产,包括牌庄村洗煤厂使用的全部土地、办公楼一栋、设备以及洗煤厂经营的相关手续。上诉人缪某某主张土地系冯某某、徐某某夫妻共同财产，办公楼及设备由冯某某、徐某某修建购买转建祥公司使用。原审被告冯某某陈述土地、设备、办公楼均属建祥公司资产。根据证据材料显示，黔西县建祥煤炭经营有限公司系原审被告冯某某、徐某某在二人共同经营的建祥转运站、牌庄村洗煤厂的基础上申请成立的有限责任公司，公司住所黔西县城××××村庄村。以建祥转运站或冯某某名义在牌庄村转让的土地及建设的办公楼至今均未办理权属凭证，由建祥公司在经营管理中实际占有使用。根据物权法定原则，不动产物权只能依据法律而设定，禁止当事人自由创设物权，也不得随意变更物权的种类、内容、效力和公示方法。上诉人缪某某主张涉案《洗煤厂资产处置合同》所载土地、办公楼属冯某某、徐某某夫妻共同财产，无事实依据及法律依据。同时，建祥公司虽由2004年6月24日成立时登记的注册资本70万元增至2012年1月18日登记的注册资本500万元，但在建祥公司章程变更时对增资部分未作详尽说明，案涉土地及办公楼亦未经法定程序登记在建祥公司名下，是否属于建祥公司公司资本情况不明，原审被告冯某某主张该部分资产属建祥公司的公司资本，证据不足。但是，各方当事人认可涉案《洗煤厂资产处置合同》所载洗煤设备由建祥公司实际使用，亦认可“洗煤厂经营手续”系建祥公司在职能管理部门取得的设权性凭证，属建祥公司专属所有。故案涉《洗煤厂资产处置合同》及《洗煤厂资产处置补充协议》所载“目标资产”虽名为“洗煤厂”资产，但并不是冯某某、徐某某夫妻共同财产，亦不是“洗煤厂”资产，而是建祥公司在公司经营管理活动中实际占用的土地、办公用房、设备及专属凭证。所以，冯某某、徐某某以自然人身份无权处置建祥公司在经营管理活动中实际使用的前述资产。

关于《洗煤厂资产处置合同》及《洗煤厂资产处置补充协议》的效力问题。2012年1月18日，经建祥公司股东会决议同意，徐某某将其持有的240万元股份转让被上诉人郑某某，在工商管理部门进行股东变更登记并修正建祥公司章程，自此被上诉人郑某某取得建祥公司股东身份，而徐某某则丧失建祥公司股东身份，自然无权再以建祥公司股东身份作出民事法律行为。同时，根据公司法规定，法定代表人系依法代表公司行使民事权利、履行民事义务的主要负责人，但法定代表人仅能就公司经营中的一般性常规行为作出处理，《黔西县建祥煤炭经营有限公司章程》明确约定执行董事为公司法定代表人，法定代表人仅能行使召集和主持股东会议，检查股东会决议的实施情况并向股东会报告，审查经理提出的公司发展计划及执行结果并向股东会报告，签署公司向其他企业投资参股等重要文件以及法律法规和公司章程规定的其他职权，而未约定法定代表人有以其个人名义或代表公司出售全部或重大资产的职权。对公司重大交易行为，如公司合并、分立，公司出售全部或重要资产的决定，建祥公司章程虽未明确规定，但公司章程明确约定决定公司经营方针和投资计划，对公司合并、分立、变更公司形式、解散和清算，对股东向股东以外的人转让出资等重大事项，应由股东会作出决议。并且，根据《公司法》第74条的规定，公司合并、分立、转让主要财产情形的，对股东会该项决议投反对票的股东可以请求公司按照合理的价格收购其股权之规定，公司重大交易行为属于公司股东会的决意范围。法定代表人实施的非常规的重大行为，应当依据公司法及公司章程取得股东会的授权。否则，法定代表人实施的行为无效。所以，冯某某未经股东会决议以建祥公司名义处置建祥公司实际占有使用的重要资产违反建祥公司章程及公司法规定，转让行为无效。同时，上诉人缪某某作为重大交易行为的相对方，对重大交易行为应负谨慎调查的义务，有义务、有能力审查建祥公司章程，审查建祥公司法定代表人冯某某是否依据公司章程召集股东会，决意成立的条件是否符合公司法和章程的规定，股东会议决议通过的记录是否由全体股东签字等内容，不能仅根据建祥公司法定代表人冯某某的认可或者仅凭冯某某持有建祥公司印章即与之签订整体转让建祥公司实际占有使用的全部资产的协议。

综上，冯某某与他人擅自将建祥公司实际占有使用的重大财产处置给缪某某的行为未经建祥公司股东会决议，并非全体股东的真实意思表示，对处理财产无处分权能，依据民事行为的生效要件，其行为应为无效民事行为。同时，根据《合同法》第50条之规定："法人或者其他组织的法定代表人、负责人超越权限订立的合同，除相对人知道或者应当知道其超越权限的以外，该代表行为有效。"上诉人缪某某对于该重大交易行为未尽审慎审查义务，应当视为知道或者应当知道建祥公司法定代表人冯某某超越权限。上诉人缪某某与原审被告冯某某、徐某某就建祥公司实际占有使用资产处置行为应当认定为无效，故涉案《洗煤厂资产处置合同》及《洗煤厂资产处置补充协议》应认定无效。上诉人缪某某的上诉理由不能成立，对其上诉请求，法院不予支持。原审认定事实清楚，适用法律正确，判决得当。

例案二 | 蒋某峰、邹城市友协商贸有限公司股东资格确认纠纷案

【法院】

山东省济宁市中级人民法院

【案号】

(2016)鲁08民终1272号

【当事人】

上诉人(原审原告):蒋某峰

被上诉人(原审被告):邹城市友协商贸有限公司

【基本案情】

邹城市友协商贸有限公司是由原邹城市供销社贸易公司改制而来的,2001年5月10日成立,原公司的职工68人为邹城市友协商贸有限公司的股东,原公司破产后的房屋等资产经评估折价后由改制后的公司接纳,原公司所欠工人的工资及政府发放的职工安置补偿费平均每人10,000元作为股东的入股金,68名职工均为股东,所有股东均未实际出资,由蒋某坦、陈某、孔某某、朱某某、路某某5名股东作为发起人设立了被告公司,该5名股东为工商登记的股东,共同代表其他63名股东持有公司股份。被告公司分别与68名股东签订了入股协议书。工商登记资料中记载原股东出资情况为:蒋某坦出资30万元,陈某、孔某某、朱某某、路某某分别出资5万元。原注册资金50万元由蒋某坦借款进行验资,经验资机构验资后又抽回了注册资金。被告公司2001年4月23日的公司章程由原5名登记股东进行了签名,该章程规定:第9条,本公司设立股东会;股东会由全体股东组成,股东会是公司的权力机构,行使下列职权:其中第8项,对公司增加或减少注册资本作出决议。第10条,股东会的首次会议由出资最多的股东召集和主持;股东会对公司增加或者减少注册资本、分立、合并、解散或者变更公司形式作出决议,必须经代表2/3以上表决权的股东通过;公司可以修改章程。修改章程的决议,必须经代表2/3以上表决权的股东通过。第11条,召开股东会会议,应于会议召开15日以前通知全体股东;股东会应对所议事项的决定作成会议记录,出席会议的股东应当在会议记录上签名。第12条,公司设执行董事一人,经股东大会选举与罢免,执行董事为公司的法定代表人。2001年5月至2004年12月,蒋某坦任被告公司执行董事,系被告公司的法定代表人。2004年1月1日,被告与原告蒋某峰签订了《协议书》,该协议书载明:根据政府有关文件精神,破产不停产主要安置下岗职工,让更多的同志上岗,绝不允许有把企业随意卖掉分钱走人的错误做法,更好地安置职工,让职工和企业有新的血液和活力,原贸易公司已于2001年7月1日破产,同时组建友协商贸有限公司(属股份制有限公司),为更好地运作公司,让股额充分发挥效益,特制定本协议:1.职工入股将原公司所欠职工的各项款项转入新的公司入股，设1万元一股（原公司所欠职工的金额不足1万元者，交足1万元）（属资产股）；2.入股1万者职工属该公司职工，签订劳动合同，单位交养老保险金，办理医疗保险（如中途辞职或退休，公司将如数返还入股额，不计息，也可保留股）；3.因公司现状，重组人员暂不安排上岗，按照公司股额享受公司待遇；4.在公司运作中，如出现政策、自然灾害等情况利益共享，风险共担；5.协议一经签订，按"公司法"运作，并起法律效应。原告在该协议上进行了签名。被告在该协议上加盖了单位印章及法定代表人蒋某坦的印章。原告向被告缴纳出资10,000元作为入股金。2003年12月30日，被告向原告出具收到条载明：今收到蒋某峰交来入股金计款10,000元，人民币（大写）壹万。被告在该收条上加盖了单位行政公章及财务专用章和法定代表人蒋某坦签名和印章，2004年11月29日，被告公司经股东大会（全体职工）选举，又产生了新的5名股东代表人：陈某某、谢某某、白某某、张某某、陈某奎。2006年3月17日，被告公司修改了公司章程，5名股东代表均在修改后的章程上进行了签名。2006年3月27日，被告公司进行了工商变更登记，法定代表人变更为陈某某，公司股东变更为陈某某、谢某某、白某某、张某某、陈某奎。变更后的工商登记资料中记载的股东出资情况为：陈某某出资30万元，谢某某、白某某、张某某、陈某奎分别出资5万元。原登记股东与变更后的股东之间没有股权转让协议，变更后的股东也没有实际出资。

另查明：原告与被告公司原法定代表人蒋某坦系叔侄关系。2011年11月16日，证人朱某、陈某、蒋某坦共同签名的证明载明：2001年5月我们几位发起人成立的邹城市友协商贸有限公司，蒋某坦任总经理、董事长，其他四位同志任董事，当初由于资金困难特向外部进行扩股，蒋某、蒋某培、蒋某峰他们每人入股10,000元整，并签订了入股协议，是经董事会通过的真实事实。

【案件争点】

1.邹城市友协商贸有限公司增资扩股是否经过了股东会决议。

2.蒋某峰是否享有邹城市友协商贸有限公司的股东资格。

【裁判要旨】

山东省邹城市人民法院一审认为：关于被告公司增资扩股是否经过了股东会决议的问题。《公司法》第37条第1款规定，股东会行使下列职权：其中第（七）项规定"对公司增加或者减少注册资本作出决议"；该条第2款规定，"对前款所列事项股东以书面形式一致表示同意的，可以不召开股东会会议，直接作出决定，并由全体股东在决定文件上签名、盖章"。第41条规定："召开股东会会议，应当于会议召开十五日前通知全体股东;但是,公司章程另有规定或者全体股东另有约定的除外。股东会应当对所议事项的决定作成会议记录,出席会议的股东应当在会议记录上签名。"第43条规定:"股东会的议事方式和表决程序,除本法有规定的外,由公司章程规定。股东会会议作出修改公司章程、增加或者减少注册资本的决议,以及公司合并、分立、解散或者变更公司形式的决议,必须经代表2/3以上表决权的股东通过。"被告公司2001年4月23日的公司章程第10条规定,"股东会对公司增加或者减少注册资本、分立、合并、解散或者变更公司形式作出决议,必须经代表2/3以上表决权的股东通过";该章程第11条规定,"召开股东会会议,应于会议召开十五日以前通知全体股东;股东会应对所议事项的决定作成会议记录,出席会议的股东应当在会议记录上签名"。原告未提供有效证据证明因被告公司增加注册资本曾召开过股东会,也未提供有效证据证明被告公司增加注册资本的股东会决议,且被告公司否认曾因公司增加注册资本召开过股东会,因此,不能认定被告公司增资扩股经过了股东会决议。虽原告提供2011年11月16日原公司股东朱某、陈某、蒋某坦共同出具的证明,证明原告入股是经过董事会同意的,但该证据不足以证明被告增资扩股召开了股东会,也不足以证明原告入股经过了股东会决议。

关于原告是否享有被告公司股东资格的问题。成为有限责任公司的股东,除出资者按照出资协议缴纳出资外,还必须以公司股东会依照法定或约定的程序作出有效增资决议为前提。被告公司的增资行为违反了法律的强制性规定,其民事行为无效。原告未提供有效证据证明被告公司存在有效的股东会增资决议,即使原告与被告公司签订了入股协议,缴纳了出资,因被告公司的增资行为无效,导致原告与被告公司之间出资协议无效,原告不能取得被告公司的股东资格,故原告请求确认股东资格的诉讼请求应予驳回。

山东省济宁市人民法院二审认为:

《公司法》第37条第1款规定,股东会行使下列职权:其中第7项规定"对公司增加或者减少注册资本作出决议";第2款规定,"对前款所列事项股东以书面形式一致表示同意的,可以不召开股东会会议,直接作出决定,并由全体股东在决定文件上签名、盖章";第41条规定:"召开股东会会议,应当于会议召开十五日前通知全体股东;但是,公司章程另有规定或者全体股东另有约定的除外。股东会应当对所议事项的决定作成会议记录,出席会议的股东应当在会议记录上签名";第43条规定:"股东会的议事方式和表决程序,除本法有规定的外,由公司章程规定。股东会会议作出修改公司章程、增加或者减少注册资本的决议,以及公司合并、分立、解散或者变更公司形式的决议,必须经代表2/3以上表决权的股东通过”。根据以上规定,对于公司增加注册资本必须召开股东会会议,只有经所有股东一致书面同意才可以不召开股东会会议直接作出决定,并由全体股东在决定文件上签名。

上诉人未提供有效证据证明被上诉人因增加注册资本曾召开过股东会,也未提供增加注册资本的股东会决议,且被上诉人否认曾因公司增加注册资本召开过股东会。因此,不能认定被上诉人增资扩股经过了股东会决议。被上诉人股东朱某、陈某、蒋某坦共同出具的证明,证明上诉人入股是经过董事会同意的,但该证据不足以证明被上诉人增资扩股召开了股东会。

成为有限责任公司的股东,除出资者按照出资协议缴纳出资外,还必须以公司股东会依照法定或约定的程序作出有效增资决议为前提。因为被上诉人增资行为违反了法律的强制性规定,其民事行为无效。即使上诉人缴纳了出资,因增资行为无效导致出资协议无效,故,上诉人请求确认股东资格的请求不予支持。

综上,原审判决并无不当。

例案三 | 全南县青松小额贷款股份有限公司、温某某公司决议效力确认纠纷案

【法院】

江西省赣州市中级人民法院

【案号】

(2018)赣07民终935号

【当事人】

上诉人(原审被告):全南县青松小额贷款股份有限公司

被上诉人(原审原告):温某某

【基本案情】

江西省龙钇重稀土材料有限责任公司(占股4000万股)、龙南县京利有色金属有限责任公司(占股1000万股)、龙南福义玻璃有限公司(占股1000万股)、江西仁珠实业有限公司(占股1000万股)、赣州铁石水泥有限公司(占股1000万股)、温某某(本案温某某,占股1000万股)、刘某怀(占股650万股)、刘某辉(占股350万股)发起设立全南县青松小额贷款股份有限公司(以下简称青松小贷公司)。2011年12月21日,全体股东大会通过了青松小贷公司章程,2012年1月13日,青松小贷公司注册成立,注册资本10,000万元人民币。温某某从2011年12月至

2014年年底担任青松小贷公司总经理。2014年12月27日，青松小贷公司召开新年股东会，该新年股东会第2条记载："二、股东借款欠息问题1.股东欠息超过三个月的，直接扣减其股本额抵偿利息。2.股东2014年欠息直接在今年分红中扣除。不够再行追索和按上一条处理。3.股东担保贷款欠息的，在担保股东的分红中扣除利息。4.股东担保贷款欠息超过六个月的，直接扣减其股本额抵偿利息"。2015年1月9日，青松小贷公司召开股东会形成会议纪要，该纪要第5条记载："钟行长，2014年12月27日商议内容，以下为补充：……2.第二大点，修改第4款，股东担保贷款欠息超过三个月的，直接扣减其股本额抵偿利息；增加第5款，股东及担保贷款欠本息超过其股本金的，直接扣减其股本额抵偿贷款及利息……"2013年1月14日，案外人黄某某向青松小贷公司借款200万元，温某某为该笔借款提供担保，案外人黄某某支付利息至2014年12月31日，之后不再还款付息，2015年7月24日，青松小贷公司就该笔借款向龙南县人民法院起诉债务人黄某某和担保人温某某，2015年10月21日，龙南县人民法院作出民事判决书，认为青松小贷公司在保证期间未举证证明其已要求温某某承担保证责任，因此，温某某免除保证责任，龙南县人民法院判决：债务人黄某某归还借款本金200万元及其利息给青松小贷公司，并驳回青松小贷公司的其他诉讼请求。2016年7月8日，青松小贷公司召开股东会形成股东会决议，该决议第3条记载："公司股东一致认为温某某在担任公司总经理一职期间，需对黄某某200万元贷款承担连带保证清偿责任"，温某某对此不同意，缺席该股东会。2017年1月13日，青松小贷公司召开股东会，形成股东会决议，该决议第2条记载："温某某承担黄某某贷款200万元本金50%的责任，暂从股本金中扣除，直至黄某某清偿完毕则自动解除。"温某某出席该次股东会，但对此不同意，未在该股东会决议上签名。青松小贷公司公司章程未对公司股东及担保贷款欠息超过其股本金的，直接扣减其股本额抵偿贷款及利息作出规定。

【案件争点】

2016年7月8日青松小贷公司股东会关于温某某对黄某某200万元贷款承担连带保证清偿责任的决议，以及2017年1月13日青松小贷公司股东会关于温某某承担黄某某贷款200万元本金50%的责任，暂从股本金中扣除，直至黄某某清偿完毕则自动解除的决议的效力。

【裁判要旨】

江西省全南县人民法院一审认为：《公司法》第22条第1款规定："公司股东会或者股东大会、董事会的决议内容违反法律、行政法规的无效。"《合同法》第52条规定："有下列情形之一的，合同无效：……(二)恶意串通，损害国家、集体或者第三人利益……(五)违反法律、行政法规的强制性规定"，股东会决议实质上系股东各方就公司经营管理等事宜达成的合意，属于契约，应适用合同法及公司法等法律规定。本案中，温某某作为青松小贷公司股东，其出资的股份是其合法财产，债务人黄某某向青松小贷公司借款200万元，温某某为其提供担保，因青松小贷公司在保证期间未举证证明其已要求温某某承担保证责任，法院认定免除温某某保证责任，但青松小贷公司在公司章程未作详细规定及未得到温某某同意的情况下召开股东会作出就黄某某200万元贷款温某某需承担连带保证清偿责任和承担贷款200万元本金50%责任、暂从股本金中扣除，直至黄某某清偿完毕则自动解除的两份股东会决议，侵犯了温某某的合法财产权益，应认定为"恶意串通，损害第三人利益"，违反了"效力性强制性的法律、行政法规"，属于无效的股东会决议，故对温某某要求确认2016年7月8日股东会议关于温某某承担黄某某200万元贷款连带保证清偿责任的决议和2017年1月13日股东会议关于温某某承担黄某某贷款200万元本金50%责任、暂从股本金中扣除的决议无效的诉求，一审法院予以支持。

江西省赣州市人民法院二审认为：依据《公司法》第37条的规定，公司股东会除可以行使公司经营方针和投资计划等法定职权外，还可以行使公司章程规定的其他职权。而依据《全南县青松小额贷款股份有限公司章程》的规定，青松小贷公司股东会并未获得除《公司法》第37条法定职权以外的其他职权，故青松小贷公司股东会就确认温某某为公司债务人黄某某借款承担连带清偿责任作出的股东会决议属于超越权限的决议。关于青松小贷公司超越权限作出的股东会决议是否有效的问题。法院认为，在江西省龙南县人民法院作出的(2015)龙民二初字第548号生效民事判决确认免除温某某在黄某某借款一案中的保证责任后，温某某对黄某某的借款本息已经没有法定或约定的清偿义务。依据《民法总则》第176条的规定："民事主体依照法律规定和当事人约定，履行民事义务，承担民事责任。"据此，在无法律依据且未经温某某同意的情况下，青松小贷公司以公司股东会决议的方式为温某某设定连带清偿的义务，违反法律规定。另依据《公司法》第22条第1款规定："公司股东会或者股东大会、董事会的决议内容违反法律、行政法规的无效。"故青松小贷公司分别于2016年7月8日和2017年1月13日作出的两次股东会决议无效。

三、裁判规则提要

《公司法》第 37 条属于强制性规定。并且,《公司法》第 37 条属于效力性强制性规定。公司法定代表人、董事、高级管理人员、控股股东、实际控制人未经股东会决议,擅自行使《公司法》第 37 条规定的职权的,涉案合同无效。公司股东会超越《公司法》第 37 条规定的职权范围作出决议的,涉案决议、合同无效。

首先,《公司法》第 37 条是效力性强制性规定,意味着公司法定代表人、董事、高级管理人员、控股股东、实际控制人不得僭越股东会的职权,否则,其订立的利润分配协议、增资协议、合并协议等一系列协议均属无效。其次,股东会不得超越《公司法》第 37 条规定的职权范围作出决议,否则,该决议以及依据该决议签订的协议均属无效。作为强制性规定,《公司法》第 37 条为相对人设定了审查公司章程及股东会决议的义务。相对人应当通过审查公司章程及股东会决议,来了解对方的行为是否经过有效的股东会决议。若相对人怠于履行审查公司章程及股东会决议的义务,就应当承担涉案合同无效的法律后果。

将《公司法》第 37 条认定为效力性强制性规定,旨在通过尊重公司内部的权力分配,维护公司、股东(特别是非控股股东)及债权人的利益。为相对人设定审查义务,可能会增加一定的交易成本,但考虑到股东会职权行使对公司、股东及债权人利益的重要影响,付出这样的交易成本是合理且必要的。

四、辅助信息

高频词条:

《公司法》

第 22 条 公司股东会或者股东大会、董事会的决议内容违反法律、行政法规的无效。

股东会或者股东大会、董事会的会议召集程序、表决方式违反法律、行政法规或者公司章程,或者决议内容违反公司章程的,股东可以自决议作出之日起六十日内,请求人民法院撤销。

股东依照前款规定提起诉讼的,人民法院可以应公司的请求,要求股东提供相应担保。

公司根据股东会或者股东大会、董事会决议已办理变更登记的,人民法院宣告该决议无效或者撤销该决议后,公司应当向公司登记机关申请撤销变更登记。

第 37 条 股东会行使下列职权：

（一）决定公司的经营方针和投资计划；

（二）选举和更换非由职工代表担任的董事、监事，决定有关董事、监事的报酬事项；

（三）审议批准董事会的报告；

（四）审议批准监事会或者监事的报告；

（五）审议批准公司的年度财务预算方案、决算方案；

（六）审议批准公司的利润分配方案和弥补亏损方案；

（七）对公司增加或者减少注册资本作出决议；

（八）对发行公司债券作出决议；

（九）对公司合并、分立、解散、清算或者变更公司形式作出决议；

（十）修改公司章程；

（十一）公司章程规定的其他职权。

对前款所列事项股东以书面形式一致表示同意的，可以不召开股东会会议，直接作出决定，并由全体股东在决定文件上签名、盖章。

《民法典》

第 153 条 违反法律、行政法规的强制性规定的民事法律行为无效。但是，该强制性规定不导致该民事法律行为无效的除外。

违背公序良俗的民事法律行为无效。

第 154 条 行为人与相对人恶意串通，损害他人合法权益的民事法律行为无效。

《全国法院民商事审判工作会议纪要》

30. 合同法施行后，针对一些人民法院动辄以违反法律、行政法规的强制性规定为由认定合同无效，不当扩大无效合同范围的情形，合同法司法解释（二）第 14 条将《合同法》第 52 条第 5 项规定的“强制性规定”明确限于“效力性强制性规定”。此后，《最高人民法院关于当前形势下审理民商事合同纠纷案件若干问题的指导意见》进一步提出了“管理性强制性规定”的概念，指出违反管理性强制性规定的，人民法院应当根据具体情形认定合同效力。随着这一概念的提出，审判实践中又出现了另一种倾向，有的人民法院认为凡是行政管理性质的强制性规定都属于“管理性强制性规定”，不影响合同效力。这种望文生义的认定方法，应予纠正。

人民法院在审理合同纠纷案件时，要依据《民法总则》第 153 条第 1 款和合同法司法解释(二)第14条的规定慎重判断“强制性规定”的性质,特别是要在考量强制性规定所保护的法益类型、违法行为的法律后果以及交易安全保护等因素的基础上认定其性质,并在裁判文书中充分说明理由。下列强制性规定,应当认定为“效力性强制性规定”:强制性规定涉及金融安全、市场秩序、国家宏观政策等公序良俗的;交易标的禁止买卖的,如禁止人体器官、毒品、枪支等买卖;违反特许经营规定的,如场外配资合同;交易方式严重违法的,如违反招投标等竞争性缔约方式订立的合同;交易场所违法的,如在批准的交易场所之外进行期货交易。关于经营范围、交易时间、交易数量等行政管理性质的强制性规定,一般应当认定为“管理性强制性规定”。

公司法上效力性强制性规定识别案件裁判规则第7条：

《公司法》第71条第2、3款是效力性强制性规定

〔**规则描述**〕：《公司法》第71条第2、3款是效力性强制性规定。股东未经书面通知其他股东征求同意，即与股东以外的人订立股权转让合同，此时股权转让合同为效力待定。其他股东自知道或者应当知道行使优先购买权的同等条件之日起30日内，或者自股权变更登记之日一年内主张优先购买权的，股权转让合同无效。超过上述期限，无其他股东主张优先购买权的，或者其他所有股东明确放弃优先购买权的，股权转让合同有效。

一、类案检索大数据报告

时间：2020年8月2日前；

案例来源：Alpha案例库；

案例数量：97件；

数据采集时间：2020年8月2日。

本次检索获取2020年8月2日前共97篇裁判文书，整体情况如图7－1所示，其中认定《公司法》第71条是效力性强制性规定的案件12件，占比为12%；认定《公司法》第71条是管理性强制性规定的案件85件，占比为88%。

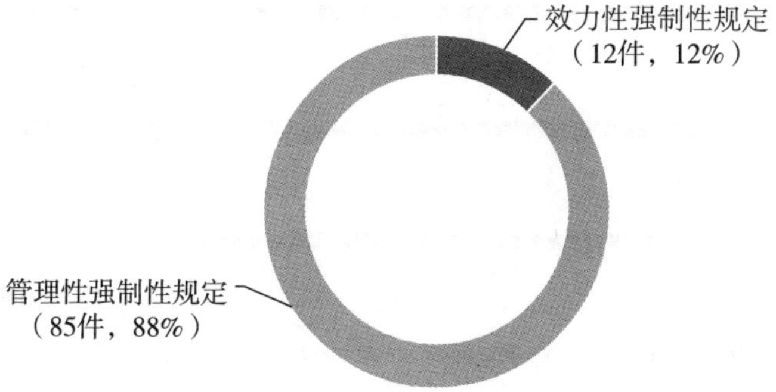

图7－1　《公司法》第71条的案件性质

如图7－2所示,从案件年份分布情况可以看出当前条件下案件数量的变化趋势。

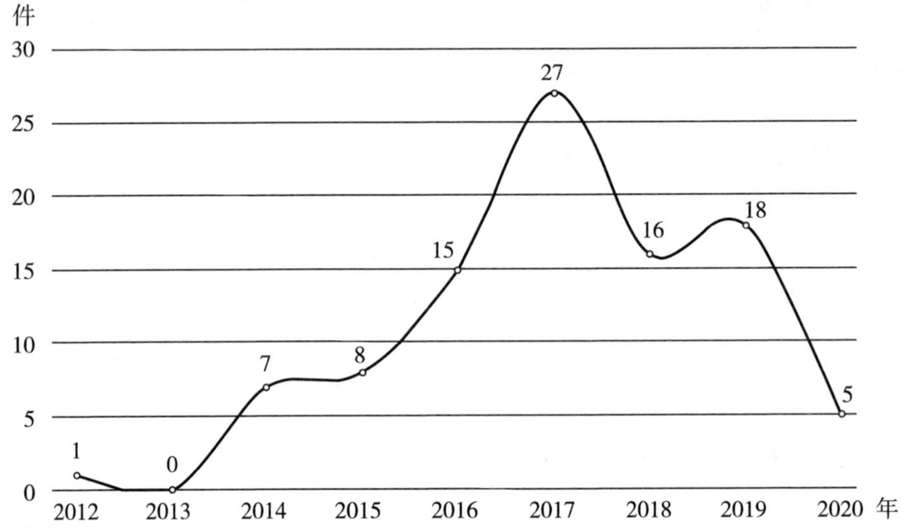

图7－2 案件年份分布情况

如图7－3所示,从案件主要地域分布情况可以看出,当前案件主要集中在山东省、湖北省、湖南省、广东省、福建省。

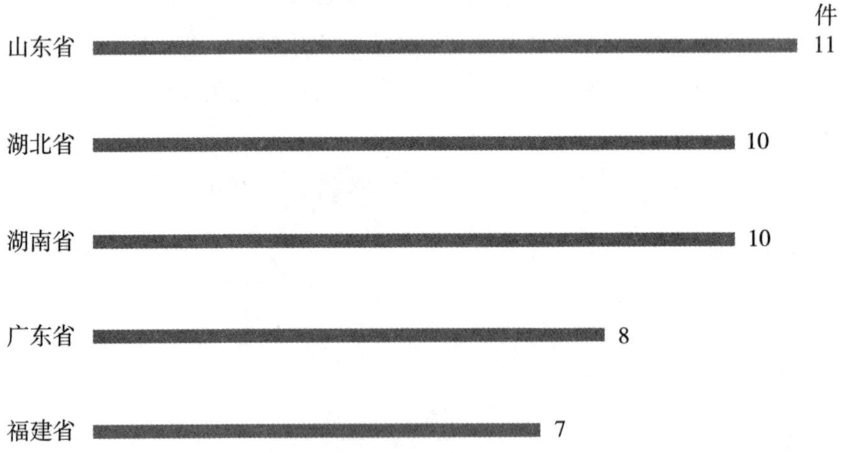

图7－3 案件主要地域分布情况

二、可供参考的例案

例案一 | 陈某某、黄某股权转让纠纷案

【法院】

广东省高级人民法院

【案号】

(2018)粤民再14号

【当事人】

申诉人(一审被告、二审上诉人、原再审申请人):陈某某

被申诉人(一审原告、二审被上诉人、原被申请人):黄某

一审第三人、二审被上诉人:湛江天利海参新技术开发有限公司、湛江新利科技实业有限公司、广州飞禧特水产科技有限公司

【基本案情】

2009年2月9日,广州飞禧特水产科技有限公司(以下简称飞禧特公司)与湛江新利科技实业有限公司(以下简称新利公司)签订《协议书》,设立湛江天利海参新技术开发有限公司(以下简称天利公司)。《协议书》第4条约定公司注册资本为99万元,其中99万元为现金出资股,现金出资股占总股份的60%,技术出资股占总股份的40%(包括技术、农科院平台等)。同日,飞禧特公司与陈某某签订《协议书》,《协议书》第1条约定:飞禧特公司以货币出资33万元,占现金出资股的20%。其中,飞禧特公司出资22万元,占现金出资股的13.33%;陈某某出资11万元,占现金出资股的6.66%;第2条约定飞禧特公司技术占总股份的40%(包括技术、农科院平台等)。其中,飞禧特公司省农科院平台占25%,陈某某占技术股的10%,其他技术人员占技术股的5%。2009年2月28日,飞禧特公司与新利公司签订《补充协议》,该补充协议第1条约定,注册公司时章程的内容与2009年2月9日双方所订协议有不同或争议的地方,双方一致同意按2009年2月9日所订协议的内容执行。天利公司系2009年3月10日登记成立的有限责任公司,注册资本为(人民币)100万元,股东为新利公司实缴出资额为(人民币)66.5万元,占比例为66.5%;飞禧特公司实缴出资额为(人民币)33.5万元,占比例为33.5%。陈某某于2009年2月18日交给飞禧特公司暂存款11.5万元,飞禧特公司给陈某某出具了《收据》。

天利公司《章程》第13条规定:股东之间可以相互转让全部或部分股权。股东向股东以外的人转让股权,应当经其他股东过半数同意。股东应就其股权转让事项书面通知其他股东征求同意,其他股东自接到书面通知之日起满30日未答复的,视为同意转让。其他股东半数以上不同意转让的,不同意的股东应当购买该转让的股份;不购买的,视为同意转让。经股东同意转让的股权,在同等条件下,其他股东有优先购买权。两个以上股东主张行使优先购买权的,协商确定各自的购买比例;协商不成的,按照转让时各自的实缴出资比例行使优先购买权。

2012年12月19日,黄某与陈某某、天利公司签订《股权转让合同》,该合同载明:“甲方承诺按本合同约定的条款和条件向乙方转让湛江天利海参新技术开发有限公司4%(百分之四)的股权,且乙方愿意按本合同约定的条款和条件向甲方认购。据此,甲、乙双方在平等、互惠、自愿、友好协商的基础上,签订本合同,以兹共同信守:一、甲方向乙方出售和转让湛江天利海参新技术开发有限公司4%的股权。二、乙方以现金600,000元人民币认购湛江天利海参新技术开发有限公司4%的股权。三、甲方从本合同签订之日起确认乙方为湛江天利海参新技术开发有限公司的股东,享有公司法及公司章程规定的股东权益。四、甲、乙双方在本合同约定的条件成熟时,应及时办理工商变更登记。五、本合同一式四份,自签订之日起生效。甲方:陈某某、湛江天利海参新技术开发有限公司,乙方:黄某。”黄某和新利公司均称签订该合同的主体为陈某某和黄某;陈某某在一审庭审答辩时称其不是转让合同的主体,在合同上签字是作为天利公司法定代表人的行为,在庭审调查阶段时称其拥有飞禧特公司的股份,足以通过公司转让4%的股份给黄某。

2012年12月19日,陈某某及天利公司向黄某出具收据,载明:“收到黄某股权转让费60万元正(陆拾万元正),此据收款人:湛江天利海参新技术开发有限公司(盖章)、陈某某(签字),2012年12月19日。”黄某及新利公司均称该60万元应由陈某某偿还;陈某某否认收到60万元,并称该转让金全部用于天利公司的生产和科研,故不应由其承担责任;天利公司称收到该60万元,但黄某并未要求天利公司偿还。

另查明,本案再审期间,陈某某向法院提交了飞禧特公司于2018年2月13日出具《关于〈股权转让通知书〉的答复》,该答复中附有陈某某于2018年2月12日向飞禧特公司出具的《股权转让通知书》复印件,该通知书中载明,陈某某将自己持有的4%的股权转让给黄某,转让价格为60万元,并依照《合同法》之规定,予以告知并征求同意。飞禧特公司在答复中表示放弃对陈某某拟转让股权的优先购买权。经质证,黄某对《关于〈股权转让通知书〉的答复》的真实性不予确认,并认为该证据已超过了合理的提交期限。

【案件争点】

黄某与陈某某、天利公司签订的《股权转让合同》是否有效。

【裁判要旨】

广东省湛江市霞山区人民法院一审认为：本案属股权转让纠纷。股权是股东享有的权利，股权的主体即股权的享有者是股东，转让股权是股东行使股权的重要内容，也是股东保护其自身利益的有力手段。《股权转让合同》是当事人以转让股权为目的而达成的关于出让方交付股权并收取价金，受让方支付价金得到股权的意思表示。股权转让的前提是转让主体股东的资格的取得。本案中，天利公司的股东为新利公司和飞禧特公司，陈某某不是公司的股东，即不享有股权及股东的一切权利和利益，其在不具备股东资格及不享有股权的情况下与黄某签订股权转让协议，显然违背客观事实，股权的客观不存在导致股权转让必然有名无实。陈某某未享有股权而以天利公司的名义转让其在公司的"股权"的行为，违反了诚实信用原则，违反了《民法典》及《公司法》等有关法律的规定，其与黄某签订的《股权转让合同》应属无效合同。根据《合同法》第58条规定："合同无效或者被撤销后，因该合同取得的财产，应当予以返还；不能返还或者没有必要返还的，应当折价补偿……"故陈某某以天利公司的名义向黄某出具收据收取的60万元应退还给黄某。行使合同解除权应针对有效合同而言，对于黄某与陈某某所签订的《股权转让合同》不存在解除权的问题，故对黄某要求解除涉案股权转让的主张不予支持。

广东省湛江市中级人民法院二审认为：所谓股权转让，是公司股东依法将自己的股东权益有偿转让给他人，使他人取得股权的民事法律行为。可见，股权是股东享有的权利，股权的主体即股权的享有者是股东，转让股权是股东行使股权的重要内容，也是股东保护其自身利益的有力手段。《股权转让合同》是当事人以转让股权为目的而达成的关于出让方交付股权并收取价金，受让方支付价金得到股权的意思表示。所以股权转让的前提是转让主体股东资格的取得。本案中，从黄某与陈某某、天利公司所签订的《股权转让合同》的内容及黄某、陈某某的本意看，应是陈某某转让其在天利公司的股权（4%）给黄某。但天利公司的股东是新利公司和飞禧特公司，陈某某不是该公司的股东，即陈某某在天利公司不享有股权及股东的一切权利和利益，其在不具备股东资格及不享有股权的情况下与黄某签订《股权转让合同》，显然违背客观事实，股权的客观不存在导致股权转让必然有名无实。陈某某未享有股权而以天利公司的名义转让其在公司的"股权"的行为，违反了诚实信用原则,亦违反了《民法典》及《公司法》等有关法律的规定,故其与黄某签订的《股权转让合同》属无效合同。

广东省湛江市中级人民法院再审认为,综合陈某某再审申请的理由,本案再审的争议焦点为《股权转让合同》的效力及处理问题。陈某某在与黄某签订《股权转让合同》前,虽然工商登记没有显示其为天利公司的股东,但其通过飞禧特公司实际持有天利公司的股份,为天利公司的隐名股东。故陈某某具备将该部分股份转让给他人的客观条件。陈某某、黄某签订的《股权转让合同》是双方的真实意思表示,没有《合同法》第52条规定的合同当然无效的情形,但也不能据此认定该合同当然有效。合同须依法成立,才具有法律效力。根据《公司法》第72条"……股东向股东以外的人转让股权,应当经其他股东过半数同意。股东应就其股权转让事项书面通知其他股东征求同意,其他股东自接到书面通知之日起满30日未答复的,视为同意转让。其他股东半数以上不同意转让的,不同意的股东应当购买该转让的股份;不购买的,视为同意转让。经股东同意转让的股权,在同等条件下,其他股东有优先购买权。两个以上股东主张行使优先购买权的,协商确定各自的购买比例;协商不成的,按照转让时各自的出资比例行使优先购买权。公司章程对股权转让另有规定的,从其规定"的规定,及天利公司章程第13条的规定,公司股东向股东以外的人转让股权,应当就其股权转让事项书面通知其他股东并获得其他股东过半数同意。且在同等条件下,其他股东有优先购买权。可见,若要《股权转让合同》具备法律效力,必须达成法定的及公司章程规定的特定条件。在上述法定和约定的条件达成之前,陈某某与黄某签订的《股权转让合同》并不完全符合法定的转让条件。而直至本案生效判决作出之前,陈某某均未能提供证据证明其已就本次股权转让事项书面通知了其他股东,获得其他过半数股东的同意,其他股东也没有明确表示放弃对转让股份的优先购买权,或对陈某某与黄某签订的《股权转让合同》予以追认。在此情况下,若承认陈某某与黄某签订的《股权转让合同》合法、有效,则意味着国家对公司股东对外转让公司股份,不告知其他股东,不经其他股东过半数的同意,不给其他股东的优先购买权等侵犯其他股东合法权益的行为给予肯定或支持的评价。这显然是有悖我国社会主义所倡导的价值取向和立法精神。据此,陈某某与黄某签订的《股权转让合同》应确认为无效。对于无效合同的处理,根据《合同法》第58条"合同无效或者被撤销后,因该合同取得的财产,应当予以返还;不能返还或者没有必要返还的,应当折价补偿……"的规定,陈某某因合同而取得的60万元股权转让款应予退还黄某。

广东省高级人民法院再审认为：在本案一审、二审期间，陈某某虽然称其拥有天利公司的股权，但天利公司的工商登记资料显示，天利公司的股东是飞禧特公司和新利公司，新利公司否认陈某某拥有天利公司的股权，飞禧特公司则对此并未发表意见。根据《合同法》第51条的规定，无处分权的人处分他人财产，经权利人追认或者无处分权的人订立合同后取得处分权的，该合同有效。故在未能确定陈某某是否拥有天利公司股权的情况下，《股权转让合同》属于效力待定的合同。而在(2014)湛麻法民二初字第301号生效判决确认了陈某某具有天利公司的股东资格，拥有天利公司16.66%的股份后，陈某某即具备了将其股份转让给他人的客观条件。根据《公司法》第71条和天利公司公司章程第13条的规定，公司股东向股东以外的人转让股权，应当就其股权转让事项书面通知其他股东并获得其他股东过半数同意，且其他股东放弃行使优先购买权的情况下，股权才能完成转让。本案涉案股权转让虽然并未书面通知其他股东征求意见，有违《公司法》及天利公司章程的上述规定，但上述规定是针对股东向股东以外的人转让股权时所应履行的程序，主要保障股东的知情权及优先购买权，不属于效力性规定的内涵。本案陈某某与黄某签订的《股权转让合同》是双方达成转让股权的合意，《股权转让合同》所约定的股权转让事项能否完成，与《股权转让合同》本身是否有效并无必然关联。因此，在《股权转让合同》是陈某某与黄某的真实意思表示，且不存在《合同法》第52条规定的合同无效的情形下，应认定《股权转让合同》合法有效。原再审判决以陈某某没有将本次股权转让事宜书面通知其他股东并征得其他股东同意，《股权转让合同》并不完全符合法定的转让条件为由认定合同无效，该认定存在不当，法院予以纠正。

根据已查明的事实，《股权转让合同》签订后，黄某即按合同约定向陈某某支付了60万元股权转让款。陈某某也向黄某出具了收据。陈某某作为《股权转让合同》的转让方，在合同签订后，理应积极履行《股权转让合同》中约定的义务。但本案并未有充分证据证明陈某某有积极履行合同义务，也未有证据证明黄某已实际成为天利公司的股东及享有天利公司股东权益。由于陈某某怠于履行合同义务，导致黄某在支付股权转让款后难以合法有效地行使股东权利和获得股东权益。陈某某迟延履行合同义务的行为已导致黄某签订《股权转让合同》的目的无法实现。因此，根据《合同法》第94条的规定："有下列情形之一的，当事人可以解除合同：……(四)当事人一方迟延履行债务或者有其他违约行为致使不能实现合同目的"，黄某主张解除其与陈某某签订的《股权转让合同》，理由成立，法院予以支持。

《合同法》第97条规定:“合同解除后,尚未履行的,终止履行;已经履行的,根据履行情况和合同性质,当事人可以要求恢复原状、采取其他补救措施、并有权要求赔偿损失。”在《股权转让合同》解除后,黄某请求陈某某返还60万元股权转让款,依法有据,法院予以采纳。

例案二 | 李某某、欧阳某某合同纠纷案

【法院】

广东省韶关市中级人民法院

【案号】

(2018)粤02民终1551号

【当事人】

上诉人(原审原告):李某某

上诉人(原审被告):欧阳某某、韶关祥铃实业有限公司

【基本案情】

韶关祥铃实业有限公司于1992年7月25日成立,企业类型为自然人投资或控股,投资者为欧阳某某、陈某某,注册资本1068万元,其中欧阳某某认缴出资金额747.6万元,陈某某为320.4万元,各占股东份额为70%、30%,法定代表人欧阳某某;《韶关祥铃实业有限公司章程》第12条约定股东可以向股东以外的人转让股权,应当经其他股东同意,股东应就其股权转让事项书面通知其他股东,其他股东收到通知之日起30日内未答复,视为同意转让,不同意应当购买转让的股权,不购买的,视为同意转让等。2014年7月2日,韶关祥铃实业有限公司(甲方)、欧阳某某(乙方)与李某某(丙方)签订一份《合作合同书》,明确了鉴于公司法定代表人、董事长均为乙方,占股70%,股权清晰,没有本合同注明外的债权、债务,陈某某占股30%,甲方已取得“韶关市原韶台工业园三旧改造项目”范围内114,117平方米土地使用权,该项目市政府已立项并取得规划部门的批复,至签订本合同之日止,甲方、乙方认定乙方在公司投入资金共计16,000万元用于项目前期投入及公司日常开支,其中银行贷款1700万元、800万元,另陈某某股东股本金2000万元,其他均为乙方自有资金或个人借款的投入,乙方因缺乏房地产经营管理经验,公司缺乏短期运作资金,甲方因开发项目的需要等原因,乙方决定邀请丙方加盟,三方签订本合同,三方共同遵守,合同约定甲乙两方同意丙方以房地产经营管理技术入股,

占公司7%股权，丙方投入1168万元参股，占公司7.3%（按乙方总投资16,000万元计算所占比例）现金股权（最终以实际到位资金为准）；本合同生效后且丙方自认为最后一笔入股资金打入乙方指定账号后10天内，乙方负责按丙方技术股实际的股权比例加上实际到位的现金股权比例办理相应的股权变更及登记手续，在此之前丙方的技术股及现金股暂寄存在乙方名下，享有正式股东的权利及义务；丙方担任公司执行董事总经理职务，全面负责公司日常经营管理工作，如发生玩忽职守，无所作为的等情况，甲、乙方有权问责，提出问题，如果丙方没有合理的说明，也没有足够证据证明清白的，丙方必须承担有关行政责任或经济责任，甲、乙方可给予第一警告、第二次降薪、第三次免职处理，被免职处理的，处于丙方一至三万元的罚款，丙方可以选择保留公司股份或选择合同第8条“中途结算约定”与公司结算及收取结算款，如果造成公司经济损失的，丙方应当承担的经济责任在其结算款中扣除；合同生效之日起，丙方第一年每月工资4万元，逐年递增至丙方退出管理层为止；退股及股转债约定：鉴于丙方是在甲、乙方特殊困难时期加盟的，为了给丙方加盟及投入的入股资金安全保障，甲、乙方同意在下列情况下（包括其他情况丙方提出退股等9种情况），丙方可自由退股，或入股的资金股转债，或甲、乙、丙三方议价后由甲方或乙方一次性以现金收购，如出现退股及股转债9种情况任意一种，丙方提出退股的，如果项目正式启动的，则按“中途结算约定”，项目未正式启动的，甲方无条件的在15日内办理丙方的有关议价退股或股转债的有关手续，并在60日内退还丙方投入的全部本金，以及三方议定的丙方应得利益或按丙方每笔资金实际到账之日起月2.5%计的全利息；中途结算约定丙方担任执行董事总经理期间，因本人身体原因，或因严重失职造成公司重大经济损失的，丙方辞去执行董事总经理的，丙方可以选择保留股权（自免去执行董事总经理职务之日起不再保留技术股），或可以选择当即结算的方式退股，当即结算方式：结算金额 = 丙方实际参股本金 + 应得利润，应得利润 = 60,000万元 ÷ 7年（开发时间）× 丙方服务年限 × 丙方股份比例（含技术股及现金股），结算付款时，各自承担应缴纳的税费，结算后，甲、乙方根据公司的资金情况与丙方协商确定丙方退股结算款的支付时间，最长不得超过1年内付清，经丙方同意超过1年未付清部分甲、乙应支付经丙方认可的适当利息；本合同自三方签名盖章之日起生效。

签订合同后，李某某即担任韶关祥铃实业有限公司总经理，李某某自2014年6月起至2016年6月共向欧阳某某支付了股权转让金943.141万元，欧阳某某均向李某某出具了收据，且经韶关祥铃实业有限公司财务人员欧阳静怡确认无异。但至今未向韶关市工商行政管理局办理股权变更登记手续。2017年春节后,欧阳某某、韶关祥铃实业有限公司免去李某某公司总经理职务,2017年6月9日,李某某向欧阳某某、韶关祥铃实业有限公司递交一份《关于要求退还本人投资款及相关利息的信函》,内容为签订《合作合同书》后,以购买欧阳某某个人股权的形式,先后投入940多万元,用于公司各项工作在公司担任总经理期间的两年半时间里,取得积极有效的成果,2017年春节后,李某某在没有收到任何通知的情况下被免去总经理职务,违反合同约定,损害李某某的利益,李某某多次要求退股结算未果,现根据合同约定,要求欧阳某某、韶关祥铃实业有限公司支付李某某中途退股结算款本金约943万元及应得利润2762万元,或退还本金943万元及利息713.96万元,同时结清拖欠的工资、社保及相关福利待遇。经协商未果后,李某某提起诉讼。原审诉讼期间,李某某与欧阳某某、韶关祥铃实业有限公司申请160日自行协商,但因利息计算等问题调解未果。

另查,深圳市福田区人民法院因吴某某诉陈某某、欧阳某某、韶关祥铃实业有限公司民间借贷纠纷一案从2016年1月起至今冻结了陈某某、欧阳某某在韶关祥铃实业有限公司的全部股权。李某某在诉讼期间向原审法院提出财产保全申请(保函担保),要求对欧阳某某、韶关祥铃实业有限公司价值1600万元财产进行保全,并向中国太平洋财产保险股份有限公司韶关中心支公司支付保险费15,000元,原审法院已依法作出裁定并实施财产保全措施。

【案件争点】

李某某与欧阳某某、韶关祥铃实业有限公司于2014年7月2日签订的《合作合同书》的效力。

【裁判要旨】

广东省韶关市浈江区人民法院一审认为:本案是合同纠纷。韶关祥铃实业有限公司股东为欧阳某某、陈某某。韶关祥铃实业有限公司因取得城市三旧改造项目缺乏房地产经营管理经验并且缺乏运作资金,与李某某协商达成共识,双方为此签订《合作合同书》,合同约定欧阳某某、韶关祥铃实业有限公司将以1168万元转让韶关祥铃实业有限公司7.3%股权(以实际到位为准),李某某股权在股权变更登记前暂寄存在欧阳某某名下,享有正式股东权利及义务。有限责任公司具有高度的人合性,他人入股需取得其他股东的认可,才有利于公司经营及管理,《公司法》及韶关祥铃实业有限公司公司章程均规定股东可以向股东以外的人转让股权,但应当经其他股东同意;因此,欧阳某某、韶关祥铃实业有限公司向公司现有股东以外的李某某转让股权应当遵守法定程序，即须按公司章程规定将其股权转让事项书面通知其他股东征求同意，在获得其他股东书面材料后方可启动修改公司章程、变更公司的注册登记事项、办理变更审批手续法定程序；现该股权转让事宜未经公司另一股东陈某某同意，违反了法定程序，李某某与欧阳某某、韶关祥铃实业有限公司签订的《合作合同书》无效。

另外，按照《合作合同书》约定，李某某在支付股权转让款后即享有股东权利及义务，依法享有资产收益、参与重大决策和选择管理者等权利；《合作合同书》中关于退股及股转债与中途结算所作约定，则不管公司盈亏，李某某均可获得巨额利润，损害了公司和其他股东的合法利益，违反了法律规定。

综上，本案是合同纠纷，人民法院审理时就合同效力进行审查认定。李某某就《合作合同书》约定的工资等已另行提起诉讼主张权利，并表示放弃对合同约定的技术入股主张权利，法院应就李某某的诉讼请求范围内进行审理。李某某与欧阳某某、韶关祥铃实业有限公司签订的《合作合同书》无效，李某某支付的943.141万元已经欧阳某某及韶关祥铃实业有限公司财务人员确认，欧阳某某应予返还；导致合同无效，欧阳某某、韶关祥铃实业有限公司应负主要责任，根据公平原则，结合案件实际情况，欧阳某某应从李某某起诉之日起按月利率2%支付利息至付清之日止，韶关祥铃实业有限公司对该债务承担连带清偿责任。由于欧阳某某、韶关祥铃实业有限公司未提交证据证明其损失，原审法院无法认定，欧阳某某、韶关祥铃实业有限公司可另寻途径解决。至于李某某所支付的保险费15,000元，不是李某某主张债务而必然发生的费用，应由李某某自行承担。

广东省韶关市中级人民法院二审认为，依据《公司法》第71条第2款“股东向股东以外的人转让股权，应当经其他股东过半数同意。股东应就其股权转让事项书面通知其他股东征求同意，其他股东自接到书面通知之日起满30日未答复的，视为同意转让。其他股东半数以上不同意转让的，不同意的股东应当购买该转让的股权；不购买的，视为同意转让”的规定，欧阳某某在转让韶关祥铃实业有限公司股权给李某某时，并未依法将股权转让事项告知韶关祥铃实业有限公司的其他股东，亦未征求其他股东的同意，损害了其他股东的权益。依据《合同法》第52条的规定：“有下列情形之一的，合同无效：(一)一方以欺诈、胁迫的手段订立合同，合同无效；(二)恶意串通，损害国家、集体或者第三人利益；(三)以合法形式掩盖非法目的；(四)损害社会公共利益；(五)违反法律、行政法规的强制性规定。”原审法院认定李某某与欧阳某某、韶关祥铃实业有限公司于2014年7月2日签订的《合作合同书》无效,并无不当,法院予以维持。

依据《合同法》第56条的规定:"无效的合同或者被撤销的合同自始没有法律约束力。"第58条规定:"合同无效或者被撤销后,因该合同取得的财产,应当予以返还;不能返还或者没有必要返还的,应当折价补偿。有过错的一方应当赔偿对方因此所受到的损失,双方都有过错的,应当各自承担相应的责任。"现合同无效,双方当事人均存在过错,原审法院结合双方过错责任大小,酌情判决欧阳某某、韶关祥铃实业有限公司支付从起诉之日起以本金943.141万元按月利率2%计至还清之日止的利息,符合本案的事实情况,法院对此予以维持。

例案三 | 刘某某、崔某某确认合同无效纠纷案

【法院】

山东省聊城市中级人民法院

【案号】

(2017)鲁15民终2594号

【当事人】

上诉人(原审第三人):刘某某、崔某某

被上诉人(原审原告):张某国、张某俊、徐某某

【基本案情】

第三人刘某某与崔某某系夫妻关系。2009年7月9日,张某俊和王某作为发起人(股东)成立聊城市东昌府区利民物业管理有限公司,注册资本为50万元整,张某俊认缴出资额为30万元,持股比例为60%,并担任该公司的法定代表人。王某出资额为20万元,持股比例为40%。后该公司又变更了出资比例及股东,张某俊认缴出资额为170,000元,持股比例为34%;张某国认缴出资额为165,000元,持股比例为33%;徐某某认缴出资额为165,000元,出资比例为33%。

2015年2月1日,张某俊、徐某某与刘某某、崔某某签订股权转让协议书一份,约定:聊城市东昌府区利民物业管理有限公司股东张某俊、徐某某因开发经营其他项目需要,张某俊自愿将其在聊城市东昌府区利民物业管理有限公司34%的股份以200,000元的价格转让给刘某某;徐某某将其33%的股份转让给崔某某。张某俊、崔某某均同意刘某某继任聊城市东昌府区利民物业管理有限公司的法定代表人。2015年6月19日,聊城市东昌府区利民物业管理有限公司作出股东会决议,

决定免除张某国聊城市东昌府区利民物业管理有限公司总经理职务及公司辖下所有项目的管理和收费事宜。张某俊及徐某某在该决议上加盖手印。

2015 年 7 月 20 日,聊城市东昌府区利民物业管理有限公司与刘某某签订交接协议一份,约定:聊城市东昌府区利民物业管理有限公司将卫育小区管理权全部移交给刘某某,刘某某接纳了聊城市东昌府区利民物业管理有限公司的债权 82,975.6 元及债务 60,000 元。该协议由张某俊、张某国、徐某某及刘某某签字捺印。

【案件争点】

2015 年 2 月 1 日张某俊、徐某某与刘某某、崔某某签订的股权转让协议书的效力。

【裁判要旨】

山东省聊城市东昌府区人民法院一审认为:《公司法》第 71 条规定:有限责任的股东之间可以相互转让其全部或者部分股权。股东向股东以外的人转让股权,应当经其他股东过半数同意。股东应就其股权转让事项书面通知其他股东征求同意,其他股东自接到书面通知之日起满 30 日未答复的,视为同意转让。其他股东半数以上不同意转让的,不同意的股东应当购买该转让的股权;不购买的,视为同意转让。经股东同意转让的股权,在同等条件下,其他股东有优先购买权。……被告及第三人没有提交证据证明被告转让股权时书面通知了原告,也无证据证明原告放弃优先购买权,案涉股权转让协议书侵犯了原告的合法权益。《合同法》第 52 条规定:"有下列情形之一的,合同无效:……(五)违反法律、行政法规的强制性规定。故案涉股权转让协议违背法律的强制性规定,应为无效协议。"

山东省聊城市中级人民法院二审认为:本案系因公司股东向股东以外人员转让股权引发的纠纷,二上诉人主张根据 2015 年 7 月 20 日签订的交接协议足以证实被上诉人张某国对张某俊、徐某某转让股权一事是知情的,应当视为"股权转让事宜"书面通知了被上诉人张某国。被上诉人张某国对此不予认可。法院认为,聊城市东昌府区利民物业管理有限公司章程第 31 条关于股东向股东以外的人转让股权的规定与《公司法》第 71 条的规定相一致。依据聊城市东昌府区利民物业管理有限公司章程第 31 条之规定,股东向股东以外的人转让股权,应就其股权转让事项书面通知其他股东征求意见。故张某俊、徐某某在对外转让股权时应当书面通知张某国,同时为便于张某国行使优先购买权,通知内容应当包括股权转让的价格及其他转让条件。二上诉人所称的交接协议的内容是交接卫育小区的物业管理权等事宜,而非关于股东对外转让股权事项的通知,从形式上讲不符合聊城市东昌府区利民物业管理有限公司章程第31条关于以书面形式进行通知的规定。且通知其他股东股权转让事宜的义务人为拟对外转让股权的股东,而非公司,故交接协议中的交接人为公司亦不符合股东转让股权的形式要件。二上诉人主张本案所涉股权转让已通知被上诉人张某国的上诉理由不成立。被上诉人张某俊、徐某某向股东以外的人转让股权,并未就其股权转让事项书面通其他股东征求意见,违反了《公司法》及聊城市东昌府区利民物业管理有限公司章程的相关规定,原审判决认定涉案股权转让协议无效并无不当。

三、裁判规则提要

《公司法》第71条第2、3款属于强制性规定。并且,《公司法》第71条第2、3款属于最高人民法院的《合同法解释二》第14条中的"效力性强制性规定"。股东未经书面通知其他股东征求同意,即与股东以外的人订立股权转让合同,此时股权转让合同为效力待定。其他股东自知道或者应当知道行使优先购买权的同等条件之日起30日内,或者自股权变更登记之日一年内主张优先购买权的,股权转让合同无效。超过上述期限,无其他股东主张优先购买权的,或者其他所有股东明确放弃优先购买权的,股权转让合同有效。

股东未经书面通知其他股东征求同意,即与股东以外的人订立股权转让合同,此种行为违反了《公司法》有关出让股东行使处分权的法定限制条款,侵害了其他股东的法定优先购买权。但与此同时,其他股东是否有意、是否具有财力行使优先购买权并不确定。此时股权转让合同应为效力待定。此种合同应有别于绝对有效合同,否则,其他股东的优先购买权势必落空。此种合同也应有别于绝对无效合同,因为出让股东毕竟是享有股权的主体,其余股东也未必反对该合同。其他股东自知道或者应当知道行使优先购买权的同等条件之日起30日内,或者自股权变更登记之日1年内,均可诉请法院确认股权转让合同无效,同时应当一并提出由自己行使优先购买权的诉讼请求。倘若多名股东主张优先购买权,可由其协商确定各自购买比例;无法协商确定的,可根据原告股东在其共同持股比例中的相对份额确定。为确定其他股东是否行使优先购买权,法院也可将其他股东列为第三人。股权转让合同被确认无效后,法律关系包括股权结构将恢复原状,买方取得的股权应返还卖方。

假定某股东为规避其他股东的优先购买权,在通知其他股东时恶意抬高自己向第三人转让股权的价格,从而迫使其他股东知难而退,放弃优先购买权。即使其他股东信以为真，放弃了优先购买权，嗣后一旦真相大白，其他股东依然有权行使优先购买权。当然，其他股东还可向税务机关举报出让股东的高额纳税所得额，进而降低出让股东的道德风险。

四、辅助信息

高频词条：

《公司法》

第71条 有限责任公司的股东之间可以相互转让其全部或者部分股权。

股东向股东以外的人转让股权，应当经其他股东过半数同意。股东应就其股权转让事项书面通知其他股东征求同意，其他股东自接到书面通知之日起满30日未答复的，视为同意转让。其他股东半数以上不同意转让的，不同意的股东应当购买该转让的股权；不购买的，视为同意转让。

经股东同意转让的股权，在同等条件下，其他股东有优先购买权。两个以上股东主张行使优先购买权的，协商确定各自的购买比例；协商不成的，按照转让时各自的出资比例行使优先购买权。

公司章程对股权转让另有规定的，从其规定。

最高人民法院《关于适用〈中华人民共和国公司法〉若干问题的规定（四）》

第21条 有限责任公司的股东向股东以外的人转让股权，未就其股权转让事项征求其他股东意见，或者以欺诈、恶意串通等手段，损害其他股东优先购买权，其他股东主张按照同等条件购买该转让股权的，人民法院应当予以支持，但其他股东自知道或者应当知道行使优先购买权的同等条件之日起30日内没有主张，或者自股权变更登记之日起超过一年的除外。

前款规定的其他股东仅提出确认股权转让合同及股权变动效力等请求，未同时主张按照同等条件购买转让股权的，人民法院不予支持，但其他股东非因自身原因导致无法行使优先购买权，请求损害赔偿的除外。

股东以外的股权受让人，因股东行使优先购买权而不能实现合同目的的，可以依法请求转让股东承担相应民事责任。

《民法典》

第153条 违反法律、行政法规的强制性规定的民事法律行为无效。但是，该强制性规定不导致该民事法律行为无效的除外。

违背公序良俗的民事法律行为无效。

第 154 条 行为人与相对人恶意串通,损害他人合法权益的民事法律行为无效。

《全国法院民商事审判工作会议纪要》

30. 合同法施行后,针对一些人民法院动辄以违反法律、行政法规的强制性规定为由认定合同无效,不当扩大无效合同范围的情形,合同法司法解释(二)第 14 条将《合同法》第 52 条第 5 项规定的"强制性规定"明确限于"效力性强制性规定"。此后,《最高人民法院关于当前形势下审理民商事合同纠纷案件若干问题的指导意见》进一步提出了"管理性强制性规定"的概念,指出违反管理性强制性规定的,人民法院应当根据具体情形认定合同效力。随着这一概念的提出,审判实践中又出现了另一种倾向,有的人民法院认为凡是行政管理性质的强制性规定都属于"管理性强制性规定",不影响合同效力。这种望文生义的认定方法,应予纠正。

人民法院在审理合同纠纷案件时,要依据《民法总则》第 153 条第 1 款和合同法司法解释(二)第 14 条的规定慎重判断"强制性规定"的性质,特别是要在考量强制性规定所保护的法益类型、违法行为的法律后果以及交易安全保护等因素的基础上认定其性质,并在裁判文书中充分说明理由。下列强制性规定,应当认定为"效力性强制性规定":强制性规定涉及金融安全、市场秩序、国家宏观政策等公序良俗的;交易标的禁止买卖的,如禁止人体器官、毒品、枪支等买卖;违反特许经营规定的,如场外配资合同;交易方式严重违法的,如违反招投标等竞争性缔约方式订立的合同;交易场所违法的,如在批准的交易场所之外进行期货交易。关于经营范围、交易时间、交易数量等行政管理性质的强制性规定,一般应当认定为"管理性强制性规定"。

公司法上效力性强制性规定识别案件裁判规则第 8 条：

《公司法》第 74 条是效力性强制性规定

〔**规则描述**〕:《公司法》第 74 条是效力性强制性规定。股东请求公司按照合理的价格收购其股权，是股东享有的法定权利。但是，为贯彻资本维持原则，防止公司责任财产遭到侵蚀，损害公司债权人利益，该种法定权利仅在第 74 条规定的三种情形下才能得到行使。除第 74 条规定的三种情形以外，股东不得请求公司收购其股权，公司亦不负有应股东请求收购其股权的法定义务，否则股权收购协议无效。

一、类案检索大数据报告

时间:2020 年 8 月 2 日前；

案例来源:Alpha 案例库；

案例数量:20 件；

数据采集时间:2020 年 8 月 2 日。

本次检索获取 2020 年 8 月 2 日前共 20 篇裁判文书，整体情况如图 8－1 所示，其中认定《公司法》第 74 条是效力性强制性规定的案件 6 件，占 30%；认定《公司法》第 74 条是管理性强制性规定的案件 8 件，占 40%；在该问题上无明确结论的案件 6 件，占 30%。

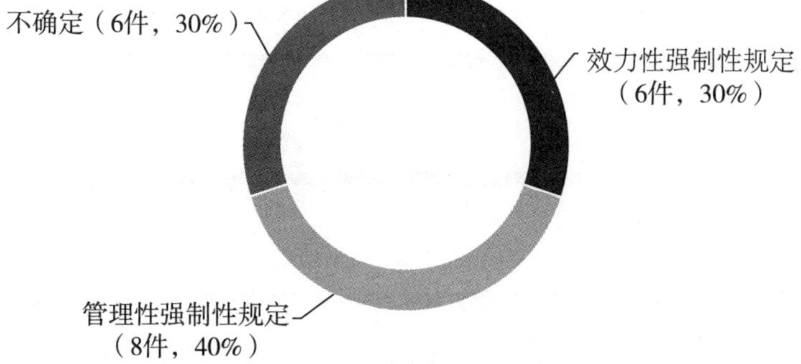

图 8－1 《公司法》第 74 条的性质

如图 8-2 所示，从案件年份分布情况可以看出当前条件下案件数量的变化趋势。

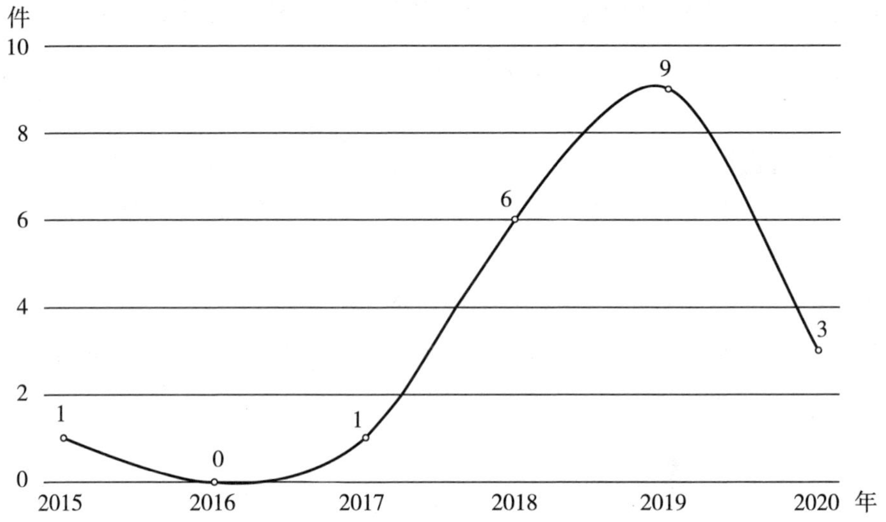

图 8-2　案件年份分布情况

如图 8-3 所示，从案件主要地域分布情况可以看出，当前案件主要集中在四川省、安徽省、山东省、广东省、江苏省。

图 8-3　案件主要地域分布情况

二、可供参考的例案

例案一 | 曾某伦与重庆夏鼎经信股权投资基金管理中心、袁某某等合同纠纷案

【法院】

重庆市高级人民法院

【案号】

(2017)渝民终496号

【当事人】

上诉人(原审原告):曾某伦

被上诉人(原审被告):重庆骏瀚投资有限公司、重庆夏鼎经信股权投资基金管理中心、四川省嘉鸿投资有限公司、袁某某

【基本案情】

2015年8月28日,曾某伦与重庆骏瀚投资有限公司(以下简称骏瀚公司)、重庆夏鼎经信股权投资基金管理中心(以下简称夏鼎基金)、四川省嘉鸿投资有限公司(以下简称嘉鸿公司)以及袁某某签订《协议》,该《协议》约定:一、经各方当事人核对确认,截至协议签订之日,曾某伦共累计向骏瀚公司或嘉鸿公司支付的投资款项为5340万元。其中,2000万元为向骏瀚公司支付的股权投资款,3340万元为向骏瀚公司或嘉鸿公司提供的借款。二、经各方协商一致,同意曾某伦将其持有的全部骏瀚公司股权转让给骏瀚公司指定的第三方,转让款为2000万元。该转让款由骏瀚公司指定的第三方于2015年9月30日前,直接支付给曾某伦。若逾期未支付,应以中国人民银行公布的同期银行贷款基准利率的4倍为标准向曾某伦支付利息。曾某伦并有权要求骏瀚公司以全部未付款项为基数,按照24%的年利率标准另行支付惩罚性违约金。骏瀚公司、夏鼎基金、嘉鸿公司、袁某某对骏瀚公司指定的第三方债务承担连带保证责任。三、曾某伦向骏瀚公司的借款共计3340万元,由骏瀚公司一并支付给曾某伦……五、骏瀚公司的股权结构中,曾某藩出资2000万元(占公司股权的20%)的实际出资人为曾某伦。在骏瀚公司向曾某伦付清投资款项5340万元本息(不包括本协议第6条约定的利息3000万元)全部债务后的五日内,由曾某伦敦促并保证曾某藩将其名下20%的骏瀚公司的股权,转让给骏瀚公司指定的人员……六、曾某伦的投资款项5340万元在投资期间的资金占用利息,由骏瀚公司另行以银行转账的方式支付。骏瀚公司应向曾某伦支付投资

期间的资金占用利息金额为3000万元……七、自骏瀚公司指定的第三方及骏瀚公司支付完全部款项之日起,曾某伦不再是骏瀚公司的股东,无论工商登记是否变更。在骏瀚公司履行完本协议第6条所约定义务的情况下,曾某伦不得再要求分配骏瀚公司或嘉鸿公司利润。八、在任何情况下,曾某伦均不承担骏瀚公司或嘉鸿公司债务;如曾某伦按照相关法律文书承担责任的,有权向骏瀚公司、夏鼎基金、嘉鸿公司全额追偿……

骏瀚公司(乙方)与案外人聂某(甲方)于2015年9月24日、10月9日分别签订《借款合同》,约定乙方因需要向曾某藩支付股权收购款,向甲方申请借款1000万元……骏瀚公司向聂某合计借款2000万元。聂某于2015年9月24日、10月9日向曾某藩转款2000万元。

曾某伦确认其于2015年8月31日起至2016年9月28日收到骏瀚公司支付的款项2300万元。加上前述聂某转账的2000万元,其共计收到4300万元。

曾某伦于2016年11月17日与重庆坤源衡泰律师事务所签订《民事法律事务委托代理合同》,并支付律师代理费66.7万元。

二审另查明以下事实:

1.本案所涉《协议》签订之时,骏瀚公司的股东为夏鼎基金、曾某藩,夏鼎基金出资8000万元,占股比例80%;曾某藩出资2000万元,占股比例20%。曾某藩与曾某伦是兄弟关系,曾某伦是实际出资人、隐名股东,曾某藩代曾某伦持股,系显名股东。嘉鸿公司的股东为骏瀚公司,占股比例100%。

2. 2015年8月27日,骏瀚公司(甲方)、夏鼎基金(乙方)、曾某伦(丙方)、嘉鸿公司(丁方)、袁某某(戊方)签订《协议》约定:"一、截至本协议签订之日,经核实,丙方(含通过彭某某、拉菲皇庭、曾某、花溪集团等名义)累计向甲方或丁方支付的投资款为5340万元(详见投资款明细表)。其中,2000万元为向甲方支付的股权转让款,3340万元为向甲方或丁方提供的借款……三、丙方向甲方的借款共计3340万元,由甲方支付给丙方。甲方向丙方的应付款具体按以下时间节点以银行转账的方式支付:1. 2015年8月31日前,甲方支付丙方1000万元;2. 2015年12月份起,甲方应于每月5日前,向丙方支付500万元,直至甲方付清投资款项本息(不包括本协议第6条约定的3000万元)及违约金等全部债务为止……五、甲方的股权结构中,曾某藩出资2000万元(占公司股权的20%)的实际出资人为丙方。在甲方向丙方付清投资款项5340万元本息(不包括本协议第6条所约定的利息3000万元)全部债务后的5日内,由丙方督促并保证曾某藩将其名下20%的甲方的股权，转让给甲方指定的人员，并另行签订《股权转让协议》，并按照甲方要求配合办理股权转让登记手续。六、丙方的投资款项 5340 万元在投资期间的资金占用利息，由甲方另行以银行转账的方式支付。甲方应向丙方支付投资期间的资金占用利息金额为 3000 万元。具体应按以下方式支付：1. 甲方在 2016 年 9 月 30 日前，向丙方支付 2000 万元；2. 甲方在 2017 年 3 月 31 日，向丙方支付 1000 万元。如甲方未能按期履行本条约定的资金占用利息，甲方应自 2015 年 12 月 1 日起，以中国人民银行公布的同期银行贷款基准利率的四倍为标准向丙方支付违约金……十一、乙方、丁方、戊方就本协议中甲方的全部义务及甲方指定的第三方的全部义务承担连带保证责任。十二、凡因本协议产生的一切争议均由签约地人民法院管辖。因争议解决所发生的诉讼费（受理费、保全费等）、律师费、保全担保费、差旅费等一切合理费用，均由败诉方承担。”在该份协议的落款处，除有上述五方的签字盖章之外，还有曾某藩的签名。各方对曾某藩系名义股东的身份均无异议。该协议之后附有《曾某伦投资及借款明细表》，该表上列明了曾某伦支付 5340 万元的投资明细，在该表尾部骏瀚公司、嘉鸿公司盖章、曾某伦签名。

3. 骏瀚公司支付款项的情况为：委托案外人聂某于 2015 年 9 月 24 日、10 月 9 日向曾某藩支付 2000 万元股权收购款，聂某向曾某藩打款的凭证上均载明为“股权收购款”；2015 年 8 月 31 日起至 2016 年 9 月 28 日骏瀚公司通过委托他人等方式向曾某伦支付 2300 万元款项。

【案件争点】

骏瀚公司向曾某伦支付 2000 万元股权收购款的行为是否有效，骏瀚公司关于以该 2000 万元抵销其应当支付给曾某伦借款本息的主张能否成立。

【裁判要旨】

重庆市第一中级人民法院一审认为：《协议》第 2 条明确约定骏瀚公司需对第三方支付给曾某伦的股权转让款承担连带保证责任，一审法院认为，其实质系公司对自身股东股权转让承担兜底支付责任。结合本案审理查明的情况，骏瀚公司通过向案外人聂某举债的方式向曾某伦支付股权转让款的行为不符合《公司法》第 71、72 条规定的股权转让方式。且曾某伦在收到 2000 万元股权转让款后，也未依照《公司法》第 73 条的规定注销曾某藩的出资证明书，向新股东签发出资证明书，并相应修改公司章程和股东名册中有关股东及其出资额的记载。目前曾某藩依然是骏瀚公司登记备案的股东，骏瀚公司通过对外举债的方式支付给曾某伦 2000 万元是实属抽逃出资。故《协议》约定的股权转让方式违反相关法律规定，该股权转让行为应属无效,一审法院不予认可。

重庆市高级人民法院二审认为:骏瀚公司自身向曾某伦支付2000万元股权收购款的行为,实质上构成公司回购本公司股权。关于该回购行为的效力,法院认为,首先,从《协议》内容看,并未约定由骏瀚公司回购本公司股权,因此骏瀚公司支付股权收购款回购本公司股权的行为并未由股东达成一致的意思表示或者经股东会表决通过。其次,公司资本维持原则是公司法的基本原则之一,是公司保持法人人格独立和维护债权人利益的保障,因此《公司法》对于公司回购本公司股权作出了明确而具体的规定。有限责任公司股东在符合《公司法》第74条规定的情形下,有权请求公司回购股权;股份有限公司仅在符合《公司法》第142条的情形下才可以回购本公司股份。而本案中骏瀚公司为有限责任公司,其回购本公司股权的行为并不符合《公司法》第74条规定的情形。再次,在符合《公司法》规定的情形下,公司回购本公司股权之后应当及时办理减资手续、将公司自己持有的股权注销或者及时将股权转让,避免工商登记记载的公司资本状况与公司实际的资本状况长期不一致,导致构成事实上的抽逃出资,从而损害债权人利益。而本案中,骏瀚公司于2015年10月就向曾某藩支付了股权收购款,但至今骏瀚公司回购的股权仍然登记在原股东曾某藩名下,这一状态事实上就已经构成了股东抽逃出资,即股东利用公司回购股权而抽逃出资。

综上,本案中骏瀚公司回购本公司股权的行为不符合公司法关于公司回购股权的规定,违反公司资本维持原则且事实上构成股东抽逃出资,应为无效。

无效的民事法律行为自始无效,骏瀚公司已经支付给曾某伦的2000万元款项,自骏瀚公司支付之日起,曾某伦就有返还的义务。二审中,骏瀚公司就该2000万元主张与骏瀚公司负有的对曾某伦的债务进行抵销。《合同法》第99条规定:"当事人互负到期债务,该债务的标的物种类、品质相同的,任何一方可以将自己的债务与对方的债务抵销,但依照法律规定或者按照合同性质不得抵销的除外。当事人主张抵销的,应当通知对方。通知自到达对方时生效。抵销不得附条件或者附期限。"本案中,骏瀚公司在二审的询问过程中主张抵销,曾某伦的委托诉讼代理人参加了询问,因此抵销的意思表示已经到达对方。抵销具有溯及力,其法律效果是使债务人之间的债之关系溯及最初得为抵销时消灭。因此,骏瀚公司支付给曾某伦的该笔2000万元可直接抵充骏瀚公司应当支付给曾某伦的借款本息。

例案二 | 刘某某与石某、琼海磐龙实业开发有限公司股权转让纠纷案

【法院】

海南省第一中级人民法院

【案号】

(2018)琼96民再9号

【当事人】

上诉人(原审原告):刘某某

被上诉人(原审被告):石某、琼海磐龙实业开发有限公司

【基本案情】

2010年5月21日,刘某某和石某各投资500万元,成立琼海磐龙实业开发有限公司(以下简称磐龙公司)。2013年12月21日,双方签订《股权转让协议书》约定刘某某将其享有的50%的股份转让给石某,转让款800万元,合同签订之日起2个月内支付完毕。2014年5月27日,双方签订《股权转让补充协议书》,约定石某必须在协议签订之日起30日内支付余款480万元,双方平均承担股权转让的有关税费,石某同意将刘某某出资的150万元扣除刘某某承担的税费后的手续费余款,合并股权转让余款一并支付给刘某某。同时约定石某逾期支付上述款项,按银行贷款利率的3倍计付补偿金,逾期超过30天的,每日按未支付款项的1‰向刘某某支付违约金。协议签订后,石某仅支付320万元给刘某某,余款480万元未付。刘某某遂提起诉讼,请求判决石某、磐龙公司向其支付股权转让欠款480万元,并按照约定支付逾期还款的补偿金、违约金,退还150万元手续费余款。本案经一审法院主持调解,双方自愿达成调解协议:一、石某和磐龙公司同意在本调解书生效之日起15日内向刘某某支付拖欠的股权转让款480万元及支付逾期利息及违约金30万元,合计510万元。如石某和磐龙公司未在约定期间向刘某某支付前述款项,则每日按未付款项的1‰向刘某某支付违约金。二、刘某某出资的150万元股权转让过户手续费,石某和磐龙公司同意于本调解书生效之日起15日内办理股权转让过户手续,所花费用多退少补;若石某和磐龙公司逾期办理该手续,则于逾期之日起15日内向刘某某退还股权转让过户手续费150万元。三、案件受理费58,000元,减半收取29,000元,由石某承担。另查明:2013年12月21日《股权转让协议书》签订后,因石某未能在约定期限内付清股权转让款,双方于2014年5月27日签署一份《股权转让补充协议书》,其中,第2条确认石某已向刘某某支付股权转让

款320万元,尚欠刘某某480万元股权转让款,余款于本补充协议生效之日起30日内一次性支付完毕。第3条第4款约定:“根据《股权转让协议书》第7条约定,股权转让的相关费用300万元由公司承担。”实际上,该300万元系双方额外各出资150万元平均承担。现双方同意,平均承担股权转让过程中有关税费,石某及公司同意将刘某某出资的上述150万元,扣除刘某某平均承担的税费后的余款,合并上述股权转让余款,在第2条第2款约定的时间内一并支付给刘某某。第5条约定:“石某未能在本补充协议约定的时间内支付完毕上述全部款项,逾期期间,按银行同期贷款利率的三倍加付补偿金;逾期超过30日的,每日按未支付款项的1‰向刘某某支付违约金。石某未能在指定时间内配合刘某某办理完毕磐龙公司股东名册变更,以及工商管理部门的变更备案手续的,逾期期间,石某按本条第1款承担违约金。石某及股权转让变更登记备案后的磐龙公司,对上述股权转让的余款及其他有关待支付的款项等承担连带支付责任。”第7条第1款约定:“本补充协议经甲、乙双方签章之日生效。”《股权转让补充协议书》上载明担保方为磐龙公司,并有公司的盖章及石某的签名。上述事实双方当事人均无异议,且有刘某某提供的《股权转让协议书》《股权转让补充协议书》及《公司章程》三份证据予以证实,一审法院再审予以确认。

【案件争点】

磐龙公司担保行为是否有效及磐龙公司应否承担还款责任。

【裁判要旨】

海南省第一中级人民法院认为:1.公司为股东之间的股权转让提供担保的行为违背公司资本维持原则。资本维持原则,是指公司在其存续过程中,应当经常保持与其资本额相当的财产。《公司法》第35条规定:“公司成立后,股东不得抽逃出资。”而公司为股东之间的股权转让提供担保,就会出现受让股权的股东不能支付股权转让款时,由公司先向转让股权的股东支付转让款,形成股东以股权转让的方式变相抽回出资的情形,违反《公司法》关于股东不得抽逃出资的规定,不仅会侵犯公司的财产权,而且还会侵犯公司外部债权人基于公示登记而对公司资本状况的信赖利益,从而损害公司及公司其他债权人的利益。本案中,按照案涉《股权转让协议》约定,由磐龙公司对石某付款义务承担共同还款责任,则意味着在石某不能支付转让款的情况下,磐龙公司应向刘某某进行支付,从而导致刘某某以股权转让方式从公司抽回出资,本质上造成公司资本减少,违背了公司资本维持原则,对公司的债权人和交易安全势必造成损害。

2. 公司为股东之间的股权转让提供担保的行为违背《公司法》关于公司非经法定程序不得回购公司股权的强制性规定。从资本维持原则出发，《公司法》禁止公司回购本公司股权。公司资本是公司独立性的保证，公司存续期间应维持与其注册资本相当的资本，以达到保护债权人利益和社会交易安全的目的。根据《公司法》第74条规定："有下列情形之一的，对股东会该项决议投反对票的股东可以请求公司按照合理的价格收购其股权：(一)公司连续五年不向股东分配利润，而公司该五年连续盈利，并且符合本法规定的分配利润条件的；(二)公司合并、分立、转让主要财产的；(三)《公司章程》规定的营业期限届满或者章程规定的其他解散事由出现，股东会会议通过决议修改章程使公司存续的。"据此，有限责任公司仅在上述三种情形下可以回购本公司股权。公司为股东内部股权转让提供担保，实际上是以公司资产担保股权转让款的实现，一旦需要公司承担责任，则无异于以公司资产为股权转让支付对价，本质上发生回购本公司股权的情势，造成公司资本不当减少的结果，违背公司资本维持原则，对公司的债权人和交易安全造成损害。本案中，磐龙公司一旦承担保证责任，本质上会发生公司回购刘某某股东股权的事实，违反上述法律规定。

总之，公司为股东之间的股权转让提供担保的行为可能导致公司回购公司股份，造成公司资本不当减少的结果，不仅违反《公司法》有关有限责任公司原则上不准收购本公司股份的禁止性规定，亦违背了公司资本维持原则，对公司的债权人和交易安全造成损害，因此该担保行为无效。一审法院再审认定磐龙公司的担保行为无效，并对刘某某要求磐龙公司与石某共同偿还上述债务的诉讼请求不予支持，符合法律规定。刘某某关于《公司法》并不禁止有限责任公司回购本公司股份的上诉理由不符合法律规定，法院不予采纳。

例案三　中国信达资产管理股份有限公司福建省分公司、漳州市龙文区桂溪房地产开发有限公司破产债权确认纠纷案

【法院】

福建省漳州市中级人民法院

【案号】

(2018)闽06民终2287号

【当事人】

上诉人(原审原告):中国信达资产管理股份有限公司福建省分公司

被上诉人(原审被告):漳州市龙文区桂溪房地产开发有限公司

【基本案情】

漳州市龙文区桂溪房地产开发有限公司(以下简称桂溪公司)于2002年7月12日于漳州市龙文区工商行政管理局注册成立;营业期限为2002年7月12日至2032年7月11日;经营范围为房地产开发、销售及物业管理、市场摊位出租。

2011年6月28日,金谷公司与厦门万嘉公司、侯某某签订一份编号为金谷信(2011)第24－3号的《股权优先受让协议》,约定金谷公司拟设立金谷·万嘉世贸广场股权投资集合资金信托计划,信托计划成立后,在满足编号为金谷信(2011)第24－2号的《增资协议》第3.2条规定的增资条件的前提下,金谷信托拟以信托计划项下的信托计划资金对桂溪公司进行增资扩股,从而持有桂溪公司88%的股权,厦门万嘉公司、侯某某有意收购金谷信托持有的桂溪公司的全部股权,金谷信托拟赋予厦门万嘉公司、侯某某受让其持有的桂溪公司全部股权的优先权。金谷公司同意,在厦门万嘉公司、侯某某按照本协议第3条的规定缴纳优先权维持费的前提下,赋予厦门万嘉公司、侯某某本协议项下的标的股权优先受让权。如约定期间内厦门万嘉公司、侯某某行使标的股权优先受让权,标的股权转让价款为金谷公司对桂溪公司实际增资金额2.2亿元。协议第8条第1项约定,桂溪公司以其位于福建省漳州市龙文区的32,949平方米土地使用权为厦门万嘉公司、侯某某履行协议提供抵押担保。

同日,金谷公司与厦门万嘉公司、侯某某签订一份编号为金谷信(2011)第24－3－1号《支付协议》,约定厦门万嘉公司、侯某某应当自收购标的股权之日起5个工作日内将标的股权转让价款2.2亿元支付给金谷公司,并支付优先权维持费(信托计划资金金额×18%×信托计划存续的实际天数/360)等,并于2011年6月30日在福建省漳州市佳信公证处办理了该支付协议公证。

同日,桂溪公司与金谷公司(抵押权人)签订一份编号为金谷信(2011)第24－4号《抵押合同》,约定桂溪公司同意为债务人在主合同项下的债务提供抵押担保,主债权是编号为金谷信(2011)第24－3号的《股权优先受让协议》、编号为金谷信(2011)第24－3－1号的《支付协议》项下金谷公司要求债务人支付优先权维持费、发生《股权优先受让协议》第5.1条约定的强制收购情形时债务人应支付的股权转让价款及其他款项的权利。抵押物为桂溪公司所有的位于漳州市龙文区的面积为32,949平方米的国有土地使用权[国有土地使用权证号：漳龙国用(2003)字第×号]，并于2011年6月29日办理《土地他项权利证明书》[他项权证号：漳龙抵他项(2011)第059号]，2011年6月30日在福建省漳州市佳信公证处办理了该抵押合同公证。

2011年7月15日，金谷公司通过招商银行股份有限公司厦门分行营业部转账支付桂溪公司2.2亿元，并于2011年7月19日完成股权变更工商登记。

2013年6月18日，金谷公司为转让方与中国信达资产管理股份有限公司福建省分公司(以下简称信达公司)为受让方签订一份编号为金谷信(2011)24－11号《转让协议》，约定金谷公司向信达公司转让其享有的在编号为金谷信(2011)第24－3号的《股权优先受让协议》、编号为金谷信(2011)第24－3－1号的《支付协议》及《债权债务确认书》项下的全部权利和义务[含转让方在金谷信(2011)24－6号和金谷信(2011)24－5号的《股权质押合同》、金谷信(2011)24－4号的《抵押合同》、金谷信(2011)24－7号的《保证合同》项下的全部权利]，厦门万嘉公司、侯某某、林某军和桂溪公司知晓并同意上述转让行为，同意向受让方履行各自负担的义务，并分别在《转让协议》上签名和盖章。

2014年5月22日，信达公司为申请执行人与厦门万嘉公司、侯某某、桂溪公司、林某军为被申请执行人向福建省漳州市佳信公证处申请发出一份(2014)闽漳佳证执字第001号《执行证书》。该《执行证书》载明："……申请执行人(新债权人)中国信达资产管理股份有限公司福建省分公司可持本公证书向有管辖权的人民法院申请强制执行。被申请执行人为厦门万嘉房地产开发有限公司、侯某某、漳州市龙文区桂溪房地产开发有限公司和林某军，执行内容为：一、执行标的：(1)股权转让价款人民币(币种，下同)22,000万元、优先权维持费6028万元、违约金5301.2311万元(违约金暂计至2014年4月30日，依约应计算至被申请人实际清偿之日止)；(2)申请人为实现前述债权而实际发生的全部费用(包括但不限于律师费、评估费、公证费等)。二、被申请人厦门万嘉房地产开发有限公司、侯某某立即就执行标的向申请人履行清偿义务。三、被申请人漳州市龙文区桂溪房地产开发有限公司对被申请人厦门万嘉房地产开发有限公司、侯某某的前述清偿义务承担抵押担保责任，申请人可与其协议以抵押物[位于漳州市龙文区的土地使用权，国有土地使用权证号：漳龙国用(2003)字第×号]折价、或者以拍卖、变卖该抵押物所得的价款优先受偿……"

后厦门万嘉公司、侯某某、林某军未依约履行付款义务，信达公司根据漳州市佳信公证处(2014)闽漳佳证执字第001号《执行证书》向福建省高级人民法院申请执行,申请执行标的为:股权转让价款22,000万元、优先权维持费6028万元,违约金5301.2331万元。2014年7月2日,福建省高级人民法院作出(2014)闽执行字第18号受理执行案件通知书,受理信达公司申请执行厦门万嘉公司、桂溪公司、侯某某、林某军公证债权文书一案,并于2014年11月4日作出(2014)闽执行字第18-1号执行裁定书,裁定查封、冻结被执行人厦门万嘉公司、桂溪公司、侯某某、林某军银行存款33,329.2311万元或被执行人所有的价值相当的财产。

2016年1月20日,一审法院裁定受理债权人福建省惠三建设发展有限公司申请桂溪公司破产重整一案,并同时依法指定管理人。

信达公司向桂溪公司管理人申报案涉债权为本金2.2亿元,违约金及利息168,789,457.55元。2016年8月25日,桂溪公司管理人经核查后作出《债权确认通知书》,确认信达公司申报的案涉债权经核查确认的债权为本金2.2亿元,违约金及利息168,789,457.55元,共计388,789,457.55元,且债权人对债务人享有的债权数额应仅限于信达公司享有抵押权的万嘉世贸广场土地使用权的价值。信达公司为此向一审法院提起债权确认之诉。

2017年9月15日,桂溪公司管理人向信达公司发出(2017)桂溪破管字第15号《债权确认更正通知书》,对信达公司申报的案涉债权重新进行核查,确认债权本金0元,违约金及利息0元。

【案件争点】

信达公司主张对桂溪公司享有的债权能否成立。

【裁判要旨】

福建省漳州市中级人民法院认为:首先,《公司法》第16条第2、3款规定:"公司为公司股东或者实际控制人提供担保的,必须经股东会或者股东大会决议。前款规定的股东或者受前款规定的实际控制人支配的股东,不得参加前款规定事项的表决。该项表决由出席会议的其他股东所持表决权的过半数通过。"因此,《公司法》虽不禁止公司为股东的债务提供担保,但必须履行合法的程序。本案中,桂溪公司与金谷公司签订《抵押合同》,约定桂溪公司同意为厦门万嘉公司、侯某某在《股权优先受让协议》《支付协议》项下的义务提供抵押担保。根据上述法律规定,桂溪公司为其股东厦门万嘉公司、侯某某提供抵押担保时,桂溪公司应召开股东会对担保事项进行决议。但桂溪公司只有厦门万嘉公司、侯某某两个股东,可见本案中桂溪公司为厦门万嘉公司、侯某某的债务提供担保,不存在有表决权的股东。因此，信达公司提交的 2011 年 6 月 28 日的股东会决议虽可以证明桂溪公司曾召开股东会对担保事项进行表决，但该股东会决议不符合《公司法》的上述规定，桂溪公司的担保行为不合法。本案中，转让股东金谷公司为了保证实现其债权，受让股东厦门万嘉公司、侯某某为减轻其支付股权转让款的义务，合谋以公司资产提供抵押担保，转让股东和受让股东明显存在恶意串通、损害桂溪公司债权人利益的情形。根据《合同法》第 52 条第 2 项规定“恶意串通，损害国家、集体或者第三人利益的合同无效”，本案《抵押合同》无效。

其次，根据涉案《股权优先受让协议》《支付协议》《抵押合同》约定的内容，厦门万嘉公司、侯某某应在特定情形之下回购金谷公司所持有的桂溪公司 88% 的全部股权。桂溪公司为股东内部股权转让提供担保的行为，实际是以公司资产担保公司股东之间股权转让款的实现，一旦桂溪公司需要承担担保义务，则无异于以公司资产为股东之间的股权转让买单，本质上发生桂溪公司回购本公司股权的情形，这与《公司法》第 74 条将有限责任公司回购本公司股权的情形严格限定在三种情形之下的规定相违背。桂溪公司为其股东之间的股权转让交易提供担保，承担担保义务的后果实质是公司向一方股东退还出资。《公司法》第 35 条规定“公司成立后，股东不得抽逃出资”，由此确立了资本维持的法定义务，本案桂溪公司为其公司唯有的两个股东厦门万嘉公司、侯某某与金谷公司之间签订的《股权优先受让协议》《支付协议》项下债务提供担保，侵犯了公司的财产权，亦侵犯了公司债权人基于公示登记而对公司资产状况的信赖利益，故桂溪公司的担保行为应认定无效。《股权优先受让协议》《支付协议》中涉及桂溪公司以其国有土地使用权为金谷公司进行担保的内容无效，《抵押合同》亦无效。

三、裁判规则提要

《公司法》第 74 条属于强制性规定。并且，《公司法》第 74 条属于《合同法解释二》第 14 条中的“效力性强制性规定”。股东请求公司按照合理的价格收购其股权从而退出公司，是股东享有的法定权利。但是，为贯彻资本维持原则，防止公司责任财产遭到侵蚀，损害公司债权人利益，该种法定权利仅在第 74 条规定的三种情形下才能得到行使。除第 74 条规定的三种情形以外，股东不得请求公司收购其股权，公司亦不负有应股东请求收购其股权的法定义务，否则股权收购协议无效。

股东请求公司按照合理的价格收购其股权从而退出公司，是公司法赋予股东的重要救济权利(异议股东股份回购请求权)。即使公司不愿回购异议股东的股权,股东可以向法院起诉要求公司回购其股权,若股东胜诉,则公司必须回购股东的股权。但是,公司收购股权会导致公司责任财产的减少,危害债权人利益,有违资本维持原则。因此,公司法必须提供强制性规定,为异议股东股份回购请求权的行使划定界限。亦即,股东只有在公司法规定的特定情形下才能请求公司按照合理的价格收购其股权从而退出公司,公司也只有在公司法规定的特定情形下才负有应股东请求收购其股权的法定义务。虽然《公司法》第 74 条采用的表述是"可以"而非"不得""应当",但基于上述理由,《公司法》第 74 条依然应当被认定为强制性规定,而非赋权性规定。

除第 74 条规定的三种情形外,股东请求公司收购其股权的,客观上具有抽逃出资的效果。此种情形与违反《公司法》第 35 条的情形一样,不涉及保护善意第三人的问题,股权收购协议应为无效。司法实践中,一些法院指出公司为股东间股权转让的行为提供担保,客观上具有公司收购其股权以及抽逃出资的效果,同样违反《公司法》第 35 条及第 74 条,涉案担保协议因此被认定为无效。

另外,最高人民法院《关于适用〈中华人民共和国公司法〉若干问题的规定(二)》(以下简称《公司法解释二》)第 5 条以及最高人民法院《关于适用〈中华人民共和国公司法〉若干问题的规定(五)》(以下简称《公司法解释五》)第 5 条虽然提及"公司回购股份",但并不能认为这两条司法解释扩张了异议股东股份回购请求权的适用情形。《公司法解释二》第 5 条以及《公司法解释五》第 5 条所涉及的"公司回购股份",指的是在解散公司诉讼案件、有限责任公司股东重大分歧案件中,当事人通过协商,同意经由公司回购股份的方式解决分歧。但是,依据这两条司法解释,公司和股东之间为解决分歧而达成的股权收购协议同样不得违反法律、行政法规的强制性规定,其中就包括《公司法》第 74 条。因此,有限责任公司在解散公司诉讼案件、股东重大分歧案件中的股份回购行为,并非突破了《公司法》第 74 条的限制,而是同样应受到该条的限制。

四、辅助信息

高频词条:

《公司法》

第 35 条 公司成立后,股东不得抽逃出资。

第 74 条 有下列情形之一的,对股东会该项决议投反对票的股东可以请求公

司按照合理的价格收购其股权:

(一)公司连续五年不向股东分配利润,而公司该五年连续盈利,并且符合本法规定的分配利润条件的;

(二)公司合并、分立、转让主要财产的;

(三)公司章程规定的营业期限届满或者章程规定的其他解散事由出现,股东会会议通过决议修改章程使公司存续的。

自股东会会议决议通过之日起六十日内,股东与公司不能达成股权收购协议的,股东可以自股东会会议决议通过之日起九十日内向人民法院提起诉讼。

最高人民法院《关于适用〈中华人民共和国公司法〉若干问题的规定(二)》

第5条 人民法院审理解散公司诉讼案件,应当注重调解。当事人协商同意由公司或者股东收购股份,或者以减资等方式使公司存续,且不违反法律、行政法规强制性规定的,人民法院应予支持。当事人不能协商一致使公司存续的,人民法院应当及时判决。

经人民法院调解公司收购原告股份的,公司应当自调解书生效之日起六个月内将股份转让或者注销。股份转让或者注销之前,原告不得以公司收购其股份为由对抗公司债权人。

最高人民法院《关于适用〈中华人民共和国公司法〉若干问题的规定(五)》

第5条 人民法院审理涉及有限责任公司股东重大分歧案件时,应当注重调解。当事人协商一致以下列方式解决分歧,且不违反法律、行政法规的强制性规定的,人民法院应予支持:

(一)公司回购部分股东股份;

(二)其他股东受让部分股东股份;

(三)他人受让部分股东股份;

(四)公司减资;

(五)公司分立;

(六)其他能够解决分歧,恢复公司正常经营,避免公司解散的方式。

《民法典》

第153条 违反法律、行政法规的强制性规定的民事法律行为无效。但是,该强制性规定不导致该民事法律行为无效的除外。

违背公序良俗的民事法律行为无效。

第154条 行为人与相对人恶意串通,损害他人合法权益的民事法律行为无效。

《全国法院民商事审判工作会议纪要》

30. 合同法施行后，针对一些人民法院动辄以违反法律、行政法规的强制性规定为由认定合同无效，不当扩大无效合同范围的情形，合同法司法解释（二）第14条将《合同法》第52条第5项规定的“强制性规定”明确限于“效力性强制性规定”。此后，《最高人民法院关于当前形势下审理民商事合同纠纷案件若干问题的指导意见》进一步提出了“管理性强制性规定”的概念，指出违反管理性强制性规定的，人民法院应当根据具体情形认定合同效力。随着这一概念的提出，审判实践中又出现了另一种倾向，有的人民法院认为凡是行政管理性质的强制性规定都属于“管理性强制性规定”，不影响合同效力。这种望文生义的认定方法，应予纠正。

人民法院在审理合同纠纷案件时，要依据《民法总则》第153条第1款和合同法司法解释（二）第14条的规定慎重判断“强制性规定”的性质，特别是要在考量强制性规定所保护的法益类型、违法行为的法律后果以及交易安全保护等因素的基础上认定其性质，并在裁判文书中充分说明理由。下列强制性规定，应当认定为“效力性强制性规定”：强制性规定涉及金融安全、市场秩序、国家宏观政策等公序良俗的；交易标的禁止买卖的，如禁止人体器官、毒品、枪支等买卖；违反特许经营规定的，如场外配资合同；交易方式严重违法的，如违反招投标等竞争性缔约方式订立的合同；交易场所违法的，如在批准的交易场所之外进行期货交易。关于经营范围、交易时间、交易数量等行政管理性质的强制性规定，一般应当认定为“管理性强制性规定”。

公司法上效力性强制性规定识别案件裁判规则第 9 条：
《公司法》第 138 条是效力性强制性规定

〔**规则描述**〕:《公司法》第 138 条是效力性强制性规定。股东转让其股份,应当在依法设立的证券交易场所进行或者按照国务院规定的其他方式进行,否则涉案股权转让合同无效。但是,《公司法》第 138 条只适用于公开发行的股份有限公司,因为非公开发行的股份有限公司的股份无法在证券交易场所交易。

一、类案检索大数据报告

时间:2020 年 8 月 2 日前;
案例来源:Alpha 案例库;
案例数量:14 件;
数据采集时间:2020 年 8 月 2 日。

本次检索获取 2020 年 8 月 2 日前共 14 篇裁判文书,整体情况如图 9－1 所示,其中认定《公司法》第 138 条是效力性强制性规定的案件 2 件,占比为 14%;认定《公司法》第 138 条是管理性强制性规定的案件 12 件,占比为 86%。

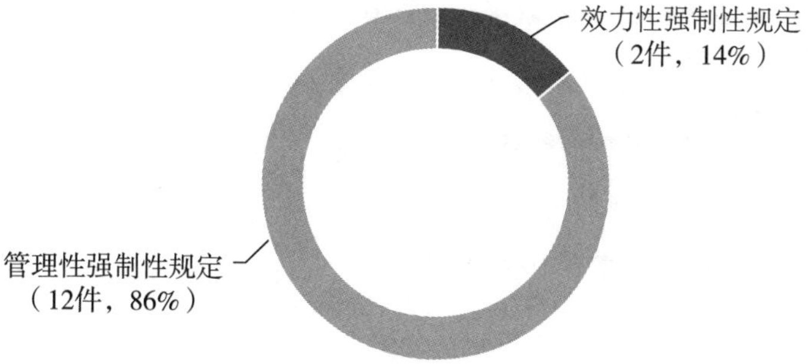

图 9－1 《公司法》第 138 条的案件性质

如图 9－2 所示,从案件年份分布情况可以看出当前条件下案件数量的变化趋势。

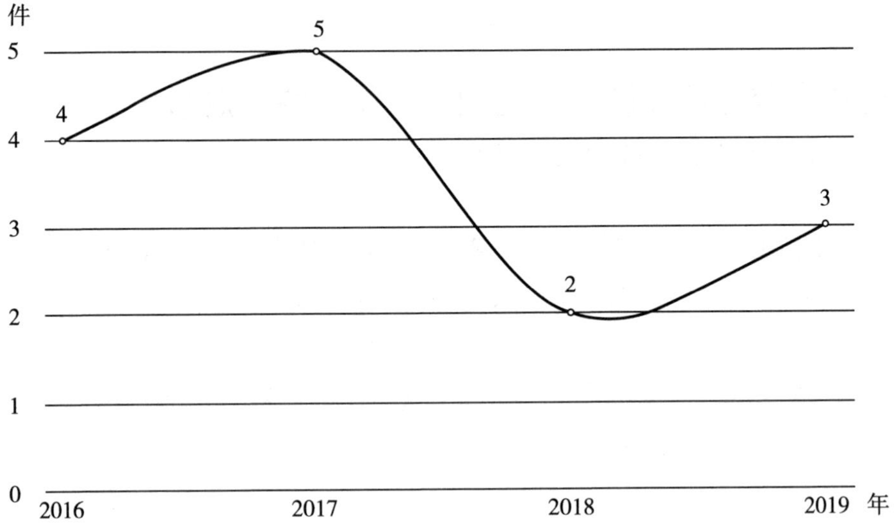

图 9 – 2　案件年份分布情况

如图 9 – 3 所示，从案件主要地域分布情况可以看出，当前案件主要集中在湖南省、浙江省、安徽省、江苏省、上海市。

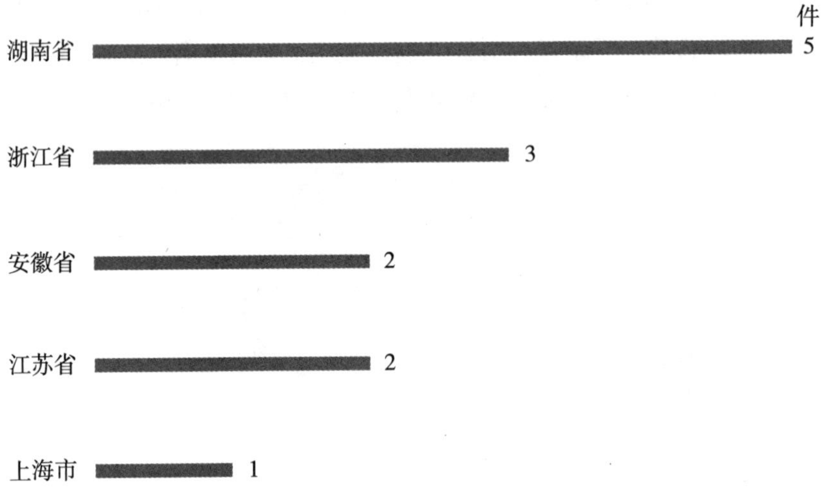

图 9 – 3　案件主要地域分布情况

二、可供参考的例案

例案一　赵某某与上海某投资有限公司、陕西某某科技股份有限公司、王某某股权转让纠纷案

【法院】

上海市第一中级人民法院

【案号】

(2013)沪一中民四(商)终字第 668 号

【当事人】

上诉人(原审被告):甲公司、王某某

被上诉人(原审原告):赵某某

原审被告:乙公司

【基本案情】

某某科技股份公司成立于 2003 年 10 月,是非上市的股份有限公司,公司注册资本为 3000 万元,股东出资方式均为非货币。

2008 年 11 月 18 日至 2009 年 3 月 7 日,原告为受让被告某某公司的股权,先后八次向被告王某某汇款,共计 515,000 元。2008 年 11 月 20 日至 2009 年 3 月 16 日,被告某某公司先后六次发给原告股东登记结算卡共计六份,载明原告持股数量共计 86,000 股。

【案件争点】

王某某与赵某某之间的转让股份行为是否有效。

【裁判要旨】

上海市奉贤区人民法院一审认为:甲公司系非上市股份有限公司,公司股东如转让其持有的股份,应当符合法律规定。《公司法》第 139 条*明确规定,股份有限公司股东转让其股份,应当在依法设立的证券交易场所进行或者按照国务院规定的其他方式进行。赵某某与王某某之间转让股份的行为违反了《公司法》的禁止性规定,属无效行为,王某某理应返还赵某某转让款 515,000 元。故原审法院对赵某某要求王某某返还款项 515,000 元的诉讼请求予以支持。赵某某与王某某对于违

---

* 法院审判时依据《公司法》(2005 年修订),与现行《公司法》条文序号不一致,特此说明。——编者注

法转让股份的行为均具有过错的,均应各自承担相应的责任,故对赵某某要求王某某支付利息的诉讼请求不予支持。甲公司作为非上市股份有限公司,在明知股东王某某违法出让股权的情况下,认可其违法行为,向赵某某出具股东登记结算卡,存在明显过错,理应对赵某某的损失承担相应的赔偿责任。赵某某主张乙公司与甲公司、王某某恶意串通、欺诈赵某某,但与乙公司相关的证据原审法院难以认定,故对赵某某要求乙公司承担责任的诉讼请求不予支持。

上海市第一中级人民法院二审认为:《公司法》第 139 条规定:股东转让其股份,应当在依法设立的证券交易场所进行或者按照国务院规定的其他方式进行。本案中,尽管王某某和赵某某未签署书面股权转让协议,但赵某某将系争股权转让款支付到王某某的个人账户,王某某对其与赵某某之间存在股份转让关系亦予以认可,故在没有其他相反证据予以推翻的情形下,法院认定本案所涉股份转让存在于王某某与赵某某之间。赵某某认为,本案实际系甲公司和王某某进行非法买卖股票以非法集资,王某某、甲公司、乙公司存在恶意串通的主张缺乏有效证据予以佐证,法院难以采信。由于甲公司系非上市股份公司,王某某将其持有的甲公司股份转让给赵某某,没有在指定的证券交易所或者国务院规定的其他方式进行,违反了《公司法》第 139 条的禁止性规定,属于非法股份转让行为。尽管《公司法》第 139 条并非效力性强制性规定,但是对该条强制性规定的违反干扰了国家正常的经济金融秩序,损害了投资者的合法权益,也可能给不法分子进行违法活动以可乘之机,故属于现行法律明令禁止的行为。同时,此种行为符合《合同法》第 52 条中规定的“损害社会公共利益”行为,应属无效。原审判决认定王某某与赵某某之间转让股份行为无效并无不当,法院予以赞同。根据《合同法》第 58 条的规定,在系争股份转让行为无效情形下,赵某某有权依据合同关系要求王某某将其支付的股权转让款 515,000 元予以返还。而甲公司并非系争股份转让法律关系的当事人,也未实际获得赵某某支付的股份转让款,其出具股权登记结算卡的行为对系争股份转让行为的效力并未产生实质影响,不应当就系争股份转让行为无效后果向赵某某承担法律责任。又如上文所述,目前尚无充分证据证明王某某、甲公司与乙公司存在恶意串通、欺诈、非法发行股票的行为,赵某某以王某某、甲公司、乙公司存在恶意串通、欺诈、非法发行股票的行为为由一并要求甲公司、乙公司连带返还股权转让的主张亦缺乏事实和法律依据,应不予支持。故法院认为,无论从合同无效的后果还是从侵权的角度,甲公司不应当承担法律责任。原审判决认定甲公司就王某某应承担返还转让款的责任承担补充赔偿责任有所不当,法院依法予以改判。

例案二 许某某与湖南大康国际农业食品股份有限公司、陈某某股权权属确认纠纷案

【法院】

湖南省怀化市鹤城区人民法院

【案号】

(2016)湘1202民初805号

【当事人】

原审原告：许某某

原审被告：湖南大康国际农业食品股份有限公司

第三人：陈某某

【基本案情】

2009年3月19日，许某某（委托人）委托其女儿韦峰与陈某某（受托人）签订《委托合同书》，双方就陈某某持有的湖南大康国际农业食品股份有限公司（以下简称大康牧业）的股权事项进行约定：1.陈某某转让给许某某大康牧业股份10万股（转让价为2元/股，转让金额为20万元）后，许某某为大康牧业10万股股权的实际所有人，许某某将实际所有的股权10万股委托陈某某代为持有，陈某某是大康牧业股权的名义持有人（陈某某拥有的大康牧业股权2408.23万股为自己和其他委托人的实有股权）。许某某支付陈某某股权转让款后，陈某某向许某某出具资金收据。2.若大康牧业成功上市，在大康牧业股票上市并允许流通后，许某某如需卖出持有的股份，则由陈某某在许某某指定的交易日将许某某实际持有的部分或全部股份卖出（一个交易日内未能完全成交则顺延直至完全成交），并以券商出具的实际清单作为结算依据。3.若许某某在此项投资产生了收益（包括但不限于分红、转让溢价等），陈某某须在收到该项收益起3日内将收益（扣除税赋）支付给许某某。4.未经许某某同意或授权，陈某某无权将许某某实际持有的股权转让或质押给第三人。5.若合同双方违反本合同约定，须向对方支付相当于本合同金额10%的违约金。

2009年7月21日，许某某委托刘某某代为向陈某某支付其受让的大康牧业股权转让款20万元。2009年10月21日，刘某某通过其中国银行股份有限公司长沙南大路支行账号为468304××××××××4826的账户向陈某某账号为622700××××××××44349的建行账户支付款项20万元。

2010年11月18日，大康牧业股票（证券代码002505）在深圳证券交易所上市。大康牧业2010年度权益分配方案是以未分配利润向全体股东每10股送2股同时派发现金0.5元（含税），以资本公积金转增股本的方式向全体股东每10股转增4股。2011年度权益分配方案是向全体股东每10股派1元人民币现金（含税），同时以资本公积金向全体股东每10股转增5股。2013年度权益分配方案是以资本公积金向全体股东每10股转增5股。2014年半年度权益分配方案是以资本公积金向全体股东每10股转增12股。2016年4月26日，大康牧业发布《湖南大康牧业股份有限公司关于利润分配方案的公告》，决定以资本公积金向全体股东每10股转增9股。截至2016年5月27日，许某某受让并委托陈某某代持的10万股大康牧业增至150.48万股。

2016年5月31日，原湖南大康牧业股份有限公司更名为湖南大康国际农业食品股份有限公司，公司证券代码不变，仍为002505。

【案件争点】

许某某和陈某某之间的股份转让行为是否有效。

【裁判要旨】

湖南省怀化市鹤城区人民法院认为，《公司法》第138条规定"股东转让其股份，应当在依法设立的证券交易场所进行或者按照国务院规定的其他方式进行"，本案中原告许某某与第三人陈某某签订《委托合同书》，原告许某某依合同约定将股权转让款20万元汇入第三人陈某某的账户，故本案所涉股份转让存在于许某某与陈某某之间。由于原告许某某与第三人陈某某签订《委托合同书》，且支付20万元股权转让价款时被告大康牧业系非上市股份公司，第三人陈某某将其持有的大康牧业股份转让给许某某，没有在指定的证券交易所或者国务院规定的其他方式进行，违反了《公司法》第138条的禁止性规定，属于非法转让股份行为。尽管《公司法》第138条并非效力性强制性规定，但是对该条强制性规定的违反干扰了国家正常的经济金融秩序，损害了投资者的合法权益，也可能给不法分子进行违法活动以可乘之机，故属于现行法律明令禁止的行为。同时，此种行为符合《合同法》第52条中规定的"损害社会公共利益"行为，应属无效，原告许某某不因其持有且支付对价而具有大康牧业的股东身份和享有大康牧业的股东权利，故原告许某某主张享有被告大康牧业150.48万股股权及要求被告大康牧业、第三人陈某某为其办理股东资格的变更登记手续的诉讼请求与法不符，法院不予支持。

例案三 | 郭某东、金浦投资控股集团有限公司等与郭某林股权转让纠纷案

【法院】

江苏省高级人民法院

【案号】

(2019)苏民终940号

【当事人】

上诉人(原审被告):郭某东、金浦投资控股集团有限公司、金浦新材料股份有限公司

被上诉人(原审原告):郭某林

【基本案情】

南京金浦房地产开发有限责任公司(以下简称金浦房地产公司)诉郭某林、南京金东房地产开发有限公司(以下简称金东房地产公司)损害股东利益责任纠纷一案,江苏省南京市中级人民法院于2015年4月3日作出(2014)宁商初字第94号民事调解书,确认双方达成如下协议:(一)金浦房地产公司将其持有的金东房地产公司100%的股权转让给郭某林,将其持有的南京金浦东部房地产开发有限公司(以下简称金浦东部公司)100%的股权转让给郭某东,郭某东和郭某林在接受资产范围内对金浦房地产公司的对外债务承担责任。(二)金东房地产公司名下开发的"海德北岸"1~4期房地产项目的销售、管理和收益权归金浦房地产公司,该项目涉及的所有债权债务均由金浦房地产公司享有和承担,金东房地产公司对该项目不承担任何债权债务。如金浦房地产公司因该项目给金东房地产公司造成损失,则金东房地产公司有权要求金浦房地产公司赔偿;如金东房地产公司因该项目不履行配合印章使用和资料移交等协助义务,给金浦房地产公司造成损失,则金浦房地产公司有权要求金东房地产公司赔偿。(三)双方在本调解协议签订后一周内由金浦房地产公司负责牵头组织清算小组,金东房地产公司派2~3人参加,共同对金东房地产公司名下开发的海德北岸1~4期房地产项目进行资金、工程项目等各项工作审计清算,金东房地产公司配合提供财务账册等资料,在税费清缴后就利润部分按《公司法》规定逐级分红至自然人股东郭某东、郭某林名下。扣减应当分配至郭某东、郭某林名下的分红金额后,金东房地产公司将剩余资产全部交给金浦房地产公司。(四)截至2014年4月8日,金浦东部公司对金陵塑胶公司负债173,926.71万元,郭某东和郭某林确认由郭某东负责归还130,012.55万元,郭某林负责归还43,914.16万元,债务利息按照年利

率7%由双方根据上述确认的各自债务本金数额承担。在金浦房地产公司于2015年12月31日前按期办理金东房地产公司名下海德北岸第5期土地使用权的解押手续后,郭某林同意在2016年6月30日前用前述所有土地抵押取得的银行贷款数额的30%归还前述债务本息,2017年12月31日前归还剩余债务本息的50%,2018年12月31日前还清剩余本息。郭某林以其通过江苏金浦集团有限公司间接持有的“金浦钛业”(代码000545)股份进行担保。(五)本调解协议签订后一周内,郭某林以与原发函相同的方式向已发函单位撤回所有函件,并撤回对金浦集团公司的所有诉讼案件。(六)案件受理费476,109元,保全费5000元,合计481,109元,减半收取240,554元,由金浦房地产公司负担120,277元,由郭某林和郭某东负担120,277元。(七)协议自双方签字后生效。

2016年6月28日,郭某林以金浦房地产公司未履行前述民事调解书为由向江苏省南京市中级人民法院申请强制执行,案号为(2016)苏01执279号。2016年7月5日,金浦房地产公司亦就该民事调解书申请强制执行,案号为(2016)苏01执285号。

2017年11月10日,郭某林、郭某东、金浦集团公司、金浦新材料公司、金陵塑胶公司、金浦房地产公司签订《全面和解协议》,约定:鉴于1.郭某林、郭某东均为金浦集团公司股东,郭某林持有25.264%的股权,郭某东持有74.736%的股权,两人合计持有金浦集团公司100%股权。2.郭某林、郭某东均为金浦新材料公司股东,郭某林持有4883.8176万元股权,郭某东持有1953.72万元的股权。经双方充分友好协商,现就金浦集团公司及金浦新材料公司股权纠纷达成《全面和解协议》如下:(一)郭某东同意以税后3.1亿元的价格受让郭某林在金浦集团公司、金浦新材料公司所持有的全部股权。(二)海德北岸城1~4期工程由郭某林、郭某东双方委派财务人员核清账目。清算完毕后,节余资金用于缴纳金东房地产公司在海德北岸城项目上应缴纳税款,缴纳税款后如有节余部分归还金浦房地产公司,税款不足部分由金浦房地产公司承担。(三)金陵塑胶公司免除郭某林对其所负担的全部债务。(四)各方同意自本协议签字盖章生效后撤销所有针对相互之间的诉讼案件及执行程序。(五)金浦集团公司及郭某东同意授权郭某林及其关联企业无条件使用“金浦”系列商标及品牌。协议签署后,双方互相支持、各自发展,共同创造美好未来。3.潘学宝在见证人处签字确认。一审中,双方一致确认,《全面和解协议》存在笔误,应为郭某林、郭某东均为金浦新材料公司股东,郭某林持有1953.72万元股权,郭某东持有4883.8176万元股权。

2017年11月10日,郭某林、金浦房地产公司各自向江苏省南京市中级人民法院撤回执行申请，该院于11月21日裁定终结执行。

2018年1月，郭某东方草拟补充协议，主要内容为："一、2017年11月10日双方签署的《全面和解协议》第1条'郭某东同意以税后3.1亿元的价格受让郭某林在金浦集团公司、金浦新材料公司所持有的全部股权'是指郭某林分别在金浦集团公司所持有的25.2638%的股权、金三环公司所持有的24.4653%的股份、金浦新材料公司所持有13.0248%的股份和郭彦雯间接所持有的3.4790%的股份、金浦香港公司所持有的30%的股份及相关权益。二、本补充协议经双方签订后，郭某林承诺并负责先将金银元对郭某林申请的诉前财产保全案引发的冻结的郭某林持有的金浦集团公司的全部股权予以解封；郭某东收到法院解封通知后，承诺并负责三日内支付股权转让款1亿元。"各方均未在该协议上签字盖章。

其后，郭某林方亦草拟补充协议，主要内容为："1.在本补充协议经各方签字盖章之后五日内，郭某东支付给郭某林股权转让款（税后）1亿元，郭某林收到1亿元股权转让款后一个月内负责解除贵州省高级人民法院对郭某林持有的金浦集团公司的股权冻结；2.郭某东须在股权冻结解封后的一个月内，支付剩余股权转让款（税后）2.1亿元。郭某林须在收到全部剩余款项后一个月内出具与股权转让相关的授权及法律文件，交由郭某东办理郭某林在金浦集团公司、金浦新材料公司所持有的全部股权的转让手续。"各方亦未在该协议上签字盖章。

另查明：2017年9月4日，贵州省高级人民法院依据金银元的申请作出（2017）黔财保8号民事裁定，冻结郭某林持有的金浦集团公司的全部股权，并于同年9月6日向南京市鼓楼区市场监督管理局送达协助公示通知书及协助公示执行信息需求书。后因郭某林未履行生效法律文书确定的义务，金银元向法院申请强制执行，贵州省高级人民法院于2018年3月1日作出（2018）黔执22号执行裁定，冻结、划拨被执行人郭某林银行存款60,380,020元及相应利息，并于同年4月9日向金浦集团公司发送协助执行通知书。2018年11月15日，金银元申请解除前述股权的保全措施，贵州省高级人民法院作出（2018）黔执22号之一执行裁定书，裁定：解除对被执行人郭某林持有的金浦集团公司全部股权的冻结。2018年11月20日，南京市鼓楼区市场监督管理局向贵州省高级人民法院出具的协助公示通知书载明：其已收悉执行裁定书、协助公示通知书，并决定于2018年11月21日在企业信用信息公示系统公示。

2018年4月10日，郭某林向郭某东、金浦集团公司、金浦房地产公司发函称："根据《全面和解协议》约定，贵方负有向郭某林给付3.1亿元（税后）股权转让款及支付海德北岸1～4期相关税款的义务，但贵方拖延至今，始终未对《全面和解协议》予以履行。为保证《全面和解协议》的全面履行,郭某林特函告如下:1.请郭某东先生务必于2018年4月30日前向本人支付全部股权转让款3.1亿元(税后),本人将于收到全部股权转让款后立即协助郭某东先生办理金浦集团公司股权变更登记;2.请金浦房地产公司务必于2018年4月30日前支付海德北岸1~4期项目欠缴税款2.48亿元。"

2018年11月21日,郭某林再次向郭某东、金浦集团公司、金浦新材料公司发函称:"本人持有的金浦集团公司25.264%的股权被贵州省高级人民法院查封,对此贵方在签署《全面和解协议》前明确知晓。现因本人已与前述股权查封债权人达成执行和解,贵州省高级人民法院已于2018年11月20日解除本人名下金浦集团公司的股权查封,特函告如下:1.本函告发出之日,登记于本人名下金浦集团公司股权比例为25.264%,金浦新材料公司1953.72万元股权,现以书面形式向郭某东交付本人名下的金浦集团公司和金浦新材料公司股权。2.两公司股权变更登记手续于今日起即可办理,请郭某东先生、金浦集团公司、金浦新材料公司务必于收到本函告之日起立即办理郭某林将持有的金浦集团公司及金浦新材料公司全部股权转让至郭某东名下的相关股权变更登记。本人将给予全面配合与协助"。郭某东于2018年11月22日收到该函件。

另查明:金浦新材料公司系股份有限公司(非上市、自然人投资或控股),1992年10月14日成立,注册资本1.5亿元,2014年7月30日公司的法定代表人及董事长由郭某林变更为郭某东,公司股东包括郭某东、郭某林等136人。

工商行政管理部门备案的最近一期的金浦新材料公司章程系2012年4月8日制定,其后均为章程修正案,最近一期的章程修正案系2016年4月11日形成,载明因公司股东发生变更,故将原章程附件《股东明细表》进行修正,其中记载公司的前三大股东分别为:郭某东持股数量49,215,877股,持股比例32.8106%;金浦集团公司持股数量44,541,534股,持股比例29.6944%;郭某林持股数量19,537,200股,持股比例13.0248%。

落款时间为2012年11月7日的金浦新材料公司2012年第三次临时股东大会决议载明:会议审议通过《关于董事会换届选举的议案》,并选举郭某东、郭某林等六人为公司第四届董事会董事,选举吴某岳等三人为该届董事会独立董事,任期均为三年,从2012年11月7日至2015年11月6日。落款时间为2014年7月22日的该公司第四届董事会临时会议决议载明:会议以8票同意的结果审议通过了《关于改选公司董事长的议案》,即同意郭某林因工作原因不再担任公司董事长,选举郭某东为公司董事长，任期与本届董事会同期。郭某林未参加该次董事会。

金浦新材料公司章程第25条第2款规定："公司董事、监事、高级管理人员在任职期间每年转让的股份不得超过其所持有公司股份总数的25%；所持本公司股份自公司股票上市交易之日起一年内不得转让。上述人员离职后半年内，不得转让其所持有的公司股份。"第89条第1、2款规定："董事由股东大会选举或更换，每届任期三年。董事任期届满，可连选连任。董事在任期届满以前，股东大会不能无故解除其职务。董事任期从就任之日起计算，至本届董事会任期届满时为止。董事任期届满未及时改选，在改选出的董事就任前，原董事仍应当依照法律、行政法规、部门规章和本章程的规定，履行董事职务。"第93条规定："董事可以在任期届满以前提出辞职。董事辞职应向董事会提交书面辞职报告。董事会将在2日内披露有关情况。如因董事的辞职导致公司董事会低于法定最低人数时，在改选出的董事就任前，原董事仍应当依照法律、行政法规、部门规章和本章程的规定，履行董事职务。除前款所列情形外，董事辞职自辞职报告送达董事会时生效。"

【案件争点】

一审争议焦点为：

1. 金浦集团公司、金浦新材料公司是否是本案适格被告；

2. 郭某林能否依据《全面和解协议》提起本案诉讼，还是需恢复执行；

3.《全面和解协议》的性质是预约合同还是本约合同；

4. 郭某东支付3.1亿元股权转让款的条件是否成就；

5. 案涉股权转让款对应的股权是否包括郭某林持有的金三环公司和金浦香港公司的股权。

二审争议焦点为：

1.《全面和解协议》的性质是预约合同还是本约合同，如果是本约合同是否无效，如果有效是否无法履行；

2.《全面和解协议》确定的转让标的股权是否包括郭某林所持的金三环公司及金浦香港公司的股权；

3. 金浦集团公司、金浦新材料公司是否是本案适格被告；

4.《全面和解协议》发生纠纷后应通过何种程序进行救济。

【裁判要旨】

江苏省南京市中级人民法院一审认为：

(一)金浦集团公司和金浦新材料公司系《全面和解协议》的签订方,郭某林对金浦集团公司和金浦新材料公司亦有明确的诉讼请求,即要求金浦集团公司、金浦新材料公司办理讼争股权的相关工商变更登记手续,故郭某东、金浦集团公司、金浦新材料公司主张金浦集团公司、金浦新材料公司并非本案适格被告,缺乏事实和法律依据,不予支持。

(二)最高人民法院《关于执行和解若干问题的规定》第9条规定:"被执行人一方不履行执行和解协议的,申请执行人可以申请恢复执行原生效法律文书,也可以就履行执行和解协议向执行法院提起诉讼。"郭某林、郭某东等在执行过程中自愿达成《全面和解协议》,该协议尚未履行完毕,依据前述司法解释的规定,郭某林既有权申请恢复原民事调解书的执行,亦可就履行《全面和解协议》向该院提起诉讼。

(三)预约合同是单独发生法律效力的独立合同。预约的目的在于订立本约,预约的标的是在一定期限内签订本约,履行预约合同的结果是订立本约合同。本案中,郭某林、郭某东、金浦集团公司、金浦新材料公司等于2017年11月10日签订的《全面和解协议》,其中,关于股权转让的出让方、受让方、标的股权名称及份额、股权转让对价等均约定清晰、明确,具备本约合同的形式要件,所载内容亦无双方在一定期限内订立本约合同的意思表示,故郭某林主张《全面和解协议》系本约合同,于法有据。双方其后虽就股权转让款的给付方式及相关事宜分别草拟补充协议,但系双方就协议履行方式进一步磋商予以明确,并不因此改变《全面和解协议》的性质,亦不违反相关法律规定和商业习惯。至于《全面和解协议》中未对金浦集团公司的股权、金浦新材料公司的股权予以拆分,即明确各股权的具体对价,但并不因此致使协议履行不能,郭某东据此主张《全面和解协议》系预约合同,缺乏依据。

(四)《公司法》第71条第1款规定:"有限责任公司的股东之间可以相互转让其全部或者部分股权。"《合同法》第62条第1款第4项规定:"履行期限不明确的,债务人可以随时履行,债权人也可以随时要求履行,但应当给对方必要的准备时间。"案涉《全面和解协议》约定,郭某东同意以税后3.1亿元的价格受让郭某林在金浦集团公司、金浦新材料公司所持有的全部股权。该约定系双方真实意思表示,且不违反法律、行政法规的强制性规定,郭某林、郭某东均应按约履行。《全面和解协议》虽未约定郭某东的履行期限,但根据前述法律规定,郭某林有权在履行条件届满时随时要求郭某东履行。郭某林持有的金浦集团公司股权于2017年9

月4日被贵州省高级人民法院查封，郭某东在该股权查封措施解除前依法享有先履行抗辩权。现该股权已于2018年11月20日被贵州省高级人民法院依法解除查封，郭某东亦于2018年11月22日收到郭某林关于支付讼争股权转让款的函件，故郭某东支付3.1亿元股权转让款的付款条件已成就。至于郭某林诉请郭某东按照银行同期贷款利率支付逾期付款利息，因郭某林提起本案之诉时付款条件系因其自身原因尚未成就，且《全面和解协议》并未约定履行期限，故对郭某林的该项诉请不予支持。此外，因讼争股权转让款金额较高，结合双方各自草拟的补充协议中关于给付期限的约定，酌定给予郭某东30日的履行期限为宜。郭某东支付讼争股权转让款后，金浦集团公司、金浦新材料公司应分别将郭某林持有的金浦集团公司25.264%的股权、金浦新材料公司1953.72万元股权变更登记至郭某东名下。

（五）《全面和解协议》明确约定郭某东支付的3.1亿元股权转让款系受让郭某林持有的金浦集团公司、金浦新材料公司的股权，并未包括郭某林持有的金三环公司、金浦香港公司的股权。至于郭某东提供的补充协议及证人刘某的证言，仅能证明双方就此进行过磋商，且是郭某东单方提出的方案，并未经郭某林确认，故不能据此认定郭某东支付的3.1亿元股权转让款系对应金浦集团公司、金浦新材料公司、金三环公司、金浦香港公司该四家公司的股权。

江苏省高级人民法院二审认为：

（一）《全面和解协议》属于已成立的本约合同。

《合同法解释二》第1条第1款规定："当事人对合同是否成立存在争议，人民法院能够确定当事人名称或者姓名、标的和数量的，一般应当认定合同成立。但法律另有规定或者当事人另有约定的除外。"据此，根据合同内容能够确定当事人名称或者姓名、标的和数量的，该合同应为本约，且合同成立，至于合同条款是否完整，合同履行过程中是否需要签订补充协议，不影响合同本约的性质。最高人民法院《关于审理买卖合同纠纷案件适用法律问题的解释》第2条规定："当事人签订认购书、订购书、预定书、意向书、备忘录等预约合同，约定在将来一定期限内订立买卖合同，一方不履行订立买卖合同的义务，对方请求其承担预约合同违约责任或者要求解除预约合同并主张损害赔偿的，人民法院应予支持。"该条款系关于预约合同的规定，由此可见，是否约定在将来一定期限签订本约合同是预约与本约的主要区别。本案中，各方签订《全面和解协议》的目的是通过股权转让方式使郭某林退出金浦集团公司和金浦新材料公司，而该协议关于股权转让的出让方、受让方、标的股权的名称及份额、股权转让对价等合同的必备条款均有明确约定，且协议中也无双方将在一定期限内再行订立本约合同的意思表示，虽然该协议未对郭某林转让的标的股权的价值分别予以明确，但此节事实仅关涉《全面和解协议》如何履行的问题，不能据此认定该协议系预约合同。因此，依据上述规定，《全面和解协议》属于已成立的本约，郭某东、金浦集团公司、金浦新材料公司提出的该协议系预约合同的主张，缺乏事实和法律依据，不能成立。

（二）《全面和解协议》并未违反法律、行政法规的效力性强制性规定，合法有效。

1. 关于《公司法》第141条第2款对该协议效力的影响。该条款规定："公司董事、监事、高级管理人员应当向公司申报所持有的本公司的股份及其变动情况，在任职期间每年转让的股份不得超过其所持有本公司股份总数的25%；所持本公司股份自公司股票上市交易之日起一年内不得转让。上述人员离职后半年内，不得转让其所持有的本公司股份。公司章程可以对公司董事、监事、高级管理人员转让其所持有的本公司股份作出其他限制性规定。"法院认为，该规定仅是对股份有限公司的董事、监事、高级管理人员转让其所持股份的数量和期限的限制，并非禁止其转让股权，且该规定的立法旨意在于防止公司董事、监事、高级管理人员利用其身份谋取不正当利益，并通过恶意转让股份逃避其所需承担的风险和责任，侵害广大投资者的利益。而本案中，金浦新材料公司系未上市的股份有限公司，股权转让的双方均是公司股东，其相互间的股权转让并不涉及公众利益的保护问题，也不影响市场秩序、国家宏观政策等公序良俗，故上述限制性规定并不影响郭某林和郭某东之间转让股份行为的效力。

2. 关于《公司法》第138条对协议效力的影响。该条款规定："股东转让其股份，应当在依法设立的证券交易场所进行或者按照国务院规定的其他方式进行。"郭某东、金浦集团公司、金浦新材料公司认为，郭某林转让其所持金浦新材料公司的股份未在依法设立的证券交易场所进行，依据上述规定，应认定为无效。法院认为，上述法律规定系针对公开发行的股票交易场所的规定，对于非公开发行的股份有限公司的股权转让，法律并未规定特定的交易场所，金浦新材料公司系未上市的股份有限公司，有关该公司股份的转让并不适用上述规定，故郭某东、金浦集团公司、金浦新材料公司的上述主张，亦不能成立。

（三）《全面和解协议》能够实际履行。

《公司法》第141条第2款的立法目的如前所述，并不适用于本案。本案中，郭某林在金浦新材料公司的董事任期于2015年11月6日即到期，虽然金浦新材料公司其后没有召开股东大会进行董事会改选，但金浦新材料公司认可郭某林在2014年7月22日被免去董事长职务后，未再参与公司经营，也未实际履行董事职务，且郭某林现已向金浦新材料公司董事会提出辞去董事职务的报告。而从《公司登记管理条例》第9、21、22条的规定可见，未上市的股份有限公司的股东变更并不属于申请工商变更登记的事项，仅需公司将股东变更情况记载于股东名册并相应变更公司章程即可。本案系金浦新材料公司股东之间的股权转让，公司本身及大股东均参与了2017年11月10日的《全面和解协议》的签订，各方当事人应本着诚信原则积极履行合同义务，如果该协议确实存在因郭某林的董事身份而有履行障碍的情形，郭某东、金浦新材料公司、金浦集团公司应通过改选董事会的方式及时免去郭某林的董事职务，为履行协议创造条件，而其在本案二审中将《公司法》第141条第2款及郭某林形式上的董事身份作为其拒不履行《全面和解协议》的抗辩事由，有违诚信。据此，法院对郭某东、金浦新材料公司、金浦集团公司提出的根据《公司法》第141条第2款的规定，郭某林不能一次性转让股权以及离职后半年内不能转让股权，《全面和解协议》无法履行的主张，不予采信。

至于郭某东、金浦新材料公司、金浦集团公司提出的《全面和解协议》并未约定履行抗辩权，一审法院却判决郭某东先行支付股权转让款，郭某林再配合办理股权转让手续，此有违意思自治原则，且增加了郭某东的股权交割风险的问题。法院认为，虽然该协议没有明确约定各方当事人履行义务的先后顺序，但郭某东是金浦集团公司、金浦新材料公司的大股东，公司由其实际经营，因此，由郭某东先行支付3.1亿元股权转让款并未增加其股权交割风险。而郭某林已经两次发函要求郭某东支付股权转让款，亦明确表示其将协助办理股权变更登记，故一审法院为保障判决生效以后得以顺利履行，而判决郭某东先行支付股权转让款，并无明显不当。

（四）郭某东主张受让标的股权包括郭某林所持的金三环公司、金浦香港公司的股权缺乏事实依据。

《全面和解协议》第1条明确约定“郭某东同意以税后3.1亿元的价格受让郭某林在金浦集团公司、金浦新材料公司所持有的全部股权”，并未约定转让股权还包括郭某林持有的金三环公司、金浦香港公司的股权。虽然郭某东、金浦集团公司、金浦新材料公司在一审中申请《全面和解协议》的见证人刘某出庭，并提供落款日期为2018年1月的补充协议，欲证明《全面和解协议》中约定的转让股权包括郭某林所持的金三环公司、金浦香港公司的股权，但刘某的证人证言并无其他证据印证，且该补充协议系郭某东单方草拟，未经郭某林签字确认，上述证据的证明内容与《全面和解协议》的约定不一致，不足以证明郭某东、金浦集团公司、金浦新材料公司的上述主张。

（五）金浦集团公司、金浦新材料公司系本案适格的诉讼主体。

郭某林系依据《全面和解协议》提起本案诉讼，而金浦集团公司、金浦新材料公司系该协议的签订主体，该协议项下的转让标的即为郭某林持有的两公司股权，该协议履行后也需金浦集团公司、金浦新材料公司办理相关的股权变更手续，郭某林也就此对金浦集团公司、金浦新材料公司提出明确的诉请，故金浦集团公司、金浦新材料公司作为本案的诉讼主体适格。郭某东、金浦集团公司、金浦新材料公司就此提出的上诉理由，不能成立。

（六）郭某林有权就《全面和解协议》所涉纠纷提起本案诉讼。

最高人民法院《关于执行和解若干问题的规定》第 9 条规定，“被执行人一方不履行执行和解协议的，申请执行人可以申请恢复执行原生效法律文书，也可以就履行执行和解协议向执行法院提起诉讼”。《全面和解协议》系各方在执行江苏省南京市中级人民法院(2014)宁商初字第 94 号民事调解书的过程中自愿达成，虽然该协议签订后未提交给执行法院，但该协议出自各方的真实意思表示，且协议的签订方郭某林、金浦房地产公司亦依据该协议第 4 条的约定分别向执行法院撤回对(2014)宁商初字第 94 号民事调解书的强制执行申请，该院亦裁定终结执行案件的执行。据此，一审法院认定《全面和解协议》是各方在执行过程中达成的和解协议，在各方就该协议的履行发生争议后，郭某林可以依据前述规定，选择向执行法院即该院提起诉讼，并无不当。郭某东、金浦集团公司、金浦新材料公司提出的各方因履行该协议发生的纠纷，仅能要求恢复对原生效法律文书即(2014)宁商初字第 94 号民事调解书的执行的上诉主张缺乏法律依据，法院不予采信。

三、裁判规则提要

《公司法》第 138 条属于强制性规定。并且，《公司法》第 138 条属于效力性强制性规定。股东转让其股份，应当在依法设立的证券交易场所进行或者按照国务院规定的其他方式进行，否则涉案股权转让合同无效。但是，《公司法》第 138 条只适用于公开发行的股份有限公司，因为非公开发行的股份有限公司的股份无法在证券交易场所交易。

《全国法院民商事审判工作会议纪要》(《九民纪要》)第 30 条“强制性规定的

识别”指出人民法院要在考量强制性规定所保护的法益类型、违法行为的法律后果以及交易安全保护等因素的基础上认定强制性规定的性质，并将“交易场所违法”作为违反效力性强制性规定的一种典型情形。公开发行的股份有限公司的股东转让其股份，应当在依法设立的证券交易场所进行或者按照国务院规定的其他方式进行，否则构成“交易场所违法”的情形，干扰了国家正常的金融秩序，损害了公众投资者的合法权益，也可能给不法分子进行违法活动以可乘之机，应当将涉案股权转让合同认定为无效。对国家金融秩序和公众投资者合法权益的保护应当优先于个案中交易安全的保护。

四、辅助信息

高频词条：

《公司法》

第138条 股东转让其股份，应当在依法设立的证券交易场所进行或者按照国务院规定的其他方式进行。

《民法典》

第153条 违反法律、行政法规的强制性规定的民事法律行为无效。但是，该强制性规定不导致该民事法律行为无效的除外。

违背公序良俗的民事法律行为无效。

第154条 行为人与相对人恶意串通，损害他人合法权益的民事法律行为无效。

《全国法院民商事审判工作会议纪要》

30. 合同法施行后，针对一些人民法院动辄以违反法律、行政法规的强制性规定为由认定合同无效，不当扩大无效合同范围的情形，合同法司法解释（二）第14条将《合同法》第52条第5项规定的“强制性规定”明确限于“效力性强制性规定”。此后，《最高人民法院关于当前形势下审理民商事合同纠纷案件若干问题的指导意见》进一步提出了“管理性强制性规定”的概念，指出违反管理性强制性规定的，人民法院应当根据具体情形认定合同效力。随着这一概念的提出，审判实践中又出现了另一种倾向，有的人民法院认为凡是行政管理性质的强制性规定都属于“管理性强制性规定”，不影响合同效力。这种望文生义的认定方法，应予纠正。

人民法院在审理合同纠纷案件时，要依据《民法总则》第153条第1款和合同法司法解释(二)第 14 条的规定慎重判断“强制性规定”的性质,特别是要在考量强制性规定所保护的法益类型、违法行为的法律后果以及交易安全保护等因素的基础上认定其性质,并在裁判文书中充分说明理由。下列强制性规定,应当认定为“效力性强制性规定”:强制性规定涉及金融安全、市场秩序、国家宏观政策等公序良俗的;交易标的禁止买卖的,如禁止人体器官、毒品、枪支等买卖;违反特许经营规定的,如场外配资合同;交易方式严重违法的,如违反招投标等竞争性缔约方式订立的合同;交易场所违法的,如在批准的交易场所之外进行期货交易。关于经营范围、交易时间、交易数量等行政管理性质的强制性规定,一般应当认定为“管理性强制性规定”。

公司法上效力性强制性规定识别案件裁判规则第10条：

《公司法》第141条是效力性强制性规定

〔**规则描述**〕:《公司法》第141条是效力性强制性规定。公司股东违反《公司法》第141条或者公司章程设定的其他限制性规定转让其股份的,股份转让合同无效。股份转让中的相对人有义务对出让人作尽职调查,以了解出让人是否违反《公司法》第141条及公司章程对股份转让作出的限制性规定。如果相对人因怠于履行审查义务而不知出让人违反上述限制性规定,就只能承担股份转让合同无效的法律后果。如果相对人明知出让人违反上述限制性规定,则构成"恶意串通,损害他人合法权益",股份转让合同更应无效。

一、类案检索大数据报告

时间:2020年8月2日前;

案例来源:Alpha案例库;

案例数量:40件;

数据采集时间:2020年8月2日。

本次检索获取2020年8月2日前共40篇裁判文书,整体情况如图10-1所示,其中认定《公司法》第141条是效力性强制性规定的案件15件,占比为37.5%;认定《公司法》第141条是管理性强制性规定的案件15件,占比为37.5%;在该问题上无明确结论的案件10件,占比为25%。

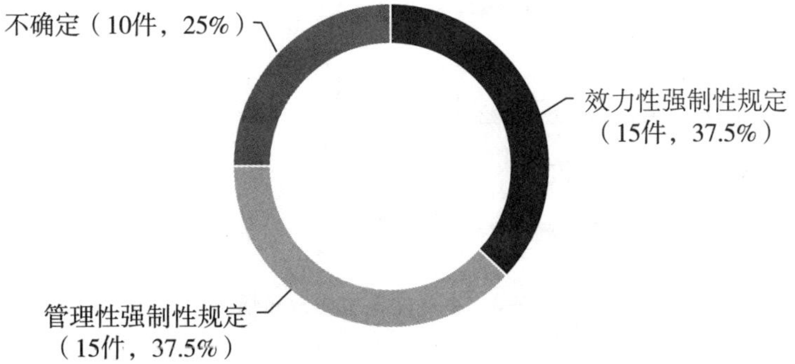

图10-1 《公司法》第141条的案件性质

如图 10 - 2 所示,从案件年份分布情况可以看出当前条件下案件数量的变化趋势。

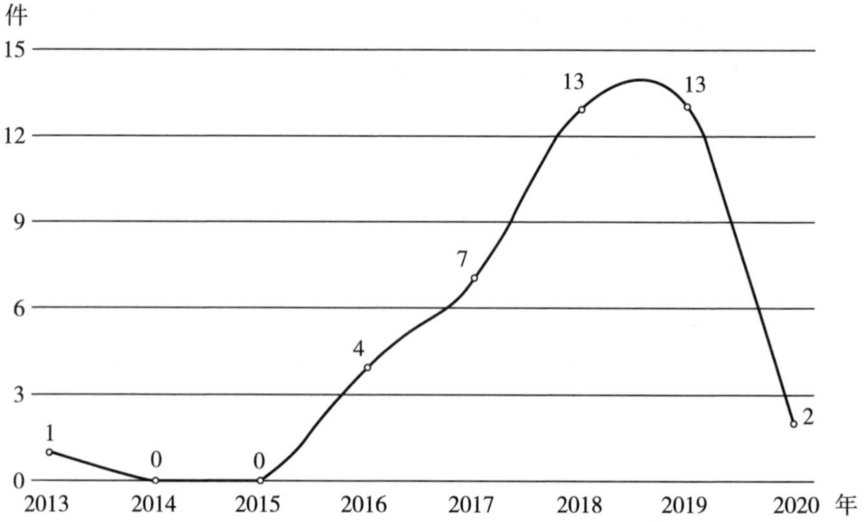

图 10 - 2　案件年份分布情况

如图 10 - 3 所示,从案件主要地域分布情况可以看出,当前案件主要集中在山东省、北京市、宁夏回族自治区、河南省、贵州省。

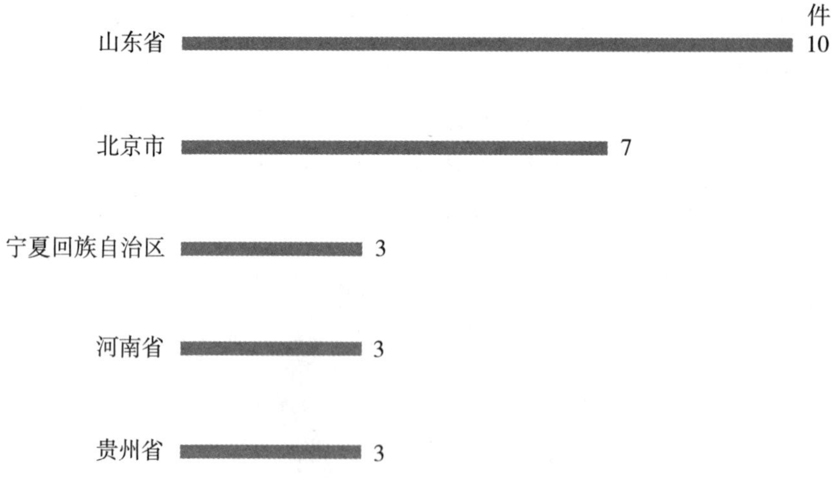

图 10 - 3　案件主要地域分布情况

二、可供参考的例案

例案一｜王某与黄某某股权转让纠纷案

【法院】

江苏省高级人民法院

【案号】

(2016)苏民再418号

【当事人】

再审申请人(一审被告、二审上诉人):黄某某

被申请人(一审原告、二审被上诉人):王某

【基本案情】

2015年4月18日,王某作为转让方(甲方),黄某某为受让方(乙方),双方签订股份转让协议一份,协议约定:重庆百花生物医药股份有限公司是根据《公司法》登记设立的股份有限公司。现甲方决定将所持有的公司600万股的股份(认缴注册资本600万元)按照本协议规定的条件转让给乙方。协议第1条转让标的、转让价格与付款方式约定:"1.甲方同意将所持有的重庆百花生物医药股份有限公司600万股的股份以760万元人民币的价格转让给乙方,乙方同意按此价格和条件购买该股份;2.乙方同意按下列方式将合同价款支付给甲方指定的银行账户:(1)在本协议双方签订之日起五个工作日内向甲方支付合同价款10%作为定金……乙方履行合同义务后,甲方以(1)中的定金冲抵乙方应付甲方的款项。如甲方未履行本协议,应当双倍返还(1)中的定金。乙方在本协议经双方签订生效后五个工作日内未支付本协议约定的合同价款的10%的定金给甲方的,乙方需向甲方支付本协议约定支付的全部合同价款10%的违约金作为补偿……"协议签订后,黄某某未能在约定的期限内向王某支付定金,王某遂起诉至该院,要求黄某某向王某支付按合同价款的10%计算的违约金。该案在审理过程中,王某明确股份转让协议仍继续履行,该案仅为王某对违约金部分先行主张权利。

重庆百花生物医药股份有限公司于2014年5月16日变更为百花集团公司,企业性质为股份有限公司(非上市,自然人投资或控股)(私营),注册资本为人民币7050万元,法定代表人曹明福,百花集团公司的章程第3条载明,公司发行的所有股份均为普通股。第18条载明,公司现有股本为7050万股,其中黄某某股份数

量为1560万股,股份占比22.13%;王某的股份数量为600万股,股份占比8.51%。第23条载明,公司的股份可以依法转让。

【案件争点】

案涉股份转让协议是否有效,黄某某是否应当向王某支付案涉股份转让违约金。

【裁判要旨】

江苏省常州市武进区人民法院一审认为:依法成立的合同,对当事人具有法律约束力。当事人一方不履行合同义务或者履行合同义务不符合约定的,应当承担继续履行、采取补救措施或者赔偿损失等违约责任。当事人可以约定一方违约时应当根据违约情况向对方支付一定数额的违约金,也可以约定因违约产生的损失赔偿额的计算方法。该案中王某、黄某某均为百花集团公司的股东,百花集团公司性质为股份有限公司,股份有限公司的股东之间可以相互转让其全部或者部分股份。王某、黄某某于2015年4月18日签订的股份转让协议是双方真实意思的表示,该协议内容符合百花集团公司的章程及相关法律规定,应为合法有效。王某、黄某某双方均应按股份转让协议履行各自的义务。现黄某某未能按约在协议签订的5个工作日内向王某支付合同价款的10%作为定金,已构成违约,黄某某应当向王某支付按协议约定的违约金。王某要求黄某某支付违约金76万元的诉讼请求符合法律规定,该院依法予以支持。

江苏省常州市中级人民法院二审认为:案涉股份转让协议有效。理由:黄某某、王某均系未上市的百花集团公司股东,案涉《股份转让协议》系公司内部股东间股权转让,并不违反公司章程规定,系王某、黄某某的真实意思表示。《公司法》第141条只是对股份公司董事、监事以及其他高级管理人员转让股份的限制,而非禁止,其目的在于防止公司董事、监事以及其他高级管理人员利用其身份谋取不当利益,但该限制性规定并不影响股权转让合同的效力,而只是影响其履行。王某虽系百花集团公司工商登记的董事,但股权转让的履行完全可以通过辞去董事职务或分批办理股权变更登记来实现。案涉《股份转让协议》约定"王某在收到黄某某支付的全部股权转让款后十日内,协助黄某某办理股份的工商转让登记手续",从该约定亦可以看出,在黄某某支付全部股权转让款之后,王某是协助办理股权变更登记手续,并未明确采取哪种方式实现股权变更登记。因此,本案讼争的《股份转让协议》并不违反《公司法》第141条之规定,应认定为合法有效的合同。根据《合同法》第116条(《民法典》第588条)的规定,当事人既约定违约金,又约定定金的,一方违约时，对方可以选择适用违约金或者定金条款。案涉《股份转让协议》约定，黄某某应当在合同签订之日起 5 个工作日向王某支付合同价款的 10% 作为定金，同时约定，乙方未支付定金，需要支付全部合同价款的 10% 违约金作为补偿。因黄某某未按约支付定金，已经构成违约，王某起诉主张违约金，符合法律规定。黄某某认为其未支付定金的原因在于王某，缺乏相应的依据，法院不予采纳。关于违约金的计算方式系双方当事人自愿协商达成，且并不过高，也不违反法律强制性规定，黄某某应当向王某支付违约金 76 万元。

江苏省高级人民法院再审认为：案涉股份转让协议应属无效，王某要求黄某某支付案涉股份转让协议约定的违约金，缺乏法律依据。命令当事人不得为一定行为的法律规定通常被称为禁止性规定，法律制定禁止性规定的目的在于规范及指引当事人的法律行为，如当事人的法律行为违反禁止性规定则可能导致行为无法律上的效力。《公司法》第 141 条第 2 款规定，公司董事、监事、高级管理人员应当向公司申报所持有的本公司的股份及其变动情况，在任职期间每年转让的股份不得超过其所持有本公司股份总数的 25%；所持本公司股份自公司股票上市交易之日起一年内不得转让。上述人员离职后半年内，不得转让其所持有的本公司股份，公司章程可以对公司董事、监事、高级管理人员转让其所持有的本公司股份作出其他限制性规定。本案中，王某与黄某某于 2015 年 4 月 18 日签订案涉股份转让协议时，均系百花集团公司的董事。双方约定将王某持有的百花集团公司全部股份一次性转让给黄某某，明显违反前述法律规定，故案涉协议应属无效，王某依据案涉股份转让协议，以黄某某未按约支付股份转让款为由，要求黄某某支付违约金，法院不予支持。

例案二 山东金达源集团有限公司、东营伟宁商贸有限公司、东营市三和石油装备有限公司与红岭创投电子商务股份有限公司申请执行人执行异议纠纷案

【法院】

山东省高级人民法院

【案号】

（2019）鲁民终 362 号

【当事人】

上诉人(一审被告、执行案外人):山东金达源集团有限公司、东营伟宁商贸有限公司、东营市三和石油装备有限公司

被上诉人(一审原告、申请执行人):红岭创投电子商务股份有限公司

原审第三人(被执行人):山东亨圆铜业有限公司

原审第三人:东营农村商业银行股份有限公司

【基本案情】

2016年3月22日,中国银监会山东监管局批复成立东营农村商业银行股份有限公司(以下简称东营农商行),山东亨圆铜业有限公司(以下简称亨圆公司)是东营农商行的发起人之一。

2016年8月24日,亨圆公司与东营伟宁商贸有限公司(以下简称伟宁公司)签订股份转让协议,伟宁公司分别于2016年8月24日、8月25日通过东营明源化工有限公司账户向亨圆公司转账1800万元。2016年9月28日、29日,东营市三和石油装备有限公司(以下简称三和公司)通过李慧玲账户分六次向亨圆公司转账1800万元。

2016年9月22日,亨圆公司经股东会决议,向东营农商行提交股权转让申请书,申请向山东金达源集团有限公司(以下简称金达源公司)转让其持有的东营农商行股份2400万股,向伟宁公司转让1200万股,向三和公司转让1200万股。2016年9月30日,东营农商行经董事会决议,同意亨圆公司的转让股权申请。2016年10月14日,亨圆公司、东营农商行分别与金达源公司、伟宁公司、三和公司签订股权转让协议书,同日,东营农商行向金达源公司股权证转入2400万股股权,金达源公司共持有东营农商行股权10,800万股,向伟宁公司、三和公司颁发股权证并分别转入1200万股股权。2016年10月24日、11月7日,金达源公司分两次向亨圆公司付款合计3600万元。

2017年2月27日,金达源公司、伟宁公司、三和公司分别参加东营农商行首届股东大会第二次会议。同年7月8日,东营农商行分别向伟宁公司、三和公司转账股金分红款96万元;11月20日,向金达源公司转账股金分红款7,917,821.35元。

【案件争点】

金达源公司、伟宁公司、三和公司能否以其作为受让人的权利对抗本案执行。

【裁判要旨】

山东省济南市中级人民法院一审认为:《公司法》第141条第1款规定:“发起

人持有的本公司股份，自公司成立之日起一年内不得转让。公司公开发行股份前已发行的股份，自公司股票在证券交易所上市交易之日起一年内不得转让。”亨圆公司作为东营农商行的发起人股东，持有东营农商行的股份，该股份在东营农商行成立一年内不得转让。东营农商行于2016年3月22日成立，亨圆公司与伟宁公司、金达源公司、三和公司分别于2016年8月、10月签订转让协议，并于2016年11月完成股权转让事宜，亨圆公司向三公司转让其持有的东营农商行的股份未满一年。即便未在一年内转让，因2017年2月7日，一审法院依红岭创投电子商务股份有限公司（以下简称红岭创投公司）的申请查封了涉案股权，涉案股权亦无法在一年期满后转让。亨圆公司向金达源公司、伟宁公司、三和公司转让股权的行为不合法，不产生股权转让的效力。红岭创投公司的执行异议成立。

山东省高级人民法院二审认为：《公司法》第141条第1款规定，发起人持有的本公司股份，自公司成立之日起一年内不得转让。本案东营农商行成立于2016年3月22日，金达源公司、伟宁公司、三和公司与亨圆公司签订股权转让协议的时间为2016年8月和10月，违反了上述法律规定。另外从金达源公司、伟宁公司、三和公司提交的东营农商行《企业信用信息公示报告》显示，股权变更的公示日期为2017年12月28日。一审法院系于2017年2月7日冻结了亨圆公司持有的涉案股权，并予以公示，由此可以确定，上述股权变更公示日期系在一审法院查封及公示之后。可以认定金达源公司、伟宁公司、三和公司应系明知关于股份公司股权禁售期的规定，其所称亨圆公司所持股权变更的理由不能对抗本案执行。一审法院查封行为符合法律规定，并无程序性瑕疵。故金达源公司、伟宁公司、三和公司主张应解除对本案讼争股份的冻结并排除执行的理由不能成立。

例案三 | 黄某军与刘某及黄某坚、殷某某、宁夏西部绿野农林科技有限公司、久安高新电气（宁夏）股份有限公司执行异议纠纷案

【法院】

宁夏回族自治区高级人民法院

【案号】

（2019）宁民申200号

【当事人】

再审申请人（一审原告、二审上诉人）：黄某军

被申请人(一审被告、二审被上诉人):刘某

原审第三人:黄某坚、殷某某、宁夏西部绿野农林科技有限公司、久安高新电气(宁夏)股份有限公司

【基本案情】

2014年10月31日,第三人久安高新电气(宁夏)股份有限公司、黄某坚以资金周转困难为由,由第三人殷某某、宁夏西部绿野农林科技有限公司担保向被告刘某借款500万元,双方约定利息0.024%,后久安高新电气(宁夏)股份有限公司、黄某坚偿还100万元。刘某于2015年12月17日向法院起诉,法院于2015年12月17日作出(2015)吴利民初字第3801号民事调解书,该调解书确定:(1)久安高新电气(宁夏)股份有限公司、黄某坚欠刘某借款本金400万元,久安高新电气(宁夏)股份有限公司、黄某坚于2015年12月25日向刘某偿还40万元;下剩360万元限久安高新电气(宁夏)股份有限公司、黄某坚每月25日向刘某偿还60万元至借款还清为止。(2)殷某某、宁夏西部绿野农林科技有限公司承担连带清偿责任。后刘某申请执行,2015年12月29日,法院作出(2015)吴利执1810号执行裁定书,对黄某坚在久安高新电气(宁夏)股份有限公司的股权进行了冻结。

另查明,久安高新电气(宁夏)股份有限公司是黄某坚、黄某芳共同出资6000万元于2013年7月26日注册成立。其中黄某坚出资额5820万元,出资比例97%;黄某芳出资额180万元,出资比例3%。公司章程第3章第3节第25条规定"发起人持有的本公司股份,自公司成立之日起一年内不得转让。公司董事监事、经理以及其他高级管理人员,应当向公司申报所持有的本公司的股份及变动情况,在任职期间每年转让的股份不得超过其所持有的本公司股份总数的25%;所持本公司股份自公司股票上市交易之日起一年内不得转让;上述人员在其离职后六个月内不得转让其所持有的本公司的股份"。2015年10月18日,久安高新电气(宁夏)股份有限公司股东会议决议:"一、将公司章程第3章第3节第25条规定变更为发起人持有的本公司股份,自公司成立之日起一年内不得转让。二、本决议经全体股东签字生效"。同日,久安高新电气(宁夏)股份有限公司股东会议决议:同意修改公司章程,将公司章程第3章第3节第25条规定修正为发起人持有的本公司股份,自公司成立之日起一年内不得转让。2015年10月20日,久安高新电气(宁夏)股份有限公司股东会决议:(1)同意转让黄某坚在久安高新电气(宁夏)股份有限公司97%的股份给受让方黄某军。(2)同意公司法定代表人由黄某坚变更为黄某军。(3)本决议经全体股东签字生效。同日,黄某坚与黄某军就黄某坚所持久安

高新电气(宁夏)股份有限公司 97% 的股权以 1750 万元转让给黄某军并达成股权转让协议。股权转让协议约定,第 1 条,黄某坚将所持有的公司 97% 的股权以壹仟柒佰伍拾万元转让给黄某军。第 2 条,本合同生效后,黄某军即合法取得黄某坚所转让的久安高新电气(宁夏)股份有限公司 97% 的股权的所有权,依据法律、法规规定和久安高新电气(宁夏)股份有限公司章程的规定完全享有该股权的股东权利,承担该股权的股东义务。第 3 条,黄某坚作为转让方的承诺与保证,黄某坚有权按照本合同的规定和条件,向黄某军转让其所持有的第 1 条的股权,该股权未设定任何抵押、质押和其他任何形式的担保或遭第三方追索,并且黄某坚转让其股权的要求已获得公司股东会的批准。否则,由此产生的一切责任由黄某坚承担,黄某坚已经书面告知黄某军的除外。黄某坚保证及时向公司提交办理股权变更登记所需之全部法律文件,并协助公司办理股权变更登记。本条项下之承诺与保证是持续的,本合同有效期内,该承诺和保证将被视为重复作出。第 4 条,股东权利义务,有关股东权利义务包括公司盈亏(含债权债务)的承受。(1)从本协议之日起,黄某军实际行使作为公司股东的权利,并履行相应的股东义务。(2)从本协议生效之日起,黄某军按其所持股权比例依法分享利润和分担风险及亏损。第 5 条,合同的解释,本合同所有条款的标题均为方便而设,各条款的含义以各条款的实际内容为准。双方对合同内容的解释有争议而不能协商达成一致的,由法院裁定。第 6 条,适用法律,本合同适用《合同法》及有关司法解释。第 7 条,合同生效,本合同自双方签字之日起生效。现黄某军以 2015 年 10 月 20 日黄某坚将其所持有的久安高新电气(宁夏)股份有限公司 97% 的股权转让给黄某军为由,于 2017 年 7 月 13 日对本案的执行提出案外人执行异议。

【案件争点】

黄某军与黄某坚签订的股权转让协议是否有效。

【裁判要旨】

宁夏回族自治区吴忠市利通区人民法院一审认为:公司是企业法人,有独立的法人财产,享有法人财产权。公司以其全部财产对公司的债务承担责任,股份有限公司的股东以其认购的股份为限对公司承担责任。本案中,第三人久安高新电气(宁夏)股份有限公司、黄某坚于 2014 年 10 月 31 日向刘某借款 500 万元,第三人久安高新电气(宁夏)股份有限公司、黄某坚在 2014 年 10 月 31 日后,无论公司还是黄某坚个人,均已对刘某负有债务,且该债务经法院 2015 年 12 月 17 日作出的(2015)吴利民初字第 3801 号民事调解书予以确认。对 2015 年 10 月 20 日黄某坚与黄某军就黄某坚所持久安高新电气(宁夏)股份有限公司5820万元97%的股份以1750万元转让给黄某军并达成的股权转让协议,第一,黄某军与第三人黄某坚签订的股权转让协议,已经违背了久安高新电气(宁夏)股份有限公司未修改的公司章程第3章第3节第25条规定及《公司法》第141条的规定,关于“发起人持有的本公司股份,自公司成立之日起一年内不得转让。……公司董事、监事、经理以及其他高级管理人员,应当向公司申报所持有的本公司的股份及变动情况,在任职期间每年转让的股份不得超过其所持有的本公司股份总数的25%;所持本公司股份自公司股票上市交易之日起一年内不得转让;上述人员在其离职后六个月内不得转让其所持有的本公司的股份……”的禁止性规定。第二,即使该协议股权变动已通过工商登记管理部门的变更登记,黄某军成为久安高新电气(宁夏)股份有限公司的股东及法定代表人后,亦应对公司所负债务承担清偿责任。第三,黄某军与第三人黄某坚签订的股权转让协议中涉及黄某军的免责条款,已突破了《民法总则》和《公司法》的相关规定,即股东可以通过受让形式无限制的转让股权,受让股东还可以通过合同约定不承担公司债务,从而达到逃避公司债务的目的。第四,黄某军的主张已使股东的权利凌驾于公司章程及法律之上,使公司成为一个空壳,失去了承担民事义务的能力。第五,久安高新电气(宁夏)股份有限公司是股份有限公司,公司的股份转让必须符合《公司法》关于股份有限公司的股份发行和转让的法律规定。综上所述,对黄某军提出请求确认久安高新电气(宁夏)股份有限公司97%的股权为原告所有的诉讼请求,不予支持;要求停止对该财产执行的诉讼请求,予以驳回。

宁夏回族自治区吴忠市中级人民法院二审认为:根据《公司法》第141条第2款的规定,公司董事、监事、高级管理人员在任职期间每年转让股份不得超过其所持公司股份总数25%,在离职半年内不得转让所持公司股份。该条规定主要是为了保护公司其他股东、保护公司以及公司债权人合法权益免受损害而作的限制性规定,该限制性规定也就是对公司高管享有的股权转让作出了严格禁售期。《合同法》第52条第5项规定,违反法律、行政法规的强制性规定的合同无效。最高人民法院《合同法解释(二)》第14条规定,《合同法》第52条第5项“强制性规定”是指效力性强制性规定。根据上述规定可以看出《公司法》第141条第2款的规定属于效力性强制性规定。本案第三人黄某坚在担任公司法定代表人、董事长期间,为了转让其所持的公司97%的股权,召集公司另一名股东对公司章程第25条(该条全部引用《公司法》第141条的内容)进行了修改,将公司董事、监事、高级管理人员在任职期间每年转让股份不得超过其所持公司股份总数25%,所持本公司股份自公司股票上市交易之日起一年内不得转让，董事、监事、高级管理人员在离职半年内不得转让所持公司股份的内容全部删除。章程只保留：发起人持有公司股份，自公司成立之日起一年内不得转让。公司章程是按照公司法及其他相关法律规定制定的公司经营及公司管理人员经营公司的行为准则，对公司来讲就是公司内部法律，约束的范围是本公司及人员的经营行为，其效力如何要看公司章程的具体条款规定是否符合公司法及其他法律规定，若符合就有效，反之就无效。公司法人是一种拟人格权，真正经营公司的是公司高管和一些其他管理人员。作为公司的董事长，明知法律对其享有的股权转让有明确禁售期的规定，而为了达到转让股权的目的违反公司法相关规定对章程进行修改，故其修改公司章程涉及股权转让条款是无效的。根据公司法及公司修改章程涉及股权转让条款的无效性由此可得第三人黄某坚与上诉人签订的股权转让协议是无效的。

宁夏回族自治区高级人民法院再审认为：本案结合申请人申请再审的理由，应予审查的主要问题是：(1)一审、二审判决是否存在认定事实不完整，遗漏部分重要事实，导致判决错误的问题；(2)二审判决是否存在本院认为部分的观点不能成立，适用法律错误的问题。

关于申请人主张本案存在认定事实不完整，遗漏部分重要事实，导致判决错误的问题。经核，对于2015年10月29日国家企业信用信息公示系统对黄某军受让黄某坚持有的久安公司97%的股权进行公示以及同日银川市行政审批服务局换发久安高新电气(宁夏)股份有限公司的营业执照变更法定代表人为黄某军的事实，二审法院是在对涉案股权转让协议效力审查认定为无效的情形下，认定上述公示内容因股权转让协议无效而涉及公示股权取得不合法、该公示行为不产生相应的法律效力，因此，二审法院对申请人主张的上述二事实明确不予认定，并不存在未予审理而遗漏的情形。

关于二审判决是否存在本院认为部分的观点不能成立和适用法律错误的问题。二审法院经审理，依法认定涉案股权转让协议无效，并依此认定工商信息的公示不产生相应的法律效力。申请人认为二审法院本院认为部分的观点不成立，存在适用法律错误情形，但其并未说明错误理由亦未对其主张观点予以证明。故二审法院针对申请人在二审中的上诉理由，在查明事实基础上，综合认定本案事实，依法裁判并无不当。综上，黄某军申请再审理由不成立。

三、裁判规则提要

《公司法》第141条属于强制性规定。并且，《公司法》第141条属于效力性强制性规定。公司股东违反《公司法》第141条或者公司章程设定的其他限制性规定转让其股份的,股份转让合同无效。

《公司法》第141条是关于股份有限公司股份转让限制的规定。为保证公司设立后运营的稳定性和连续性,防止发起人转移投资风险甚至以设立公司为名义进行非法集资或炒作股票盈利,以及遏制低价抢购原始股并在公司上市后大量抛售赚取差价的现象,该条第1款规定:"发起人持有的本公司股份,自公司成立之日起一年内不得转让。公司公开发行股份前已发行的股份,自公司股票在证券交易所上市交易之日起一年内不得转让。"为促使董事、监事、高级管理人员忠实、负责地履行其职务,并防止其通过内幕交易损害公司及股东利益,该条第2款对董事、监事、高级管理人员转让其持有的股份设定了限制,同时授权公司章程对董事、监事、高级管理人员转让其股份作出其他限制性规定。

因此,《公司法》第141条是该法为维护公司及其股东、债权人利益,以及社会公共利益而提供的强制性规定,任何人都应被推定为知道该条规定的内容。股份转让中的相对人有义务对出让人作尽职调查,以了解出让人是否违反《公司法》第141条及公司章程对股份转让作出的限制性规定。如果相对人因怠于履行审查义务而不知出让人违反上述限制性规定,就只能承担股份转让合同无效的法律后果。如果相对人明知出让人违反上述限制性规定,则构成"恶意串通,损害他人合法权益",股份转让合同更应无效。

四、辅助信息

高频词条:

《公司法》

第141条 发起人持有的本公司股份,自公司成立之日起一年内不得转让。公司公开发行股份前已发行的股份,自公司股票在证券交易所上市交易之日起一年内不得转让。

公司董事、监事、高级管理人员应当向公司申报所持有的本公司的股份及其变动情况,在任职期间每年转让的股份不得超过其所持有本公司股份总数的百分之二十五;所持本公司股份自公司股票上市交易之日起一年内不得转让。上述人员离职后半年内,不得转让其所持有的本公司股份。公司章程可以对公司董事、监事、高级管理人员转让其所持有的本公司股份作出其他限制性规定。

《民法典》

第 153 条 违反法律、行政法规的强制性规定的民事法律行为无效。但是，该强制性规定不导致该民事法律行为无效的除外。

违背公序良俗的民事法律行为无效。

第 154 条 行为人与相对人恶意串通，损害他人合法权益的民事法律行为无效。

《全国法院民商事审判工作会议纪要》

30. 合同法施行后，针对一些人民法院动辄以违反法律、行政法规的强制性规定为由认定合同无效，不当扩大无效合同范围的情形，合同法司法解释(二)第 14 条将《合同法》第 52 条第 5 项规定的“强制性规定”明确限于“效力性强制性规定”。此后，《最高人民法院关于当前形势下审理民商事合同纠纷案件若干问题的指导意见》进一步提出了“管理性强制性规定”的概念，指出违反管理性强制性规定的，人民法院应当根据具体情形认定合同效力。随着这一概念的提出，审判实践中又出现了另一种倾向，有的人民法院认为凡是行政管理性质的强制性规定都属于“管理性强制性规定”，不影响合同效力。这种望文生义的认定方法，应予纠正。

人民法院在审理合同纠纷案件时，要依据《民法总则》第 153 条第 1 款和合同法司法解释(二)第 14 条的规定慎重判断“强制性规定”的性质，特别是要在考量强制性规定所保护的法益类型、违法行为的法律后果以及交易安全保护等因素的基础上认定其性质，并在裁判文书中充分说明理由。下列强制性规定，应当认定为“效力性强制性规定”：强制性规定涉及金融安全、市场秩序、国家宏观政策等公序良俗的；交易标的禁止买卖的，如禁止人体器官、毒品、枪支等买卖；违反特许经营规定的，如场外配资合同；交易方式严重违法的，如违反招投标等竞争性缔约方式订立的合同；交易场所违法的，如在批准的交易场所之外进行期货交易。关于经营范围、交易时间、交易数量等行政管理性质的强制性规定，一般应当认定为“管理性强制性规定”。

公司法上效力性强制性规定识别案件裁判规则第 11 条：

《公司法》第 142 条是效力性强制性规定

〔**规则描述**〕:《公司法》第 142 条是效力性强制性规定。除《公司法》第 142 条规定的情形以外,股份有限公司收购本公司股份的,涉案合同无效。股份有限公司接受本公司的股票作为质押权的标的的,质押合同无效。公司及股东都应当知道《公司法》第 142 条对股份回购及股权质押的限制,因此,与违反《公司法》第 35、74 条的情形一样,此处不涉及保护善意第三人的问题。

一、类案检索大数据报告

时间:2020 年 8 月 2 日前;

案例来源:Alpha 案例库;

案例数量:13 件;

数据采集时间:2020 年 8 月 2 日。

本次检索获取 2020 年 8 月 2 日前共 13 篇裁判文书,整体情况如图 11 - 1 所示,其中认定《公司法》第 142 条是效力性强制性规定的案件 8 件,占比为 62%;认定《公司法》第 142 条是管理性强制性规定的案件 5 件,占比为 38%。

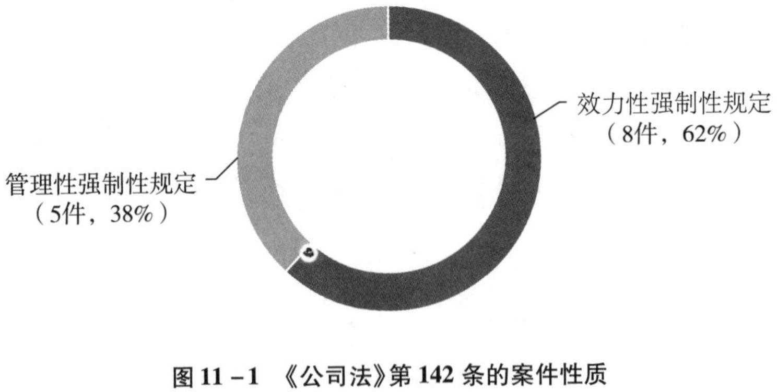

图 11 - 1 《公司法》第 142 条的案件性质

如图 11 - 2 所示,从案件年份分布情况可以看出当前条件下案件数量的变化趋势。

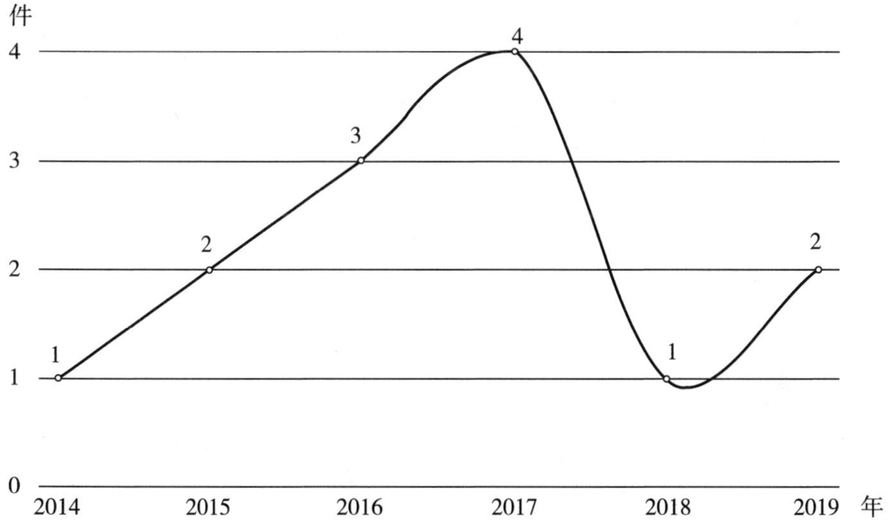

图 11－2　案件年份分布情况

如图 11－3 所示，从案件主要地域分布情况可以看出，当前案件主要集中在安徽省、湖北省、内蒙古自治区、山东省、广东省。

图 11－3　案件主要地域分布情况

二、可供参考的例案

例案一 山西盟科房地产开发有限公司与山西忻州农村商业银行股份有限公司、忻州恒昌贸易有限公司等借款合同纠纷案

【法院】

山西省高级人民法院

【案号】

(2017)晋民终545号

【当事人】

上诉人(原审被告):山西盟科房地产开发有限公司

被上诉人(原审原告):山西忻州农村商业银行股份有限公司

原审被告:忻州恒昌贸易有限公司、望洲健康管理集团有限公司、望洲集团有限公司

【基本案情】

2016年3月31日,原告山西忻州农村商业银行股份有限公司(以下简称忻州农商银行)与被告忻州恒昌贸易有限公司(以下简称恒昌公司)签订《流动资金贷款合同》一份,约定由原告向被告恒昌公司发放4620万元贷款,贷款期限自2016年3月31日至2017年3月30日,利率为年息6%(月息0.5%),按月结息,结息日固定为每月20日,逾期贷款罚息利率为贷款利率水平上加收50%。借款人违约情形包括:未按期归还债务本息,经营或财务状况发生恶化,无法清偿到期债务……该合同15.1.1借款人出现本合同约定的违约情形时,贷款人停止支付借款人尚未使用的贷款,单方面宣布本合同项下已发放的贷款本金全部或部分提前到期并要求借款人立即偿还本合同项下所有到期及未到期债务的本金、利息及费用,发生贷款逾期或挪用贷款时,按中国人民银行的有关规定和本合同的约定计收利息、罚息和复利。15.1.6约定了贷款人在借款人出现违约时可以解除本合同。借款人未按时足额偿还贷款本金、支付利息的,应当承担贷款人为实现债权而支付的催收费、诉讼费、保全费、公告费、执行费、律师费、差旅费及其他费用。签订合同当日,为保障原告债权的实现,被告望洲健康管理集团有限公司(以下简称望洲健康公司)与原告忻州农商银行签订《最高额保证合同》,约定由望洲健康公司为保证人,为恒昌公司4620万元贷款承担连带保证。保证范围为:贷款本金、利息、罚息、复利、违约

金、损害赔偿金、实现债权费用以及所有其他应付费用。该合同同时约定，债权人依贷款合同约定依法解除合同或宣布提前收回贷款的，债权人有权要求保证人提前承担保证责任。同日，鉴于望洲健康公司（乙方）作为恒昌公司保证人，为了保证资金安全，降低贷款风险，山西盟科房地产开发有限公司（以下简称盟科公司）（丙方）以其所持有的原告忻州农商银行（甲方）4.62% 的股份出质于望洲健康公司，甲、乙、丙三方达成如下协议："一、丙方以甲方忻州农商银行出资的 4620 万元占有的 4.62% 的股权向乙方担保公司出质，为乙方担保公司所担保的贷款提供质押担保。二、丙方将股权出质给乙方后，乙方以丙方出质的股权向甲方提供反担保。三、乙方所担保的借款不能按期归还甲方时，乙方除继续承担原担保责任外，由甲方处置质押的股权以归还贷款。四、本协议签订后，原甲、乙双方签订担保协议继续有效。五、本协议经三方盖章后生效。"合同最下方处加盖三方公章。协议签订后，盟科公司始终未办理质押登记。

另查明，2016 年 3 月 31 日，原告忻州农商银行依照约定将贷款 4620 万元一次性汇入被告恒昌公司贷款账户（账号：×××）。2016 年 4 月 21 日，原告扣划被告账户 93 元偿还利息，此后被告再未还款。

再查明，原告忻州农商银行是经国务院银行业监督管理机构审查批准设立的吸收公众存款、发放贷款、办理结算等业务的企业法人，企业类型为股份有限公司。盟科公司系原告忻州农商银行的法人股东，持有原告 4.62% 股份，企业类型为一人有限责任公司，股东为另一被告望洲集团有限公司（以下简称望洲集团），法定代表人为杨某某。望洲健康公司系一人有限责任公司，股东为望洲集团，注册资本 2 亿元，出资 5000 万元，剩余 1.5 亿元未出资到位，法定代表人为杨某某。被告望洲集团股东为杨某某、浙江玉苍实业有限公司，杨某某为法定代表人。2016 年 4 月 20 日杭州市公安局江干分局对望洲集团以涉嫌非法吸收公众存款罪立案侦查，后杨某某因涉嫌非法吸收公众存款罪经杭州市江干区人民检察院批准逮捕。

【案件争点】

1. 忻州农商银行、望洲健康公司和盟科公司签订的《协议书》的效力问题。

2. 盟科公司承担责任问题。

【裁判要旨】

山西省高级人民法院二审认为：关于忻州农商银行、望洲健康公司和盟科公司签订的《协议书》的效力。盟科公司上诉主张该协议书涉及三层法律关系，分别为：（1）忻州农商银行与望洲健康公司通过签订一份《最高额保证合同》所建立的保证担保法律关系;盟科公司与望洲健康公司之间的质押担保法律关系;望洲健康公司与忻州农商银行之间的反担保法律关系。其中盟科公司与望洲健康公司之间的质押条款是《最高额保证合同》的从合同内容。该协议内容明显违反担保法和物权法中有关担保合同签订主体的规定,属于无效约定;盟科公司将其依法持有的忻州农商银行4.62%的股份质押给望洲健康公司,望洲健康公司将其合法占有忻州农商银行4.62%的股份向忻州农商银行提供反担保。根据《担保法》第4条之规定,第三人为债务人向债权人提供担保时,可以要求债务人提供反担保。另最高人民法院《关于适用〈中华人民共和国担保法〉若干问题的解释》(以下简称《担保法解释》)第2条规定,反担保人可以是债务人,也可以是债务人之外的其他人。反担保方式可以是债务人提供的抵押或者质押,也可以是其他人提供的保证、抵押或者质押。《协议书》中反担保条款因违反有关反担保合同签订主体的法律规定应依法认定为无效条款。(2)忻州农商银行、望洲健康公司与盟科公司之间签订的《协议书》关于股权质押条款系无效条款。根据《担保法解释》第84条的规定,望洲健康公司将其不具有所有权但合法占有的质物忻州农商银行4.62%的股份向忻州农商银行提供担保,实际上是一种股权质押担保。根据《担保法解释》第103条的规定,以股份有限公司的股份出质的,适用《公司法》有关股份转让的规定。《公司法》* 第143条第4款规定:"公司不得接受本公司的股票作为质押权的标的"。本案中,望洲健康公司向忻州农商银行提供反担保的质物就是忻州农商银行的股份。因此,《协议书》关于股权质押条款因违反法律禁止性规定,应依法认定无效,而非一审法院认定的"质押条款虽已生效,但因未办理登记手续,质权并未设立",故一审法院该项事实认定错误。忻州农商银行抗辩称:(1)《协议书》明确约定以下三点:①望洲健康公司就恒昌公司在忻州农商银行的贷款提供最高额担保;②盟科公司向望洲健康公司提供质押担保;③委托处置质押股权以归还贷款,望洲健康公司所担保的恒昌公司不能按期归还贷款时,由忻州农商银行处置盟科公司所质押的股权用以归还贷款。(2)《协议书》鉴于明确表述"乙方(望洲健康公司)在取得丙方(盟科公司)的同意,以丙方(盟科公司)在甲方忻州农商银行所持有的4.62%股权出质给乙方担保公司(望洲健康公司)进行质押担保……"说明望洲健康公司、盟科公司、望洲集团、恒昌公司与忻州农商银行均明确知悉盟科公司将其持有的股权质押给望洲健康公司,以保障望洲健康公司为恒昌公司的贷款担保。依据《物权

---

* 法院审判时依据《公司法》(2013年修订),与现行《公司法》条文序号不一致,特此说明。——编者注

法》第208条*、《担保法》第4条的规定，该协议中的反担保、质押均符合法律规定。《协议书》是三方自愿签订合法有效的合同，其关于质押条款的约定合法有效，并且该协议委托忻州农商银行在未按期归还借款时处置该质押股权以归还贷款。对此，法院认为，首先，根据《担保法》第63、75条的规定，质押担保是债务的一种担保方式，即债务人或第三人将其动产或权利凭证移交债权人占有，将该动产或权利凭证作为质物而为债务人提供的担保。根据《担保法》第4条的规定，第三人为债务人向债权人提供担保时，可以要求债务人提供反担保。另《担保法解释》第2条规定，反担保人可以是债务人，也可以是债务人之外的其他人。反担保方式可以是债务人提供的抵押或者质押，也可以是其他人提供的保证、抵押或者质押。本案中《协议书》第1条约定，盟科公司将其持有的忻州农商银行4.62%的股权出质给望洲健康公司提供质押担保，以及第2条约定，望洲健康公司以盟科公司出质给其的忻州农商银行4.62%的股权向忻州农商银行提供反担保，均不符合质押担保、反担保的法律规定。其次，从《协议书》第2条约定"盟科公司将其持有的忻州农商银行的4.62%的股权出质给望洲健康公司后，望洲健康公司以盟科公司出质的股权向忻州农商银行提供反担保"来看，望洲健康公司向忻州农商银行提供反担保的质物为忻州农商银行的股权。综合以上可见，《协议书》第1、2条约定的实质为盟科公司将其持有的忻州农商银行4.62%的股权向忻州农商银行提供质押担保。根据《公司法》第142条的规定，公司不得接受本公司的股票作为质押权的标的。因此，《协议书》中有关股权质押担保部分因违反法律法规的强制性规定，应认定无效。故盟科公司提出的该项上诉理由成立，予以支持。

关于盟科公司承担责任问题。我国法律、行政法规均对外公开，各方当事人均应当知晓法律、行政法规的相关规定。如前所述，《协议书》中有关股权质押担保部分因违反《公司法》第142条的规定而无效。而作为《协议书》的签订主体忻州农商银行、望洲健康公司、盟科公司对此无效均有过错。根据《担保法解释》第7条"主合同有效而担保合同无效，债权人无过错的，担保人与债务人对主合同债权人的经济损失，承担连带赔偿责任；债权人、担保人有过错的，担保人承担民事责任的部分，不应超过债务人不能清偿部分的二分之一"的规定，故盟科公司应对恒昌公司不能清偿的部分承担二分之一的赔偿责任。

---

* 《民法典》已于2021年1月1日施行，《物权法》同时废止。——编者注

例案二 | 苏某某与山东天安化工股份有限公司股权转让纠纷案

【法院】

山东省德州市中级人民法院

【案号】

(2016)鲁14民终1138号

【当事人】

上诉人(原审被告、反诉原告):山东天安化工股份有限公司

被上诉人(原审原告、反诉被告):苏某某

【基本案情】

原告和梁某某、黄某某曾是被告聘用的工程师,原告是被告的董事。苏州天马精化股份有限公司(以下简称天马公司)并购被告后,于2012年5月31日被告与原告、梁某某、黄某某签订一份《离职协议》。该协议约定原告的离职日期为5月6日,该协议第7项:"乙方苏某某在甲方的股份被锁定事宜,由于锁定的理由已经发生变化,甲方将按照证监会的有关规定,在苏某某离职达到法定的期限后一个月内,按照本次股权收购的价格和有关约定,由天马公司一次性收购苏某某所有的全部股份,如果天马公司不同意收购,则甲方承诺在该时间内以不低于上述条件回购该股份,但苏某某必须配合甲方完成工商登记变更等有关事宜"。该协议第8项:"如果任何一方违反上述各约定,违反方将承担相应违约项目标的额20%的违约金。"协议签订后原告协助被告办理了工商登记变更等有关事宜。天马公司未收购原告的股份,被告也未回购。2015年10月19日原告诉至法院请求法院处理。

【案件争点】

2012年5月31日山东天安化工股份有限公司与苏某某、梁某某、黄某某签订的《离职协议》中关于股份回购的约定是否有效。

【裁判要旨】

山东省德州市中级人民法院二审认为:2012年5月31日,山东天安化工股份有限公司与苏某某、梁某某、黄某某签订《离职协议》,约定:"苏某某的离职日期为5月6日,山东天安化工股份有限公司将按照证监会的有关规定,在苏某某离职达到法定的期限后一个月内,按照本次股权收购的价格和有关约定,由天马公司一次性收购苏某某所有的全部股份,如果天马公司不同意收购,则山东天安化工股份有限公司承诺在该时间内以不低于上述条件回购该股份,但苏某某必须配合甲方完

成工商登记变更等有关事宜。”协议签订后天马公司未收购苏某某的股份，山东天安化工股份有限公司也未回购。后苏某某诉至原审法院，要求山东天安化工股份有限公司支付股金款 51 万元及违约金 10.2 万元。法院认为，《公司法》第 142 条第 1 款规定：“公司不得收购本公司股份。但是，有下列情形之一的除外：(一)减少公司注册资本；(二)与持有本公司股份的其他公司合并；(三)将股份奖励给本公司职工；(四)股东因对股东大会作出的公司合并、分立决议持异议，要求公司收购其股份的。”该规定是为维护股份有限公司资本制度，禁止任意减少公司的股份，股东抽逃资金，损害公司及债权人利益而制定的，并维护公司设立运转的合法性，维护社会公共秩序。在该条规定的四种情形之外，禁止公司收购本公司股份的规定，属于效力性强制规定。本案中，苏某某作为山东天安化工股份有限公司的股东，山东天安化工股份有限公司收购其持有的公司股份，不符合《公司法》关于公司收购股东股份的除外规定的情形，因此山东天安化工股份有限公司与苏某某签订的《离职协议》第 7 条关于山东天安化工股份有限公司收购苏某某持有的公司股份的约定违反效力性强制规定，该约定无效。依据最高人民法院《关于适用〈中华人民共和国合同法〉若干问题的规定(二)》第 14 条规定，对于苏某某要求山东天安化工股份有限公司收购其股份的诉讼请求，法院不予支持。原审判决认定事实及适用法律均有误，应当予以纠正，至于苏某某已经变更的股权，苏某某可以另行主张。

例案三 | 湖北武陵山生态农业股份有限公司、徐某合同纠纷案

【法院】

湖北省恩施土家族苗族自治州中级人民法院

【案号】

(2019)鄂 28 民终 1093 号

【当事人】

上诉人(原审被告)：湖北武陵山生态农业股份有限公司

上诉人(原审原告)：徐某

被上诉人(原审被告)：刘某某、李某、陈某某

【基本案情】

湖北武陵山茶油股份有限公司于 2008 年 4 月 21 日登记成立，2015 年 8 月 25

日更名为湖北武陵山生态农业股份有限公司(以下简称武陵山公司)。刘某某、李某、陈某某原在武陵山公司持股比例依次为70%、20%、10%。2015年1月28日,武陵山公司(甲方)、徐某(乙方)及刘某某、李某、陈某某(丙方)签订《增资扩股协议》,其中载明:"丙方系甲方现有股东,甲方采用定向增发方式扩充股本;本次定向募集股份价格为2元/股,乙方认购10万股,认购款总金额为20万元"。第5条约定:"1. 甲方自愿做出向乙方派发股息的承诺,自收到乙方的认股款之日起36个月内,甲方承诺每年按乙方认购金额的8%比例派发股息。2. 乙方自愿做出股份锁定三年的承诺……若乙方入股甲方满三年后,甲方未成功上市,乙方可以选择继续持股或行使股份回购权,甲方享有优先回购权,甲方根据乙方原认购金额进行回购(丙方内部按原持股比例同比例受让乙方股份)"。第9条第1款约定:"一方未能遵守或履行本协议,即构成违约,违约方应负责赔偿对方因此而受到的损失,并按认购股份款项的3%向守约方支付违约金,双方另有约定的除外"。该协议签订当日,徐某通过银行转账方式向武陵山公司支付了认购款20万元。此后,武陵山公司向徐某派发了股息1.6万元,至今未上市。

2018年7月4日,徐某以武陵山公司为被告向一审法院提起诉讼。诉讼过程中,徐某以"被申请人(刘某某、李某、陈某某)与正在进行的诉讼,具有法律上直接的利害关系。申请人起诉时遗漏了被告,为了进一步查清案件事实,明晰当事人之间的权利义务"为由,申请追加刘某某、李某、陈某某为被告参加诉讼。

武陵山公司向一审法院提交了《湖北武陵山茶油股份有限公司股份转让协议》(2016年3月2日),其中载明:转让方为徐某,受让方为徐某兴(系徐某之父),徐某将其持有的武陵山公司的股权10万股无偿转让给徐某兴,权利义务由徐某兴承继,本协议自双方签署之日起生效。徐某提交了徐某兴的情况说明,其中载明"2015年并不知道我儿子买了武陵山油茶公司股权在我名下的事宜,2016年没有签署该公司股权转让协议,此事与我无关"。徐某承认"是我代替我爸徐某兴签字的"。

【案件争点】

1. 徐某是否为适格的主体。

2.《增资扩股协议》中约定武陵山公司向徐某每年派发固定股息是否合法。

3.《增资扩股协议》中约定股权回购的主体是武陵山公司还是刘某某、李某、陈某某。

【裁判要旨】

湖北省恩施市人民法院一审认为，从徐某兴的情况说明来看，徐某兴并未受让其子徐某在武陵山公司的股份，案涉股份实际属于徐某所有，徐某可以主张相关权利。关于股份有限公司的股份转让，《公司法》第 142 条第 1 款规定："公司不得收购本公司股份。但是，有下列情形之一的除外：（一）减少公司注册资本；（二）与持有本公司股份的其他公司合并；（三）将股份奖励给本公司职工；（四）股东因对股东大会作出的公司合并、分立决议持异议，要求公司收购其股份的。"武陵山公司系依法登记成立的股份有限公司，徐某系武陵山公司的股东，武陵山公司依法不得收购徐某的股份。《增资扩股协议》约定"若乙方入股甲方满三年后，甲方未成功上市，乙方可以选择继续持股或行使股份回购权，甲方享有优先回购权，甲方根据乙方原认购金额进行回购（丙方内部按原持股比例同比例受让乙方股份）"，据此徐某"行使股份回购权"的相对方只能是武陵山公司，不是刘某某、李某、陈某某。刘某某、李某、陈某某内部按比例分配股份，必须以武陵山公司回购徐某股份为前提，其没有义务直接回购徐某的股份，不应当承担责任。因武陵山公司回购股份不合法，实际也没有回购股份，当然不存在刘某某、李某、陈某某内部按比例分配股份的问题。武陵山公司未按照约定足额支付股息，其行为构成违约，应当承担违约责任。协议中关于股息及违约金的约定，不违反法律、行政法规的强制性规定，合法有效。徐某请求判令武陵山公司支付股息 3.2 万元及违约金 0.3 万元，符合双方约定和法律规定，一审法院予以支持。武陵山公司作为股份有限公司，应当知道不得收购本公司股份，仍然与投资人徐某约定收购本公司股份，导致徐某按照约定内容提起诉讼，责任在于武陵山公司，本案案件受理费应当全部由武陵山公司承担。徐某的其他诉讼请求，无事实和法律依据，一审法院不予支持。

湖北省恩施土家族苗族自治州中级人民法院二审认为：

关于焦点一。武陵山公司上诉称徐某已将其股份转让给徐某兴，徐某兴才是公司股东，徐某起诉属于主体不适格的情形。法院认为，本案在一审中已查明徐某兴对股份转让一事并不知情，且《湖北武陵山茶油股份有限公司股份转让协议》上"徐某兴"的签名系徐某代签，故涉案股份仍属徐某所有，徐某可以主张相关权利。武陵山公司的该上诉理由不能成立。

关于焦点二。在本案中，从武陵山公司与徐某及刘某某、李某、陈某某签订的《增资扩股协议》的内容及履行方式看，徐某不参与武陵山公司的日常经营管理，不承担公司经营风险，只是按固定利率收取约定的股息。可见，徐某进行股权投资的实质是以增资扩股方式取得固定投资回报,而非参与武陵山公司的经营管理。徐某在三年增资扩股期间获取固定股息的约定虽不符合公司法有关利润分配的相关管理性规定,但不影响案涉《增资扩股协议》中关于派发固定股息条款的效力,该约定系各方当事人真实意思表示,且不违反法律、行政法规的效力性强制性规定,合法有效。武陵山公司上诉称上述约定因违反《公司法》第35、166条规定应属无效条款的上诉理由不能成立。

关于焦点三。徐某上诉称按照《增资扩股协议》第5条的约定,刘某某、李某、陈某某作为法律规定所必需的合同主体自然应当承受《增资扩股协议》所约定的内容,即徐某可以要求转让股份给刘某某、李某、陈某某并支付转让款,且回购的股份用于激励上述员工符合法律的规定,在签订《增资扩股协议》也表明回购股份是用于员工的持股计划。法院认为,案涉《增资扩股协议》中明确约定"若乙方入股甲方满三年后,甲方未成功上市,乙方可以选择继续持股或行使股份回购权,甲方享有优先回购权,甲方根据乙方原认购金额进行回购(丙方内部按原持股比例同比例受让乙方股份)",虽然刘某某、李某、陈某某在《增资扩股协议》上签名,但并不代表刘某某、李某、陈某某应回购徐某的股份,该约定的文字表述十分清晰,股权回购的主体为武陵山公司,并非刘某某、李某、陈某某。本案中,徐某虽主张回购股权是用于奖励公司员工,但未提供相关证据予以证实,故武陵山公司与徐某回购股权的约定不符合《公司法》第142条所规定的允许公司回购股权的情形,一审法院认定该条款系无效条款符合法律规定。因此,徐某的该上诉理由不能成立。

三、裁判规则提要

《公司法》第142条属于强制性规定。并且,《公司法》第142条属于效力性强制性规定。除《公司法》第142条规定的情形外,股份有限公司收购本公司股份的,涉案合同无效。股份有限公司接受本公司的股票作为质押权的标的的,质押合同无效。

《公司法》严格限制股份有限公司特别是上市公司收购本公司股份。其原因在于:首先,股份有限公司收购本公司股份会侵蚀公司的责任财产,损害公司清偿债务的能力,实质上产生与股东抽逃资本相同的效果,有违资本维持原则。另外,公司内部人可能通过股份回购进行内幕交易、操纵市场等违法活动,扰乱资本市场秩序,损害中小投资者的利益。因此,《公司法》严格限制股份有限公司特别是上市公司收购本公司股份是出于对公司及其股东、债权人以及其他利益相关者的保护。

公司及股东都应当知道《公司法》第 142 条对股份回购的限制。除《公司法》第 142 条规定的情形以外，股份有限公司收购本公司股份的，与违反《公司法》第 35 条以及第 74 条的情形一样，不涉及保护善意第三人的问题，涉案合同应为无效。

另外，公司接受本公司的股票作为质押权的标的的，客观上具有公司收购本公司股份的效果。出于同样理由，该种质押合同也应为无效。

四、辅助信息

高频词条：

《公司法》

第 142 条 公司不得收购本公司股份。但是，有下列情形之一的除外：

（一）减少公司注册资本；

（二）与持有本公司股份的其他公司合并；

（三）将股份用于员工持股计划或者股权激励；

（四）股东因对股东大会作出的公司合并、分立决议持异议，要求公司收购其股份；

（五）将股份用于转换上市公司发行的可转换为股票的公司债券；

（六）上市公司为维护公司价值及股东权益所必需。

公司因前款第（一）项、第（二）项规定的情形收购本公司股份的，应当经股东大会决议；公司因前款第（三）项、第（五）项、第（六）项规定的情形收购本公司股份的，可以依照公司章程的规定或者股东大会的授权，经三分之二以上董事出席的董事会会议决议。

公司依照本条第一款规定收购本公司股份后，属于第（一）项情形的，应当自收购之日起十日内注销；属于第（二）项、第（四）项情形的，应当在六个月内转让或者注销；属于第（三）项、第（五）项、第（六）项情形的，公司合计持有的本公司股份数不得超过本公司已发行股份总额的百分之十，并应当在三年内转让或者注销。

上市公司收购本公司股份的，应当依照《中华人民共和国证券法》的规定履行信息披露义务。上市公司因本条第一款第（三）项、第（五）项、第（六）项规定的情形收购本公司股份的，应当通过公开的集中交易方式进行。

公司不得接受本公司的股票作为质押权的标的。

《民法典》

第 153 条 违反法律、行政法规的强制性规定的民事法律行为无效。但是，该强制性规定不导致该民事法律行为无效的除外。

违背公序良俗的民事法律行为无效。

第154条 行为人与相对人恶意串通，损害他人合法权益的民事法律行为无效。

《全国法院民商事审判工作会议纪要》

30. 合同法施行后，针对一些人民法院动辄以违反法律、行政法规的强制性规定为由认定合同无效，不当扩大无效合同范围的情形，合同法司法解释（二）第14条将《合同法》第52条第5项规定的“强制性规定”明确限于“效力性强制性规定”。此后，《最高人民法院关于当前形势下审理民商事合同纠纷案件若干问题的指导意见》进一步提出了“管理性强制性规定”的概念，指出违反管理性强制性规定的，人民法院应当根据具体情形认定合同效力。随着这一概念的提出，审判实践中又出现了另一种倾向，有的人民法院认为凡是行政管理性质的强制性规定都属于“管理性强制性规定”，不影响合同效力。这种望文生义的认定方法，应予纠正。

人民法院在审理合同纠纷案件时，要依据《民法总则》第153条第1款和合同法司法解释（二）第14条的规定慎重判断“强制性规定”的性质，特别是要在考量强制性规定所保护的法益类型、违法行为的法律后果以及交易安全保护等因素的基础上认定其性质，并在裁判文书中充分说明理由。下列强制性规定，应当认定为“效力性强制性规定”：强制性规定涉及金融安全、市场秩序、国家宏观政策等公序良俗的；交易标的禁止买卖的，如禁止人体器官、毒品、枪支等买卖；违反特许经营规定的，如场外配资合同；交易方式严重违法的，如违反招投标等竞争性缔约方式订立的合同；交易场所违法的，如在批准的交易场所之外进行期货交易。关于经营范围、交易时间、交易数量等行政管理性质的强制性规定，一般应当认定为“管理性强制性规定”。

公司法上效力性强制性规定识别案件裁判规则第 12 条：
《公司法》第 148 条是效力性强制性规定

〔**规则描述**〕：《公司法》第 148 条是效力性强制性规定。董事、高级管理人员有《公司法》第 148 条规定的行为的，涉案合同无效。即使董事、高级管理人员与相对人之间不存在恶意串通，相对人也应当知道《公司法》第 148 条对董事、高级管理人员的行为设定的一系列限制，因此有义务通过尽职调查了解董事、高级管理人员是否存在违反上述限制的情形。若相对人因怠于履行审查义务而不知董事、高级管理人员存在违反上述限制的情形，就更应承担涉案合同无效的法律后果。

一、类案检索大数据报告

时间：2020 年 8 月 2 日前；
案例来源：Alpha 案例库；
案例数量：66 件；
数据采集时间：2020 年 8 月 2 日。

本次检索获取 2020 年 8 月 2 日前共 66 篇裁判文书，整体情况如图 12－1 所示，其中认定《公司法》第 148 条是效力性强制性规定的案件 18 件，占比为 27%；认定《公司法》第 148 条是管理性强制性规定的案件 41 件，占比为 62%；在该问题上无明确结论的案件 7 件，占比为 11%。

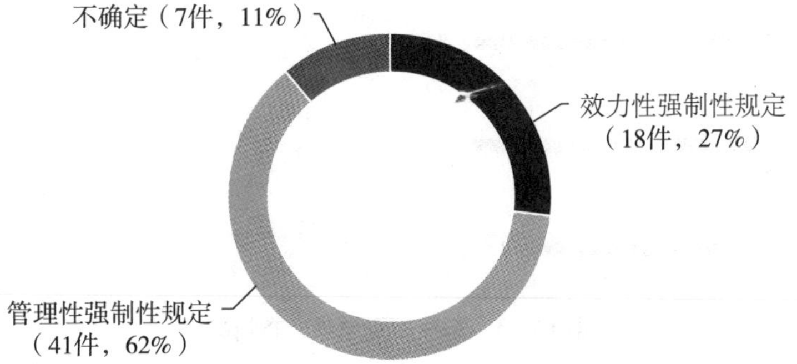

图 12－1 《公司法》第 148 条的性质

如图 12 –2 所示,从案件年份分布情况可以看出当前条件下案件数量的变化趋势。

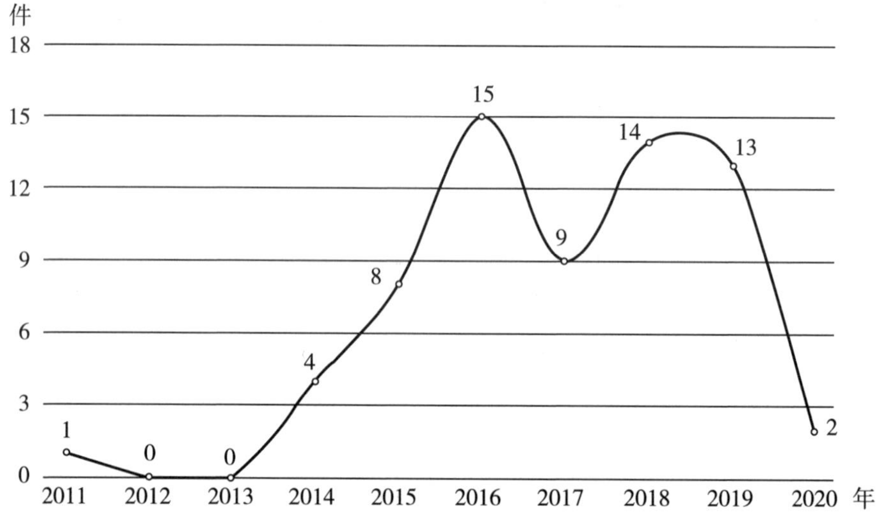

图 12 –2　案件年份分布情况

如图 12 –3 所示,从案件主要地域分布情况可以看出,当前案件主要集中在广东省、湖南省、安徽省、浙江省、湖北省。

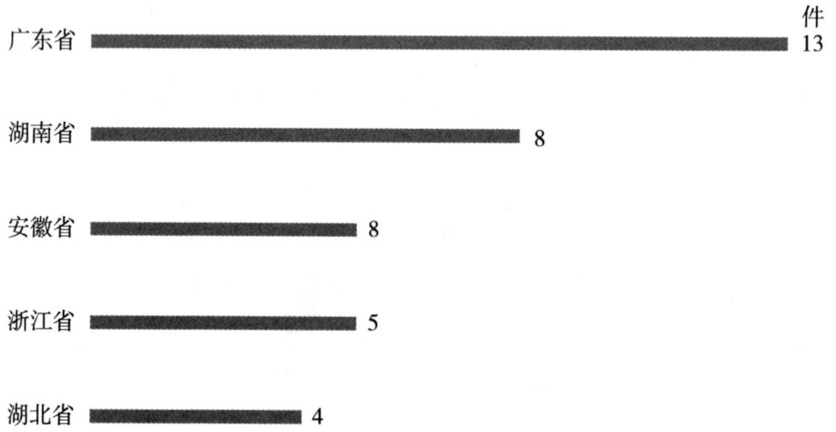

图 12 –3　案件主要地域分布情况

二、可供参考的例案

例案一 | 江油市万利化工有限责任公司、全某某民间借贷纠纷案

【法院】

四川省高级人民法院

【案号】

(2018)川民再626号

【当事人】

再审申请人(一审被告、二审上诉人):江油市万利化工有限责任公司

被申请人(一审原告、二审被上诉人):全某某、汪某某、喻某某、遂宁九州联宜天然气能源发展有限责任公司

【基本案情】

被告汪某某和被告喻某某于2010年6月24日在射洪县民政局申请补发结婚证。2010年7月,被告汪某某与原告全某某协商借款100万元,双方约定借款月利率3%,按月结息。同月17日,原告全某某通过其中国农业银行射洪支行62××××13账号向被告汪某某之女汪某中国农业银行62×××18账号转款100万元。借款后,被告汪某某按约每月支付原告全某某30,000元资金利息至2013年并偿还了部分借款本金。2014年7月15日,被告汪某某与原告全某某对前期还款本息进行结算,双方核定前期借款下欠本金34万元,下欠一年的利息36万元;被告汪某某将利息计入后期借款本金共计70万元,重新向原告出具借条一张,借条载明:今借到全某某同志现金人民币¥700,000.00元大写(柒拾万元整),月利息3%,即每月利息21,000元(贰万壹仟元整)。借款人:汪某某。担保单位:江油市万利化工有限责任公司(以下简称万利公司)。万利公司在借条上加盖了公司印章,公司法定代表人贾某梅在借条上签字捺印予以确认;被告汪某某作为遂宁九州联宜天然气能源发展有限责任公司(以下简称九州联宜公司)股东在借条上签字捺印。重新出具借条后,被告汪某某就杳无音讯,至今下落不明,未按约定支付借款利息,也未偿还借款本金。一审期间,因被告汪某某、喻某某下落不明,一审法院于2016年8月31日在《四川法制报》发出公告,向被告汪某某、喻某某、九州联宜公司公告送达了起诉状副本、送达副本通知书、举证通知书及开庭传票。现公告期逾,被告汪某某、喻某某、九州联宜公司未到庭参加诉讼。庭审中,原告全某某出具《保证书》,

保证作为本案当事人向法庭据实陈述。如有虚假陈述,愿意接受罚款、拘留乃至刑事处罚。证人文某作为本案证人出具《保证书》,保证向法庭据实陈述证言。如有虚假陈述,愿意接受罚款、拘留乃至刑事处罚。

【案件争点】

万利公司为董事、高管汪某某个人债务提供担保的合同是否有效。

【裁判要旨】

四川省高级人民法院再审认为:

1. 案涉借条上,双方存在真伪争议的贾某梅签名和万利公司印章,是否应认定为贾某梅亲笔书写及公司真实印章,案涉担保合同是否成立。

本案中,万利公司否认案涉借条上该公司印章为真实印章,否认贾某梅签名为真实签名,并为证明该主张提交了另案文某与汪某某民间借贷纠纷案中,经四川省射洪县人民法院委托鉴定形成的西南政法大学司法鉴定中心〔2017〕鉴字第4376号、第0700号司法鉴定意见书作为证据。法院认为,全某某提交的证据证明万利公司曾在企业经营提示、变更登记申请书以及法人代表证明书上使用了多个公司印章,且根据法院(2018)川民申5530号民事裁定所认定内容,万利公司存在于生产经营期间,有多个非公安机关备案公章同时使用的情形,故仅对案涉借条上公司印章与公安机关备案公章比对鉴定,不能达到万利公司的证明目的。另外,万利公司应提供股东贾某梅亲笔书写的检材作为字迹鉴定依据,但贾某梅始终不到庭采集检材,如贾某梅确未在该借条上签字,该情形显然不符情理,而万利公司于另案中所提及的贾某梅和汪某某在绵阳市公安机关的笔录显示,贾某梅所占的49%股份实际为汪某某所有,在汪某某于案涉借条签名的情况下,"贾某梅"签名为贾某梅真实签名具有高度盖然性。根据上述事实,法院认为,贾某梅在案涉借条上签名和盖章后,万利公司与全某某就案涉汪某某的个人借款成立保证关系,且因案涉借条上并未明确约定保证责任,根据《担保法》第19条"当事人对保证方式没有约定或者约定不明确的,按照连带责任保证承担保证责任"的规定,该保证责任为连带保证责任。

2. 万利公司为董事、高管汪某某个人债务提供担保的合同效力问题。

法院认为,《公司法》第148条明确规定董事、监事和高管人员不得与本公司发生交易。担保虽然不是该条所列人员与公司直接发生交易,但担保使得公司存在代公司股东、董事、监事和高管人员等承担债务责任的后果,公司能否代为承担债务,应有公司章程或股东会、股东大会决议的形式加以明确。当公司为董事、监事和高管人员的债务而与债权人签订担保协议时，债权人应当注意该条规定对董事、监事和高管交易行为的规定，了解股东对相关人员提供担保的意思表示，若担保不符合公司章程规定，应认定担保协议缺乏生效要件。本案中，因万利公司章程及股东会并未就贾某梅代表万利公司对董事、高管汪某某个人债务提供担保明确授权，根据最高人民法院《担保法解释》第4条规定，本案所涉万利公司为其董事汪某某的个人债务提供担保的合同无效。

3. 万利公司是否因案涉借条上的签名盖章对汪某某的个人债务承担民事责任。

最高人民法院《担保法解释》第4条规定："董事、经理违反《中华人民共和国公司法》第六十条的规定，以公司资产为本公司的股东或者其他个人债务提供担保的，担保合同无效。除债权人知道或者应当知道的外，债务人、担保人应当对债权人的损失承担连带赔偿责任"。第7条规定："主合同有效而担保合同无效，债权人无过错的，担保人与债务人对主合同债权人的经济损失，承担连带赔偿责任；债权人、担保人有过错的，担保人承担民事责任的部分，不应超过债务人不能清偿部分的二分之一。"根据上述规定，法院认为，公司提供担保的协议被认定为无效后，公司应承担的损失赔偿责任并非保证责任，而是缔约过失责任。该民事责任以诚实信用原则为判决依据，赔偿对象仅限于对方的信赖利益，人民法院判定担保人承担缔约过失责任的前提是确认担保合同的无效与损失有无关联，是否存在信赖利益及因果关系，如该经济损失与担保合同的无效没有关联，两者无因果关系，债权人非因对保证行为的信赖作出民事行为致产生经济损失，则担保人不承担损失赔偿责任。本案中，全某某在本案中未尽对公司是否授权对董事、高管汪某某的个人债务提供担保的注意义务，并非对担保合同的无效全无过错。另外，按全某某的陈述，案涉70万元借条包括34万元本金及欠付的36万元利息，系其与汪某某就之前100万元借款结算后形成，该情形表明全某某于2010年7月17日向汪某某出借100万元并非基于对担保人万利公司担保行为的信赖所为，其本息未能得到偿还是万利公司提供担保前即客观存在的事实，与万利公司是否作出担保意思并无关联。万利公司为公司董事、高管的个人债务提供的担保合同虽因违反公司章程及未经股东大会决议通过而无效，但因本案不存在万利公司违背诚实信用原则，致全某某对担保人的信赖利益受损即因公司提供担保而出借资金并导致本息发生损失的情形，故万利公司无须承担缔约过失责任。

例案二 | 南昌绿地申人置业有限公司、罗某某民间借贷纠纷案

【法院】

江西省高级人民法院

【案号】

(2018)赣民终299号

【当事人】

上诉人(原审被告):南昌绿地申人置业有限公司

被上诉人(原审原告):罗某某

原审被告:杨某、黄某某、上海绿地建设(集团)有限公司

【基本案情】

2013年1月31日,杨某出具《借条》一份,载明:今借到罗某某人民币1000万元整,借期三个月。同日,罗某某、杨某、南昌绿地申人置业有限公司(以下简称绿地申人公司)签订《借款协议书》一份,载明:罗某某借款给杨某人民币1000万元,借款期间为3个月,自银行汇出之日起算,指定的收款账户为杨某,账号:62×××09,借款期内利息按月息一分五计算,期满后,杨某应将该借款本金归还罗某某,如杨某逾期未还,则每日按本金的0.2%支付违约金。绿地申人公司自愿为杨某上述债务提供连带责任担保。2013年2月1日,罗某某向杨某上述指定账户存入人民币1000万元。

2013年11月8日,罗某某与被告杨某、绿地申人公司签订《借款合同》一份,载明:罗某某借给杨某人民币1300万元整,借款期间为3个月,以银行汇出之日起算,指定收款账户为杨某,账号:62×××81,借款期内利息按月息2分计算,各方均同意预先扣减杨某应承担的3个月利息人民币78万元,即罗某某仅需向杨某汇出1222万元即可,期满后杨某应将该借款本金归还罗某某,如杨某逾期未还,除按前述标准支付利息外,还应每日按本金的0.2%支付逾期违约金。绿地申人公司自愿为杨某上述借款提供连带责任担保。同日,罗某某向杨某上述指定账户分别汇入人民币99万元、99万元、99万元、99万元、99万元、99万元、99万元、82万元、99万元、99万元、99万元,共计1072万元。2013年11月8日,杨某出具《收条》一份,载明收到罗某某人民币1300万元,利息为月息2分,三个月的利息78万元已经扣减。

2014年8月19日,杨某出具《借条》一份,载明:本人于2013年累计向罗某某

借款人民币2300万元整，由于资金紧张，该借款到期后仍未清偿完毕，截至2014年8月19日，尚欠借款本金1773万元，利息177.3元。本人承诺上述债务于2014年9月19日之前偿还，如再逾期不还，则逾期之后的利息将按月息6%计算。同日，绿地申人公司出具《承诺》一份，载明：对上述《借条》内容，我方不持异议并自愿继续为杨某所欠债务提供连带责任担保，保证责任期间为上述借款期限届满后两年。

罗某某自认于2014年3月5日收到还款人民币800万元，于2014年12月12日收到还款人民币1000万元。

【案件争点】

绿地申人公司在本案中是否应承担责任，如应承担，其责任范围如何。

【裁判要旨】

绿地申人公司上诉提出，杨某自绿地申人公司成立至2015年12月期间担任公司经理，公司的财务章、合同专用章等重要印章均由其实际管理。杨某是公司实际控制人。根据《公司法》第16条第2款、最高人民法院《担保法解释》第4条的规定，绿地申人公司为杨某提供担保，必须要经公司股东会决议通过，否则依法无效。法院认为，案涉借款合同(协议)签订于2013年1月31日、11月8日，绿地申人公司为案涉借款提供担保也是这个时间。故本案适用的《公司法》应该是经第十届全国人民代表大会常务委员会第十八次会议于2005年10月27日修订通过、2006年1月1日施行的《公司法》。该法第16条第2款规定，公司为公司股东或者实际控制人提供担保的，必须经股东会或者股东大会决议。第149条规定，“董事、高级管理人员不得有下列行为：……(三)违反公司章程的规定，未经股东会、股东大会或者董事会同意，将公司资金借贷给他人或者以公司财产为他人提供担保……董事、高级管理人员违反前款规定所得的收入应当归公司所有”。即1999年修订的《公司法》第60条“董事、经理不得以公司资产为本公司的股东或者其他个人债务提供担保”已修改为上述内容，但禁止公司董事、经理以公司财产为他人提供担保的基本内容未变。最高人民法院《担保法解释》第4条规定适用的基础仍然存在。经查，杨某并非绿地申人公司的股东，也非《公司法》所指的实际控制人，只是绿地申人公司聘用的经理，系其高级管理人员。故绿地申人公司为杨某向罗某某借款提供担保，不适用《公司法》第16条的规定，而应适用该法第149条的规定。按照绿地申人公司章程规定，杨某作为公司经理，其无权以公司名义对外提供担保。其签署案涉借款合同，以绿地申人公司名义为自己向罗某某借款提供担保，也未经股东会议或董事会同意，确实违反了公司章程和《公司法》(2005 年修订)第 149 条的规定。根据最高人民法院《担保法解释》第 4 条的规定，绿地申人公司为杨某向罗某某借款提供担保应确认无效。绿地申人公司聘用杨某为其公司经理，并经工商登记部门登记，该信息对外具有公示性，罗某某应当知道杨某系绿地申人公司的高级管理人员，且未要求绿地申人公司提供股东会或者董事会决议，故对案涉借款担保合同无效也存在过错，根据最高人民法院《担保法解释》第 7 条“主合同有效而担保合同无效，债权人无过错的，担保人与债务人对主合同债权人的经济损失，承担连带赔偿责任；债权人、担保人有过错的，担保人承担民事责任的部分，不应超过债务人不能清偿部分的二分之一”的规定，绿地申人公司应对杨某不能偿还罗某某借款本金及利息、逾期违约金的部分，在 50% 范围内承担赔偿责任。

例案三 | 陈某某、湖南嘉茂房地产开发有限公司股权转让纠纷案

【法院】

湖南省高级人民法院

【案号】

(2018)赣民终 299 号

【当事人】

上诉人(原审被告)：陈某某、湖南嘉茂房地产开发有限公司

被上诉人(原审原告)：彭某

【基本案情】

湖南嘉茂房地产开发有限公司(以下简称嘉茂公司)于 2009 年 9 月 4 日成立；2013 年 1 月 5 日，嘉茂公司股东登记为彭某、陈某某及案外人孙某某、肖某某。2015 年 7 月 20 日，彭某(甲方)、陈某某(乙方)、案外人孙某某(丙方)、肖某某(丁方)、嘉茂公司(戊方)签订《股权转让协议书》，约定：“……第 1 条，股份转让款及不确定权益的处置：1. 甲方彭某愿意将其占目标公司(戊方嘉茂公司)42% 的股份以人民币 4000 万元的价格全部转让给乙、丙、丁方，乙、丙、丁方表示愿意行使股权受让的股东优先权……第 2 条，甲方与易某某、陆某某股权转让款纠纷的处理：易某某、陆某某对甲方追索股权转让款的判决责任全部由甲方自己承担，因上述执行案件对目标公司造成的损失，甲方应当全额补偿，填平公司受到的损失。目标公司有权主张在该两案被扣划执行款之日冲抵甲方对目标公司的等额借款本金，并在

应付甲方的借款本息余额中预留未执行款项，不足部分，可在认购股东应支付给甲方的股权转让款中预留。据此，目标公司于2011年4月28日从甲方处借款500万元人民币本金冲抵404万元后，截至2015年3月31日止，目标公司结欠甲方借款本息金额为人民币474万元(96万元+378万元)，现全额留存；不足额部分约为1100万元(本金额系估算金额，最终以法院执行确定的金额为准)，各方同意在认购股东为收购甲方42%股份而向甲方支付的股权转让款中先预留1100万元。扣除甲方提存于目标公司的款项后，余额2900万元作为认购股东收购甲方42%股份应向甲方支付的股权转让金额。第3条，股权转让程序……第4条，股权转让款的支付方式:1. 甲方同意，股权转让款由承接其股权的认购股东按本协议约定，以各自承接比例向其支付，并以现金(转账)方式支付该股权转让款。认购股东支付其各自应付甲方的股权转让款4000万元除留置1100万元后，剩余2900万元分四次完成。其中，第一次，在醴陵市工商行政管理局确定股权变更登记在认购股东名下之日起3天内支付300万元。第二次，15天之内支付600万元。第三次，再留置1800万元，待甲方与易某某、陆某某股权转让纠纷通过诉讼、和解、执行等方式最终了结，使目标公司不再承担连带担保责任之日起3天内与甲方结清。但该1800万元留置期间按月息1.5%计算由目标公司承担结付给甲方，同时认购股东按照各自认购股份份额比例对1800万元留置款承担连带担保责任。第四次，甲方向醴陵市工商行政管理局申请注销醴陵长江房地产顾问有限公司(以下简称长江公司)并完成注销手续后15日内，应支付股权转让款共200万元。本协议签署后24个月内，非甲方原因不能完成注销手续，则支付转让款200万元。但如果在24个月内出现第三方向长江公司主张权利时，则支付时间顺延6个月，并在6个月内经公安机关查实如属于甲方责任，则由甲方全部承担责任。如果公安机关在6个月内尚未认定完责任方，仍需在24个月内支付该转让款，并按月利率1.5%计算支付12个月的利息……2. 甲方留置目标公司的1574万元(借款本金96万元+利息378万元+股权转让款1100万元)作为清偿74号、75号两案原甲方受让易某某、陆某某股权款2015年3月31日之前的本息。至此，该两案付款责任由目标公司负责最高标准按两案判决执行了结。若目标公司未及时了结，签订本协议并完成股权变更登记之日后再产生的利息归目标公司负责承担。但签订本协议完成股权变更登记之前的预留款项如不足支付时，仍由甲方承担。如果目标公司在与易某某、陆某某两案未了结前，甲方与易某某、陆某某自行了结该两案执行(以法院解除对目标公司资产查封冻结和连带担保责任为准)时起10日内，留置目标公司的

1574 万元由目标公司结付清给甲方，逾期按月息1.5%支付给甲方，同时认购股东按照各自认购股份份额比例对1100 万元留置款承担连带担保责任。……第6条，违约责任：……4.认购股东未依约向甲方支付股权转让款，如果逾期，则应当按照月息 1.5%计算利息给甲方……"

2015 年8 月27 日，嘉茂公司企业注册登记资料中的股东变更为陈某某、孙某某、肖某某。

2017 年4 月19 日，彭某（甲方）与陈某某（乙方）、嘉茂公司（丙方）针对上述《股权转让协议书》（主协议）签订《补充协议书》，其中约定：(1)甲方原持有嘉茂公司股权42%，由乙方陈某某、孙某某、肖某某以4000 万元的价格受让。甲方已经按照约定将该42%的股权工商变更登记至陈某某名下30%，孙某某名下9%，肖某某名下3%。另根据2017 年2 月7 日醴陵市人民法院[(2015)醴法执字第517－1号、第518－1号]两执行裁定书（以下简称两裁定书），甲方所承担给付陆某某、易某某本金为人民币806.2625 万元(443.7575＋362.505)、利息为人民币862.4709万元(486.6692＋375.8017)、罚息为人民币93.4063 万元(52.0048＋41.4015)，三项共计为人民币1762.1397 万元。……该1762.1397 万元由甲方负责承担。同时，甲、乙、丙三方同意从"主协议"第三页第二行："……截至2015 年3 月31 日止，在扣除法院强制执行划走404 万元……"其中因17 万元实为丙方用于给付醴陵市行业办的公司费用和第八页："2.甲方留置目标公司的1574 万元……"两款项1591 万元抵销完后，被法院多执行的171.1397 万元再从"主协议"第七页倒数第八行："……第四次，甲方向醴陵市工商行政管理局申请注销长江公司并完成注销手续后15 日内，应支付股权转让款共200 万元。本协议……"中扣减；"两裁定书"裁定的2031.4327 万元扣除1762.1397 万元部分后数额由丙方负责承担，与甲方无关。但"两裁定书"第四项："……办证中所涉及的相关税费……"按实际发生的数额由甲、丙方各承担50%，另行结算。(2)目前乙方陈某某仅给付转让款55 万元(2015 年11 月7 日40 万元，2016 年2 月5 日10 万元，2016 年4 月30 日4 万元，2016 年5 月1 日1 万元)。现陈某某承诺：根据"主协议"第4 条第1 项约定应给付的第一次转让款300 万元，第二次转让款600 万元，乙方陈某某保证按其受让的股权份额对应的金额(900÷42×30－55 万元)，于本协议签订后在2017 年9 月30日前给付完毕，逾期，则按照月利率1%从2017 年10 月1 日开始承担逾期付款的利息。上述转让款900 万元约定条件成立所滋生的利息和"主协议"约定的利息，属于乙方受让股权份额承担部分，出现丙方不能替其给付时，则由乙方承担给付。

(3)基于2015年7月20日“主协议”中，转让方(彭某)、受让方(陈某某)、受让方(孙某某)、受让方(肖某某)、目标公司(嘉茂公司)的共同确认：截至2015年3月31日止，乙方(陈某某)以珠海市嘉茂投资发展有限公司、珠海市嘉莱机电设备有限公司等名义出借了本金7973.2559万元，滋生利息4645.51万元给丙方，该款项经乙方(陈某某)、丙方(嘉茂公司)共同确认，至今尚未偿还。故此丙方自愿对乙方(陈某某)在“主协议”和本补充协议项下所欠甲方的全部股权转让款本息承担连带给付责任(指“主协议”内约定的股权转让款出现乙方不能给付时，至于付款时间和条件仍按照“主协议”和本补充协议约定执行)。

【案件争点】

1.陈某某是否需要向彭某支付股权转让款及利息。

2.如果陈某某有支付股权转让款的义务，嘉茂公司是否应对陈某某的付款义务承担连带责任。

【裁判要旨】

湖南省高级人民法院二审认为：

根据(2015)醴法执字第517-1号、518-1号两份民事裁定书的内容，嘉茂公司在陆某某诉彭某股权转让纠纷案中实际代彭某清偿债务1053.0132万元(现金扣划166.2万元+现金60万元+财产抵债826.8132万元)，在易某某诉彭某股权转让纠纷案中实际代彭某清偿债务716.7515万元(现金扣划110.8万元+现金40万元+财产抵债565.9515万元)，合计1769.7647万元。而根据《股权转让协议书》，彭某对嘉茂公司出借500万元款项，在法院对嘉茂公司强制执行扣划后借款利息余额计为378万元，加上彭某留置的1100万元股权转让款，彭某对嘉茂公司及陈某某享有的债权为1978万元，两相抵消后，彭某对嘉茂公司仍享有债权208.2353万元。陈某某主张债务抵消后彭某重复主张权利，没有事实依据，应予驳回。因(2015)醴法执字第517-1号、518-1号两份民事裁定书确定尚未执行完毕的仍有638.65万元(其中陆某某案303.5032万元，易某某案335.1468万元)，要由被执行人彭某和嘉茂公司继续清偿，该部分款项如由嘉茂公司清偿，可冲抵彭某余下的债权208.2353万元以及双方在《补充协议书》中同意扣减的第四笔转让款200万元，不足部分，嘉茂公司可基于其连带担保人身份向实际债务人彭某追偿。虽然双方在之后签订的《补充协议书》中约定仅彭某承担1762.1397万元，剩余部分由嘉茂公司负责承担，但该约定实际上变更了《股权转让协议书》中的约定，将彭某应当承担的陆某某、易某某案中的部分清偿责任转嫁给嘉茂公司。《公司法》第148条明确：董事、高级管理人员不得违反公司章程的规定，未经股东会、股东大会或者董事会同意，将公司资金借贷给他人或者以公司财产为他人提供担保。举轻以明重，董事、高级管理人员更加不能以公司资产直接为他人清偿债务。涉案《补充协议书》的签订主体系彭某、陈某某和嘉茂公司，未经全体股东签字盖章，嘉茂公司替他人承担债务也未经股东大会决议，违反了公司法的相关规定，《补充协议书》中关于剩余部分由嘉茂公司负责承担的约定应为无效。嘉茂公司主张除了两份民事裁定书裁定查封的房产外，还有其他财产处于被执行状态，但其没有在法院指定的期限内提供相关证据，其主张依法不能成立，其要求进行会计鉴定的请求亦因缺乏事实基础不能得到支持。

彭某依据《补充协议书》第3条关于"丙方（嘉茂公司）自愿对乙方（陈某某）在主协议（《股权转让协议书》）和本补充协议项下所欠甲方（彭某）的全部股权转让款本息承担连带给付责任"，诉请嘉茂公司对陈某某欠付的股权转让款承担连带偿还责任。法院认为，首先，该条约定不符合《公司法》第16条关于公司为公司股东提供担保必须经股东会或股东大会决议的规定。本案《补充协议书》系陈某某、彭某与嘉茂公司签订，约定嘉茂公司自愿对陈某某应支付给彭某的股权转让款承担连带给付责任。虽然协议中未使用"担保"一词，但条款的性质与担保无异，当事人的约定同样不能违反公司治理的基本原则。陈某某签订《补充协议书》时系嘉茂公司股东、法定代表人，其未经公司股东会决议即以公司名义为其个人债务承担连带给付责任，违反了公司法的上述规定。其行为依法属于越权代表行为。《合同法》第50条规定："法人或者其他组织的法定代表人、负责人超越权限订立的合同，除相对人知道或者应当知道其超越权限的以外，该代表行为有效。"最高人民法院《担保法解释》第11条规定："法人或者其他组织的法定代表人、负责人超越权限订立的担保合同，除相对人知道或者应当知道其超越权限的以外，该代表行为有效。"彭某在与陈某某签订《补充协议书》时，明知嘉茂公司并非只有陈某某一位股东，其本应审查陈某某以嘉茂公司名义为其个人提供担保是否符合《公司法》第16条第2款的规定，已经该公司股东会决议同意，但其未要求陈某某出示嘉茂公司同意担保的股东会决议，也未提供证据证明其有理由相信该行为已经嘉茂公司股东会决议同意，故其自身存在明显过错，其属于《合同法》第50条、最高人民法院《担保法解释》第11条规定的应当知道陈某某的行为属于超越权限的相对人，不属于善意相对人。因此，陈某某的越权代表行为不符合《合同法》第50条、最高人民法院《担保法解释》第11条规定的有效情形。其次，该条约定不符合《公司法》第35条关于股东缴纳出资后不得抽回的规定。彭某与陈某某均为嘉茂公司的股东，两人之间发生股权转让，约定由嘉茂公司对受让方欠付的股权转让款本息承担连带给付责任，即意味着在受让方不能支付股权转让款的情形下，公司应向转让股东支付股权转让款，从而导致股东以股权转让的方式从公司抽回出资的后果。公司资产为公司所有债权人债权的一般担保，公司法规定股东必须向公司缴纳其认缴的注册资本金数额，公司必须在公司登记机关将公司注册资本金及股东认缴情况公示，在未经公司注册资本金变动及公示程序的情形下，股东不得以任何形式用公司资产清偿其个人债务，构成实质意义上的抽逃出资。综上，《补充协议书》中关于嘉茂公司对陈某某欠付彭某的股权转让款本息承担连带给付责任应认定为无效。至于陈某某对嘉茂公司是否享有债权，是另一个法律关系，在本案中不应一并解决。彭某依据《补充协议书》第 3 条约定起诉要求嘉茂公司承担连带清偿责任没有法律依据，嘉茂公司上诉认为其不应当承担连带清偿责任的理由成立，依法应予支持。

三、裁判规则提要

《公司法》第 148 条属于强制性规定。并且，《公司法》第 148 条属于效力性强制性规定。董事、高级管理人员有《公司法》第 148 条规定的行为的，涉案合同无效。

为防止公司董事、高级管理人员滥用职权损害公司利益，《公司法》第 148 条采用开放式列举的方式为董事、高级管理人员的行为设定了限制。即使董事、高级管理人员与相对人之间不存在恶意串通，相对人也应当知道《公司法》第 148 条对董事、高级管理人员的行为设定的一系列限制，因此有义务通过尽职调查了解董事、高级管理人员是否存在违反上述限制的情形。若相对人因怠于履行审查义务而不知董事、高级管理人员存在违反上述限制的情形，就必须承担涉案合同无效的法律后果。

另外，“违反公司章程的规定，未经股东会、股东大会或者董事会同意，将公司资金借贷给他人或者以公司财产为他人提供担保”的行为，还同时违反了《公司法》第 16 条。“违反公司章程的规定或者未经股东会、股东大会同意，与本公司订立合同或者进行交易”且给公司造成损失的行为，还同时违反了《公司法》第 21 条。《公司法》第 16 条和第 20 条同样属于效力性强制性规定，出于同样理由，与之相违反的合同均属无效。

四、辅助信息

高频词条：

《公司法》

第16条 公司向其他企业投资或者为他人提供担保，依照公司章程的规定，由董事会或者股东会、股东大会决议；公司章程对投资或者担保的总额及单项投资或者担保的数额有限额规定的，不得超过规定的限额。

公司为公司股东或者实际控制人提供担保的，必须经股东会或者股东大会决议。

前款规定的股东或者受前款规定的实际控制人支配的股东，不得参加前款规定事项的表决。该项表决由出席会议的其他股东所持表决权的过半数通过。

第21条 公司的控股股东、实际控制人、董事、监事、高级管理人员不得利用其关联关系损害公司利益。

违反前款规定，给公司造成损失的，应当承担赔偿责任。

第147条 董事、监事、高级管理人员应当遵守法律、行政法规和公司章程，对公司负有忠实义务和勤勉义务。

董事、监事、高级管理人员不得利用职权收受贿赂或者其他非法收入，不得侵占公司的财产。

第148条 董事、高级管理人员不得有下列行为：

（一）挪用公司资金；

（二）将公司资金以其个人名义或者以其他个人名义开立账户存储；

（三）违反公司章程的规定，未经股东会、股东大会或者董事会同意，将公司资金借贷给他人或者以公司财产为他人提供担保；

（四）违反公司章程的规定或者未经股东会、股东大会同意，与本公司订立合同或者进行交易；

（五）未经股东会或者股东大会同意，利用职务便利为自己或者他人谋取属于公司的商业机会，自营或者为他人经营与所任职公司同类的业务；

（六）接受他人与公司交易的佣金归为己有；

（七）擅自披露公司秘密；

（八）违反对公司忠实义务的其他行为。

董事、高级管理人员违反前款规定所得的收入应当归公司所有。

《民法典》

第 153 条 违反法律、行政法规的强制性规定的民事法律行为无效。但是，该强制性规定不导致该民事法律行为无效的除外。

违背公序良俗的民事法律行为无效。

第 154 条 行为人与相对人恶意串通，损害他人合法权益的民事法律行为无效。

第 504 条 法人的法定代表人或者非法人组织的负责人超越权限订立的合同，除相对人知道或者应当知道其超越权限外，该代表行为有效，订立的合同对法人或者非法人组织发生效力。

《全国法院民商事审判工作会议纪要》

30. 合同法施行后，针对一些人民法院动辄以违反法律、行政法规的强制性规定为由认定合同无效，不当扩大无效合同范围的情形，合同法司法解释(二)第 14 条将《合同法》第 52 条第 5 项规定的“强制性规定”明确限于“效力性强制性规定”。此后，《最高人民法院关于当前形势下审理民商事合同纠纷案件若干问题的指导意见》进一步提出了“管理性强制性规定”的概念，指出违反管理性强制性规定的，人民法院应当根据具体情形认定合同效力。随着这一概念的提出，审判实践中又出现了另一种倾向，有的人民法院认为凡是行政管理性质的强制性规定都属于“管理性强制性规定”，不影响合同效力。这种望文生义的认定方法，应予纠正。

人民法院在审理合同纠纷案件时，要依据《民法总则》第 153 条第 1 款和合同法司法解释(二)第 14 条的规定慎重判断“强制性规定”的性质，特别是要在考量强制性规定所保护的法益类型、违法行为的法律后果以及交易安全保护等因素的基础上认定其性质，并在裁判文书中充分说明理由。下列强制性规定，应当认定为“效力性强制性规定”：强制性规定涉及金融安全、市场秩序、国家宏观政策等公序良俗的；交易标的禁止买卖的，如禁止人体器官、毒品、枪支等买卖；违反特许经营规定的，如场外配资合同；交易方式严重违法的，如违反招投标等竞争性缔约方式订立的合同；交易场所违法的，如在批准的交易场所之外进行期货交易。关于经营范围、交易时间、交易数量等行政管理性质的强制性规定，一般应当认定为“管理性强制性规定”。

公司法上效力性强制性规定识别案件裁判规则第 13 条：

《公司法》第 166 条是效力性强制性规定

〔**规则描述**〕:《公司法》第 166 条是效力性强制性规定。股东会、股东大会或者董事会违反《公司法》第 166 条的规定,在公司弥补亏损和提取法定公积金之前向股东分配利润的,涉案决议、协议均属无效。公司设立协议、股东参股协议等协议中,违反《公司法》第 166 条的条款均属无效。另外,公司对其持有的本公司股份分配利润的,涉案决议、协议均属无效。公司股东、董事、高级管理人员都应当知道并自觉遵循《公司法》第 166 条对股利分配的限制,此处不存在保护善意第三人的问题。

一、类案检索大数据报告

时间:2020 年 8 月 2 日前;

案例来源:Alpha 案例库;

案例数量:23 件;

数据采集时间:2020 年 8 月 2 日。

本次检索获取 2020 年 8 月 2 日前共 23 篇裁判文书,整体情况如图 13 - 1 所示,其中认定《公司法》第 166 条是效力性强制性规定的案件 12 件,占比为 52%;认定《公司法》第 166 条是管理性强制性规定的案件 11 件,占比为 48%。

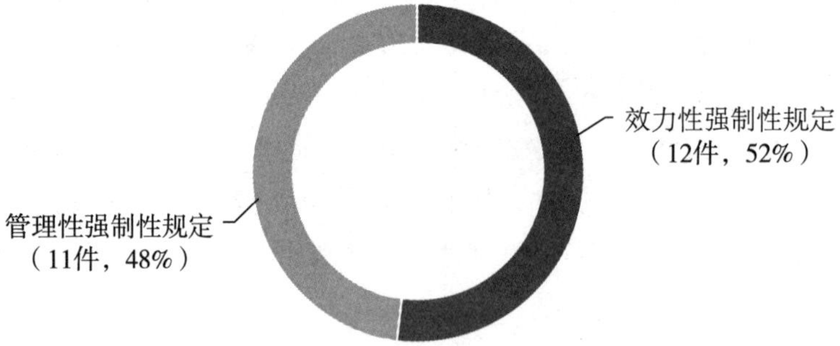

图 13 - 1 《公司法》第 166 条的案件性质

如图13－2所示，从案件年份分布情况可以看出当前条件下案件数量的变化趋势。

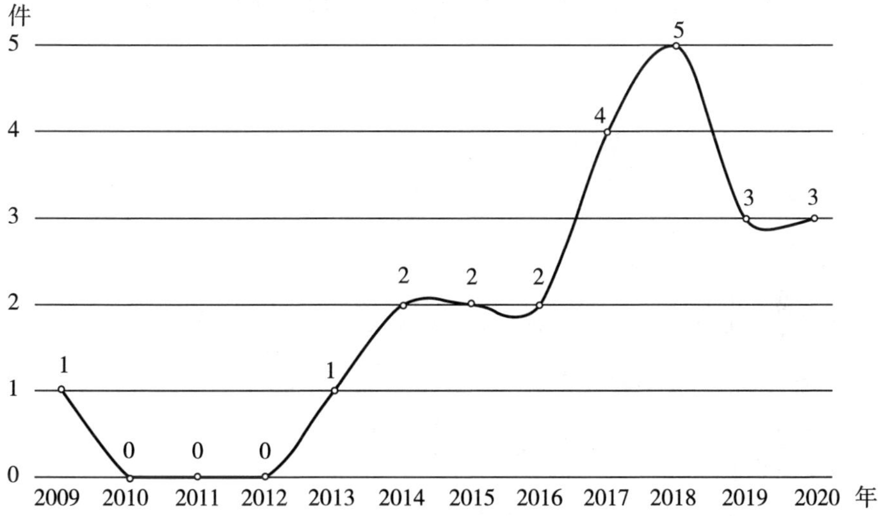

图13－2　案件年份分布情况

如图13－3所示，从案件主要地域分布情况可以看出，当前案件主要集中在浙江省、湖北省、云南省、广西壮族自治区、江西省。

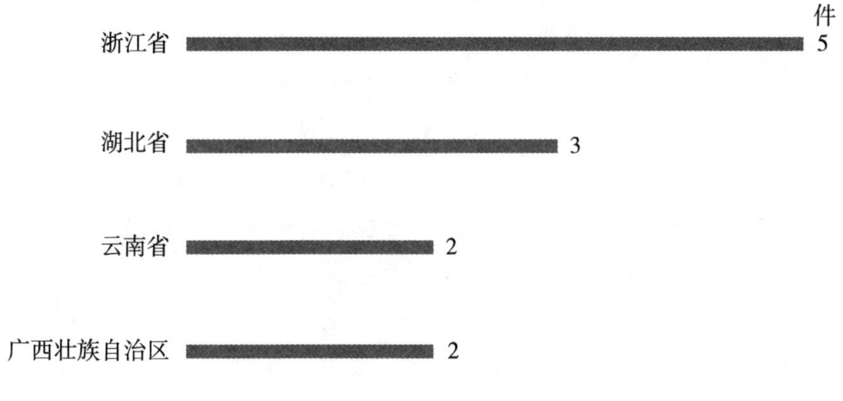

图13－3　案件主要地域分布情况

二、可供参考的例案

例案一 | 四川天九化工股份有限公司、周某某公司盈余分配纠纷案

【法院】

四川省绵阳市中级人民法院

【案号】

(2020)川07民终341号

【当事人】

上诉人(原审原告):四川天九化工股份有限公司

被上诉人(原审被告):周某某

原审第三人:尼勒克县天合工贸发展有限公司

【基本案情】

2013年12月13日,原告四川天九化工股份有限公司(以下简称天九化工公司)以股东身份(所持股本比例16%)参加了第三人尼勒克县天合工贸发展有限公司(以下简称天合工贸公司)的股东大会,此次股东大会形成的《股东大会决议》主要内容如下:"一、归还股东剩余借款(2013年12月31日前)……三、通过了'公司内部承包经营协议书',由周某某负责承包经营尼勒克县天合工贸发展有限公司,每年按股东初始出资金额(含借款)不低于20%的比例支付给承包人以外的股东作为承包费用进行分配。……"同日,第三人天合工贸公司(甲方、发包方)与被告周某某(乙方、承包方)签订《公司内部承包经营协议书》,约定:乙方承包的标的物为天合工贸公司所拥有的2014年1月1日至2016年12月31日对尼勒克县瑞祥焦化公司粗苯及污水处理生产线的承包经营权。承包期限为2014年1月1日至2016年12月31日。同时在该协议书第3条中约定乙方在承包期间,应当于每年12月30日前,按股东初始出资金额(含借款)不低于20%的比例,支付给承包人以外的股东作为承包费用进行分配,汇入各股东账户。第11条约定乙方违反本合同约定,逾期支付承包金的,应当立即支付并按照应付未付款的每日0.05%向甲方承担违约责任。

另查明,原告天九化工公司系第三人天合工贸公司的股东之一。

【案件争点】

案涉《公司内部承包经营协议书》有关承包人直接向承包人之外的股东支付承

包费的约定是否有效。

【裁判要旨】

四川省绵阳市游仙区人民法院一审认为：原告作为第三人天合工贸公司的股东，依据《公司内部承包经营协议书》第 3 条向被告与第三人主张分配承包费，该协议书第 3 条关于承包费的分配实质是公司利润向股东进行分配。根据《公司法》第 166 条“公司分配当年税后利润时，应当提取利润的百分之十列入公司法定公积金。公司法定公积金累计额为公司注册资本的百分之五十以上的，可以不再提取。公司的法定公积金不足以弥补以前年度亏损的，在依照前款规定提取法定公积金之前，应当先用当年利润弥补亏损。公司从税后利润中提取法定公积金后，经股东会或者股东大会决议，还可以从税后利润中提取任意公积金。公司弥补亏损和提取公积金后所余税后利润，有限责任公司依照本法第三十四条的规定分配；股份有限公司按照股东持有的股份比例分配，但股份有限公司章程规定不按持股比例分配的除外。股东会、股东大会或者董事会违反前款规定，在公司弥补亏损和提取法定公积金之前向股东分配利润的，股东必须将违反规定分配的利润退还公司。公司持有的本公司股份不得分配利润”的规定，公司分配利润之前必须先用当年利润弥补以前亏损、提取法定公积金，该规定系效力性强制性规定。而案涉《公司内部承包经营协议书》第 3 条约定由被告周某某直接向第三人的股东支付承包款的内容违反了《公司法》第 166 条之规定。根据《合同法》第 52 条第 5 项：“有下列情形之一的，合同无效：……（五）违反法律、行政法规的强制性规定”之规定，案涉《公司内部承包经营协议书》第 3 条的约定属无效条款，原告据该条约定向被告主张权利于法无据，原审法院不予支持。

四川省绵阳市中级人民法院二审认为：《公司内部承包经营协议书》关于承包人直接向承包人之外的股东支付承包费的约定违反《公司法》第 166 条“公司分配当年税后利润时，应当提取利润的百分之十列入公司法定公积金。公司法定公积金累计额为公司注册资本的百分之五十以上的，可以不再提取。公司的法定公积金不足以弥补以前年度亏损的，在依照前款规定提取法定公积金之前，应当先用当年利润弥补亏损。公司从税后利润中提取法定公积金后，经股东会或者股东大会决议，还可以从税后利润中提取任意公积金。公司弥补亏损和提取公积金后所余税后利润，有限责任公司依照本法第三十四条的规定分配；股份有限公司按照股东持有的股份比例分配，但股份有限公司章程规定不按持股比例分配的除外。股东会、股东大会或者董事会违反前款规定，在公司弥补亏损和提取法定公积金之前向股东分配利润的,股东必须将违反规定分配的利润退还公司。公司持有的本公司股份不得分配利润"之规定,该约定无效;关于合同效力和法律关系释明的问题,合同效力问题在一审庭审中已作为辩论焦点进行辩论,法律关系的认定对本案裁判理由及处理结果没有影响,故原审不存在程序错误。综上,原审判决认定事实清楚,适用法律正确,判处适当,应予维持;上诉人之上诉理由无事实和法律依据,法院不予支持。

例案二 武汉市青山区国有资本投资运营控股集团有限公司(原武汉市青山区国有资产经营有限公司)、武汉盛德行投资担保有限公司公司盈余分配纠纷案

【法院】

湖北省武汉市中级人民法院

【案号】

(2017)鄂01民终1915号

【当事人】

上诉人(原审原告):武汉市青山区国有资本投资运营控股集团有限公司

被上诉人(原审被告):武汉盛德行投资担保有限公司、武汉睿圣丰投资管理有限公司

【基本案情】

被告武汉盛德行投资担保有限公司(以下简称盛德行投资公司)于2010年10月28日成立,公司章程规定:公司名称为盛德行投资公司;公司住所地武汉市青山区冶金大道54号火炬大厦;公司注册资本1.05亿元;股东出资额及比例为,武汉市青山区国有资本投资运营控股集团有限公司(以下简称青山国资公司)出资500万元,占比为4.76%的股权,武汉睿圣丰投资管理有限公司(以下简称睿圣丰投资公司)出资1亿元,占比为95.24%的股权;股东不按出资比例分取红利,红利分取方式由股东另行约定。章程还对公司的经营范围,公司机构及其产生办法、职权、议事规则,财务制度等事项进行了规定。原告曾于2010年10月20日将500万元转入盛德行投资公司(验资)账户中,庭审中,被告盛德行投资公司与被告睿圣丰投资公司均认可原告履行了出资义务。

2010年10月30日,原告青山国资公司(乙方)与被告睿圣丰投资公司(甲方)

签订协议书，约定："甲乙双方为共同出资设立盛德行投资公司事宜，经过充分协商，达成本协议；公司注册资本1.05亿元，乙方出资500万元，甲方出资1亿元；乙方不参与公司经营活动，不论公司是否盈利或亏损，股东均不按出资比例分红，公司每年定期按照乙方实际出资额的12%向乙方支付红利，甲方对乙方每年应分取的固定红利承担连带责任"。协议还对盛德行投资公司的住所地，经营范围，公司机构及其产生办法、职权、议事规则，财务制度等事项进行了约定。

被告盛德行投资公司按上述协议书约定，于2011年、2012年、2013年每年向原告支付60万元红利，但自2014年起，就停止向原告支付红利。原告于2016年6月28日诉至一审法院。庭审中，原、被告确认被告盛德行投资公司未就公司利润分配事项形成股东会决议；被告盛德行投资公司于2013年8月左右歇业。

【案件争点】

原告能否要求被告盛德行投资公司支付红利及被告睿圣丰投资公司是否承担连带责任。

【裁判要旨】

湖北省武汉市青山区人民法院一审认为，原告青山国资公司与被告睿圣丰投资公司于2010年10月30日签订公司协议书，共同设立了被告盛德行投资公司，该协议实为公司设立协议，协议约定被告盛德行投资公司每年向原告支付60万元固定投资收益及被告睿圣丰投资公司对该收益承担连带责任。本案的争议焦点为原告能否要求被告盛德行投资公司支付红利及被告睿圣丰投资公司是否承担连带责任。第一，我国公司法规定公司的税后利润在弥补公司亏损、提取公积金后可进行分配，但利润分配属于公司自治的范围，在股东会决议之前，股东仅拥有可期待利益，本案中，被告盛德行投资公司未就利润分配形成决议，原告直接起诉要求被告盛德行公司分配利润缺乏法律依据；第二，原告与被告睿圣丰投资公司签订的协议书约定被告盛德行投资公司无论盈亏，每年均向原告分配60万元固定红利，该固定红利的约定脱离了被告盛德行公司的经营业绩，可能会损害公司利益和公司债权人的利益，故该固定红利的约定属无效约定；第三，协议书约定被告睿圣丰投资公司对上述每年60万元红利承担连带保证责任，但协议书中关于红利分配的约定属无效约定，故该担保的约定无效。综上，原告要求被告盛德行投资公司支付红利及被告睿圣丰投资公司承担连带责任的诉讼请求，一审法院不予支持。

湖北省武汉市中级人民法院二审认为，《公司法》第20条第1款规定："公司股东应当遵守法律、行政法规和公司章程，依法行使股东权利，不得滥用股东权利损害公司或者其他股东的利益;不得滥用公司法人独立地位和股东有限责任损害公司债权人的利益。”第37条规定:“股东会行使下列职权:……(六)审议批准公司的利润分配方案和弥补亏损方案……”第166条规定:“公司分配当年税后利润时,应当提取利润的百分之十列入公司法定公积金。公司法定公积金累计额为公司注册资本的百分之五十以上的,可以不再提取。……公司弥补亏损和提取公积金后所余税后利润,有限责任公司依照本法第三十四条的规定分配;股份有限公司按照股东持有的股份比例分配,但股份有限公司章程规定不按持股比例分配的除外。股东会、股东大会或者董事会违反前款规定,在公司弥补亏损和提取法定公积金之前向股东分配利润的,股东必须将违反规定分配的利润退还公司……”本案中,青山国资公司与睿圣丰投资公司作为股东投资成立盛德行投资公司,其中青山国资公司出资500万元,占该公司股份4.76%;睿圣丰投资公司出资1亿元,占该公司股份95.24%。上述股东即青山国资公司与睿圣丰投资公司于2010年10月30日签订的《协议书》第22条约定,青山国资公司不参与公司经营活动,不论公司是否盈利或亏损,股东均不按出资比例分红,公司每年定期按照青山国资公司实际出资额的12%向青山国资公司支付红利,睿圣丰投资公司对青山国资公司每年应分取的固定红利承担连带责任。对此,上诉人青山国资公司认为,根据盛德行投资公司《公司章程》第25条规定,股东不按照出资比例分取红利,红利分取方式由股东另行约定。因《协议书》对盛德行投资公司利润分配方式及相关事项进行了明确约定,系盛德行投资公司股东的共同意思表示,该协议未违反效力性强制性的法律规定,且在2014年度以前,盛德行投资公司一直按《协议书》的约定执行,故原判认定该协议无效,属于适用法律错误。法院认为,依照《公司法》第20、166条规定,股东应当遵守法律、行政法规和公司章程,依法行使股东权利。公司分配当年税后利润时,应当提取利润的10%列入公司法定公积金,公司弥补亏损和提取公积金后所余税后利润才能依法进行分配。现青山国资公司主张按照协议书约定由盛德行投资公司向其支付2014年至2015年投资红利120万元及其延期支付的利息损失,但青山国资公司既未提供盛德行投资公司于2014年和2015年已依照法律规定提取相应的法定公积金、公司弥补亏损和提取公积金后所余税后利润的相关事实证据,也未提供盛德行投资公司就利润分配方案和弥补亏损方案已于2014年和2015年先后形成股东会决议的相关证据,且盛德行投资公司已于2013年8月歇业至今。上述协议中关于公司是否盈利或亏损,盛德行投资公司每年应按照青山国资公司实际出资额的12%向青山国资公司支付红利的约定,明显与上述法律规定相悖。上诉人青山国资公司认为上述协议属于公司股东意思自治，不违反国家法律、行政法规的规定，未侵害公司的利益，也未侵害公司其他股东的利益的上诉主张，于法无据，法院对此不予支持。

例案三　丽水市城市建设投资有限责任公司与浙江金润担保发展有限公司、黄某某等侵害企业出资人权益纠纷案

【法院】

浙江省丽水市中级人民法院

【案号】

(2015)浙丽商终字第 30 号

【当事人】

上诉人(原审原告)：丽水市城市建设投资有限责任公司

被上诉人(原审被告)：浙江金润担保发展有限公司、黄某某、叶某某

【基本案情】

2010 年 12 月 27 日，原告丽水市城市建设投资有限责任公司(以下简称城投公司)在经得被告浙江金润担保发展有限公司(以下简称金润公司)的股东一致同意后，与被告金润公司及被告黄某某、叶某某签订了《参股协议书》，约定："城投公司向金润公司投资参股 5,000,000 元，资金于 2010 年 12 月 31 日前到位；原告投入资金为优先股，从次年开始被告金润公司每年按投资额的 20% 支付固定股息给原告，固定股息累计达到 5,000,000 元后，固定股息按 1% 的比例支付，当年股息于次年 1 月 30 日前支付"。其余两被告对被告金润公司的应付股息，承担连带责任。协议还约定了其他事项。协议签订后，原告于 2010 年 12 月 30 日向被告金润公司投入5,000,000元，并办理了工商变更登记。2011 年 11 月 9 日，原告又与被告金润公司签订了金额 1,500,000 元、约定内容相同的《参股协议书》，约定被告金润公司每年按投资额 20% 支付固定股息，并于次年 12 月 30 日前支付，被告黄某某、叶某某对金润公司的应付股息承担连带责任。协议签订后，原告于 2011 年 12 月 8 日向被告金润公司支付了 1,500,000 元，但未办理工商变更登记。原告向被告投入 6,500,000元资金后，被告金润公司支付过 1,000,000 元给原告城投公司。另据审理查明，被告金润公司在 2011 年度、2012 年度、2013 年度均存在不同程度的亏损，没有可分配利润。

【案件争点】

案涉《参股协议书》中“金润公司应每年按投资额的20%支付固定股息给城投公司”的约定是否有效。

【裁判要旨】

浙江省丽水市莲都区人民法院一审认为:根据《公司法》第166条的规定,“公司分配当年税后利润时,应当提取利润的百分之十列入公司法定公积金……公司的法定公积金不足以弥补以前年度亏损的,在依照前款规定提取法定公积金之前,应当先用当年利润弥补亏损……股东会、股东大会或者董事会违反前款规定,在公司弥补亏损和提取法定公积金之前向股东分配利润的,股东必须将违反规定分配的利润退还公司”。前述条款的规定均为有关股东分配利润条件的强制性规定,违反该规定的合同条款应为无效。本案中,《参股协议书》约定,被告金润公司应每年按投资额的20%支付固定股息给原告城投公司,该约定违反了《公司法》有关股东分配利润条件的强制性规定,应属无效。故原告城投公司要求被告金润公司支付固定股息,并要求被告黄某某、叶某某承担连带责任的诉请,不符合法律规定,法院不予支持。

浙江省丽水市中级人民法院二审认为,优先股原指依照《公司法》,在一般规定的普通种类股份之外,另行规定的其他种类股份,其股份持有人优先于普通股股东分配公司利润和剩余财产。优先股持有人若主张优先分配利润的权利,应当建立在本会计年度可分配利润足以支付相应固定股息的基础之上。由于被上诉人浙江金润公司于2011~2014年度均处于亏损状态,故上诉人要求支付固定股息的条件并未成就,无权向被上诉人金润公司主张按投资额20%支付固定股息。此外,被上诉人金润公司系有限责任公司而非股份有限公司,并不具有发行优先股的资质,上诉人认定其签订参股协议书时约定优先股的本意在于要求被上诉人公司无条件每年按投资额的20%支付固定股息,该约定已然违反《公司法》第166条的规定,该条款规定了法定公积金提取制度,并规定:“公司的法定公积金不足以弥补以前年度亏损的,在依照前款规定提取法定公积金之前,应当先用当年利润弥补亏损”“股东会、股东大会或者董事会违反前款规定,在公司弥补亏损和提取法定公积金之前向股东分配利润的,股东必须将违反规定分配的利润退还公司”。该条款的禁止目的在于保证公司资本完整性与保护公司债权人利益,涉及公共利益与市场秩序,属效力性强制性规定,因此应认定违反该规定的合同条款无效。上诉人不能依照此约定向被上诉人主张每年按投资额20%支付固定股息。参股协议书中约定被上诉人黄某某、叶某某对金润公司的应付股息承担连带责任，现因金润公司无须支付固定股息，被上诉人黄某某、叶某某承担连带责任的基础条件并不成立。故上诉人的上诉主张于法无据，法院不予支持。

三、裁判规则提要

《公司法》第 166 条属于强制性规定。并且，《公司法》第 166 条属于效力性强制性规定。股东会、股东大会或者董事会违反《公司法》第 166 条的规定，在公司弥补亏损和提取法定公积金之前向股东分配利润的，涉案决议、协议均属无效。公司设立协议、股东参股协议等协议中，违反《公司法》第 166 条的条款均属无效。另外，公司对其持有的本公司股份分配利润的，涉案决议、协议均属无效。否则，公司资本的稳定性将无以得到维护，债权人利益也将因此受损。公司股东、董事、高级管理人员都应当知道并自觉遵循《公司法》第 166 条对股利分配的限制，此处不存在保护善意第三人的问题。

四、辅助信息

高频词条：

《公司法》

第 166 条　公司分配当年税后利润时，应当提取利润的百分之十列入公司法定公积金。公司法定公积金累计额为公司注册资本的百分之五十以上的，可以不再提取。

公司的法定公积金不足以弥补以前年度亏损的，在依照前款规定提取法定公积金之前，应当先用当年利润弥补亏损。

公司从税后利润中提取法定公积金后，经股东会或者股东大会决议，还可以从税后利润中提取任意公积金。

公司弥补亏损和提取公积金后所余税后利润，有限责任公司依照本法第三十四条的规定分配；股份有限公司按照股东持有的股份比例分配，但股份有限公司章程规定不按持股比例分配的除外。

股东会、股东大会或者董事会违反前款规定，在公司弥补亏损和提取法定公积金之前向股东分配利润的，股东必须将违反规定分配的利润退还公司。

公司持有的本公司股份不得分配利润。

《民法典》

第153条 违反法律、行政法规的强制性规定的民事法律行为无效。但是,该强制性规定不导致该民事法律行为无效的除外。

违背公序良俗的民事法律行为无效。

第154条 行为人与相对人恶意串通,损害他人合法权益的民事法律行为无效。

《全国法院民商事审判工作会议纪要》

30. 合同法施行后,针对一些人民法院动辄以违反法律、行政法规的强制性规定为由认定合同无效,不当扩大无效合同范围的情形,合同法司法解释(二)第14条将《合同法》第52条第5项规定的"强制性规定"明确限于"效力性强制性规定"。此后,《最高人民法院关于当前形势下审理民商事合同纠纷案件若干问题的指导意见》进一步提出了"管理性强制性规定"的概念,指出违反管理性强制性规定的,人民法院应当根据具体情形认定合同效力。随着这一概念的提出,审判实践中又出现了另一种倾向,有的人民法院认为凡是行政管理性质的强制性规定都属于"管理性强制性规定",不影响合同效力。这种望文生义的认定方法,应予纠正。

人民法院在审理合同纠纷案件时,要依据《民法总则》第153条第1款和合同法司法解释(二)第14条的规定慎重判断"强制性规定"的性质,特别是要在考量强制性规定所保护的法益类型、违法行为的法律后果以及交易安全保护等因素的基础上认定其性质,并在裁判文书中充分说明理由。下列强制性规定,应当认定为"效力性强制性规定":强制性规定涉及金融安全、市场秩序、国家宏观政策等公序良俗的;交易标的禁止买卖的,如禁止人体器官、毒品、枪支等买卖;违反特许经营规定的,如场外配资合同;交易方式严重违法的,如违反招投标等竞争性缔约方式订立的合同;交易场所违法的,如在批准的交易场所之外进行期货交易。关于经营范围、交易时间、交易数量等行政管理性质的强制性规定,一般应当认定为"管理性强制性规定"。

公司法上效力性强制性规定识别案件裁判规则第 14 条：
《公司法》第 186 条是效力性强制性规定

〔**规则描述**〕:《公司法》第 186 条是效力性强制性规定。公司清算期间,若清算组未经分别支付清算费用、职工的工资、社会保险费用和法定补偿金,缴纳所欠税款的法定程序,即向股东分配财产的,涉案决议、协议均属无效。若公司开展与清算无关的经营活动,在经营活动中对外签订的合同均属无效,同时还应由公司登记机关予以警告,没收违法所得。

一、类案检索大数据报告

时间:2020 年 8 月 2 日前;
案例来源:Alpha 案例库;
案例数量:30 件;
数据采集时间:2020 年 8 月 2 日。

本次检索获取 2020 年 8 月 2 日前共 30 篇裁判文书,整体情况如图 14 – 1 所示,其中认定《公司法》第 186 条是效力性强制性规定的案件 9 件,占比为 30%;认定《公司法》第 186 条是管理性强制性规定的案件 18 件,占比为 60%;在该问题上无明确结论的案件 3 件,占比为 10%。

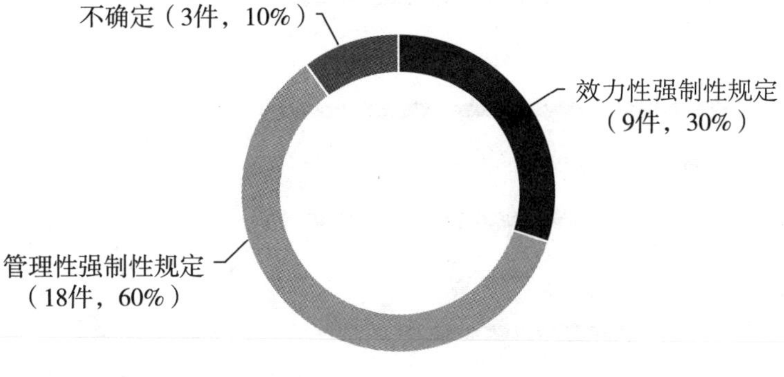

图 14 – 1 《公司法》第 186 条的案件性质

如图 14－2 所示，从案件年份分布情况可以看出当前条件下案件数量的变化趋势。

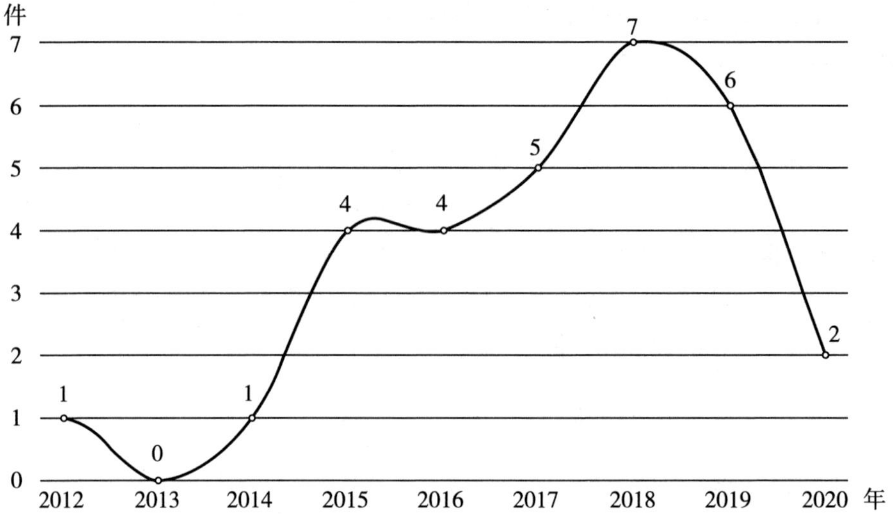

图 14－2　案件年份分布情况

如图 14－3 所示，从案件主要地域分布情况可以看出，当前案件主要集中在江苏省、江西省、辽宁省、重庆市、广东省。

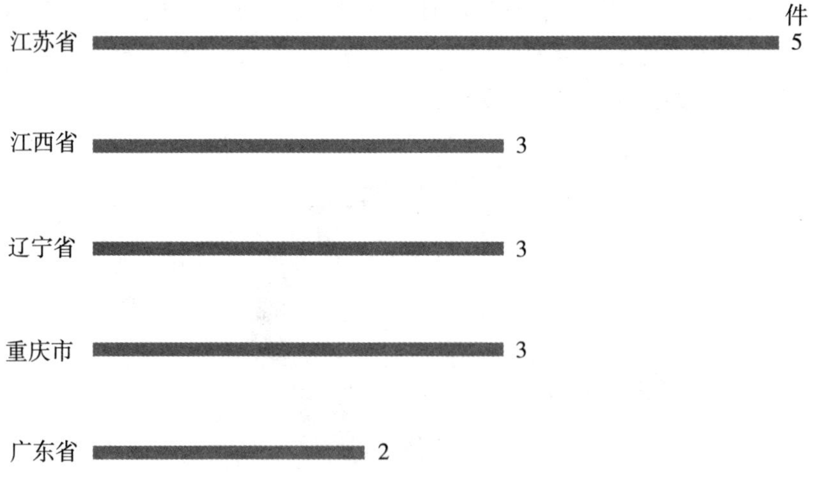

图 14－3　案件主要地域分布情况

二、可供参考的例案

例案一｜苏州力华机电工业有限公司与闻某某占有物返还纠纷案

【法院】

江苏省高级人民法院

【案号】

(2017)苏民终1756号

【当事人】

上诉人(原审被告):闻某某

被上诉人(原审原告):苏州力华机电工业有限公司

【基本案情】

2015年4月4日,严某以苏州力华机电工业有限公司(以下简称力华公司)(甲方)代理人名义与闻某某(乙方)签订了一份《委托合同》,该合同上加盖了力华公司公章。前述合同约定,力华公司委托闻某某出租力华公司位于苏州市吴中区郭巷镇××号的土地(约48亩)、办公用房、仓库的使用权。闻某某以力华公司的名义或单独向他人出租,一年上缴给力华公司出租费100万元。委托期限为3年,自本合同签订之日起至2017年12月30日。如果委托期间力华公司与傲仁制造工业有限公司的清算案启动或清算结案,本合同自然终止。如果土地被拍卖、拆迁或政府原因征用等,合同自然终止。租金汇入力华公司代表人严某个人中国农业银行账户。闻某某承诺在协议签订之日起,与陆某东的任何协议均终止。闻某某个人的养老金、保险等一切均由闻某某自理。合同还约定了租金支付期限等内容。后,闻某某将涉案场地等出租给戴某玲、唐某华等人。闻某某占用力华公司厂区门卫房。

另查明,原审法院于2014年8月20日作出(2014)苏中法商清预字第00001号民事裁定书,受理新安印刷厂提出的由法院指定清算组进行清算的申请。2015年9月25日,原审法院作出(2014)苏中法商清算字第00001-01号民事决定书,指定江苏辰海律师事务所担任清算组成员,组成力华公司清算组。2015年12月30日,力华公司清算组作出通知书,通知闻某某清算事宜,以及清算组在接管清算过程中发现,2015年4月4日,力华公司与闻某某签订《委托合同》,根据《合同法》的规定,解除《委托合同》。

再查明，闻某某提供付款证据：1. 2015年5月7日向62×××××账户银行卡转账10万元银行卡转账单打印件；2. 2015年10月15日向62×××11严某账户银行卡转账5万元银行卡交易明细清单；3. 2015年10月3日，署名严某的收条金额5万元；4. 2015年2月10日转账5万元、2015年5月7日转账10万元、2015年6月12日转账10万元银行卡交易明细清单。力华公司质证认为，对银行卡交易明细清单真实性无异议，对银行卡转账打印件真实性不能确认，对署名严某的收条未予确认。

【案件争点】

严某以力华公司名义与闻某某签订的涉案《委托合同》是否有效。

【裁判要旨】

江苏省高级人民法院二审认为：《公司法》第186条第3款规定，"清算期间，公司存续，但不得开展与清算无关的经营活动"，2014年10月29日，江苏省苏州市中级人民法院启动对被申请人力华公司的强制清算程序，力华公司即处于清算期间，案外人严某在力华公司清算期间，以力华公司名义于2015年4月4日与闻某某签订案涉《委托合同》，委托闻某某将力华公司拥有的场地、办公用房、仓库等用于出租牟利，该行为具有典型的经营性，且与清算无关，力华公司的上述行为违反了公司法的禁止性规定，根据《合同法》第52条第5项的规定，案涉《委托合同》应当认定为无效，闻某某基于《委托合同》的委托事由所享有的对力华公司厂区门卫房的占有使用的权利，亦自始无效，闻某某应当向力华公司管理人交还被其占用的力华公司厂区门卫房，原审法院判决闻某某立即搬离，并无不当。闻某某上诉主张其不应当立即搬离厂区的上诉请求无事实和法律依据，法院不予支持。

例案二 | 咸阳中威房地产开发有限公司与咸阳市农业机械总公司、北京慧天经济技术发展公司及李某某企业承债兼并合同纠纷案

【法院】

陕西省高级人民法院

【案号】

(2013)陕民二终字第00076号

【当事人】

上诉人(原审被告)：咸阳中威房地产开发有限公司

被上诉人(原审原告):咸阳市农业机械总公司

被上诉人(原审被告):北京慧天经济技术发展公司

原审被上诉人:李某某

【基本案情】

北京中威通宝科贸有限公司(以下简称北京中威公司)于1998年11月在北京市注册成立,其股东为自然人李某某和法人北京慧天经济技术发展公司(以下简称北京慧天公司),注册资金1000万元,其中李某某出资200万元,占20%的股份,北京慧天公司出资800万元,占80%的股份。北京中威公司成立时收到李某某现金出资1万元,其余注册资金均为实物出资,包括李某某的盘条、钢板、钢筋等折价199万元和北京慧天公司的一套机械设备(注塑机)折价800万元。北京中威公司设立并经营一年多,经营亏损,2001年年检报告反映,亏损原因是市场竞争激烈,流动资金紧缺。2002年该企业因未在规定期限内申报企业年检,2003年9月5日被吊销营业执照,2008年2月因两股东申请,北京中威公司被注销。北京中威公司注销清算材料反映,该公司从成立至清算,长年不经营,连年亏损,所投入的固定资产已无任何价值。北京慧天公司在北京中威公司出资的价值800万元机械设备一节,北京慧天公司的工商档案中并无该项固定资产投资的记载。北京慧天公司1994年5月成立,注册资金为50万元,1995年2月其注册资金变更为800万元,1998年注册资金变更为3000万元,其投资均为预付的工程款及土地款。1998年5月20日北京慧天公司的《资产负债表》反映当时北京慧天公司的固定资产净值为37万余元,在建工程价值3950万元。注册资金由800万元变更至3000万元,新增的2200万元注册资本均反映为在建工程支付的工程款和土地款。固定资产中并无此套机械设备。股东的投资是公司向股东的负债。2004年北京慧天公司亦因未在规定的期限内申报年检,在2005年8月15日被吊销了营业执照。

2005年3月4日,咸阳市深化国有企业改革领导小组办公室咸企改办发〔2005〕01号文《关于下达2005年咸阳市国有(集体)企业改制计划的通知》,决定对咸阳市农业机械总公司(以下简称农机公司)进行改制。农机公司即根据国有企业改制的程序清产核资,确定农机公司的资产为4055.97万元,负债为4582.18万元,还有一些应支付而未支付的工程款等其他费用。2005年12月6日,农机公司制定了《改制方案》,按照审批程序逐级向相关部门上报,该方案附件《职工代表会议决议》为打印件,职工代表的签字则是复印的手写体,来自2005年12月1日农机公司组织召开的一次企业改制职工代表大会《会议记录》。这次会议,只讨论了企业的改制,并无具体的《改制方案》和《职工安置方案》。农机公司将此次会议记录的内容进行总结、打印后,拼接上与会职工的签名形成了《职工代表会议决议》。此改制方案、职工安置方案经逐级上报后通过。2006 年 5 月 29 日,咸阳市深化国有企业改革领导小组咸企改发〔2006〕07 号《关于咸阳市农机公司改制方案的批复》对农机公司的改制提出 10 条批复意见:"……同意按改制方案改制……⑤兼并方应在产权转让合同签订 10 日内,将拖欠职工费用和需一次性支付的安置费用,一次性划入指定账户及时兑付,其余费用按产权转让合同规定执行;⑦在建工程 2 栋住宅楼待决算后增值部分和开发利润全部用于安置职工;⑩本安置方案经市改制领导小组批复后,市农机管理中心应在 3 个月内实施完毕,并对企业改制状况进行验收,验收合格后,在新闻媒体刊登改制终结公告,市农机管理中心负责改制方案的实施并协调解决相关问题"。农机公司得到批复后,北京中威公司表示愿意按照农机公司的改制方案对农机公司实施兼并,但并未向被兼并方及相关审批机构如实告知其在 2003 年已被吊销营业执照及另一法人股东北京慧天公司亦被吊销营业执照的情况。2006 年 6 月 30 日,农机公司与北京中威公司根据以上的《关于咸阳市农机公司改制方案的批复》和《改制方案》签订了《承债兼并合同》,合同约定:北京中威公司承债兼并农机公司,接收农机公司经营性资产和全部债权债务,自主经营,独立承担民事责任。同时,承担安置农机公司现有 193 名职工中的 178 名职工和 2 名遗属的费用,负责退休人员的管理,负责非经营性资产的管理。《承债兼并合同》第 4 条"兼并的实施"第 2 项还约定,"在本合同签订 5 日内,乙方(北京中威公司)应将拖欠职工费用和一次性支付的安置费用 1,760,948.96 元划入农机公司指定的账户,由农机公司用于安置职工"。在《承债兼并合同》上签字盖章的除被兼并企业农机公司和兼并方北京中威公司外,农机公司的上级主管部门咸阳市农业机械管理中心签字并加盖公章。《承债兼并合同》签订的同日,农机公司与北京中威公司还签订了《关于咸阳市农机公司非经营性资产委托管理的协议》,将乐育路 3 号院 1 号、2 号家属楼等非经营性资产委托给北京中威公司管理。至此,农机公司的经营性资产和非经营性资产均交付给兼并方北京中威公司。农机公司改制时的主要资产是两宗土地——乐育北路 3 号院和联盟二路 5 号院以及一块从苏家寨租赁的土地(后被建成 3 号大棚)。此三处资产,皆因农机公司的两起借款案件(本息达千万余元)一直被查封。改制时乐育北路土地经过不动产评估机构评估并备案,联盟二路 5 号院土地在扣除开发建设用地外,剩余土地未经不动产评估机构评估,只是由咸阳大秦有限责任会计事务所根据 2002 年的一份不动产评估结果作了账面价值的认定，此价值认定未在国土部门进行备案。

2007 年 8 月 20 日，北京中威公司的自然人股东李某某和陕西东祥实业有限公司（以下简称东祥公司）发起成立了咸阳中威房地产开发有限公司（以下简称咸阳中威公司），注册资金为 1000 万元，李某某出资 700 万元，东祥公司出资 300 万元。2007 年 9 月 3 日，兼并方北京中威公司和被兼并方农机公司签订了《补充协议》，主要内容为农机公司同意由新成立的咸阳中威公司替代并承继北京中威公司在兼并合同中的权利义务。《补充协议》上无农机公司的上级主管部门农机管理中心的签字盖章。2007 年 10 月 20 日，北京中威公司与咸阳中威公司签订《协议书》，主要内容为北京中威公司将兼并合同中的权利义务全部转让给了咸阳中威公司。2007 年 11 月，在执行农机公司的两起借款案件时，法院委托陕西德利信不动产咨询评估有限公司对农机公司的两宗土地再次进行价值评估，面积与改制时认定的土地面积均有出入，计算出乐育北路、联盟二路土地以及农机公司的房屋建筑物等资产价值共计 300 余万元的结论。根据此结论，新成立的咸阳中威公司代农机公司向秦都农行偿还了 180 万元贷款，获取了农机公司以上三处资产，法院依据当事人的申请依法解除了查封。2008 年 3 月，咸阳中威公司将联盟二路的土地过户到其公司名下，并取得了该宗土地的《国有土地使用证》[咸国用（2008）字第 040 号]。2010 年，咸阳中威公司被咸阳市工商行政管理局查实注册资本虚假受到行政处罚。在补缴出资时，股东李某某交现金 100 万元，其余 600 万是联盟二路 3283 平方米的土地投资费，后咸阳中威公司又申请对联盟二路 3 号家属楼进行了开发，虽因职工阻挡，政府调查等原因，开发建设断断续续，但在本案审理过程中，3 号家属楼现已封顶。

另查，农机公司原银行债务并未转移至北京中威公司或咸阳中威公司名下，兼并双方也未按政府批复要求，在规定的期限内对已经建成的联盟二路 1 号、2 号楼工程进行决算，所以改制工作一直未公告宣告终结，农机公司也一直未进行工商注销登记，仍保留着企业的名称和单位公章。

再查：改制中兼并方未按《承债兼并合同》规定一次性将安置资金划入指定账户，李某某及咸阳中威公司提供了部分职工安置明细以证明其已履行了《承债兼并合同》。但对其在履行合同中总共投入了多少资金，被告拒绝提供全部证据，法院对其进行了权利义务释明及限期举证，其仍认为改制合同有效，不做相应答辩及变更举证。而农机公司虽认可改制时《资产评估报告》中的资产金额 4055 万元，对农机公司的负资产金额不认可但未提供证据证明。

【案件争点】

农机公司与北京中威公司签订的《承债兼并合同》是否有效。

【裁判要旨】

陕西省咸阳市中级人民法院一审认为：根据法律、法规对国有企业改制有关资产审核、受让方审查、改制的内部决策程序以及报批程序的相关规定，应认定农机公司与北京中威公司签订的《承债兼并合同》无效。北京市中威公司注册资金中的资本金现金仅1万元，流动资金严重不足，从成立至注销，连年未开展经营，无任何盈利，又在签订的《承债兼并合同》前被吊销营业执照丧失经营资质，不具备兼并国有企业、安置企业职工的能力和资格，但其隐瞒这一事实，影响了转让方国有资产管理部门及被兼并企业农机公司的选择，签订了《承债兼并合同》，严重违反了《企业国有资产监督管理暂行条例》《企业国有产权转让管理暂行办法》的相关规定，故双方签订的《承债兼并合同》无效。根据《公司法》的相关规定，企业被吊销营业执照后，应限期成立清算组开始清算，股东逾期不成立清算组的，债权人可以申请法院指定人员组成清算组。此规定已严格限制了企业被吊销营业执照后的活动范围，如其开展与清算无关的经营活动，就是违反了《公司法》《合同法》中的效力性强制性规定，必然导致合同无效；农机公司属国有企业，在与外签订相关合同时，法律、法规赋予了职工对企业实行民主管理的合法权益，改制方案须经职工代表大会讨论通过，此程序是法定的内部决策程序。而农机公司作为改制企业，不仅对兼并方的资信能力、财务状况疏于审查，还在改制过程中弄虚作假，制造虚假的《职工代表大会决议》，严重侵犯了广大职工通过职工代表大会对企业实行民主管理的合法权益，此行为有违《宪法》《工会法》《企业国有产权转让管理暂行办法》的规定，导致《承债兼并合同》无效。再者，国有资产不容流失。根据《企业国有产权转让管理暂行办法》的相关规定，改制资产中应纳入审计评估范围的部分必须审计评估和审批备案。但农机公司改制时，对部分国有土地价值认定未经严格的评估和备案程序，导致后期在借款案件执行阶段处置农机公司国有资产时，土地面积与之前认定金额出入较大，致使国有资产监管部门无法监管。程序上的违规，可能导致国有资产流失，故未按国有资产管理的相关规定处置国有资产，导致双方签订的合同无效。北京中威公司作为兼并方本身兼并资格和能力不足，兼并双方又违反审批程序私自签订《补充协议》变更兼并主体，在签订《补充协议》时未让农机公司的上级管理单位农机管理中心再次盖章确认，使国有资产监管无法落实。因变更改制主体程序违反相关规定，所以应认定农机公司和北京中威公司自行达成的《补充协议》及北京中威公司与咸阳中威公司达成的《协议书》无效。李某某及咸阳中威公司抗辩其较好地履行了合同义务，兼并合同已履行完毕，此辩称与事实不符。其既未按《承债兼并合同》的约定将安置职工费用在期限内一次性支付到农机公司账户内，也未按改制领导小组的批复对联盟二路已盖好的两栋住宅楼进行决算，使职工无法知晓和享受其中利润；而已被确定执行的农机公司在银行的债务，至今仍在农机公司名下，导致农机公司表面上看已完成改制，但对外债务仍需农机公司承担，而农机公司资产却已被兼并方完全接收。综上，农机公司与被告在签订《承债兼并合同》过程中有诸多违反法律、法规的强制性规定的行为，故应认定《承债兼并合同》无效。本案合同无效，原被告双方均有过错，双方应按照其各自的过错大小承担相应的法律责任。合同被认定无效后，按照法律规定，各方基于以上合同在改制中所获取的财产应相互返还，但原告农机公司仅要求返还评估报告中的资产，对负债部分未加举证；被告李某某、咸阳中威公司因坚持合同有效而拒绝向法庭提供改制过程中的投入，在法院对其进行权利义务释明后仍不做相应的变更答辩和举证，致使法院对相互返还的财产部分无法审查判处。法院在审理中曾多次建议并联系相关部门多方沟通，相互协商，欲共同完善改制程序，弥补改制中的瑕疵，但终因涉及问题庞杂、双方矛盾尖锐，历史时间较长，协调未果。故对兼并合同无效后产生的法律后果部分，双方当事人可协商解决或另案处理。法院不予论处。

陕西省高级人民法院二审认为，北京中威公司在与农机公司签订《承债兼并合同》前已被吊销营业执照，丧失经营资质，且流动资金不足，并不具备兼并国有企业、安置企业职工的能力和资格，北京中威公司与农机公司签订《承债兼并合同》的行为，违反了《公司法》第187条第3款的规定："清算期间，公司存续，但不得开展与清算无关的经营活动。……"同时，北京中威公司隐瞒该事实，违反了《企业国有产权转让管理暂行办法》第32条第1款之规定："在企业国有产权转让过程中，转让方、转让标的企业和受让方有下列行为之一的，国有资产监督管理机构或者企业国有资产转让相关批准机构应当要求转让方终止产权转让活动，必要时应当依法向人民法院提起诉讼，确认转让行为无效……（七）受让方采取欺诈、隐瞒等手段影响转让方的选择以及产权转让合同签订的"。根据《合同法》第52条的规定，应认定《承债兼并合同》为无效合同。农机公司系国有公司，根据《宪法》第16条规定，国有企业依照法律规定，通过职工代表大会形式，实行民主管理。《工会法》第19条第2款规定："法律、法规规定应当提交职工大会或者职工代表大会审议、通过、决定的事项，企业、事业单位应当依法办理。"而《企业国有产权转让管理暂行办法》第 11 条第 2 款规定:“国有独资企业的产权转让,应当由总经理办公会议审议。国有独资公司的产权转让,应当由董事会审议;没有设立董事会的,由总经理办公会议审议。涉及职工合法权益的,应当听取转让标的企业职工代表大会的意见,对职工安置等事项应当经职工代表大会讨论通过。”本案农机公司虽对公司改制及对职工的安置办法召集公司职工代表进行了讨论,但会议并未形成正式的职工代表会议决议,农机公司上报的《职工代表会议决议》未经职工代表签名确认,因此,该决议不具有法律效力,农机公司在改制中违反了上述法律规定,应认定《承债兼并合同》无效。农机公司与北京中威公司签订《承债兼并合同》后,未履行相关审批程序,擅自签订《补充协议》,主要内容为农机公司同意由咸阳中威公司替代并承继北京中威公司在兼并合同中的权利义务,该合同应为兼并合同的从合同,北京中威公司与咸阳中威公司签订《协议书》将兼并主体变更为咸阳中威公司,因《承债兼并合同》无效,因此,《补充协议》及《协议书》亦无效,且《补充协议》及《协议书》违反了《企业国有产权转让管理暂行办法》第 31 条规定:“企业国有产权转让事项经批准或者决定后,如转让和受让双方调整产权转让比例或者企业国有产权转让方案有重大变化的,应当按照规定程序重新报批”。《陕西省省属国有企业改制工作程序(试行)》第 11 条第 3 项规定:“国有企业改制方案经批准后,如发生重大变化的(如调整产权转让比例、变更合作方、改变转让价格等),应当按照规定程序重新报批”。规避了国有资产监管机构的监管,因此,认定《补充协议》及《协议书》无效符合法律规定。

例案三 | 陈某勇、龚某某股东出资纠纷案

【法院】

浙江省金华市中级人民法院

【案号】

(2019)浙 07 民终 1167 号

【当事人】

上诉人(原审原告):陈某勇、龚某某

被上诉人(原审被告):陈某明、蒋某某

【基本案情】

陈某勇、龚某某、陈某明及案外人陈某龙系金婺食品公司股东。该公司前身为

国有企业金华市金婺食品公司，2010 年改制成陈某勇、龚某某、陈某明和陈某龙为股东的私营有限责任公司。金婺食品公司成立后，由各股东筹资以公司名义购买了孝顺综合楼、孝顺健康路仓库及土地使用权等不动产。2012 年 12 月 2 日，陈某勇、龚某某、陈某明和陈某龙签订了一份《公司资产处置协议书》，对公司部分不动产的价值进行了确认，并在股东之间进行了分配，同时对各股东的投资款进行了调整。协议书中约定孝顺综合楼、孝顺健康路仓库及土地、古方后社村土地及房产价值 1000 万元，归陈某龙所有；联宜大厦八楼房产、联宜大厦七楼南半层房产、曹宅镇西房产及土地价值 790 万元，归陈某勇、龚某某按份共有（份额为 2.5∶1.5）；联宜大厦二楼南半层房产及一楼店面一间价值 500 万元，归陈某明所有。协议书中还约定陈某明应再出资 70 万元，归陈某勇、龚某某分配。同日，陈某明向陈某勇、龚某某出具了一份 70 万元的欠条，约定 2012 年 12 月 31 日归还欠款。此后，公司资产未变更登记至股东名下，陈某明也未支付陈某勇、龚某某 70 万元。2015 年 1 月 26 日，陈某明在 2012 年 12 月 2 日出具的欠条上加注了“解放西路土地赔偿金到位后付清”的字样。解放西路土地赔偿金支付给金婺食品公司后，陈某明仍未支付案涉的 70 万元款项。

【案件争点】

陈某勇、龚某某、陈某明及案外人陈某龙于 2012 年 12 月 2 日签订的《公司资产处置协议》是否有效。

【裁判要旨】

浙江省金华市婺城区人民法院一审认为，案涉的 70 万元款项是金婺食品公司股东 2012 年 12 月 2 日处置公司资产并调整投资款而确认的陈某明应付陈某勇、龚某某的款项。金婺食品公司股东未经法定程序将公司购买的不动产分配给各股东，违反公司法关于公司与股东财产独立的规定，侵害公司债权人的利益，属于无效民事行为。因原因行为无效，基于原因行为而产生的陈某明与陈某勇、龚某某之间的债权债务关系亦无效。陈某勇、龚某某的诉讼请求缺乏法律依据，不予支持。

浙江省金华市中级人民法院二审认为，陈某勇、龚某某、陈某明及案外人陈某龙于 2012 年 12 月 2 日签订的《公司资产处置协议》，系公司股东就金婺食品公司资产分摊归股东个人的处置并据此调整股东投资款的约定。陈某勇、龚某某向陈某明、蒋某某主张的 70 万元款项即在上述协议约定股东分配公司资产的前提下产生。根据《公司法》第 186 条第 2、3 款规定：“公司财产在分别支付清算费用、职工的工资、社会保险费用和法定补偿金，缴纳所欠税款，清偿公司债务后的剩余财产，有限公司责任公司按照股东的出资比例分配,股份有限公司按照股东持有的股份比例分配。清算期间,公司存续,但不得开展与清算无关的经营活动。公司财产在未依照前款规定清偿前,不得分配给股东。”故金婺食品公司的股东未经法定程序即将公司所有的资产分配给各股东,属于无效民事行为,据此产生的股东之间债权债务亦属无效。陈某勇、龚某某基于《公司资产处置协议》要求陈某明、蒋某某支付70万元款项,于法无据,法院不予支持。

三、裁判规则提要

《公司法》第186条属于强制性规定。并且,《公司法》第186条属于效力性强制性规定。公司清算期间,若清算组未经分别支付清算费用、职工的工资、社会保险费用和法定补偿金,缴纳所欠税款的法定程序,即向股东分配财产的,涉案决议、协议均属无效。若公司开展与清算无关的经营活动,在经营活动中对外签订的合同均属无效。

股东作为公司的剩余所有权人,应当承担公司的经营风险。在公司清算期间分配财产的过程中,股东的分配次序应位于最后。为维护债权人、职工利益及社会公共利益,《公司法》第186条规定了在公司清算期间必须在分别支付清算费用、职工的工资、社会保险费用和法定补偿金,缴纳所欠税款,清偿公司债务后才能向股东分配剩余财产。违反这一强制性规定的决议、协议侵犯了债权人、职工利益及社会公共利益,应属无效。

另外,公司在清算期间开展与清算无关的经营活动的,在经营活动中对外签订的合同均属无效。为避免公司在清算期间面临不必要的风险,维护债权人、职工利益及社会公共利益,《公司法》第186条明确禁止公司在清算期间开展与清算无关的经营活动,任何人都应被推定为已知道这一规定。相对人有义务通过尽职调查了解公司处于清算期间这一事实。如果相对人因怠于履行审查义务而不知道公司处于清算期间,就必须承担合同无效的法律后果。

司法实践中,有的法院以《公司法》第205条已经规定了公司在清算期间开展与清算无关的经营活动的法律后果为由,主张《公司法》第186条是管理性强制性规定,公司在经营活动中对外签订的合同有效。此种观点并不足取。《公司法》第205条规定,公司在清算期间开展与清算无关的经营活动的,由公司登记机关予以警告,没收违法所得,但这与涉案合同无效并不矛盾。换言之,公司在清算期间开展与清算无关的经营活动的,不仅涉案合同无效,还应由公司登记机关予以警告并没收违法所得。

四、辅助信息

高频词条：

《公司法》

第 186 条　清算组在清理公司财产、编制资产负债表和财产清单后，应当制定清算方案，并报股东会、股东大会或者人民法院确认。

公司财产在分别支付清算费用、职工的工资、社会保险费用和法定补偿金，缴纳所欠税款，清偿公司债务后的剩余财产，有限责任公司按照股东的出资比例分配，股份有限公司按照股东持有的股份比例分配。

清算期间，公司存续，但不得开展与清算无关的经营活动。公司财产在未依照前款规定清偿前，不得分配给股东。

第 205 条　公司在清算期间开展与清算无关的经营活动的，由公司登记机关予以警告，没收违法所得。

《民法典》

第 153 条　违反法律、行政法规的强制性规定的民事法律行为无效。但是，该强制性规定不导致该民事法律行为无效的除外。

违背公序良俗的民事法律行为无效。

第 154 条　行为人与相对人恶意串通，损害他人合法权益的民事法律行为无效。

《全国法院民商事审判工作会议纪要》

30. 合同法施行后，针对一些人民法院动辄以违反法律、行政法规的强制性规定为由认定合同无效，不当扩大无效合同范围的情形，合同法司法解释(二)第 14 条将《合同法》第 52 条第 5 项规定的“强制性规定”明确限于“效力性强制性规定”。此后，《最高人民法院关于当前形势下审理民商事合同纠纷案件若干问题的指导意见》进一步提出了“管理性强制性规定”的概念，指出违反管理性强制性规定的，人民法院应当根据具体情形认定合同效力。随着这一概念的提出，审判实践中又出现了另一种倾向，有的人民法院认为凡是行政管理性质的强制性规定都属于“管理性强制性规定”，不影响合同效力。这种望文生义的认定方法，应予纠正。

人民法院在审理合同纠纷案件时，要依据《民法总则》第 153 条第 1 款和合同法司法解释(二)第 14 条的规定慎重判断“强制性规定”的性质，特别是要在考量强制性规定所保护的法益类型、违法行为的法律后果以及交易安全保护等因素的基础上认定其性质,并在裁判文书中充分说明理由。下列强制性规定,应当认定为"效力性强制性规定":强制性规定涉及金融安全、市场秩序、国家宏观政策等公序良俗的;交易标的禁止买卖的,如禁止人体器官、毒品、枪支等买卖;违反特许经营规定的,如场外配资合同;交易方式严重违法的,如违反招投标等竞争性缔约方式订立的合同;交易场所违法的,如在批准的交易场所之外进行期货交易。关于经营范围、交易时间、交易数量等行政管理性质的强制性规定,一般应当认定为"管理性强制性规定"。

公司法上效力性强制性规定识别案件裁判规则第 15 条:
《企业国有资产法》第 30 条是效力性强制性规定

〔**规则描述**〕:《企业国有资产法》第 30 条旨在防止国有资产流失,维护国家利益与社会公共利益,蕴含着国家出资企业生存权与发展权、公司善治、股权文化、契约精神与信托义务等公序良俗,是效力性强制性规定。国家出资企业在合并、分立、改制、上市,增加或者减少注册资本,发行债券,进行重大投资,为他人提供大额担保,转让重大财产,进行大额捐赠,分配利润,以及解散、申请破产等重大事项中,违反法律、行政法规以及企业章程的规定,损害出资人和债权人的权益的,涉案合同一概无效。

一、类案检索大数据报告

时间:2020 年 10 月 23 日前;

案例来源:Alpha 案例库;

案例数量:29 件;

数据采集时间:2020 年 10 月 23 日。

本次检索获取 2020 年 10 月 23 日前共 29 篇裁判文书,整体情况如图 15 - 1 所示,其中认定《企业国有资产法》第 30 条是效力性强制性规定的案件 4 件,占比为 14%;认定《企业国有资产法》第 30 条是管理性强制性规定的案件 25 件,占比为 86%。

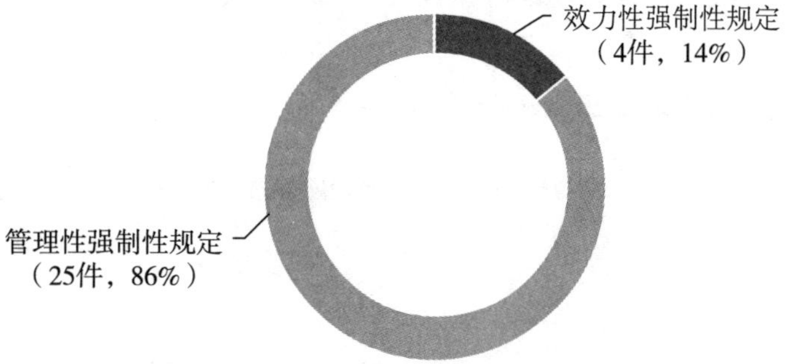

图 15 - 1 《企业国有资产法》第 30 条的案件性质

如图 15－2 所示，从案件年份分布情况可以看出当前条件下案件数量的变化趋势。

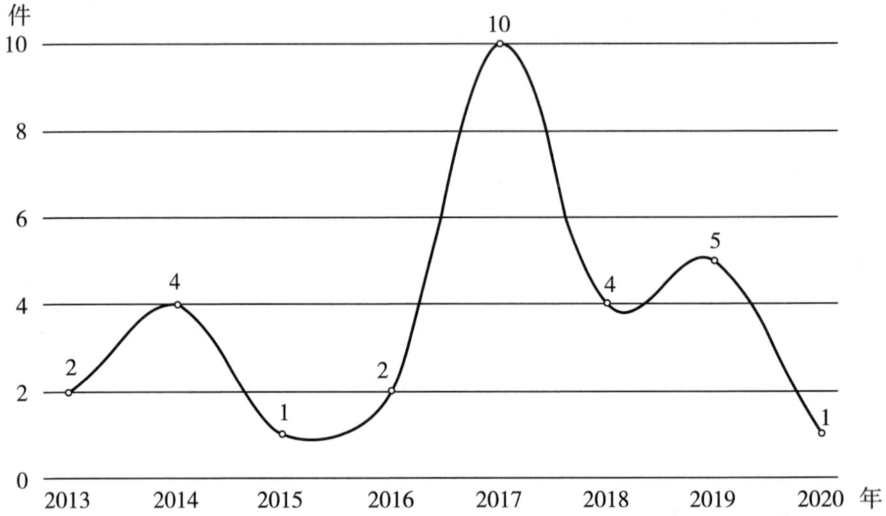

图 15－2　案件年份分布情况

如图 15－3 所示，从案件主要地域分布情况可以看出，当前案件主要集中在湖北省、贵州省、广东省、上海市。

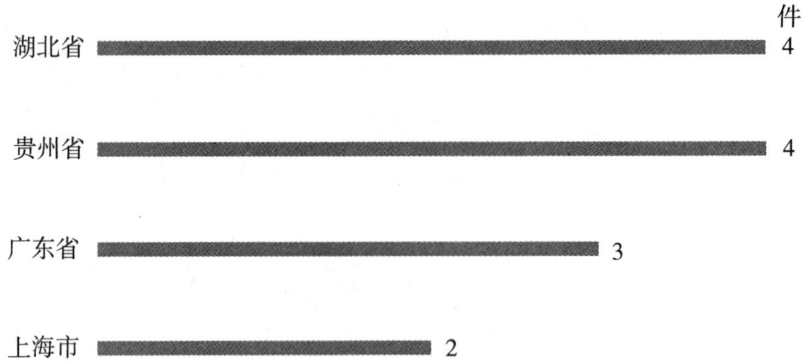

图 15－3　案件主要地域分布情况

二、可供参考的例案

例案一 南京诚行创富投资企业与江苏省盐业集团有限责任公司合伙协议纠纷、股权转让纠纷案

【法院】

最高人民法院

【案号】

（2016）最高法民申410号

【当事人】

再审申请人（一审原告、二审被上诉人）：南京诚行创富投资企业

被申请人（一审被告、二审上诉人）：江苏省盐业集团有限责任公司

【基本案情】

2011年4月8日，江苏省盐业集团有限责任公司（以下简称盐业集团）召开党政领导办公会，并形成党政（2011）第4号《盐业集团会议纪要》（以下简称党政会议纪要）1份，原则同意该集团投资发展部提出的目标公司股权整合意见："一是以自然人股东冯某某出面以股本金1倍的价格收购目标公司其他自然人股东的股权共计25%，并将20%股权转让给阳亨公司；二是引进战略投资者或盐业集团以股本金1.4倍的价格收购职工持股会所持9.01198%股权，优先考虑由阳亨公司单独收购或与江苏诚行投资管理有限公司共同收购；三是完成本次股权转让5年后，如目标公司未上市，同意阳亨公司、江苏诚行投资管理有限公司退股或由集团收购其退出股份。退股或收购价格按原始转让股权的价格+股权持有期内银行贷款利息-股权持有期内累计分红"。

2011年4月12日，南京诚行创富投资企业（以下简称诚行企业）与目标公司签订股权转让协议1份，主要内容为："……第2条，盐业集团欢迎诚行企业作为战略投资者收购职工持股会持有的9.01198%的股权和5%左右的自然人所持股权，并放弃优先购买权，诚行企业保证股权变更登记手续完成后5年内不得转让；第3条，诚行企业收购职工持股会持有的9.01198%股权及5%左右自然人持有的股权，职工持股会股权价格为1.4元/股，自然人股权价格为1元/股，收购资金的支付方式为2011年4月15日前支付5%左右的自然人股权收购资金，职工持股会的收购资金在2011年4月22日之前付清，收购的有效期限为2011年4月22日之

前;第8条,协议经各方法定代表人或授权代表人签字并加盖公章后生效,任何修改需经各方同意并签署书面文件后方可生效”。

同日,诚行企业与目标公司签订股权转让补充协议1份,载明:“盐业集团、目标公司承诺,力争在5年内促使目标公司上市,如在工商部门办理完股权变更登记手续后5年内仍未上市,诚行企业提出退出目标公司,盐业集团收购诚行企业退出的股份或由目标公司进行减资以退还股份,收购或退股的价格按原始转让股权的价格+股权持有期内银行贷款利息-股权持有期内累计分红。目标公司、诚行企业分别在前述两份协议上签字盖章,盐业集团虽被列为两份协议的当事人,但未签字盖章”。

2011年4月28日,诚行企业与职工持股会签订股权转让协议1份,约定:“由诚行企业在5个工作日内,一次性向职工持股会支付股权转让款21,764,770.58元,以每1元股1.4元的价格受让转让方持有的9.01198%股权”。

同日,诚行企业与冯某某签订股权转让协议1份,约定:“由诚行企业在30个工作日内,一次性向冯某某支付股权转让款11,927,914.9元,以每1元股1元的价格受让转让方持有的6.91447%股权”。

2011年4月27日,诚行企业向目标公司汇款21,764,800元,并于该日及2011年5月18日分别向冯某某汇款1080万元、160万元,冯某某于2011年7月5日向诚行企业返还472,085.1元,诚行企业向冯某某合计支付11,927,914.9元。

署期为2011年9月2日的《江苏省无锡工商行政管理局公司准予变更登记通知书》载明:“诚行企业为目标公司变更后的股东,其认缴、实缴出资额均为27,474,180.8元”。

2011年8月16日,盐业集团出具承诺书1份,载明:“一、完成本次股权转让5年后,目标公司没有上市,同意诚行企业等三家公司以减资方式退出,股权退出价格按股权原始投资价格+股权持有期内银行贷款利息-股权持有期内累计分红;二、盐业集团有权优先受让诚行企业等三家公司的股权,受让价格按股权原始投资价格+股权持有期内银行贷款利息-股权持有期内累计分红,此价格为不变价格。盐业集团及目标公司均在承诺书上盖章确认”。

2013年6月23日,诚行企业执行事务合伙人代表狄某、阳亨公司法定代表人刘某、盐业集团常务副总经理杨某某共同签署股权转让专题会议纪要1份,该纪要载明:1.盐业集团同意受让诚行企业、阳亨公司持有的目标公司股权;2.受让价格按原承诺价格执行;3.盐业集团同意于2015年12月31日内完成股权受让;4.盐业集团按规定履行股权受让相关程序;5.在完成股权转让前,诚行企业、阳亨公司各董事应在目标公司关于银行贷款事宜的历次会议决议上签字同意。

2014年1月8日,诚行企业通过EMS向盐业集团发送《关于要求江苏省盐业集团有限责任公司支付股权转让款的函》1份,要求盐业集团于2014年1月14日前向其支付股权转让款38,600,048.31元。盐业集团认可收到该函件,但认为其并无受让诚行企业持有的目标公司股权的义务,故未予理会。

原审中,法院准许诚行企业的申请,向时任盐业集团法定代表人的王某某、总经理周某某、常务副总经理杨某某进行调查。王某某称:就诚行企业投资及退出目标公司事项,盐业集团依据目标公司的报告形成党政会议纪要;杨某某在股权转让专题会议纪要上签字并非个人行为。周某某称:其于2013年被任命为总经理,对之前案涉事宜并未参与;杨某某作为常务副总经理在股权转让专题会议纪要上签字系受其指派。杨某某称:引进诚行企业、阳亨公司投资目标公司及退出事项,系由目标公司法定代表人李某依据党政会议纪要精神办理;股权转让专题会议纪要与党政会议纪要的精神基本一致;其在股权转让专题会议纪要上签字,系受周某某指派,并非个人行为。

另查明:盐业集团成立于1987年6月1日,企业类型为国有独资有限公司,现任法定代表人周某某。杨某某为盐业集团常务副总经理,分管发展规划、产业拓展、项目投资建设管理、招投标管理、资本运作、股权管理、科技创新以及生产运营管理等方面工作,分管发展规划部、资本运营部、招标办。杨某某以盐业集团代表身份,在目标公司的2011年9月28日第一次、第二次股东会决议,2012年6月12日股东会决议、临时股东会决议上签字,盐业集团在杨某某签名处加盖公司印章确认。

又查明:目标公司为盐业集团控股的子公司,2012年目标公司净利润为-131,119,200元。双方当事人均确认目标公司已不具备在诚行企业受让股权后5年内上市的条件。

二审法院另查明:

1. 2011年9月28日,目标公司召开2011年度第一次股东会,决议修改公司章程的第1条、第6条、第9条等规定,对诚行企业、阳亨公司等股东的加入、股东及股权比例的调整进行了记载。其中:公司股东由盐业集团、职工持股会、46名自然人,变更为盐业集团、诚行企业、阳亨公司、宁波九星商贸有限公司及5名自然人股东。变更后的股权比例为:盐业集团57%,阳亨公司16.9999%,诚行企业15.9265%,宁波九星商贸有限公司4.0578%,5名自然人分别为3.225%、2.15%、

0.2613%、0.2613%、0.1183%。

2012年6月12日，目标公司召开临时股东会，决议任命诚行企业的狄某、阳亨公司的刘某为目标公司第二届董事会成员。

2. 周某某自2013年4月25日至今担任盐业集团总经理。2014年4月8日，盐业集团的法定代表人由王某某变更为周某某。2015年1月23日，盐业集团的法定代表人由周某某变更为童某某。

【案件争点】

原审争议焦点：

1. 诚行企业与盐业集团就股权收购事宜是否已达成合意。

2. 盐业集团收购诚行企业持有的目标公司股权及支付转让款的条件是否已成就。

二审争议焦点：

1. 盐业集团是否与诚行企业达成股权回购的合意。

2. 如达成合意，案涉股权回购合同是否因违反法律、行政法规的效力性强制性规定而归于无效。

再审争议焦点：

1. 二审法院关于案涉诚行企业与盐业集团公司之间签订的股权转让合同未生效的认定是否属于认定事实和适用法律错误。

2. 盐业集团公司应否履行给付股权转让款的义务。

3. 二审法院是否存在程序违法，剥夺再审申请人诉讼权利的事实。

【裁判要旨】

江苏省高级人民法院二审认为：

一、盐业集团已与诚行企业达成在未来时点进行股权回购的合意。

1. 应认定以减资方式退出或由盐业集团回购股权已构成诚行企业在投资目标公司时的合理信赖。诚行企业向目标公司进行股权投资，其在缔约时关注的是目标公司未来的营业收入及营业利润的增长。案涉股权转让协议约定目标公司应在5年内上市，如能在5年内上市，则投资人通过目标公司的上市可取得本次股权投资的利益最大化。而“5年内未上市”即构成投资人要求减资退出或由盐业集团作为目标公司控股股东进行股权回购的触发条件。盐业集团为引进目标公司的战略投资者，在投资人决定实际投资前承诺如约定的上市条件未成就，则在未来赋予投资人向其主张回购股权的权利。该约定实则是控股股东向外部投资人提供的补偿条款，目的在于降低投资人在投资时误判目标公司价值的投资风险，以促成投融资交易的实现。该补偿条款出于双方当事人自主安排、调控风险及经营激励的自由意志，该约定经意思表示一致而成立。

2. 应认定案涉股权回购的承诺系出于盐业集团的真实意愿。第一，盐业集团党政会议纪要记载目标公司的股权整合方案是先由目标公司原自然人股东冯某某收购其他自然人股东合计25%的股权，再由冯某某将20%的股权转让给阳亨公司；此外引进战略投资人收购职工持股会所持9.01198%的股权，由阳亨公司单独或与诚行企业共同收购。第二，从投融资的实际履行情况来看，诚行企业以1.4元/股的价格向目标公司职工持股会收购9.01198%的股权，以1元/股的价格向冯某某收购6.91447%的股权；阳亨公司以1元/股的价格向冯某某收购16.99992%的股权，股权转让的实际履行情况与党政会议纪要的内容相互对应，盐业集团在前述目标公司的股权转让中亦未主张行使股东优先购买权。第三，在诚行企业完成投资后，盐业集团作为控股股东多次参加目标公司的股东会会议，在2011年度第一次的股东会会议上，其即已知晓目标公司新股东的加入、股权比例发生的变更，并签署修改目标公司章程的决议。在2012年度的临时股东会上，盐业集团表决同意任命新股东指派的董事会成员。参加股东会会议及签署相关决议的行为与党政会议纪要、目标公司的股权整合步骤在时间上前后衔接，变更后的目标公司股东成员及股权比例，与盐业集团党政会议纪要内容亦基本一致。盐业集团虽否认党政会议纪要的效力、认为该纪要不能代表公司意志，但党政会议纪要实则已与目标公司的股权转让、新旧股东共同参与经营管理的行为相互印证，盐业集团的缔约意思与其履行行为已构成不可分割的整体。

3. 应认定杨某某在股权转让专题会议纪要上的签字行为系职务行为。第一，杨某某系盐业集团的常务副总经理，从盐业集团〔2013〕7号文件《关于调整领导人员分工的通知》来看，杨某某在签署纪要时负责联系目标公司。第二，杨某某接受盐业集团的指派，多次与诚行企业、阳亨公司的代表共同参加目标公司的股东会会议，其代表盐业集团签署的历次股东会决议亦得到盐业集团的盖章确认。盐业集团既以杨某某当时未分管该工作为由主张其不享有股权回购等事项的决策权或执行权，又主张盐业集团授权的股东代表与其分管工作无须对应，其陈述相互矛盾，故不予采信。盐业集团虽称杨某某接受授权的场合及范围须以该集团事先出具的授权委托书的内容为限，但盐业集团亦承认授权委托书仅向目标公司提交，未向目标公司的其他股东出示，因此其事后主张的该项限制性授权条件不能约束其他股东。第三,2013 年 6 月 23 日签署的股权转让专题会议纪要关于股权回购的约定,与党政会议纪要、股权转让补充协议的内容相互对应,结合王某某、周某某、杨某某在原审法院调查时所作的陈述,应认定杨某某的前述行为均系接受盐业集团指派所作出的职务行为,该职务行为即为执行盐业集团党政会议纪要的行为。盐业集团虽提出王某某、周某某、杨某某系受胁迫作证的主张,但未有充分证据能予证明,故不予采信。

4. 应认定股权转让专题会议纪要系对承诺书的补充,两者并不矛盾。盐业集团于 2011 年 8 月 16 日出具的承诺书,所载减资退股价格与党政会议纪要、股权转让补充协议所载的退股价格一致。虽然承诺书的表述为“盐业集团有权优先受让”,从字义内容来看弱化了盐业集团回购股权的强制性,但该承诺书系由盐业集团单方出具,并无证据可证明诚行企业同意放弃主张由控股股东进行股权回购的权利。其后杨某某签署股权转让专题会议纪要,应认定系盐业集团对其在最初投资磋商阶段承诺的股权回购义务予以再次确认。

二、应认定审批程序构成案涉股权回购合同的约定效力要件。

1. 国有资产交易应以相关主管部门的审批作为前置程序,诚行企业作为投资方,对交易对象盐业集团的国有独资企业性质应系明知。案涉股权回购系重大投资行为,即使诚行企业有合理理由相信杨某某可代表盐业集团与其磋商投资事宜,其亦无充分理由可相信在未经盐业集团董事会决议及国有资产监督管理机构同意的情形下,盐业集团可径行完成案涉股权回购。

2. 诚行企业、阳亨公司及盐业集团共同签署 2013 年 6 月 23 日的股权转让专题会议纪要,该纪要的签署背景是目标公司已因连续亏损无法实现预定的上市目标。在此情形下,原约定的回购条件提前成就,原尚不确定是否需履行的股权回购义务已转化为确定性的回购义务,各方在此背景下签署股权转让专题会议纪要,应认定系各方对即将实施的股权回购行为进行进一步的磋商,对所涉回购条件、回购程序等细节进行确认。各方在该纪要中关于股权回购的约定内容确定、合同要素齐备,依照最高人民法院《关于适用〈中华人民共和国合同法〉若干问题的解释(二)》第 1 条第 1 款之规定,应认定各方已通过签署股权转让专题会议纪要的形式形成合同关系,就股权回购具体事宜所形成的合意对各方均具有约束力。

3. 从股权转让专题会议纪要所载的内容来看,仅单向规定盐业集团需在回购中履行相关股权受让程序,并未对出让方负有同样或类似义务作出表述。而在一般的股权转让中,出让方与受让方均需履行股权转让的相关程序,就此表述的字义内容可见，各方在磋商时已充分注意到盐业集团作为国有独资公司在受让股权程序上的特殊性。诚行企业在签署该纪要时对盐业集团尚需履行向相关主管部门的报批程序具有充分预见，且已知晓“履行股权受让相关程序”系盐业集团能在约定期限届至前完成股权回购义务的必要前提。据此应认定该约定内容系各方对股权回购合同生效要件的确认，现因盐业集团尚未履行报批程序，故应认定案涉股权回购合同尚未生效。

三、欠缺生效要件的合同不产生实质约束力。

1. 案涉股权回购合同依当事人的意思表示一致而成立，合同成立即具有形式上的法律约束力，该形式约束力体现为《合同法》第 8 条第 1 款所规定的当事人不得擅自变更或者解除合同。《合同法》第 44 条第 1 款规定依法成立的合同，原则上自成立时生效。但例外情形包括《合同法》第 45 条第 1 款的规定，即附生效条件的合同自条件成就时生效。案涉股权回购合同即为附条件生效的合同，约定报批程序系促成合同生效的条款，该条款约定义务独立于合同本身，并不受未生效合同的影响。

2. 对合同效力的认定，不仅包括法律对合同是否违反国家强制性、禁止性规定的评判，还包括法律对合同所处阶段性状态的评判。从合同法法理及合同法条文设置的顺序来看，涉及合同生效的控制规则相比于违法无效的控制规则，所处的控制阶段更为靠前。合同要产生当事人预期的法律效果，既要满足法定或约定的生效要件，亦不能违反法律或行政法规的强制性规定，合同生效是合同有效的必要条件。只有当事人的约定能够自始确定地发生当事人所预期的法律后果，合同对当事人才具有完全的约束力。未生效的合同由于欠缺合同生效的要件，即欠缺促使合同具有实质约束力的前提，故合同的效力处于不确定的状态。在阻碍事由尚未消除之前，评判合同是否对当事人具有实质的约束力或是否因违法而致无效并无意义。

3. 未生效的合同尚不具备履行条件，况且在约定经审批才生效的合同中，当事人在缔约时均有合理期待即使合同标的不符合规定亦可在审批环节予以控制，因此如在合同未生效时即认定一方负有合同约定的给付义务，既不符合法律规定，又会致审批前置的缔约预期被架空，有违当事人缔约时的真实意思表示。

综上所述，案涉股权回购合同虽成立但未生效，其效力处于尚不确定状态而有待当事人补正。在欠缺生效要件的情形下，无必要判定约定内容是否因违反法律、行政法规的强制性规定而致无效，盐业集团提出股权回购合同因违反法律、行政法规强制性规定应认定无效的上诉理由，法院不予采纳。同理，在合同未生效的状态下，诚行企业提出确认股权回购合同合法有效及基于有效合同请求判令盐业集团支付股权回购款的诉请主张,法院亦不予支持。原审判决认定的基本事实清楚,但对案涉股权回购合同的效力状态认定有误,致适用法律及处理结果不当,法院予以纠正。

最高人民法院再审认为:

一、二审法院关于案涉诚行企业与盐业集团公司之间签订的股权转让合同未生效的认定是否属于认定事实和适用法律错误。本案中,二审法院认定"审批程序构成案涉股权回购合同的约定生效要件"的主要依据是《股权转让专题会议纪要》中"4. 江苏省盐业集团有限责任公司按规定履行股权受让相关程序"的表述。2013年6月23日,由诚行企业执行事务合伙人代表狄某、阳亨公司法定代表人刘某、盐业集团公司常务副总经理杨某某共同签署的《股权转让专题会议纪要》记载:1. 江苏省盐业集团有限责任公司同意受让上海阳亨实业投资有限公司、南京诚行创富投资企业(有限合伙)持有的江苏省新世纪盐化集团有限责任公司的股权。2. 受让价格按原承诺价格执行。3. 江苏省盐业集团有限责任公司同意2015年12月31日内完成股权受让。4. 江苏省盐业集团有限责任公司按规定履行股权受让相关程序……"由上述约定可见,盐业集团公司与诚行企业就盐业集团公司购买诚行企业持有的新世纪盐化公司股权的事宜达成了一致意见。但《合同法》第44条规定:"依法成立的合同,自成立时生效。法律、行政法规规定应当办理批准、登记等手续生效的,依照其规定。"《企业国有资产法》第30条规定:"国家出资企业合并、分立、改制、上市,增加或者减少注册资本,发行债券,进行重大投资,为他人提供大额担保,转让重大财产,进行大额捐赠,分配利润,以及解散、申请破产等重大事项,应当遵守法律、行政法规以及企业章程的规定,不得损害出资人和债权人的权益"。《企业国有资产监督管理暂行条例》第23条规定:"国有资产监督管理机构决定其所出资企业的国有股权转让。对于重要子企业的重大事项"。《公司法》第66条规定:"国有独资公司不设股东会,由国有资产监督管理机构行使股东会职权。国有资产监督管理机构可以授权公司董事会行使股东会的部分职权,决定公司的重大事项"。依据上述法律、行政法规规定的文义和立法目的,国有资产重大交易,应经国有资产管理部门批准,合同才生效。本案中,盐业集团公司系江苏省国资委独资的国有企业,因此,其因对外重大投资而签订的案涉股权买卖合同需经国资管理部门审批后,合同才能生效。因此,案涉《股权转让专题会议纪要》中关于"……4. 江苏省盐业集团有限责任公司按规定履行股权受让相关程序"的表述应解读为"盐业集团公司按规定履行股权受让的内外部审批手续"。由于上述审批手续未能完成,故案涉股权转让合同并未生效。二审法院关于该合同未生效的认定并无错误。

二、盐业集团公司应否履行给付股权转让款的义务。如前所述，作为国有独资企业，案涉股权购买行为属于需政府主管部门批准的重大事项，政府部门批准属于《合同法》第44条第2款规定的合同法定生效要件。该条件具备与否，取决于政府主管部门是否审批，并非盐业集团公司单方行为可以决定，不能据此认定盐业集团公司"为自己的利益不正当阻止条件成就"，不能适用《合同法》第45条的规定，当然认定合同的生效要件已经成就。在合同尚未经审批、未生效的情形下，给付股权转让款的合同义务尚不具有可履行性。

三、二审法院是否存在程序违法，剥夺再审申请人诉讼权利的事实。本案中，二审法院据以认定股权转让合同未生效的依据是《股权转让专题会议纪要》中的相关表述。而该会议纪要，在本案一审、二审期间，当事人均进行了质证。本案中，股权转让合同的效力是二审争议的焦点问题之一，当事人双方也围绕该焦点问题进行了辩论。合同生效与否也属于合同效力的范畴，因此，本案并不存在再审申请人所述二审法院未对相关证据进行质证、剥夺其辩论权利等程序违法问题。

例案二 兰州桃园东风汽车技术服务有限公司与兰州市农电公司股权转让纠纷案

【法院】

甘肃省高级人民法院

【案号】

(2018)甘民再99号

【当事人】

再审申请人(一审原告、二审被上诉人)：兰州桃园东风汽车技术服务有限公司

被申请人(一审被告、二审上诉人)：兰州市农电公司

【基本案情】

宏源公司于2004年设立，注册资本为人民币200万元，兰州市农电公司(以下简称农电公司)出资80万元，占股40%，利源公司出资60万元，占股30%，景泰一建出资60万元，占股30%。2006年8月6日，宏源公司股东会通过《关于增加注册资本的决议》《关于增资、出资额的决议》及《关于章程修正案的决议》，决定将公司注册资本从200万元增资至1200万元，农电公司出资额变更为480万元，占股

40%,出资方式为货币资金。利源公司出资额变更为360万元,占股30%,出资方式为货币资金。景泰一建出资额变更为360万元,占股30%,出资方式为全部实物。2007年10月18日,农电公司、利源公司、景泰一建与兰州桃园东风汽车技术服务有限公司(以下简称桃园公司)签订《股权转让协议》,约定将农电公司所持20%股份以人民币240万元、利源公司所持有的15%的股份以180万元及景泰一建所持有的15%股份以180万元转让与桃园公司,同时农电公司将240万元股权转让款及景泰一建将180万元转让款借给宏源公司作为新庄电站建设项目资金,同时农电公司保证已经履行了出资义务,桃园公司不承担未确认的宏源公司债务,如因有关宏源公司在股权转让前桃园公司不确认的所负债务,致使桃园公司在成为宏源公司的股东后遭受损失的,桃园公司有权追债。并约定如上述三位股东未履行出资义务或隐瞒宏源公司投资项目的真实情况,桃园公司有权解除本协议及按已转让款及借款总额5%承担违约金。2007年11月1日,宏源公司通过2007年度第六次股东会决议。决定将股东农电公司所持有的20%的股权转让与桃园公司,将股东利源公司所持有的15%的股权转让与桃园公司,将股东景泰一建所持有的15%股权转让与桃园公司,并增选桃园公司总经理白某某为宏源公司股东并担任公司法定代表人。同日各方又分别补充签订股权转让协议书。2007年10月19日,上述四方签订《补充协议》,约定在《股权转让协议书》生效后,由宏源公司以其新庄电站作为担保物从银行申请项目贷款,所贷款项优先偿还各股东借款。如果宏源公司于2008年2月底不能正常发电,则对从桃园公司借入的700万元从借入之日起按月1%的利率支付利息。2007年11月1日又单独签订一份《股权转让协议书》。协议签订后,桃园公司按约履行了付款义务,农电公司亦将股权变更于桃园公司名下。2007年12月28日,宏源公司通过2007年度第二次临时股东会决议,决定将桃园公司原定借给宏源公司的700万元调整为535万元。

2008年4月25日,甘肃亨源会计师事务有限公司出具《甘亨会审字(2008)第049号审计报告》显示,宏源公司短期借款为250万元。实收资本1200万元,农电公司出资480万元。

另查明,2014年9月26日,农电公司将保管的宏源公司公章等印鉴移交给法定代表人白某某,2014年11月14日,农电公司将保管的宏源公司的档案、资料、账册等移交给法定代表人白某某。2014年9月29日,农电公司将宏源公司起诉至人民法院,要求偿还借款11,715,770.73元及利息5,491,626.84元。经甘肃省高级人民法院终审审理查明,2005年至2007年,宏源公司多次向农电公司借款,后双方对于借款事项产生争议，起诉至兰州市中级人民法院，后经甘肃省高级人民法院二审终审判决，宏源公司向农电公司偿还借款本息共计14,116,030.25元。同时查明，农电公司作为宏源公司股东，其在公司增加注册资本后应出资额为480万元，实际出资额为268.6万元。

【案件争点】

桃园公司合同解除权是否消灭。

【裁判要旨】

甘肃省高级人民法院再审认为：国有股权转让是指在遵守法律、法规和国家产业政策的前提下，使国有股权按市场规律在不同行业、产业、企业之间自由流动。国有股权转让合同并非自签订之日起就发生法律效力。本案双方当事人之间的股权转让行为发生在2007年，从1991年实施的《国有资产评估管理办法》、2003年《企业国有资产监督管理暂行条例》至2004年2月1日国务院国有资产监督管理委员会、财政部制定实施的《企业国有产权转让管理暂行办法》均规定了企业国有产权转让必须经过严格审批、股权评估并在依法设立的产权交易机构公开进行的程序。2009年5月1日实施的《企业国有资产法》也重申了审批、评估和进场交易三大企业国有资产交易原则。上述规定属于效力性强制性规定，旨在通过严格规范的程序保证交易的公开、公平、公正，最大限度地防止国有资产流失，避免国家利益、社会公共利益受损，未依法进行审批、资产评估、进场交易的国有资产转让合同应为无效。农电公司系全民所有制企业，诉争股权的性质为国有法人股，属于企业国有资产的范畴。农电公司在股权转让时未依法进行审批、资产评估、进场交易，其行为不具合法性，根据《合同法》第52、56条规定，农电公司与桃园公司订立的股权转让协议应确认为无效。对合同效力的审查，属于人民法院裁判权的范围，虽然桃园公司未提起确认合同无效的诉讼请求，但人民法院仍应依职权审查确认。由于无效合同的后果处理不属于原审诉讼的审理范围，当事人可基于另一法律关系另行提起诉讼。

例案三 | 广州市交通委员会与广州市一汽巴士有限公司、广州市宏佳伟业发展有限公司公司决议效力确认纠纷案

【法院】

广东省广州市中级人民法院

【案号】

(2017)粤01民终3093号

【当事人】

上诉人(原审被告):广州市一汽巴士有限公司、广州市宏佳伟业发展有限公司

被上诉人(原审原告):广州市交通委员会

【基本案情】

广州市一汽巴士有限公司(以下简称一汽公司)系成立于1952年的国有企业。2003年12月23日,市财政局向市交委发出《关于广州市第一公共汽车等企业国有资产管理问题的复函》穗财企〔2003〕2665号,载明:"发来《关于我委作为市第一公共汽车公司等六家企业国有资产出资人的函》(穗交函〔2003〕1310号)收悉。经研究,为理顺企业国有资产产权管理,明确权责关系,同意在市政府明确交通系统所属国有企业资产授权经营前,暂委托你委以出资人身份对市第一公共汽车公司、市第二公共汽车公司、市第三公共汽车公司、市电车公司、市客轮公司、市公用事业物资贸易公司等六家企业国有资产进行管理和监督。对涉及国有资产产权变动的事项请及时报我局批准"。

2004年9月30日,市交委向一汽公司发出穗交函〔2004〕1129号《关于同意市第一公共汽车公司改制的批复》,批复载明:"你公司报来的《关于广州市第一公共汽车公司改制的请示》(一汽发〔2003〕190号)收悉。经研究,我委与市国企办共同制定了《广州市第一公共汽车改制方案》,并报市领导同意,现批复如下:一、同意你公司改制为国有资本和民营资本[广州市宏佳伟业发展有限公司(以下简称宏佳伟业)]各占50%股份的有限责任公司,新公司名称为一汽巴士。二、请抓紧制定切实可行的具体实施方案及企业章程,按有关政策做好清产核资、产权和企业变更登记、人员安置等工作,力争11月底完成组建工作"。

上述批复后附《广州市第一公共汽车公司改制方案》,方案载明:"一、企业的基本情况:(一)一汽公司成立于1952年,公司属下有8个营运分公司,2个修配厂和1个客车装修厂,以及职业技能培训中心、广告公司、物资经营公司、幼儿园等多种经营单位……现有在职职工7729人,退休人员3162人。2003年,主营收入5.5亿元,政府补贴1806万元后仍亏损2071万元。根据广东羊城会计师事务所对该公司的资产评估初步结果,至2004年4月30日,总资产为74,710万元,负债为42,560万元,净资产为32,150万元(以财政部门核准为依据),资产负债率为57%……(二)宏佳伟业属民营企业,成立于1997年5月,注册资金1.5亿元。目前,总资产

4.97 亿元，净资产 3.09 亿元，资产负债率为 38%。2003 年，主营收入 3 亿元，净利润 2222 万元。经营业务为自有资金投资和项目策划等。宏佳伟业是新穗巴士公司的绝对控股股东……四、改制的基本原则：（一）社会效益和经济效益协调统一原则。（二）建立现代企业制度原则。按照《公司法》和建立现代企业制度的要求，将一汽公司改制为有限责任公司，建立'各负其责、协调运转、有效制衡'的法人治理结构。（三）依法改制原则。依照有关法律、法规和法定程序进行改制，维护国家、企业、职工及出资人的合法权益。（四）积极稳妥原则。正确处理好改革、发展、稳定的关系，确保一汽公司的稳定和生产安全。五、改制模式：（一）根据改制的原则和发展目标，利用一汽公司存量国有资产吸收民营资金，引入宏佳伟业参与改制。其采取名称变更方式将一汽公司改制更名为一汽巴士（以下称新公司），并将一汽公司的实收资本减去无偿划拨出的资产值后到工商部门作注册变更登记。根据市财政局《关于广州市第一公共汽车公司等企业国有资产管理问题的复函》（穗财企一〔2003〕2665 号），市交委暂为一汽公司国有资产出资人。本次改制仍暂由市，待市交通系统国有资产授权经营机构成立后，转由市。具体做法：国有资产出资人以一汽公司评估的净资产 32,150 万元（以财政部门核准为依据），扣除离退休人员安置费用（约 7400 万元，以实际发生数为准）和分离资产（9632 万元）后的净资产 15,118 万元出资，宏佳伟业以等同于国有资产出资人出资额的现金出资，出资比例为国有资产出资人 50%，宏佳伟业 50%。双方按各自出资比例分配利润和承担风险……七、重要问题的处理：（一）国有资产处置原则。1. 按照财政部及省、市国资管理的有关规定开展资产清查和资产评估。2. 不良不实资产按有关规定予以核销。3. 为有利于公交资源的优化调整，有利于改制后的新公司轻装上阵，集中精力发展主业，使企业真正实现良性的可持续发展，对与主业相关性不大的资产和闲置资产等进行分离，在交委系统内作无偿划拨处置。4. 按有关规定，在一汽公司净资产中划出专项应付款，用于改制过程中离退休人员社会化管理的安置费用。5. 根据省财政厅《转发财政部关于印发的通知》（粤财企〔2002〕288 号），改制企业原应付福利费、工资基金余额，在企业改制时，先用于原企业的安置补偿费用。一汽公司改制时，按一次性方式发放给离退休人员的安置补贴在工资基金余额中安排。6. 根据市地税局《关于企业所得税若干业务问题的通知》（穗地税发〔2003〕262 号），由新公司按原标准继续发放的补贴在税前扣除……（五）职工安置。职工安置的主要原则：1. 全体在职职工由新公司接收，签订劳动合同。2. 转制前已办理离岗（内部）退养的职工可选择重新上岗或继续离岗（内部）退养。3. 离休人员按规定全部移交主管部门管理或由新公司管理;退休人员全部移交社会化管理。”根据上述原则,已制定了职工安置方案。该方案已按规定在一汽公司职工代表大会审议通过等。

2004 年 11 月 3 日,市交委与宏佳伟业签订《广州市一汽巴士有限公司股东合同书》,载明,双方同意在广州市设立广州市一汽巴士有限公司,公司由宏伟伟业向原广州市第一公共汽车公司增资而组成,注册资本 31,170 万元,市交委作为国有资产的授权人,以经双方认可的原一汽公司评估净资产人民币 15,585 万元作为出资,宏佳伟业以相等于市交委出资额的现金出资,出资比例为市交委 50%,宏佳伟业 50%;双方按各自出资比例分配利润和承担风险;宏佳伟业按其出资额对公司注资,注资计划分两期缴付,每期缴付的数额和时间如下:第一期:自公司的营业执照核发之日起 10 日内,宏佳伟业须以现金认缴方式将首期部分出资额人民币 8000 万元汇入市交委指定的账户,主要用于安置退休职工;第二期:余下的出资额须于工商营业执照核发之日起 90 日内认缴完毕;双方同意按照 2004 年 7 月 6 日一汽公司第十五届第八次职工代表大会通过的《广州市第一公共汽车公司转制职工安置方案》安置公司的职工;公司改制后,国家出台新政策,待遇优于《广州市第一公共汽车公司转制职工安置方案》的,按新政策执行;本协议以市交委批复的《广州市第一公共汽车公司转制方案》及其附件为基准原则,本协议未涉及的内容应按《广州市第一公共汽车公司转制方案》及其附件执行等。

同日,市交委与宏佳伟业订立一汽巴士公司章程。章程载明:“为适应广州市公共交通行业发展的要求,依据《公司法》及有关法律、法规的规定,由市交委和宏佳伟业双方共同出资,设立一汽巴士,制订并签署本章程;公司注册资本为 31,169.20 万元;公司增加或减少注册资本,必须召开股东会经双方股东一致通过并作出决议;公司减少注册资本,还应当自作出决议之日起十日内通知债权人,并于 30 日内在报纸上至少公告三次,公司变更注册资本应依法向登记机关办理变更登记手续;公司在未来的发展过程中,如需增加投资,原则上甲乙双方应共同出资,如果某一方增资有困难时,本着友好协商的原则,征得对方股东同意后,允许单方增资。股东的名称、出资方式及出资额如下:市交委以经评估净资产出资,出资额 15,584.60 万元,出资比例 50%;宏佳伟业以现金资产出资,出资额 15,584.60 万元,出资比例 50%。股东享有如下权利:1. 参加或推选代表参加股东会并根据其出资份额享有表决权;2. 了解公司经营状况和财务状况;3. 选举和被选举为董事或监事;4. 依照法律、法规和公司章程的规定获取股利并转让;5. 优先购买其他股东转让的出资;

6. 优先购买公司新增的注册资本；7. 公司终止后，依法分得公司的剩余财产；8. 有权查阅股东会会议记录和公司财务报告。股东承担以下义务：1. 遵守公司章程；2. 按期缴纳所认缴的出资；3. 依其所认缴的出资额承担公司的债务；4. 在公司办理登记注册手续后，股东不得抽回出资；5. 其他义务。股东会由全体股东组成，是公司的权力机构，行使以下职权：1. 决定公司的经营方针和投资计划；2. 选举和更换董事，决定有关董事长、董事的报酬事项；3. 选举和更换由股东代表出任监事，决定监事的报酬事项；4. 审议批准董事长的报告；5. 审议批准监事会的报告；6. 审议批准公司的年度财务预算方案、决算方案；7. 审议批准公司的利润分配方案和弥补亏损的方案；8. 对公司增加或者减少注册资本作出决议；9. 对发行公司债券作出决议；10. 对股东向股东以外的人转让出资作出决议；11. 对公司合并、分立、变更公司形式，解散和清算等事项作出决议；12. 修改公司章程；13. 审议批准对外投资或对外举债（担保）金额超过5000万元的项目。股东会会议由股东按照出资比例行使表决权；股东会会议分为定期会议和临时会议，并应当于会议召开十五日以前通知全体股东；定期会议应每年召开一次，临时会议由股东，或1/3的董事或者监事提议方可召开，股东出席股东会议也可书面委托他人参加股东会议，行使委托书中载明的权力；股东会会议应对所议事项作出决议，股东会对上述股东会职权所列第7、8、9、11、12项所作出的决议，应经全体股东一致同意通过；股东会应当对所议事项的决定作出会议记录，出席会议的股东应当在会议记录上签名；公司应当依照法律、行政法规和国务院财政主管部门的规定建立本公司的财务、会计制度，并应在每一会计年度终了时制作财务会计报告，委托国家承认的会计师事务所审计并出具书面报告，并应于第2年3月31日前送交各股东等”。

2004年11月15日，广州市劳动和社会保障局（以下简称市劳动和社会保障局）向市交委发出穗劳社函〔2004〕556号《关于对市第一公共汽车公司离退休人员移交社会化管理费用的复函》，载明：“你委《关于审核第一公共汽车公司离退休人员移交社会化管理费用的函》（穗交函〔2004〕1187号）收悉，需要从国有资产预留安置费的各类人员的实际人数，由你委按规定的条件核定，核定的基准日以你委批复第一公共汽车公司转制之日为准，各类人员安置费预留数额请按以下办法计算……”

2004年12月1日，市交委向市财政局发出穗交函〔2004〕1320号《关于市一汽公司离退休人员安置费用在专项应付款挂账的函》，称根据市领导批复的市一汽公司改制方案以及市劳动和社会保障局穗劳社函〔2004〕556号的复函中对离退休人员安置费预留数额计算办法，现将我委直属企业市一汽公司至2004年10月止离退休人员安置费用的计算表送贵局,请批准将该公司离退休人员安置费78,610,538.70元在净资产中剔除改挂专项应付款。

2004年12月20日,市财政局向市交委发出穗财企一〔2004〕2910号《关于市一汽公司离退休人员安置费用处置问题的复函》,载明:"发来《关于市一汽公司离退休人员安置费用在专项应付款挂账的函》(穗交函〔2004〕1320号)收悉。根据市领导对市一汽公司改制方案批示,以及市劳动和社会保障局《关于对市第一公共汽车公司离退休人员移交社会化管理费用的复函》(穗劳社函〔2004〕556号),同意市一汽公司从国有净资产中划出专项负债78,610,538.70元,专项用于离退休人员的安置。请你委加强对企业专项负债监督管理,保证资金专款专用,确保离退休人员安置费用的及时支付"。

2005年1月5日,广州市永正有限责任会计师事务所(以下简称永正会计师事务所)向一汽巴士作出永正字(2005)第1014号《验资报告》,报告显示截至2004年12月3日止,一汽巴士已收到宏佳伟业缴纳的注册资本80,000,000元,均为货币资金。2005年9月14日,永正会计师事务所向一汽巴士作出永正字(2005)第1450号《验资报告》,报告显示截至2005年9月14日止,一汽巴士已收到宏佳伟业第二期缴纳的注册资本合计75,846,000元,均为货币资金;连同第一期出资,一汽巴士共收到宏佳伟业缴纳的注册资本合计人民币155,846,000元。

2009年4月10日,市审计局向市政府作出穗审〔2009〕75号《关于广州市公交企业2007年度资产、负债、损益及2005年度至2007年度财政专项补贴资金情况的专项审计调查报告》,载明:"审计组自2008年10月15日至2008年11月11日对一汽巴士2007年度资产、负债和损益及2005年度至2007年度财政专项补贴资金使用情况进行了专项审计调查……二、审计评价:审计调查结果表明:……至2007年底,在公交票价十一年不变情况下,由于受燃料价格不断上涨、银行贷款利息增加以及固定资产折旧增大等因素的影响,一汽巴士改变了个别成本项目原来一贯的财务核算方法,从而导致一汽巴士会计资料未能真实地反映2007年度末资产、负债和损益情况,财务收支有违反财经法规的行为,存在用以前年度工资结余调整利润、未按规定计提职工福利费、未按规定处理报废车辆损失等问题。三、审计核定新增亏损因素:(一)用以前年度工资结余调节利润:为了不让账面出现亏损,达到实现盈亏平衡的目的,便于向银行争取贷款,一汽巴士采取了用以前年度工资结余调整工资成本的办法调节利润。2005年至2006年,一汽巴士实际发放工资424,262,041.47元,实际列支工资成本343,166,516.78元,实际列支工资成本与实际发放工资差额81,095,524.69元通过动用以前年度工资结余解决。上述行为不符合《企业会计制度》第11条:‘企业在会计核算时,应当遵循以下基本原则:……(九)企业在进行会计核算,收入与其成本、费用应当相互配比,同一会计期间内的各项收入和与其相关的成本、费用,应当在该会计期间内确认’的规定等”。

2010年9月9日,立信羊城会计师事务所有限公司(以下简称立信会计师事务所)向市交委及宏佳伟业作出《关于广州市一汽巴士有限公司2005年1月1日至2010年7月31日所发生的改制时原离退休职工的福利性费用以及政策性开支的专项审计报告》,报告载明:“我们接受委托,对一汽巴士2005年1月1日至2010年7月31日支付给改制时原离退休职工的福利性费用以及政策性开支情况进行了审计,这些财务资料、相关文件及财务会计规定的处理由一汽巴士公司负责,我们的责任是对该财务会计处理是否遵循国家和地方政府等相关法律、法规、文件的规定发表审计意见。我们的审计是根据《中国注册会计师执业准则》进行的。在审计过程中,我们结合一汽巴士的实际情况,实施了包括抽查会计记录等我们认为必要的审计程序。经审计,我们发现在2005年至2010年7月31日,一汽巴士在专项应付款、当期成本费用和未分配利润等科目中列支了原离退休人员各类补贴、改制前遗留的其他费用合计60,285,465.31元。我们认为,这些费用不属于专项应付款的使用范围,应在转制前结余的工资和福利费里开支,或考虑从国有投资方的分红里支付。此外,需要提请股东注意的:一、剔除不应从专项应付款中开支的离退休人员节日慰问金9,536,700.78元。改制前预留的专项负债(专项应付款)78,610,538.70元,已开支52,305,059.93元,账面应结余26,305,478.77元。而转制前账面结余的工资和福利费余额114,014,281.78元,2005年经董事会决议在2006年把结余的工资和福利费余额冲回当期损益,致使解决改制前遗留下来的问题,特别是离退休人员福利性费用后续支出的资金来源不足。按有关政策的规定,上述后续支出只能在分配给国有投资方的红利里列支,但如果公司亏损,且专项应付款用完的情况下,就没有资金渠道来支付原离退休人员福利性费用了。二、由于一汽巴士公司的原离退休人员尚未移交社会化管理,仅2005年至2010年7月31日期间就开支了42,693,033.12元,而原离退休人员的福利性费用后续支出在未来的若干年内将继续发生。三、一汽巴士执行公司的规定,从2006年至2010年1~7月支付原退休人员的住房补贴共计16,930,308元,这些费用也将继续发生。四、一汽巴士对2004年转制时的原退休人员在预计未来所发生的费用作的预测(注明:按本报告对第一点的一汽巴士公司在2005年至2008年不应从专项应付款中开支的离退休人员节日慰问金9,536,700.78元作冲回调整,专项应付款期末应结余26,305,478.77元,仍可作支付原退休人员的有关费用)。按一汽巴士现执行的政府有关规定和公司对离退休人员支付补贴的标准,以人均寿命75岁为基础进行测算,预计未来原离退休人员将产生各类费用共计71,042,076元。提请一汽巴士股东注意,该费用额仅计算改制时的原离退休人员安置和生活补助费,建议双方股东协商解决未来该类费用的具体数额和开支的来源渠道”。

此外,立信会计师事务所有限公司在上述专项审计报告中对审计事项进行说明,具体情况如下:一、基本情况:一汽巴士改制的前身为一汽公司,于2004年11月23日由市交委与宏佳伟业各出资50%改制为有限责任公司。市财政局回复市交委《关于市一汽公司离退休人员安置费用在专项应付款挂账的函》(穗交函〔2004〕1320号),《关于市一汽公司离退休人员安置费用处置问题的复函》(穗财企一〔2004〕2910号),同意市一汽公司从国有净资产中划出专项负债78,610,538.70元,专项用于退休人员的安置(包括一汽巴士离退休人员移交社会化的管理费用),由市交委对该专项负债监督管理,保证资金专款专用,确保离退休人员安置费用的及时支付。由于离退休人员的自身利益等其他问题,离退休人员尚未移交社会化管理。2005年根据一汽巴士董事会决议,因公司的财务状况和经营需要,为减少经营成本,冲转了转制前结余的应付工资余额80,470,387.46元(为2004年11月余额)、应付福利费33,543,894.32元(为2004年11月余额)计入了当期损益。二、改制时预留的专项负债和使用情况:1.一汽巴士在2004年改为有限责任制时预留了专项应付款——退休人员安置78,610,538.70元,专项用于离退休人员安置,包括离退休人员移交社会化的管理费用。该项预计费用经市财政局穗财企-〔2004〕2910号批准。2.一汽巴士于2005年12月在专项应付款——退休人员安置科目支付离退休人员缴付过渡性保险费用52,236,059.93元。3.一汽巴士于2008年至2010年7月在专项应付款——退休人员安置科目支付23名退休人员社会化费用69,000元。4.一汽巴士在2005年至2008年间从专项应付款——退休人员安置科目支付离退休人员节日慰问金9,536,700.78元。三、一汽巴士在2005年至2010年7月31日,在当期成本费用、未分配利润科目列支了改制时原离退休人员各类补贴,具体如下:1. 2009年、2010年1~7月管理费用支付原离退休人员的节日慰问金2,964,064.88元。2. 2004年12月至2010年7月在管理费用——离退休补贴项下共支付原离退休人员的房租水电补贴款31,619,441.35元。3. 2009年7月在管理费用支付原离退休人员计生员岗位津贴24,560元。

4. 2005～2007年在以前年度损益调整科目支付办理新河浦94－96号东湖豪苑44套单元房产费用323,209.79元，支付黄村宿舍补缴市政配套费281,283.40元，以及其他项目属转制前遗留的费用（减收入）57,631元，合计支付数662,124.19元。5. 2006年、2010年1～7月在管理费用支付在原离退休人员的住房补贴16,930,308元。四、改制时原离退休人员后续福利性费用开支以及政策性支出的审核意见：……2. 根据有关政策文件的精神，我们认为：(1)一汽巴士在专项应付款支付的离退休人员节日慰问金8,084,966.89元，不符合专项应付款规定的用途，不应在本科目列支。如确实要支付这些补贴，应考虑在转制前结余的应付工资和应付福利费中列支。(2)一汽巴士在2009年、2010年1～7月管理费用支付原离退休人员的节日慰问金2,964,064.88元，在未经一汽巴士全体股东大会同意的情况下，大额支付离退休人员的慰问金，损害了公司股东的利益，如确实要支付这些慰问金，应考虑在转制前结余的应付工资和应付福利费中列支。(3)一汽巴士在2004年12月至2010年7月仍执行原一汽公司关于《实施广州市企业职工基本养老金计发办法》的通知……的规定，在当期损益支付的原离退休人员的各项工龄、房租、水电补贴款31,619,441.35元。一汽巴士在未经全体股东大会同意的情况下，支付离退休人员的补贴费用，损害了公司股东的利益。再者，由于一汽巴士的离退休人员的退休金已由社会保险机构支付，退休金每年都随有关因素调增，而一汽巴士仍支付各种补贴，是一种额外的负担。鉴于一汽巴士离退休人员尚未移交社会化管理，如确实要支付这些补贴，应考虑在转制前结余的应付工资和应付福利费中列支。(4)在管理费用列支支付离退休人员计生员岗位津贴24,560元，也应考虑在转制前结余的应付工资和应付福利费中列支。(5)一汽巴士执行广州市交委《关于住房货币分配方案的批复》（穗交函〔2005〕1446号），于2006年、2010年1～7月在管理费用支付原离退休人员的住房补贴16,930,308元，应考虑在转制前结余的应付工资和应付福利费中列支。综合上述五项内容，合计支付各项费用59,623,341.12元，属于不符合专项应付款的使用范围的涉及原离退休人员的福利及政策性开支，按相关政策规定这些开支应视公司的经济承受力，可在转制前结余的工资和福利里开支，或考虑从国有投资方的分红里支付。五、改制前遗留的其他问题：一汽巴士在以前年度损益调整科目支付办理新河浦94－96号东湖豪苑44套单元房产费用323,209.79元，支付黄村宿舍补缴市政配套费281,283.40元，以及其他项目属改制前遗留的费用（减收入）57,631元，合计支付数662,124.19元。对于这些以前遗留的费用，一汽巴士在未经公司全体股东大会同意列入当期损益，损害了新公司股东的利益。这些费用支出如确实属原公司遗留的项目,也应考虑在转制前结余的应付福利费中列支。六、动用了改制前结余的工资福利:一汽巴士于2005年经董事会决议,因公司的财务状况和经营需要,为减少公司的亏损冲转了转制前结余的应付工资余额80,470,387.46元(2004年11月余额)、应付福利费33,543,894.32元(2004年11月余额)合计114,014,281.78元转入了当期损益。七、改制时原离退休人员福利性费用后续支出的问题:1.由于一汽巴士公司的离退休人员尚未移交社会化管理,又继续沿用原公司的补贴政策,势必继续增加一汽巴士的经济负担。一汽巴士在执行市财政局穗《关于市一汽公司离退休人员安置费用处置问题的复函》(财企一〔2004〕2910)号文以及相关政府文件方面欠缺力度,耽误了离退休人员移交社会化管理的进程。2.建议一汽巴士公司理顺离退休人员与公司关系,尽快落实各项政策法规,妥善办理离退休人员移交社会化管理手续。3.当预留的专项应付款、转制前结余的应付工资、应付福利都用完后,仍有原离退休人员的符合开支的相关费用发生,应按政策的规定在分配给国有投资方的红利里列支。4.按上述第三点审核的内容,在2005年至2010年7月支付了不符合专项应付款的使用范围的各项补贴费用60,285,465.31元,按一汽巴士的现状,这些涉及原离退休人员的福利及政策性开支的费用在未来的若干年内将继续发生。5.一汽巴士对转制后原离退休人员在预计未来所发生的费用作的预测,按贵公司现执行的政府有关规定和公司对离退休人员支付补贴的标准,以人均寿命75岁为基础进行测算,预计未来原离退休人员将产生各类费用共计71,042,076元"。

2010年11月30日,一汽巴士作出《关于离退休职工安置费用的董事会决议》,载明:"一汽巴士于2010年11月30日在广州召开(董事会)。应到董事6人,实到董事6人。本次会议的召开符合《公司法》、《广州市一汽巴士公司章程》以及有关法律、法规的规定。本次会议审议通过了《关于离退休职工人员安置费用的处置议案》,决议如下:一、经公司股东委托立信会计师事务所所做的专项审计披露,截至2010年7月底,我公司已为原一汽公司的3305名退休职工共垫付了各类福利补贴等费用合计42,693,033.12元,政策性开支费用662,124.19元,会计师事务所预算未来仍要为该批离退休职工至少支付71,042,076元的福利补贴费用。另外,自2006年起,我公司为维持离退休职工队伍的稳定,为原一汽的3305名离退休职工又发放住房补贴16,930,308元。上述费用合计131,327,541.31元。对于专项审计报告披露的上述费用,公司董事会一致同意予以确认。二、经公司股东委托立信会计师事务所做的专项审计披露,在2005~2006年,转制前预留的工资和福利费余额已冲抵当期损益 114,014,281.78 元。对于专项审计报告披露的该项费用,公司董事会一致同意予以确认。由于该费用属于我公司转制前的工资和福利费余额,按照股权 50∶50 的比例,公司股东宏佳伟业所享权益为 57,007,140.89 元。三、董事会建议上述第二项冲减第一项后,公司对股东宏佳伟业给予 74,320,400.42 元的经济补偿或出资返还(131,327,541.31 - 57,007,140.89)。四、由于对上述费用的确认和处理属于公司重大事项,需提请公司股东会审定后组织实施”。

2010 年 12 月 2 日,一汽巴士作出《关于离退休职工安置费用的股东会决议》,载明:“一汽巴士 2010 年临时股东会于 2010 年 12 月 2 日在广州召开。会议共有 2 名股东授权代表出席,代表公司总股本的 100%。本次会议的召开符合《公司法》《广州市一汽巴士有限公司章程》以及有关法律、法规的规定。本次会议审议通过了《关于离退休职工人员安置费用的处置议案》,决议如下:一、经公司股东委托立信会计师事务所所做的专项审计披露,截至 2010 年 7 月底,我公司已为原一汽公司的 3305 名退休职工共垫付了各类福利补贴等费用合计 42,693,033.12 元,政策性开支费用 662,124.19 元,会计师事务所预算未来仍要为该批离退休职工至少支付 71,042,076 元的福利补贴费用。另外,自 2006 年起,我公司为维持离退休职工队伍的稳定,为原一汽的 3305 名离退休职工又发放住房补贴 16,930,308 元。上述费用合计 131,327,541.31 元。对于专项审计报告披露的上述费用,公司股东双方一致同意予以确认。二、经公司股东委托立信会计师事务所所做的专项审计披露,在 2005 ~ 2006 年,转制前预留的工资和福利费余额已冲抵当期损益 114,014,281.78 元。对于专项审计报告披露的该项费用,公司股东会一致同意予以确认。由于该费用属于我公司转制前的工资和福利费余额,按照股权 50∶50 的比例,公司股东宏佳伟业所享权益为 57,007,140.89 元。三、公司股东批准公司董事会 2010 年 11 月 30 日作出的决议,一致同意上述第二项冲减第一项后,公司对股东宏佳伟业给予 74,320,400.42元的经济补偿或出资返还(131,327,541.31 - 57,007,140.89)”。市交委及宏佳伟业在上述股东会决议上均盖章确认。

2011 年 8 月 22 日,一汽巴士向市交委发出《关于完善解决重庆股权和改制离退休职工费用等后续问题的请示》,载明:“在 2010 年 12 月 2 日,我公司股东双方经协商,作出将公司持有重庆市一汽巴士有限公司(以下简称重庆一汽)股权分别转让给重庆市公共交通控股(集团)有限公司、广州市宏佳伟业发展有限公司(以下简称宏佳公司),并解决改制离退休职工费用遗留问题,给予股东宏佳公司经济补偿或出资返还等两个决议……根据上述股东会的决议,就完善解决重庆股权转让和改制离退休职工费用等后续问题建议如下:……二、启动解决改制离退休职工费用遗留问题的有关程序:2010年12月2日公司股东作出的决议'对股东广州市宏佳伟业发展有限公司给予74,320,400.42元的经济补偿或出资返还',该决议已经生效。根据公司资金的状况,公司董事会建议分期给予广州市宏佳伟业发展有限公司经济补偿或出资返还,其中:1.在2011年8月31日前,给予广州市宏佳伟业发展有限公司经济补偿或出资返还30,870,864.28元。2.在2011年12月31日前,给予广州市宏佳伟业发展有限公司经济补偿或出资返还43,449,536.14元。以上意见妥否,请批示"。

2011年9月3日,市交委向一汽巴士印发《关于对原一汽公司改制离退休职工费用有关问题的意见》(穗交函〔2011〕1579号),载明:"《关于完善解决重庆股权和改制离退休职工费用等后续问题的请示》(一汽巴士〔2011〕98号)收悉。经研究,请你公司依法按照2010年12月2日的《广州市一汽巴士有限公司关于离退休职工安置费用的股东会决议》执行"。

2011年9月20日,一汽巴士以转账方式向宏佳伟业支付30,870,864.28元。2012年1月9日,一汽巴士以转账方式向宏佳伟业支付43,449,536.14元。上次两笔转账金额共计74,320,400.42元。

2013年3月15日,一汽巴士作出《关于广州市一汽巴士有限公司解决离退休职工历史遗留问题股东专题会议纪要》,与会人员就解决一汽巴士改制离退休职工会计处理的审计问题进行了磋商,纪要载明,宏佳伟业提出一汽巴士离退休职工因无法实现社会化而引起的历史遗留问题,国有方有责任负责处理,对超出改制结余应付工资余额和应付福利费的部分,应确认为国有方对民营方的负债,待股东双方确认新的解决方案后,同意垫付400万元作为解决一汽巴士历史遗留问题的资金等;市交委提出为体现股东双方对一汽巴士离退休职工历史遗留问题积极解决的态度,争取市审计局的理解支持,宏佳伟业在3日内向一汽巴士垫付400万元,作为一汽巴士妥善处理离退休职工历史遗留问题的部分资金,待上述垫付资金到账后,股东双方就处理离退休职工历史遗留问题的相关数据进行核对,形成市审计局认可的解决方案等。

2013年3月25日,市交委与宏佳伟业作出《广州市一汽巴士有限公司关于审计事项对完善以前年度财务处理的股东会决议》,载明:"一汽巴士公司股东会于2013年3月25日下午在广州召开。会议共有2名股东授权代表及相关人员出席,代表一汽巴士公司总股本的100%。本次会议的召开符合《公司法》《广州市一汽巴士公司章程》以及有关法律、法规的规定。表决所形成的决议，合法、有效。本次会议一致通过以下决议：一、根据股东市交委的提议，按照市审计局在 2013 年 3 月对一汽巴士审计时提出的审计事项及意见，立即进行整改。二、对于一汽巴士以前年度的财务处理问题和一汽巴士转制前遗留的历史问题，股东双方有义务，有责任，以实事求是的态度妥善处理好，确保股东双方权益不受损害，在保障职工队伍稳定的前提下，商议确定新的解决方案。三、公司股东双方积极整改，分步筹资，宏佳伟业愿意再垫支 6250 万元，作为解决一汽巴士历史遗留问题的资金。四、股东对各自的签名/盖章的真实性、合法性、有效性负责，并承担全部法律责任”。

2013 年 9 月 2 日，市审计局在对 2011 年、2012 年广州市公交汽车企业损益情况专项审计调查后，向一汽巴士出具穗审企调报〔2013〕5 -01 号《专项审计调查报告》，载明：市审计局派出审计组，自 2013 年 1 月 22 日至 2013 年 2 月 5 日，对一汽巴士 2011 年、2012 年损益情况进行了就地审计调查……二、审计调查评价意见：审计调查结果表明，2011 年至 2012 年，一汽巴士在经营、财务管理等方面能够建立比较完善的制度，会议资料基本真实反映企业财务收支情况，财务收支活动基本遵守有关财经法规，财政专项补贴资金基本能按照会计制度的规定进行财务核算，专款专用，但存在将属于国有资产的转制前工资及福利费结余转增企业利润、支出不需要支付的经济补偿款、未按规定核算财政补贴收入、固定资产及计提折旧等问题。三、审计调查发现的主要问题及处理意见：（一）将属于国有资产的转制前工资及福利费结余 11,401.43 万元转增企业利润。2005 年至 2006 年，一汽巴士经董事会决议同意，将转制前原一汽巴士结余专项用于转制前离退休职工安置补偿的应付工资余额 8047.04 万元和应付福利费余额 3354.39 万元，合计 11,401.43 万元全额冲抵当期损益，转增企业利润。上述行为不符合《财政部关于的补充通知》（财企〔2005〕12 号）第一点“……属于实施‘工效挂钩’等办法提取数大于应发数形成的工资基金结余部分，应当转增资本公积金，不再作为负债管理，也不得转为个人投资。改建企业账面原有的应付福利费、职工教育经费余额，应当转增资本公积金，不再作为负债管理，也不得转为个人投资……”及 2004 年市政府批复同意的《广州市第一公共汽车公司改制方案》关于“……改制企业原应付福利费、工资基金余额，在企业改制时，先用于原企业的安置补偿费用。一汽巴士改制时，按一次性方式发放给离退休人员的安置补贴在工资基金余额中安排”的规定，根据《财政部办公厅关于企业公司制改建应付工资等余额财务处理的意见》（财办企〔2006〕23 号）第二点“企业在《财政部关于的补充通知》（财企〔2005〕12 号）下发之前已完成公司制改建,且结余的工资基金、应付福利费及职工教育经费当时未结转资本公积金的,现有余额应当向原国有股东做出清偿后核销相应负债,或者将其转作国有独享资本公积金,留待以后增资扩股时转增国有股份”的规定,一汽巴士应调整已冲抵的损益,调增应付工资余额8047.04万元,应付福利费3354.39万元,调减“以前年度损益调整”11,401.43万元。(二)支出不需要支付的经济补偿款7432.04万元。2011年9月至12月,一汽巴士向宏佳伟业支出不需支付的经济补偿款7432.04万元,并在长期待摊费用科目核算。截至2012年12月,长期待摊费用已摊销了1486.41万元。上述行为不符合《会计法》第26条“公司、企业进行会计核算不得有下列行为……多列、不列或者少列费用、成本”的规定,根据《会计法》第9条“……任何单位不得以虚假的经济业务事项或者资料进行会计核算”的规定,一汽巴士应向宏佳伟业收回经济赔偿款7432.04万元,调增“其他应收款”7432.04万元,调减长期待摊费用5945.63万元,调增“以前年度损益调整”1486.41万元……四、其他需要说明的事项:(一)违反规定处置企业转制前遗留的应付工资、福利费11,401.43万元及支付不合理经济补偿款7432.04万元。1.2005年至2006年,一汽巴士违规将属于国有资产的转制前工资及福利费结余11,401.43万元转增企业利润,使合资方宏佳伟业无偿享有国有权益5700.71万元。2. 2010年7月,一汽巴士股东双方委托立信会计师事务所对2005年1月至2010年7月发生的原一汽巴士离退休职工的福利费用进行了专项审计,核定一汽巴士为原一汽公司3305名退休职工垫付了各类福利和住房补贴6028.54万元,预计未来仍要为该批离退休职工至少支付7104.21万元,共计13,132.75万元。2010年12月,一汽巴士召开股东会议,研究解决一汽巴士为原一汽公司离退休职工垫付和预计未来支出的福利费用问题。股东会决议同意将13,132.75万元支出减除宏佳伟业无偿享有的国有权益5700.71万元后的差额7432.04万元,一次性对宏佳伟业作出经济补偿。2011年9月和2012年1月,一汽巴士分2次向宏佳伟业支付经济补偿款7432.04万元。经测算,至2012年年末,该笔经济补偿款产生财务费用470.96万元。从审计情况来看,截至2010年7月,原一汽公司转制时的工资和福利费结余以及专项应付款结余共14,031.98万元,足够解决原一汽巴士离退休职工各类福利费用及社会化管理的安置费用,无须支付宏佳伟业经济补偿款。由于一汽巴士违规冲减工资和福利费结余,以及违反公平、合理的原则,对预计未来支出的费用一次性补偿给宏佳伟业的做法,至少造成国有资产损失6637.94万元。经审计指出后,至目前为止,宏佳伟业归还了6650万元……五、审计调查建议:针对一汽巴士违规处置企业前转制遗留的应付工资、福利费，造成国有股东方资产损失的问题。一汽巴士合资双方应严格按国家有关规定，妥善处理资金归位后涉及的财务账目调整。对本次审计调查中发现的问题，请一汽巴士自收到本报告之日起60日内，将整改情况书面报告市审计局等。

2015年9月21日，市交委以审计报告对宏佳伟业依照股东会决议收取补偿款的性质和后果做出判断，股东会决议内容违反法律、行政法规为由提起确认涉案股东会决议无效之诉。

2015年12月14日，宏佳伟业向市交委发出《股东会临时会议通知书》，表示根据一汽巴士公司章程第18、19条的规定，现提议于2016年1月之前在本公司总部所在地召开临时股东会，讨论决定下列议题：将本公司原已转入了当期损益的114,014,281.71元恢复还原，恢复保留本公司账面余额的应付工资、福利费账面余额；因还原后所引发的相应财务、法律负面后果，应由股东各方自行承担等。

2015年12月22日，一汽巴士向市交委及宏佳伟业发出《股东会临时会议通知书》，告知根据本公司章程第18、19条的规定，现定于2016年1月25日在本公司总部所在地召开临时股东会，讨论决定下列议题：将本公司原已转入了当期损益的114,014,281.71元恢复还原，恢复保留本公司账面余额的应付工资、福利费账面余额；因还原后所引发的相应财务、法律负面后果，应由股东各方自行承担。

本案诉讼过程中，市交委表示虽然市审计局出具的穗审企调报〔2013〕5－01号《专项审计调查报告》中提到宏佳伟业归还了一汽巴士6650万元，但此后一汽巴士又以股东借款和债权债务抵消等方式将此款归还给了宏佳伟业；涉案股东会决议已被市审计局依法认定不当补偿，造成国有资产流失，违反了《企业国有资产法》第10、17、30、36、43、52、54条，《企业国有资产监督管理暂行条例》第11条，《民法通则》第4、73条，《公司法》第20条的规定，宏佳伟业作为公司股东，滥用股东权利、无故占有一汽巴士74,320,400.42元、侵害国家出资企业利益、侵害公司利益，并在明某决议违法的情况下拒不执行审计意见，属于《公司法》第22条第1款"公司股东会或者股东大会、董事会的决议内容违反法律、行政法规的无效"所规定的股东会决议无效情形；具体来说，涉案股东会决议第一项内容基于立信会计师事务所出具的《广州市一汽巴士有限公司2010年度其它报告》确认一汽巴士为原离退休职工共垫支了各类福利补贴费用合计42,693,033.12元，政策性开支费用662,124.19元，住房补贴16,930,308元，未来仍要为该批离退休职工至少支付71,042,076元，合计131,327,541.31元，该项决议实质确认国有股东对一汽巴士的负债，而非一汽巴士对宏佳伟业的负债；就决议第二项内容而言，股东双方确认一汽巴士在2005～2006年将转制前遗留的工资和福利费结余114,014,281.78元冲抵当期损益，确认宏佳伟业享有权益为57,007,140.89元，并将该笔债权抵销，违背了财政部办公厅《关于企业公司改制应付工资等余额财务处理的意见》（财办企〔2006〕23号）的规定，使本应作为市交委独享资本公积金的改制前遗留的应付工资、福利费114,014,281.78元被抵销，无法留待以后增资扩股时转增国有股份，造成国有资产流失，同时损害了市交委的利益，宏佳伟业通过制作虚假财务会计报表虚增利润进行分配的手段，抽逃出资5700余万元；就决议第三项内容而言，本应是一汽巴士对市交委负有债务，却确认为一汽巴士对宏佳伟业负有债务，法律关系错误，作为国家出资企业的一汽巴士无故支出74,320,400.42元，宏佳伟业无偿享有该收益，宏佳伟业在没有支付任何对价的情况下无偿取得国有资产，故补偿行为的本质是宏佳伟业通过股东会决议虚构债权债务的方式转出属于一汽巴士的资金，侵占公司资产和国有资产，构成抽逃出资。此外，市交委还认为涉案股东会决议对改制前福利费、工资余额的处理，擅自改变由市政府批准《广州市第一公共汽车公司转制方案》所规定"改制企业原应付福利费、工资基金余额在改制时，先用于原企业的安置补偿费用"，却未报经市政府批准，违反《企业国有资产法》第12条第3款"履行出资人职责的机构对法律、行政法规和本级人民政府规定须经本级人民政府批准的履行出资人职责的重大事项，应当报请本级人民政府批准"的规定，应属无效。

一汽巴士认为本案属于平等民事主体之间的纠纷，应当适用民商事法律法规予以调整，市交委与宏佳伟业作出的股东会决议是双方真实意思表示，没有违反我国法律法规效力性强制性规定，且经过时任市政府授权的主管部门即市交委书面批准遵照执行，合法有效。

宏佳伟业认为市审计局出具的《专项审计调查报告》中提到宏佳伟业归还了一汽巴士6650万元的表述有误，实际情况是一汽巴士资金周转困难向宏佳伟业借款6650万元；参与决议的股东无权提出股东会决议无效的诉请，市交委所称国有资产流失没有任何证据证实，改制前一汽公司职工安置费、福利费不应由宏佳伟业承担；如果发生国有资产流失，也不必然导致股东会决议无效的后果；《企业国有资产法》是行政管理性质的法律，如果市交委因错误判断导致国有资产流失，不能以股东会决议无效来损害其他股东的利益，市交委作为行政管理部门应自行承担责任。

另查明，广州市工商行政管理局2015年9月21日出具的商事登记信息显示，一汽巴士的商事主体类型为其他有限责任公司，法定代表人张某某，成立日期1959

年9月1日，注册资本31,169.2000万元，股东为市交委和宏佳伟业。

【案件争点】

一汽巴士于2010年12月2日作出的涉案股东会决议是否违反法律、行政法规，是否无效。

【裁判要旨】

广东省广州市越秀区人民法院一审认为，首先，涉案股东会决议同意并确认转制前预留的工资和福利费余额冲抵2005～2006年当期损益，该项处置一汽巴士改制前预留工资和福利费余额的决议变更了由市政府批准实施《广州市第一公共汽车公司转制方案》所确定的"改制企业原应付福利费、工资基金余额在改制时，先用于原企业的安置补偿费用"的国有资产处置原则。根据《企业国有资产法》第12条第3款规定："履行出资人职责的机构对法律、行政法规和本级人民政府规定须经本级人民政府批准的履行出资人职责的重大事项，应当报请本级人民政府批准"。一汽巴士作出变更改制方案要求的涉案股东会决议本应当报请同级人民政府批准却未经报请市政府批准，违反了《企业国有资产法》第12条第3款的规定，处置国有资产的审批程序违法。其次，一汽巴士2005～2006年将转制前预留的工资和福利费余额冲抵当期损益114,014,281.78元并由宏佳伟业享有权益57,007,140.89元，涉案股东会决议对此表示同意并予以确认。根据《企业国有资产法》第30条规定"国家出资企业合并、分立、改制、上市、增加或者减少注册资本，发行债券，进行重大投资，为他人提供大额担保，转让重大财产，进行大额捐赠，分配利润，以及解散、申请破产等重大事项，应当遵守法律、行政法规以及企业章程的规定，不得损害出资人和债权人的权益"。一汽巴士违规将属于国有资产的转制前工资及福利费结余11,401.43万元转增企业利润，使合资方宏佳伟业无偿享有国有权益5700.71万元，违反了《企业国有资产法》第30条的规定，损害了市交委作为出资人的权益。再次，涉案股东会决议作出对宏佳伟业给予74,320,400.42元的经济补偿或出资返还，并据此在一汽巴士的长期待摊费用科目上进行核算，违反了《会计法》第9条第2款"任何单位不得以虚假的经济业务事项或者资料进行会计核算"、第26条"公司、企业进行会计核算不得有下列行为：……（三）随意改变费用、成本的确认标准或者计量方法，虚列、多列、不列或者少列费用、成本"的规定，财务处理违法。综上所述，经一审法院审判委员会讨论决定，涉案股东会决议内容违反法律、行政法规的规定，应属无效。

广东省广州市中级人民法院二审认为：最高人民法院《关于民事诉讼证据的若

干规定》第77条规定,人民法院就数个证据对同一事实的证明力,可以依照下列原则认定:(一)国家机关、社会团体依职权制作的公文书证的证明力一般大于其他书证;以及最高人民法院《关于适用〈中华人民共和国民事诉讼法〉的解释》第114条规定,国家机关或者其他依法具有社会管理职能的组织,在其职权范围内制作的文书所记载的事项推定为真实,但有相反证据足以推翻的除外。广州市审计局于2013年9月2日向一汽巴士出具的《专项审计调查报告》的证明效力高于一般的书证,一汽巴士与宏佳伟业亦无提供充分有效的相反证据予以推翻,故法院依法对该《专项审计调查报告》予以采信。涉案股东会决议同意将转制前原一汽公司结余专项用于转制前离退休职工安置补偿的应付工资和福利费余额11,401.43万元全额冲抵当期损益,转增企业利润,不符合财政部《关于企业公司制改建有关国有资本管理与财务处理的暂行规定》有关问题的补充通知(财企〔2005〕12号)第一点"……属于实施'工效挂钩'等办法提取数大于应发数形成的工资基金结余部分,应当转增资本公积金,不再作为负债管理,也不得转为个人投资。改建企业账面原有的应付福利费、职工教育经费余额,应当转增资本公积金,不再作为负债管理,也不得转为个人投资……"及《广州市第一公共汽车公司改制方案》关于"……改制企业原应付福利费、工资基金余额,在企业改制时,先用于原企业的安置补偿费用"的规定。涉案股东会决议上述该处置变更了改制方案,属重大事项,却未报经同级人民政府批准,违反了《企业国有资产法》第12条第3款"履行出资人职责的机构对法律、行政法规和本级人民政府规定须经本级人民政府批准的履行出资人职责的重大事项,应当报请本级人民政府批准"的规定。涉案股东会决议同意并确认一汽巴士2005~2006年将转制前预留的工资和福利费余额冲抵当期损益11,401.43万元并由合资方宏佳伟业无偿享有国有权益5700.71万元,违反了《企业国有资产法》第30条"国家出资企业合并、分立、改制、上市、增加或者减少注册资本,发行债券,进行重大投资,为他人提供大额担保,转让重大财产,进行大额捐赠,分配利润,以及解散、申请破产等重大事项,应当遵守法律、行政法规以及企业章程的规定,不得损害出资人和债权人的权益"的规定。涉案股东会决议同意对宏佳伟业作出7432.04万元的经济补偿或出资返还,并在长期待摊费用科目核算,不符合《会计法》第9条第2款"任何单位不得以虚假的经济业务事项或者资料进行会计核算"及第26条"公司、企业进行会计核算不得有下列行为:……(三)随意改变费用、成本的确认标准或者计量方法,虚列、多列、不列或者少列费用、成本……"的规定。综上,一汽巴士2010年12月2日作出的三项股东会决议违反规定处置企业转制前遗留的应付工资、福利费用及支付不合理经济补偿款，造成国有资产损失，违反了《企业国有资产法》第 10 条“国有资产受法律保护，任何单位和个人不得侵害”的规定。故一审法院认定一汽巴士于 2010 年 12 月 2 日作出的《关于离退休职工安置费用的股东会决议》违反相关的法律、行政法规，判决上述股东会决议无效，于法有据，法院予以维持。

三、裁判规则提要

《企业国有资产法》第 30 条属于强制性规定。并且，《企业国有资产法》第 30 条属于效力性强制性规定。国家出资企业在合并、分立、改制、上市，增加或者减少注册资本，发行债券，进行重大投资，为他人提供大额担保，转让重大财产，进行大额捐赠，分配利润，以及解散、申请破产等重大事项中，违反法律、行政法规以及企业章程的规定，损害出资人和债权人的权益的，涉案合同、决议一概无效。

《企业国有资产法》虽然在立法体系中独立于《公司法》，但在内容上、精神上与《公司法》一脉相承，是在《公司法》所确立的维护公司生存权与发展权、公司善治、股权文化、契约精神与信托义务等一系列理念与制度的基础上对国家出资企业予以特别调整的特别法。《企业国有资产法》的立法宗旨在于“维护国家基本经济制度，巩固和发展国有经济，加强对国有资产的保护，发挥国有经济在国民经济中的主导作用，促进社会主义市场经济发展”。《企业国有资产法》第 30 条是《企业国有资产法》第五章“关系国有资产出资人权益的重大事项”的总括条款，旨在通过概括性地提出对关系国有资产出资人权益的重大事项的合法性要求，防止国有资产流失，维护国家利益与社会公共利益。该条蕴含着国家出资企业生存权与发展权、公司善治、股权文化、契约精神与信托义务等公序良俗，是效力性强制性规定。违反《企业国有资产法》第 30 条的合同、决议直接损害了国家利益和社会公共利益，应属无效。对国家利益与社会公共利益的保护应当优先于对交易安全的保护。

四、辅助信息

高频词条：

《企业国有资产法》

第 30 条 国家出资企业合并、分立、改制、上市，增加或者减少注册资本，发行债券，进行重大投资，为他人提供大额担保，转让重大财产，进行大额捐赠，分配利润，以及解散、申请破产等重大事项，应当遵守法律、行政法规以及企业章程的规定，不得损害出资人和债权人的权益。

《民法典》

第153条 违反法律、行政法规的强制性规定的民事法律行为无效。但是，该强制性规定不导致该民事法律行为无效的除外。

违背公序良俗的民事法律行为无效。

第154条 行为人与相对人恶意串通，损害他人合法权益的民事法律行为无效。

《全国法院民商事审判工作会议纪要》

30. 合同法施行后，针对一些人民法院动辄以违反法律、行政法规的强制性规定为由认定合同无效，不当扩大无效合同范围的情形，合同法司法解释（二）第14条将《合同法》第52条第5项规定的“强制性规定”明确限于“效力性强制性规定”。此后，《最高人民法院关于当前形势下审理民商事合同纠纷案件若干问题的指导意见》进一步提出了“管理性强制性规定”的概念，指出违反管理性强制性规定的，人民法院应当根据具体情形认定合同效力。随着这一概念的提出，审判实践中又出现了另一种倾向，有的人民法院认为凡是行政管理性质的强制性规定都属于“管理性强制性规定”，不影响合同效力。这种望文生义的认定方法，应予纠正。

人民法院在审理合同纠纷案件时，要依据《民法总则》第153条第1款和合同法司法解释（二）第14条的规定慎重判断“强制性规定”的性质，特别是要在考量强制性规定所保护的法益类型、违法行为的法律后果以及交易安全保护等因素的基础上认定其性质，并在裁判文书中充分说明理由。下列强制性规定，应当认定为“效力性强制性规定”：强制性规定涉及金融安全、市场秩序、国家宏观政策等公序良俗的；交易标的禁止买卖的，如禁止人体器官、毒品、枪支等买卖；违反特许经营规定的，如场外配资合同；交易方式严重违法的，如违反招投标等竞争性缔约方式订立的合同；交易场所违法的，如在批准的交易场所之外进行期货交易。关于经营范围、交易时间、交易数量等行政管理性质的强制性规定，一般应当认定为“管理性强制性规定”。

公司法上效力性强制性规定识别案件裁判规则第 16 条：
《企业国有资产法》第 43 条是效力性强制性规定

〔**规则描述**〕:《企业国有资产法》第 43 条旨在防止国有资产流失，维护国家利益与社会公共利益，蕴含着国家出资企业生存权与发展权、公司善治、股权文化、契约精神与信托义务等公序良俗，是效力性强制性规定。国家出资企业的关联方利用与国家出资企业之间的交易，谋取不当利益，损害国家出资企业利益的，涉案合同一概无效。所谓关联方，是指本企业的董事、监事、高级管理人员及其近亲属，以及这些人员所有或者实际控制的企业。

一、类案检索大数据报告

时间:2020 年 10 月 23 日前；

案例来源:Alpha 案例库；

案例数量:17 件；

数据采集时间:2020 年 10 月 23 日。

本次检索获取 2020 年 10 月 23 日前共 17 篇裁判文书，整体情况如图 16－1 所示，其中认定《企业国有资产法》第 43 条是效力性强制性规定的案件 3 件，占比为 18%；认定《企业国有资产法》第 43 条是管理性强制性规定的案件 14 件，占比为 82%。

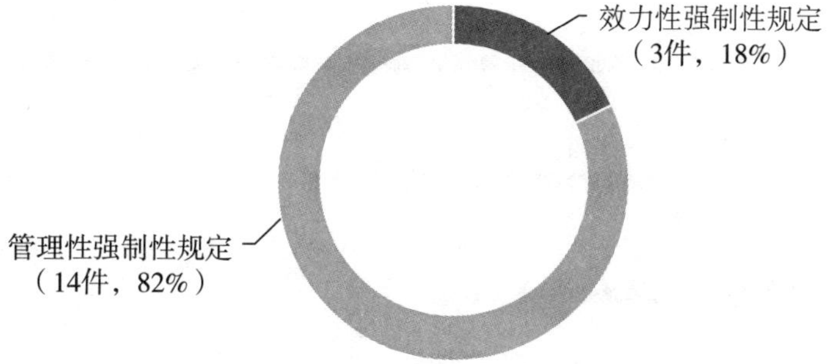

图 16－1 《企业国有资产法》第 43 条的案件性质

如图 16－2 所示，从案件年份分布情况可以看出当前条件下案件数量的变化趋势。

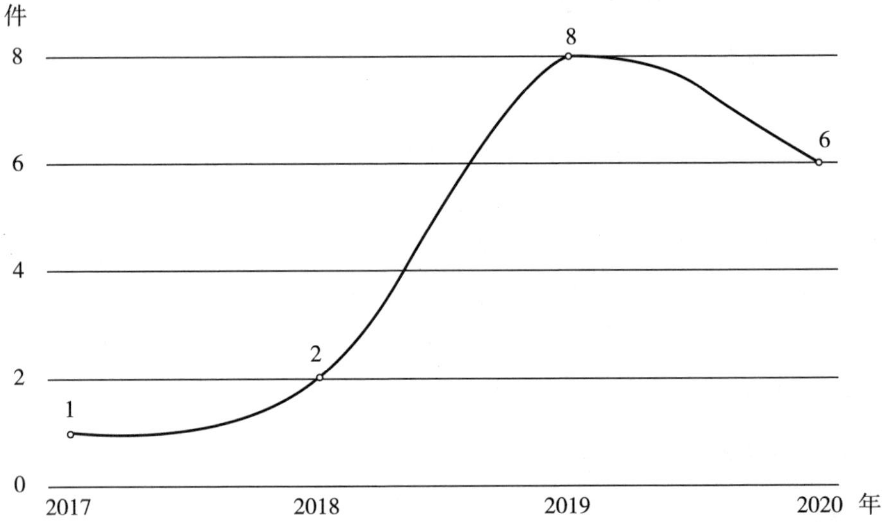

图 16－2　案件年份分布情况

如图 16－3 所示，从案件主要地域分布情况可以看出，当前案件主要集中在广东省、河北省、辽宁省、贵州省、新疆维吾尔自治区。

图 16－3　案件主要地域分布情况

二、可供参考的例案

例案一 | 郑某某、增城市安达国际旅行社民间借贷纠纷案

【法院】

广东省广州市中级人民法院

【案号】

(2020)粤01民终3308号

【当事人】

上诉人(原审原告):郑某某

上诉人(原审被告):增城市安达国际旅行社

原审第三人:潘某某

【基本案情】

郑某某述称增城市安达国际旅行社(以下简称安达旅行社)以缴纳处罚税、注册资金审计、返还旅游费等需资金周转为由向郑某某及潘某某借款150万元。2012年7月3日,安达旅行社(甲方)与郑某某、潘某某签订《协议书》,约定:“一、安达旅行社向郑某某、潘某某筹款150万元;二、由于公司的资金较为紧张,为了保证让借款能够归还,因此,公司将泛亚公司2012年8月1日起15年里的管理费作为抵押的保证;三、在甲方向乙方借入款项的两个月内,甲方如果向广东泛亚客运有限公司收取了延大期费,将把收到的费用的60%作为乙方的手续费(甲方保证不低于90万港币);四、如果甲方不能在2个月内收到延大期费,乙方将从收取广东泛亚客运有限公司的管理费中支付本金及手续费;五、甲方如果不能收取到延大期费,用收取的管理费支付乙方的本金和手续费时,甲方将优先把向广东泛亚客运有限公司6年内收取到的管理费付给乙方作为本金和手续费的归还;六、如果在2个月后,甲方又收回了延大期费,乙方仍按本协议的第3条收取手续费;七、借款时间2012年7月3日至2012年12月31日;八、用港币来归还资金时,公司保证按不低于每100港元兑换80元人民币的汇率来计算”。协议书落款处“甲方”栏载有安达旅行社的印章以及毛某勋的签名,“乙方”栏载有郑某某、潘某某的签名。

郑某某主张上述150万元借款中的100万元系由其出借,剩余50万元借款系由潘某某出借。对于借款100万元的交付事实,郑某某述称其中90万元因需公对公转账,故由郑某某委托其妹妹郑某施从其账户于2012年7月2日先转账给广州

市增城华倡制衣厂，再由广州市增城华倡制衣厂转账至安达旅行社；剩余10万元系由于安达旅行社欠郑某施借款10万元，双方同意将该笔借款债权转让给郑某某，并计入涉案借款，合计100万元。

另查明，安达旅行社属全民所有制企业，毛某勋曾任安达旅行社法定代表人，任职期限为2002年3月至2017年7月。郑某某与郑某施系兄妹关系，郑某施与毛某勋系夫妻关系，潘某某是毛某勋的妹夫。

再查明，潘某某述称在其与郑某某出借涉案款项给安达旅行社期间，安达旅行社的很多员工也借款给安达旅行社进行周转，只是其中潘某某和郑某某出借的款项较大。

【案件争点】

涉案《协议书》是否应为无效。

【裁判要旨】

广东省广州市增城区人民法院一审认为：最高人民法院《关于审理民间借贷案件适用法律若干问题的规定》第14条规定："具有下列情形之一的，人民法院应当认定民间借贷合同无效：（一）套取金融机构信贷资金又高利转贷给借款人，且借款人事先知道或者应当知道的……（五）其他违反法律、行政法规效力性强制性规定的"。《企业国有资产法》第43条规定："国家出资企业的关联方不得利用与国家出资企业之间的交易，谋取不当利益，损害国家出资企业利益。本法所称关联方，是指本企业的董事、监事、高级管理人员及其近亲属，以及这些人员所有或者实际控制的企业"。第45条规定："未经履行出资人职责的机构同意，国有独资企业、国有独资公司不得有下列行为：（一）与关联方订立财产转让、借款的协议……"上述规定系防止国有资产流失的强制性规定，并因涉及社会公共利益，应属效力性强制规定，违反上述规定未履行法定审批程序，擅自签订借款协议的，应导致合同无效。首先，涉案《协议书》中载明的出借人郑某某、潘某某与借款人安达旅行社时任法定代表人毛某勋或其配偶郑某施为近亲属关系，属于上述法律规定中的关联方，而对于涉案《协议书》的签订，毛某勋明确表示并未向上级主管部门履行上报审批手续，而系其直接指示安达旅行社有关工作人员进行盖章签订。其次，郑某某出借的90万元款项实际来源于郑某施向广发银行股份有限公司广州增城支行的贷款所得，而郑某某又将上述贷款高利转贷给安达旅行社。再者，结合涉案《协议书》中对还款期限、还款方式、还款数额的约定，经计算显然大大超过法律法规规定的借款利率保护上限，严重损害安达旅行社的合法利益，如实际履行将造成国有资产的严重流失。故综上，根据上述法律规定，一审法院认定郑某某、潘某某与安达旅行社签订的涉案《协议书》无效。

广东省广州市中级人民法院二审认为：根据《企业国有资产法》第 43 条关于“国家出资企业的关联方不得利用与国家出资企业之间的交易，谋取不当利益，损害国家出资企业利益。本法所称关联方，是指本企业的董事、监事、高级管理人员及其近亲属，以及这些人员所有或者实际控制的企业”的规定以及第 45 条关于“未经履行出资人职责的机构同意，国有独资企业、国有独资公司不得有下列行为：（一）与关联方订立财产转让、借款的协议……”的规定，涉案借款的出借人虽然名义上是郑某某，但实际上是由郑某施支付借款本金，而郑某施为时任安达旅行社法定代表人毛某勋的配偶，是毛某勋的近亲属，属于安达旅行社的关联方，故涉案借款应经履行出资人职责的机构同意，而安达旅行社未经履行出资人职责的机构同意，向郑某施、郑某某借款，违反了上述法律的禁止性规定，该禁止性规定属于效力性强制规定，因此，根据《合同法》第 52 条关于“违反法律、行政法律的强制性规定的合同无效”以及最高人民法院《关于适用〈中华人民共和国合同法〉若干问题的解释（一）》第 4 条关于“合同法实施以后，人民法院确认合同无效，应当以全国人大及其常委会制定的法律和国务院制定的行政法规为依据，不得以地方性法规、行政规章为依据”、最高人民法院《关于适用〈中华人民共和国合同法〉若干问题的解释（二）》第 14 条关于“合同法第 52 条第 5 项规定的‘强制性规定’，是指效力性强制性规定”的规定，一审法院认定案涉借款合同无效并无不当，法院予以维持。

例案二 | 怀集县华苑商务大酒店、林某某民间借贷纠纷案

【法院】

广东省肇庆市中级人民法院

【案号】

（2019）粤 12 民终 1139 号

【当事人】

上诉人（原审被告）：怀集县华苑商务大酒店

被上诉人（原审原告）：林某某

原审被告：黎某某

【基本案情】

在承包经营怀集县华苑商务大酒店(以下简称华苑酒店)期间,黎某某因经营酒店资金周转向林某某借款100万元,其中2016年8月29日借款20万元,2016年9月24日借款10万元,2016年9月26日借款15万元,2016年9月30日借款5万元,2016年10月14日借款5万元,2016年10月19日借款15万元,2016年11月12日借款20万元,2016年12月5日借款10万元,上述借款除2016年10月14日这笔5万元的借款是现金交付外,其余的每笔借款共95万元均通过银行转账的方式交付黎某某。2016年12月31日,黎某某为甲方与乙方林某某签订了《汇总借款合同》,约定:“甲方因生产经营需要向乙方借款,现将双方订立的八份借款合同汇总。甲方向乙方借款共计100万元,借款用途为经营酒店资金周转,借款利率按月息2%计算,自2017年1月1日起计息,按月结算,每月的利息应在当月的28日前转账到乙方的银行账户或现金方式交付。甲方自收到八笔借款起至2018年12月31日,甲方在依约按时还息情况下,借款期限可延长一年,借款利率仍按月息2%计算。甲方如有违约,乙方有权单方终止合同,不承担赔偿责任,并追回甲方所欠的本金和利息……”2017年1月1日,华苑酒店连带担保人的名义在该汇总借款合同上盖章。借款后,黎某某按约定的利率向林某某支付利息至2018年6月,此后未再付息。

2018年7月18日,甲方大坑山林场与乙方黎某某及丙方黄某某签订了《〈华苑酒店资产承包经营合同〉权利义务转让协议》约定:“甲、乙双方于2016年8月10日签订《华苑酒店资产承包经营合同》,约定甲方将华苑酒店的餐饮和住宿旅业的经营权承包给乙方,租赁期限为自2016年8月1日起至2036年7月31日止。甲、乙、丙三方在平等、自愿的基础上,经协商一致,就《华苑酒店资产承包经营合同》的合同权利义务一并转让一事,达成本协议。甲、乙、丙三方同意,于本协议签订之日,乙方将其与甲方于2016年8月10日签订《华苑酒店资产承包经营合同》的合同权利义务一并全部转让给丙方(华苑酒店乙方添置的动产即现有商品、货物、消耗品、各用品、室内装修装饰、电视、投影、空调、厨房设备等相关设备设施,以及酒店的相关附属物亦依该合同一并转让给丙方)。自2018年8月1日起,乙方将华苑酒店的承包经营权转让给丙方所有,但华苑酒店原有的资产属甲方所有。在华苑酒店法定代表人变更为黄某某及丙方在2018年8月1日接管怀集县华苑大酒店之前的华苑酒店一切债务(包括但不限于酒店员工的劳资债务)由乙方承担,与丙方无关。甲、乙、丙方三方同意,乙方将《华苑酒店资产承包经营合同》的合同权利义务一并全部转让给丙方及将华苑酒店乙方投资的现有全部资产转让给丙方，转让款为 730 万元，此转让款扣除乙方欠许树的 230 万元及乙方与丙方于 2018 年 6 月 28 日双方签订《华苑酒店旅业部承包经营合同》中丙已支付的履约保证金 50 万元后，剩下 45 万元。1. 甲、乙方将华苑酒店的法定代表人在工商部门变更为黄某某之日，丙方向乙方支付 100 万元，乙方收到此款当日将华苑酒店的一切业务移交给丙方。2. 甲、丙双方协商同意于 2018 年 7 月 20 日前，丙方向甲方支付 100 万元作为承包华苑酒店合同保证金；甲方收到丙方此款之日后，丙方应以公司名义与甲方重新签订《华苑酒店资产承包经营合同》，但重新签订的《华苑酒店资产承包经营合同》甲丙双方权利义务仍不变。3. 2018 年 8 月 20 日前（前提条件是该日之前华苑大酒店的法定代表人已变更为丙方，否则日期自动延期），且乙方付清华苑酒店一切债务（包括但不限于酒店员工的劳资债务），丙方向乙方支付 250 万元。丙方接管华苑酒店之前，《华苑酒店资产承包经营合同》所约定的应由承租方缴纳的租金由乙方承担，乙方应直接缴付给甲方，与丙方无关。丙方接管华苑酒店之后的租金，由丙方按照《华苑酒店资产承包经营合同》规定的金额和日期直接支付给甲方。丙方如需对华苑酒店整体转租，必须经甲方同意后，由甲方与第三方另签承包合同。或在不变更合同条款的前提下自行将《华苑酒店资产承包经营合同》的部分权利义务分包给第三方，则无须再另行征求甲方同意。但丙方仍需全面向甲方履行合同的各项权利义务……"合同签订后，同年 7 月 24 日，华苑酒店的名称经怀集县市场监督管理局登记变更为华苑商务酒店，法定代表人由黎某某变更为黄某某。

另查明，2018 年 7 月 23 日，林某某向一审法院申请诉前财产保全，该院据林某某申请并依法裁定冻结黎某某的银行存款 120 万元，林某某为此并交纳了申请费 5000 元。同年 8 月 9 日，林某某向该院提起诉讼。在本案审理期间，林某某申请变更诉前财产保全措施，该院据林某某申请依法裁定冻结黎某某对华苑酒店承包经营权的资产转让款 120 万元，黄某某对该资产转让款不得向黎某某支付。

【案件争点】

华苑商务酒店是否应当承担连带清偿责任。

【裁判要旨】

林某某与黎某某签订的借款收据、借款汇总合同系双方真实意思的表示，当中关于借款及还款时间、数额、利率、违约责任等内容的约定不违反法律、行政法规的强制性规定，一审法院认定上述内容合法有效，并无不当，法院予以维持。本案争议的焦点为华苑商务酒店的担保是否合法有效，根据《企业国有资产法》第43条"国家出资企业的关联方不得利用与国家出资企业之间的交易，谋取不当利益，损害国家出资企业利益。本法所称关联方，是指本企业的董事、监事、高级管理人员及其近亲属，以及这些人员所有或者实际控制的企业"、第45条"未经履行出资人职责的机构同意，国有独资企业、国有独资公司不得有下列行为：……（二）为关联方提供担保……"的规定，本案所涉借款发生时黎某某系华苑商务酒店法定代表人，系华苑商务酒店的关联方。华苑商务酒店作为全民所有制企业，对其时任法定代表人黎某某的对外借款提供担保，应经履行出资人职责的机构同意，而华苑商务酒店未经履行出资人职责的机构同意，为其关联方黎某某的对外借款提供担保，违反上述法律的禁止性规定，该禁止性规定属于效力性强制规定。因此，华苑商务酒店为黎某某提供的担保行为无效。一审法院认定上述担保行为有效，适用法律错误，法院依法予以纠正。

根据最高人民法院《关于适用〈中华人民共和国担保法〉若干问题的解释》第7条"主合同有效而担保合同无效，债权人无过错的，担保人与债务人对主合同债权人的经济损失，承担连带赔偿责任；债权人、担保人有过错的，担保人承担民事责任的部分，不应超过债务人不能清偿部分的二分之一"的规定，本案中，案涉的8笔借款发生于2016年8月至12月，借款发生时华苑商务酒店的企业类型为全民所有制；华苑商务酒店的该企业类型明确记载于该企业对外公示的营业执照上，林某某在对黎某某提供借款时对华苑商务酒店的企业性质应为明知，对当时黎某某为该企业的法定代表人亦为明知，林某某并未要求黎某某提供相关批准文件或材料，存在过错；华苑商务酒店将酒店发包给黎某某经营，并将黎某某任命为法定代表人掌握该酒店公章，对黎某某未经国有出资人同意擅自以华苑商务酒店名义对外提供担保，黎某某与华苑商务酒店均存在过错。因此，华苑商务酒店应当对黎某某不能清偿林某某的债务承担二分之一的赔偿责任。且根据最高人民法院《关于适用〈中华人民共和国担保法〉若干问题的解释》第9条"担保人因无效担保合同项债权人承担赔偿责任后，可以向债务人追偿，或者在承担赔偿责任的范围内，要求有过错的反担保人承担赔偿责任"的规定，在承担赔偿责任后，华苑商务酒店有权向黎某某追偿。综上，华苑商务酒店上诉主张合理部分，法院予以支持，其余部分予以驳回。因本案为民间借贷纠纷，肇庆市国有大坑山林场并非案涉借贷合同的相对方，一审法院未追加其参与诉讼并无不当，法院予以维持。至于华苑商务酒店上诉认为本案涉嫌虚假诉讼等，因其未提供新的证据，一审法院对此已作详尽论述，法院不再赘述，其上述主张理据不足，法院不予采纳。

三、裁判规则提要

《企业国有资产法》第43条属于强制性规定。并且，《企业国有资产法》第43条属于效力性强制性规定。国家出资企业的关联方利用与国家出资企业之间的交易，谋取不当利益，损害国家出资企业利益的，涉案合同一概无效。所谓关联方，是指本企业的董事、监事、高级管理人员及其近亲属，以及这些人员所有或者实际控制的企业。

《企业国有资产法》虽然在立法体系中独立于《公司法》，但在内容上、精神上与《公司法》一脉相承，是在《公司法》所确立的维护公司生存权与发展权、公司善治、股权文化、契约精神与信托义务等一系列理念与制度的基础上对国家出资企业予以特别调整的特别法。《企业国有资产法》的立法宗旨在于"维护国家基本经济制度，巩固和发展国有经济，加强对国有资产的保护，发挥国有经济在国民经济中的主导作用，促进社会主义市场经济发展"。《企业国有资产法》第43条是对国家出资企业的关联方利用关联交易损害国家出资企业利益的禁止性规定，旨在防止国有资产流失，维护国家利益与社会公共利益。该条蕴含着国家出资企业生存权与发展权、公司善治、股权文化、契约精神与信托义务等公序良俗，是效力性强制性规定。违反《企业国有资产法》第43条的合同直接损害了国家利益和社会公共利益，应属无效。对国家利益与社会公共利益的保护应当优先于对交易安全的保护。

四、辅助信息

高频词条：

《企业国有资产法》

第43条 国家出资企业的关联方不得利用与国家出资企业之间的交易，谋取不当利益，损害国家出资企业利益。本法所称关联方，是指本企业的董事、监事、高级管理人员及其近亲属，以及这些人员所有或者实际控制的企业。

《民法典》

第153条 违反法律、行政法规的强制性规定的民事法律行为无效。但是，该强制性规定不导致该民事法律行为无效的除外。

违背公序良俗的民事法律行为无效。

第154条 行为人与相对人恶意串通，损害他人合法权益的民事法律行为无效。

《全国法院民商事审判工作会议纪要》

30. 合同法施行后,针对一些人民法院动辄以违反法律、行政法规的强制性规定为由认定合同无效,不当扩大无效合同范围的情形,合同法司法解释(二)第14条将《合同法》第52条第5项规定的“强制性规定”明确限于“效力性强制性规定”。此后,《最高人民法院关于当前形势下审理民商事合同纠纷案件若干问题的指导意见》进一步提出了“管理性强制性规定”的概念,指出违反管理性强制性规定的,人民法院应当根据具体情形认定合同效力。随着这一概念的提出,审判实践中又出现了另一种倾向,有的人民法院认为凡是行政管理性质的强制性规定都属于“管理性强制性规定”,不影响合同效力。这种望文生义的认定方法,应予纠正。

人民法院在审理合同纠纷案件时,要依据《民法总则》第153条第1款和合同法司法解释(二)第14条的规定慎重判断“强制性规定”的性质,特别是要在考量强制性规定所保护的法益类型、违法行为的法律后果以及交易安全保护等因素的基础上认定其性质,并在裁判文书中充分说明理由。下列强制性规定,应当认定为“效力性强制性规定”:强制性规定涉及金融安全、市场秩序、国家宏观政策等公序良俗的;交易标的禁止买卖的,如禁止人体器官、毒品、枪支等买卖;违反特许经营规定的,如场外配资合同;交易方式严重违法的,如违反招投标等竞争性缔约方式订立的合同;交易场所违法的,如在批准的交易场所之外进行期货交易。关于经营范围、交易时间、交易数量等行政管理性质的强制性规定,一般应当认定为“管理性强制性规定”。

公司法上效力性强制性规定识别案件裁判规则第 17 条：

《企业国有资产法》第 47 条是效力性强制性规定

〔**规则描述**〕:《企业国有资产法》第 47 条旨在防止国有资产流失,维护国家利益与社会公共利益,蕴含着国家出资企业生存权与发展权、公司善治、股权文化、契约精神与信托义务等公序良俗,是效力性强制性规定。国有独资企业、国有独资公司和国有资本控股公司合并、分立、改制,转让重大财产,以非货币财产对外投资,清算或者有法律、行政法规以及企业章程规定应当进行资产评估的其他情形的,应当按照规定对有关资产进行评估。未对有关资产进行评估的,属于交易方式严重违法的情形,涉案合同一概无效。

一、类案检索大数据报告

时间:2020 年 10 月 23 日前;

案例来源:Alpha 案例库;

案例数量:27 件;

数据采集时间:2020 年 10 月 23 日。

本次检索获取 2020 年 10 月 23 日前共 27 篇裁判文书,整体情况如图 17 - 1 所示,其中认定《企业国有资产法》第 47 条是效力性强制性规定的案件 9 件,占比为 33%;认定《企业国有资产法》第 47 条是管理性强制性规定的案件 18 件,占比为 67%。

图 17 - 1 《企业国有资产法》第 47 条的案件性质

如图 17 –2 所示,从案件年份分布情况可以看出当前条件下案件数量的变化趋势。

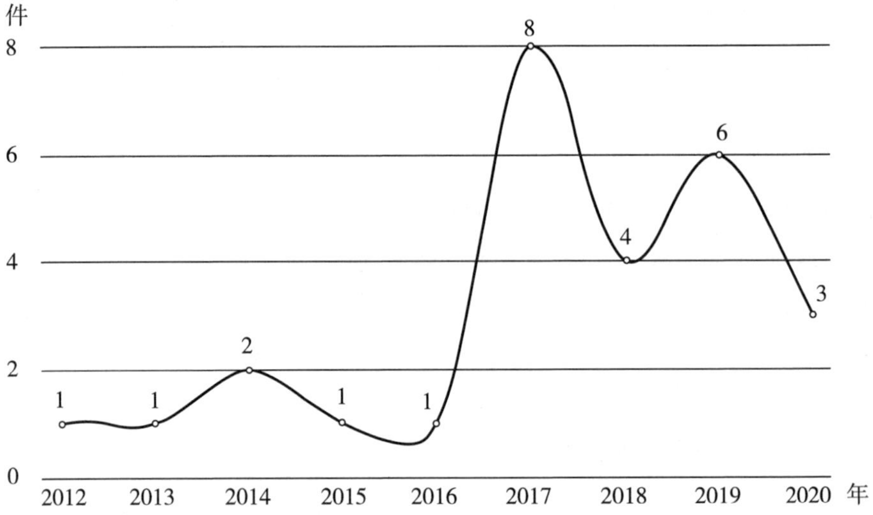

图 17 –2　案件年份分布情况

如图 17 –3 所示,从案件主要地域分布情况可以看出,当前案件主要集中在四川省、湖北省、安徽省、广东省。

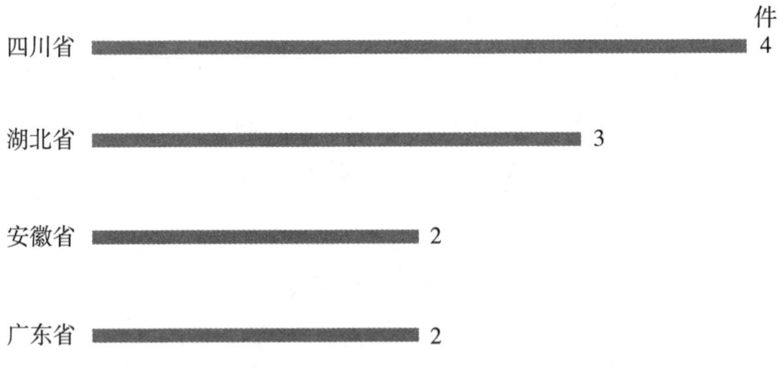

图 17 –3　案件主要地域分布情况

二、可供参考的例案

例案一　成都大城房地产开发有限责任公司、四川绿都投资管理有限责任公司确认合同无效纠纷案

【法院】

四川省高级人民法院

【案号】

(2016)川民再 537 号

【当事人】

再审申请人(一审被告、二审被上诉人):成都大城房地产开发有限责任公司

被申请人(一审原告、二审上诉人):四川绿都投资管理有限责任公司

原审第三人:何某、杨某某

【基本案情】

2009 年 8 月 27 日,成都大城房地产开发有限责任公司(以下简称大城公司)与何某、杨某某关于青城山镇青景村“中国青城”三期项目签订《房地产项目合作开发协议》一份,约定:“一、合作开发地块范围及现状:大城公司所有的地块标的物:该宗土地约 221 亩,占地面积约为 147,407 平方米,现有用地性质为一类居住用地,具体的规划设计条件见都江堰市规划局‘关于青城山镇青景村 A1 - 1 - a 地块规划控制指标的通知’。开发地块尚欠青城山镇人民政府土地款,还存在拆迁安置工作。二、合作开发地块的权属:开发地块的国有土地使用者为大城公司,国有土地使用证号为:国都(2001)字第 1155 号,开发地块国有土地使用权取得方式为出让,土地用途为住宅用地,土地使用权年限 70 年。三、合作开发方式。(1)项目合作:大城公司提供上述开发地块,何某、杨某某投入开发资金 6000 万元。(2)根据开发地块还没有完成拆迁安置并尚欠政府土地款的实际情况,参考房地产行业项目合作的通常做法,大城公司以取得该开发地块已发生的实际投入作价出资,按 40% 享有项目开发利润并承担亏损;何某、杨某某以人民币 6000 万元投资,按 60% 享有项目开发利润并承担亏损。双方同意并承诺按上述比例分享利益、承担风险。(3)除约定的投入外,对合作项目拆迁安置、开发建设不足或需要的资金,大城公司与何某、杨某某双方同意用该开发地块评估抵押向金融或其他机构借款,分期建设,滚动开发。四、双方的权利和义务。大城公司的权利义务:1. 保证该开发地块

没有进行买卖、赠与,并免遭第三者(包括政府、抵押权人、债权人等)的追索。本协议签订生效后,如因该开发地的权属争议等原因产生纠纷,由大城公司承担全部的法律责任和经济责任。……4. 鉴于何某、杨某某现为自然人合伙,正拟组建新的公司与大城公司进行该项目合作,故大城公司同意并承诺:在何某、杨某某组建的公司成立后,无条件配合何某、杨某某签订本协议书的补充协议,使本合作开发项目的何某、杨某某执行主体变更为何某、杨某某成立的公司法人。何某、杨某某的权利义务:1. 本协议经双方签字盖章后,何某、杨某某同意并承诺在2009年8月31日前(含31日)向大城公司支付人民币2000万元,以保证此前大城公司与青城山镇人民政府就该开发地块签订的拆迁安置《补充协议》顺利执行;2. 本协议生效后,何某、杨某某同意并承诺在2009年9月15日前再向大城公司支付人民币1000万元,以促进项目拆迁安置工作的健康发展;3. 何某、杨某某另外的3000万元投资款,在不影响开发地块拆迁安置工作计划、进度的前提下,可根据实际情况,分期分批到位,具体时间和金额,双方可另行商定"。《房地产项目合作开发协议》于2009年8月28日通过四川省成都市蜀信公证处进行了公证,公证证明签约行为符合《民法通则》第55条的规定,协议内容符合《合同法》的规定,协议上双方当事人的签字、印鉴属实。

2009年10月21日,四川绿都投资管理有限责任公司(以下简称绿都公司)与大城公司、何某、杨某某签订《房地产项目合作开发协议权利和义务概括转让协议》,载明:2009年8月27日因青城山镇青景村"中国青城"三期项目合作开发事宜签订了《房地产项目合作开发协议》,根据该协议第5条第1款的约定,三方在平等、自愿、协商一致的原则下,达成如下合同权利及义务概括转让协议:一、根据《房地产项目合作开发协议》的约定,何某、杨某某已与其他自然人共同成立绿都公司。何某、杨某某同意将《房地产项目合作开发协议》中原属于何某、杨某某的权利及义务一并转让给绿都公司,大城公司对此予以认可并同意按《房地产项目合作开发协议》的相关约定继续履行原属大城公司的权利及义务。二、根据《合同法》的规定,《房地产项目合作开发协议》中原属于何某、杨某某的权利及义务一并转让给绿都公司后,原属何某、杨某某的从权利及从债务也一并转让给绿都公司。三、《房地产项目合作开发协议》签订后,为确保《房地产项目合作开发协议》大城公司履行相关合同义务,大城公司将"中国青城"一、二期部分未销售商品房抵押给了何某、杨某某,现何某、杨某某同意将该商品房的抵押权及相关附属权利一并转让给绿都公司,大城公司对此无异议并同意,何某、杨某某也不再另行通知大城公司。

另查明，大城公司股权以及所涉关联公司情况：大城公司的股东为成都高科技发展股份有限公司和都江堰交大青城磁悬浮列车工程发展有限责任公司，各占股份比重为85%、15%；成都高科技发展股份有限公司的股东为成都高创科技集团公司、成都高新科技创业服务中心、成都迪世科技实业有限公司、个人股，各占股份比重为61.64%、18.33%、0.08%、19.95%；其中成都高创科技集团公司为全民所有制企业。都江堰交大青城磁悬浮列车工程发展有限责任公司由西南交通大学天达决策工程技术公司和都江堰青城山腾飞企业（集团）有限责任公司两个股东构成，各占股份比重60%、40%。据此，大城公司国有股份至少达52.39%（61.64%×85%），属国有控股企业。

【案件争点】

1. 大城公司是否属于国有控股公司。

2. 案涉《房地产项目合作开发协议》是否有效。

【裁判要旨】

二审认为：经查大城公司国有股份至少达52.39%，属国有资产控股公司。《企业国有资产法》自2009年5月1日起施行，而案涉《房地产项目合作开发协议》签订于2009年8月27日，故案涉合同效力的认定适用《企业国有资产法》的规定。《企业国有资产法》第47条规定："国有独资企业、国有独资公司和国有资本控股公司合并、分立、改制、转让重大财产，以非货币财产对外投资，清算或者有法律、行政法规以及企业章程规定应当进行资产评估的其他情形的，应当按照规定对有关资产进行评估"，国务院《国有资产评估管理办法》第3条规定"国有资产占有单位有下列情形之一的，应当进行资产评估……2. 企业兼并、出售、联营、股份经营……"《企业国有资产法》作出如此规定的目的在于防止国有资产流失和受到损害，继而使国家利益受到损害。法律调整的对象并非限制国有资产占有单位的行为资格，而是直接针对处置国有资产行为本身，因此上述法律规定属于效力性强制性规定，而非管理性强制性规定。本案中，大城公司在以其国有土地使用权与何某、杨某某签订《房地产项目合作开发协议》时未按照上述法律、行政法规的规定进行评估，故根据《合同法》第52条的规定："有下列情形之一的，合同无效……（五）违反法律、行政法规的强制性规定"，大城公司对其管理的国有资产不经评估而擅自作价进行合作开发的行为应属无效。综上，绿都公司的上诉理由成立，一审判决认定事实清楚，但适用法律错误。依照《企业国有资产法》第47条、《合同法》第52条、《民事诉讼法》第170条第1款第2项之规定，成都市中级人民法院作出（2015）成民终字第2347号民事判决：一、撤销四川省都江堰市人民法院（2014）都江民初字第1026号民事判决；二、确认2009年8月27日大城公司与何某、杨某某签订的《房地产项目合作开发协议》无效。一审案件受理费的负担方式按原判决执行；二审案件受理费100元，由大城公司负担。

再审认为：关于争议焦点一，从工商登记资料载明的大城公司及案涉关联公司的股权构成情况看，大城公司的股东为成都高科技发展股份有限公司和都江堰交大青城磁悬浮列车工程发展有限责任公司，持股比例分别为85%、15%。成都高科技发展股份有限公司的股东为成都高创科技集团公司、成都高新科技创业服务中心、成都迪世科技实业有限公司和个人股，持股比例分别为61.64%、18.33%、0.08%和19.95%，其中成都高创科技集团公司为全民所有制企业，成都高新科技创业服务中心属事业法人单位。都江堰交大青城磁悬浮列车工程发展有限责任公司由西南交通大学天达决策工程技术公司和都江堰青城山腾飞企业（集团）有限责任公司两个股东构成，持股比例分别为60%、40%。因此，原审法院据此认定大城公司国有股份至少达52.39%（61.64%×85%），属于国有控股企业，该事实认定正确。大城公司主张该公司不属于国有控股企业的再审理由与审理查明的事实不符，不能成立，法院不予支持。

关于争议焦点二，大城公司主张二审法院基于《企业国有资产法》第47条、《国有资产评估管理办法》第3条第2项的规定，认定大城公司在与何某、杨某某签订案涉《房地产项目合作开发协议》时未进行评估，违反了效力性强制性规定，从而依据《合同法》第52条第5项的规定，认定《房地产项目合作开发协议》无效，属适用法律错误。法院认为，《企业国有资产法》是全国人大常委会制定的法律，该法第5条规定“本法所称国家出资企业，是指国家出资的国有独资企业、国有独资公司，以及国有资本控股公司、国有资本参股公司”，大城公司作为国有控股公司，其相关企业行为应当受到该法律的规制。本案中，大城公司未经评估即对该公司约221亩土地使用权实际以4000万元的价格作价出资与何某、杨某某合作开发案涉房地产项目，其行为违反了《企业国有资产法》第47条“国有独资企业、国有独资公司和国有资本控股公司合并、分立、改制，转让重大财产，以非货币财产对外投资，清算或者有法律、行政法规以及企业章程规定应当进行资产评估的其他情形的，应当按照规定对有关资产进行评估”的规定，且在本案原一、二审及再审诉讼中，大城公司对绿都公司举证主张的大城公司在签订案涉协议时存在将该公司土地高值低估造成国有资产严重流失，损害国家利益等情形，均未作出合理解释。因此二审法院根据《企业国有资产法》第 47 条的立法目的、调整对象并综合考虑本案存在国有资产流失风险等因素，认定案涉《房地产项目合作开发协议》违反效力性强制性规定，属无效合同，适用法律正确，并无不当。

例案二 | 姜某、武汉市电影发行放映公司商品房销售合同纠纷案

【法院】

湖北省高级人民法院

【案号】

(2017)鄂民终 9 号

【当事人】

上诉人(原审被告)：姜某

被上诉人(原审原告)：武汉市电影发行放映公司

原审被告：武汉市兴天科技投资发展有限公司

【基本案情】

2006 年 9 月 18 日，武汉市电影发行放映公司(以下简称电影公司)、武汉怡兴化工有限公司(以下简称怡兴公司)、姜某签订合同，拟三方共同出资设立武汉市兴天科技投资发展有限公司(以下简称兴天科技公司)，注册资本为 500 万元，投资总额为 3500 万元，其中，电影公司出资 1500 万元，占投资额 42.86%，怡兴公司出资 500 万元，占投资额 14.3%，姜某出资 1500 万元，占投资额的 42.86%。2006 年 10 月 20 日，经武汉市工商行政管理局江岸分局批准兴天科技公司依法成立。该公司注册资本为 500 万元，实收资本 500 万元。其中姜某出资 214.286 万元，出资比例为 42.86%，武汉怡兴化工有限公司出资 71.428 万元，出资比例为 14.29%，电影公司出资 214.286 万元，出资比例为 42.86%。

2009 年 9 月 4 日，电影公司总经理甘某某主持召开相关领导工作会议，就如何妥善处理“兴天科技公司”等事宜进行了研究：拟将武汉兴天科技投资发展有限公司在影城大楼(六楼)租借办公用的房屋，在协商一致的前提下，按照市场(适当调整和评估)价格出售给该公司。电影公司将按照相关法律法规，与怡兴公司及姜某协商办理出资及股东变更手续。届时，电影公司将退出“武汉兴天科技投资发展有限公司”的一切经营活动。

2009 年 9 月 25 日，电影公司与兴天科技公司签订《武汉市存量房买卖合同》，

约定将武汉市江岸区台北路153号6楼部分建筑面积约600平方米的房屋转让给兴天科技公司，转让价格168万元，并约定了付款方式、房屋交付时间，以及双方的违约责任。同日，双方另行签订《补充协议》，进一步明确了转让房屋的面积约600平方米，以房地局测绘的数据为准；转让价格为每平方米2800元；双方办理产权过户手续的时间为2010年12月；电影公司退出兴天科技公司，兴天科技公司此前及今后的债权债务与电影公司无关。嗣后，由于出售房屋不能分割，上述《武汉市存量房买卖合同》及《补充协议》未实际履行。电影公司也未退出兴天科技公司。

2011年2月25日，电影公司与姜某签订武房字01第11199964号《武汉市存量房买卖合同》约定，电影公司将武汉市江岸区台北街台北路153号6层建筑面积1475.88平方米，用地面积124.41平方米。"房屋所有权证"号为"岸字第2010012416号"，"土地使用权证"号为"岸国用(2010)字第1675号"的房屋转让给姜某，转让价格800万元，并约定甲方(电影公司)应在收到乙方(姜某)全部房款3日内，将房屋交付给乙方。合同还对合同生效后办理房产转移过户的时间及违约责任进行了约定。

2011年3月11日，电影公司与兴天科技公司签订《补充协议二》约定："第一，由于国家政策规定产权房屋每单层楼层不得持有2个以上(包括2个)房屋所有权证和土地使用权证的原因，电影公司同意将6楼房屋总面积1475.88平方米过户给兴天科技公司，过户后电影公司仍然实际拥有上述面积中的756.79平方米的产权及使用权……第五，房款总额为2,013,452元(面积719.09平方米，单价按每平方米2800元计算)以及付款时间……第六，兴天科技公司如果购买电影公司拥有的756.79平方米房屋，需依照国家相关法律规定按现有市场价格交易；第七，兴天科技公司取得6楼的房产及土地权属后未经电影公司同意，不得擅自进行买卖交易及其他处置"。同日，姜某向电影公司出具《承诺书》，承诺按照电影公司与兴天科技公司2011年3月11日签订的购房《补充协议》条款执行。姜某作为承诺人签名，兴天科技公司亦在《承诺书》上加盖了印章。

2011年3月17日，电影公司与姜某办理了房产过户手续。姜某取得了武汉市江岸区台北街台北路153号6层范围内的所有权及土地使用权。办理过户手续时，武汉华汉房地产评估咨询有限责任公司出具武华评(2011)第022214号《房地产交易课税价格结果报告单》，表明武汉市江岸区台北街台北路153号6层房屋评估课税单价为每平方米6000元。2011年1月至2月，姜某将甘某某借用的13.5万元、1.5万元及60万元的承兑汇票让甘某某于2011年2月17日出具了一张有甘某某签名并加盖了电影公司公章的收条。该收条载明:今收到姜某房款(六楼)柒拾伍万元整。2011年3月23日,姜某通过转账向电影公司支付购房款60万元。同月28日,电影公司开出盖有公司财务专用章的收款收据称收到兴天科技公司60万元。

2011年11月1日,湖北省武汉市汉阳区人民法院(2011)阳刑一初字第00314号《刑事判决书》,该判决查明,2009年9月,被告人姜某为感谢电影公司法定代表人甘某某及党委书记周某在该公司向其转让位于武汉市江岸区台北路153号六层部分房产中为其谋取不正当利益,向甘某某、周某行贿共计人民币300,000元。该判决书判决姜某犯行贿罪,判处有期徒刑10个月,缓刑1年。

2011年10月31日,湖北省武汉市汉阳区人民法院(2011)阳刑一初字第00291号《刑事判决书》判决,电影公司原委员会书记兼副总经理、武汉长江网点网络连锁管理有限公司总经理周某犯受贿罪,判处有期徒刑五年,并处没收财产人民币30,000元。

2012年12月17日,一审法院(2012)鄂武汉中刑初字第00113号《刑事判决书》判决,电影公司原总经理甘某某犯受贿罪,挪用公款罪,判处无期徒刑,剥夺政治权利终身。

另查明,2011年11月23日,电影公司作为申请人向武汉仲裁委员会就其与姜某于2011年2月25日签订的《武汉市存量房买卖合同》(合同编号:武房字01第11199964号)申请仲裁。2011年5月29日,武汉仲裁委员会作出(2011)武仲裁字第0001123号《裁决书》,裁决认定:1. 电影公司的原总经理与姜某之间没有证据证明双方恶意串通损害国家、集体或第三人利益的情形。2. 国有资产的审批及评估规定是管理性规范,不是效力性规范。房屋交易行为及当事人约定的交易价格与该交易课税价格结果比较,并没有明显低于市场价格,不能认定为造成国有资产损失。3. 电影公司与姜某签订的武房字01第11199964号《武汉市存量房买卖合同》是双方当事人的真实意思表示,没有违反法律强制性规定,也不存在恶意低价转让,为有效合同;《补充协议二》是电影公司与兴天科技公司签订的,与本案争议的武房字01第11199964号《武汉市存量房买卖合同》的双方当事人不同,不能认定是武房字01第11199964号《武汉市存量房买卖合同》的补充,相关当事人可作为另一合同关系另行主张权利。仲裁庭据此驳回电影公司要求确认武房字01第11199964号《武汉市存量房买卖合同》无效及恢复权利登记的仲裁请求。

2014年8月,电影公司不服武汉仲裁委员会(2011)武仲裁字第0001123号裁决书,向一审法院申请撤销仲裁裁决。2014年9月24日,一审法院作出(2014)鄂武汉中仲监字第00135号《民事裁定书》,认定:电影公司与姜某于2011年2月签订的武房字01第11199964号《武汉市存量房买卖合同》未经有权机关审批,双方也未按照签约时的评估价格每平方米6000元进行交易,实际按照姜某与电影公司原总经理甘某某、原书记周某之间通过行贿、受贿所确定的价格每平方米2800元履行,两价格差别巨大。故仲裁庭在确定本案争议的武房字01第11199964号《武汉市存量房买卖合同》效力时所认定事实和法律关系,与发生法律效力的(2011)阳刑一初字第00314号、(2011)阳刑一初字第00291号、(2012)鄂武汉中刑初字第00113号刑事判决书的认定相冲突,其裁决结果可能会造成国有资产流失,违背社会公共利益。因此,电影公司的本项撤裁理由成立。裁定撤销武汉仲裁委员会(2011)武仲裁字第0001123号裁决。

【案件争点】

姜某与电影公司签订的《武汉市存量房买卖合同》的效力如何认定。

【裁判要旨】

湖北省武汉市中级人民法院一审认为,《企业国有资产法》,是规制国有企业成立、改制、与关联方的交易、资产评估、转让、国有资产经营预算、监督的强制性规范。本案中,电影公司系国有全资企业,其在出售资产时应当依照上述法律规定对出售资产进行评估,并报请国资管理部门批准。然,电影公司不论是与兴天科技公司,还是与姜某签订武房字01第11199964号《武汉市存量房买卖合同》时,均未经国有资产管理部门审批。姜某在诉讼中提交的2000年4月30日武汉市文化局报请批准电影公司出售部分楼层房屋的文件,系《企业国有资产法》2009年5月1日实施前九年,而交易行为发生在《企业国有资产法》实施后,故,不符合《企业国有资产法》对国有资产出售时应当报请国资管理部门审批的规定。其次,电影公司与姜某于2011年2月签订武房字01第11199964号《武汉市存量房买卖合同》时约定房屋买卖价格为800万元。电影公司委托武汉华汉房地产评估咨询有限公司对出售房屋进行评估的价格为单价每平方米6000元,合计总价为8,855,280元。但实际交易中,姜某是按照其向电影公司出具的《承诺书》,承诺按照电影公司与兴天科技公司在2011年3月11日签订的购房《补充协议》条款执行。而根据目前查明的事实和证据表明2011年3月11日电影公司与兴天科技公司签订的补充协议仅为《补充协议二》,而《补充协议二》的核心内容是买卖房屋的单价为每平方米2800元。且根据查明的事实来看,目前只能证明姜某向电影公司支付购房款60万元。

虽然该款项为兴天科技公司向电影公司支付，但姜某系兴天科技公司的法定代表人，在其以兴天科技公司名义以及个人名义与电影公司原总经理甘某某、原书记周某商议房屋买卖、签订《武汉市存量房买卖合同》、实施房产交易过程中均由其作为，既沿用了兴天科技公司与电影公司的《补充协议二》的约定，也实际支付上述款项，电影公司亦出具收条注明收到房款。另外的75万元，根据姜某在2011年7月5日在汉阳看守所的询问笔录以及该院(2012)鄂武汉中刑初字第00113号刑事判决书对姜某支付的70万元房款认定为电影公司原总经理甘某某截留，用于偿还个人赌债及日常消费等。可以认定姜某在明知甘某某为还赌债的情形下而支付给了甘某某个人，并非入电影公司账目，故不能认定该75万元为支付购房款。但以上支付的60万元购房款远远低于电影公司与姜某于2011年2月签订武房字01第11199964号《武汉市存量房买卖合同》时约定房屋买卖价格为800万元，现姜某也没有证据证明其后向电影公司继续缴纳房款的情形。故该院认定双方没有按照签约时的评估价进行交易而是按照电影公司与兴天科技公司在2011年3月11日签订的购房《补充协议二》执行，明显低于评估价格进行交易。另根据已经发生法律效力的(2011)阳刑一初字第00314号刑事判决书认定，姜某为谋取不正当利益，向国家工作人员行贿，构成行贿罪被判处刑罚。(2011)阳刑一初字第00291号、(2012)鄂武汉中刑初字第00113号刑事判决书均认定，原电影公司的书记周某、原总经理甘某某身为国有企业中从事公务的人员，利用职务上的便利，为他人谋取利益单独或伙同他人收受贿赂，其行为构成受贿罪，均被判处刑罚。以上综合可认定姜某为达到低价购买电影公司房产而与原负责人存在串通低价处置国有资产的情形。

综上，姜某作为在与怡兴公司、电影公司共同出资设立兴天科技公司并担任法定代表人期间，采取向电影公司原总经理甘某某、原书记周某行贿的方式，以兴天科技公司及个人名义分别与电影公司签订《武汉市存量房买卖合同》(武房权房字岸第200304571号)、《补充协议》、《补充协议二》、武房字01第11199964号《武汉市存量房买卖合同》，并以武房字01第11199964号《武汉市存量房买卖合同》办理房地产过户手续的行为，不仅违反了《企业国有资产法》规制国有企业出售国有资产时应当由履行出资人职责的机构决定，并报请国有资产管理部门批准后进行市场评估的规定，且有与电影公司的原总经理甘某某、原书记周某串通低价处置国有资产的情形。故根据《合同法》第52条第1款第2项的规定，应依法确认电影公司与兴天科技公司于2009年9月25日签订的(武房权房字岸第200304571号《武汉市存量房买卖合同》、《补充协议》与《补充协议二》及电影公司与姜某于2011年2月25日签订的(武房字01第11199964号)《武汉市存量房买卖合同》无效。上述合同无效后,电影公司、姜某应当依据《合同法》第58条的规定,即电影公司应将收取姜某支付的房款退还给姜某,姜某应将江岸区台北街台北路153号6层房屋权属登记恢复至电影公司名下。对于电影公司在本案中要求兴天科技公司腾退其所占有的房屋以及兴天科技公司、姜某连带赔偿其案涉房屋占有使用费105,000元请求,因该案涉房屋系兴天科技公司成立后以租借方式取得,其后才发生本案买卖合同关系。买卖合同确认无效后,双方间的租借法律关系仍然存续,且与本案不属同一法律关系,不予一并审理。故,电影公司的上述请求,不予支持。对于电影公司主张兴天科技公司、姜某在本案中承担前述仲裁费82,200元、保全费5000元的请求,亦因其系为(武房字01第11199964号)《武汉市存量房买卖合同》无效而提起的仲裁所缴纳的费用,亦不予支持。

湖北省高级人民法院二审认为:本案一共涉及四份协议,依时间顺序分别为2009年9月25日电影公司与兴天科技公司签订的《武汉市存量房买卖合同》,同日双方签订的《补充协议》,2011年2月25日电影公司与姜某签订的《武汉市存量房买卖合同》,2011年3月11日电影公司与兴天科技公司签订《补充协议二》。其中第一、二、四份协议系电影公司为出卖人,兴天科技公司为买受人,围绕武汉市江岸区台北路153号6楼部分房屋交易而形成的一个存量房买卖合同,《补充协议》及《补充协议二》作为存量房买卖合同的一部分,对《武汉市存量房买卖合同》的购买面积、存款方式、价款等具体内容进行了补充或变更。第三份协议则系电影公司作为出卖人,姜某为买受人,针对武汉市江岸区台北路153号6楼整层房屋达成的另一份存量房买卖协议。由于姜某同时担任兴天科技公司的董事长,且《补充协议》约定有电影公司退出兴天科技公司(股份)的内容,本案并不属于"一房二卖"的情形,实际上是姜某以个人名义和兴天科技公司名义分别签订的内容不同的两份存量房买卖合同,事实上,仅能履行其中的一份。本案中,姜某主张双方履行的是以其个人名义签订的《武汉市存量房买卖合同》,而本案诉争的房屋系依据该合同办理产权过户手续至姜某名下,故由此可以认定,其他三份协议,不属于双方当事人的真实意思表示,不具有法律效力。经审查,电影公司与姜某签订的《武汉市存量房买卖合同》应为无效合同。其一,根据《企业国有资产法》的相关规定,电影公司作为国有全资企业,在出售资产时应当对出售资产进行评估,并报请国资管理部门批准。虽然上述规定在司法实践中被认为是管理性规范,不直接影响合同效力的认定，但根据相关刑事判决关于姜某与电影公司原总经理之间构成行贿受贿的事实的认定可知，双方对涉案资产没有报请国有资产管理部门批准，属于主观上的恶意规避监管，目的在于以较低价格交易涉案房产，以获取额外的非法利益。该利益的谋取有悖于诚实信用原则及社会公序良俗，不受法律的保护。其二，电影公司与姜某于 2011 年 2 月签订《武汉市存量房买卖合同》时约定房屋买卖价格为 800 万元（单价 5420 元），与电影公司委托武汉华汉房地产评估咨询有限公司评估的价格 8,855,280 元尚存有差额。但在实际交易中，姜某未按此约定履行，而是向电影公司出具《承诺书》，承诺按照电影公司与兴天科技公司在 2011 年 3 月 11 日签订的购房《补充协议》条款执行，即将买卖房屋的单价变更为每平方米 2800 元。该事实与姜某在本案仲裁阶段关于《武汉市存量房买卖合同》主要是用于办理过户手续，双方当事人是按照《补充协议二》的规定履行合同的答辩陈述相吻合。由此可见，电影公司与姜某签订的《武汉市存量房买卖合同》不是双方当事人的真实意思表示。故一审法院依据《合同法》第 52 条第 1 款第 2 项的规定，认定上述合同无效并无不当。

上述合同无效的原因在于姜某贿赂电影公司的总经理甘某某、副总经理周某，双方恶意串通低价签订上述合同转让国有资产，损害了国家利益。对于上述合同的无效，姜某通过贿赂方式欲以低价取得涉案房产，存在过错；而电影公司因规章制度不健全，用人失察，管理不力，亦存在过错。虽然上述合同无效，但姜某有权根据《合同法》第 58 条关于“合同无效或者被撤销后，因该合同取得的财产，应当予以返还；不能返还或者没有必要返还的，应当折价补偿。有过错的一方应当赔偿对方因此所受的损失，双方都有过错的，应当各自承担相应的责任”的有关规定，向电影公司主张返还财产并赔偿损失的权利。由于姜某在本案中未就此主张权利，法院不予处理。姜某上诉针对一审法院认定的电影公司收取其购房款的数额提出异议。经查，姜某于 2011 年 3 月 23 日通过转账给付电影公司的 60 万元房款，有电影公司开具的盖有公司财务专用章的收款收据，可以认定该款项系姜某支付的购房款。而 2011 年 1 月至 2 月，姜某将甘某某借用的 13.5 万元、1.5 万元及 60 万元的承兑汇票让甘某某于 2011 年 2 月 17 日出具了一张有甘某某签名并加盖了电影公司公章的收条，该事实表明姜某给付上述款项的本意系支付房款，电影公司原总经理甘某某在职权范围内的签名盖章行为也表示电影公司认可该笔付款，故一审法院对该笔款项不予认定不当，法院予以纠正。

例案三 | 濮阳市天恒化医五矿有限责任公司、李某确认合同无效纠纷案

【法院】

河南省濮阳市中级人民法院

【案号】

(2016)豫09民再10号

【当事人】

二审上诉人(一审被告):濮阳市天恒化医五矿有限责任公司、李某

二审被上诉人(一审原告):鲁某某、于某某、刘某某、李某某

原审被告:冉某某

【基本案情】

涉案房屋坐落于海口市和平北路申海大厦西单元A幢701号、702号、703号,建筑面积465.29平方米,不动产权属原登记在被告濮阳市天恒化医五矿有限责任公司(以下简称天恒化医公司)名下。2010年5月20日,被告天恒化医公司与被告李某签订房地产买卖契约一份,约定天恒化医公司将上述房屋以90万元价格卖给李某,其中冉某某作为天恒化医公司的委托代理人在合同上签名并加盖公司公章。2010年6月17日,涉案房屋过户至被告李某名下。现四原告以被告天恒化医公司股东的身份,要求确认被告天恒化医公司与李某签订的房地产买卖契约为无效合同。

另查明,被告天恒化医公司于1998年1月14日注册成立,企业类型为有限责任公司,法定代表人系李某某,于2001年11月12日变更为毕某某。该公司法人股东为濮阳市外贸化工医药五矿公司,于1989年9月13日注册成立,系全民所有制企业,投资254,997.45元,出资比例占51%;自然人股东除四原告外,还有毕某某、禄某某、刘某、张某某、伍某、申某某,共投资245,002.55元,出资比例占49%,以上出资于1998年1月12日经河南华夏会计师事务所验资。上述十名自然人股东均系濮阳市外贸化工医药五矿公司职工。

又查明,2001年1月2日,濮阳市外贸化工医药五矿公司聘用被告李某为财务科科长。

【案件争点】

濮阳市天恒化医五矿有限责任公司与李某签订的房屋买卖合同是否有效。

【裁判要旨】

濮阳市华龙区人民法院一审认为，1. 关于鲁某某、于某某、刘某某、李某某的诉讼主体资格问题。鲁某某、于某某、刘某某、李某某以公司股东的名义提起诉讼，天恒化医公司、李某、冉某某均辩称鲁某某、于某某、刘某某、李某某不是合法股东，不具有本案诉讼主体资格。一审法院认为，天恒化医公司在注册成立时，鲁某某、于某某、刘某某、李某某均在公司章程上被记载为股东，并在公司章程上签名，表明受公司章程的约束；向公司投入了相应的资本，其出资经过了河南华夏会计师事务所验资，表明已经实际履行了出资义务；在工商行政机关登记的公司文件中列名为股东，并载入公司股东名册。故鲁某某、于某某、刘某某、李某某系天恒化医公司的合法股东，应具备本案诉讼主体资格。2. 关于天恒化医公司与李某签订的房屋买卖合同效力问题。一审法院认为，外贸化医公司的企业类型为全民所有制，系国有企业，该公司又是天恒化医公司的控股股东，故天恒化医公司应为国有出资企业。依据《企业国有资产法》的相关规定，国有资本控股公司转让重大财产，应当由公司股东会、股东大会或者董事会决定，并对资产进行评估。天恒化医公司的注册资本为50万元，所转让的涉案房屋价格为90万元，应视为公司的重大财产。天恒化医公司与李某签订房屋买卖合同、转让涉案房屋时既未召开股东会、股东大会或董事会，也未对房屋进行评估，故天恒化医公司与李某签订的房屋买卖合同违反了相关法律规定，应为无效合同。

河南省濮阳市中级人民法院二审认为：1. 关于四被上诉人的主体资格问题。上诉人天恒化医公司和李某上诉均称四被上诉人未实际出资，不是合法股东，不具备诉讼主体资格。法院认为，河南华夏会计师事务所出具的验资报告中明确显示："天恒化医公司章程规定注册资金50万元人民币，经过审验，截至1998年1月9日，贵公司已收到股东投资银行存款伍拾万元，与注册资本相符。其中以李某某、禄某某、刘某某为代表的十位股东投资245,002.55元，占注册资金的49%"。并有银行资金证明一份，表明四被上诉人已经实际履行了出资义务，其具备合法股东的身份。2. 关于四被上诉人起诉是否超过诉讼时效问题。法院认为，债权请求权为诉讼时效的客体，本案为确认合同无效纠纷之诉，虽为请求权，而实质为形成权，其并非请求权，故不适用诉讼时效的规定。3. 关于上诉人天恒化医公司与上诉人李某签订的房屋买卖合同效力问题。法院认为，《合同法》第52条规定："有下列情形之一的，合同无效：……（五）违反法律、行政法规的强制性规定。"关于前述法律中的"强制性"，最高人民法院《关于适用〈中华人民共和国合同法〉若干问题的解释(二)》第14条则作出了如下解释:“合同法第五十二条第(五)项规定的‘强制性规定’,是指效力性强制性规定”。因此,法律及相关司法解释均已明确了将违反法律或行政性法规中效力性规范作为合同效力的认定标准之一。最高人民法院于2009年7月7日在《关于当前形势下审理民商事合同纠纷案件若干问题的指导意见》中指出:“人民法院应当注意区分效力性规定和管理性规定,违反效力性强制规定的,人民法院应当认定合同无效;违反管理性强制规定的,人民法院应当根据具体情形认定其效力。”所谓“效力性规定”是指法律及行政法规明确规定违反了这些禁止性规定将导致合同无效或者合同不成立的规范。或者是法律及行政法规虽然没有明确规定违反这些禁止性规范后将导致合同无效或者不成立,但是违反了这些禁止性规范后如果使合同继续有效将损害国家利益和社会公共利益的规定。所谓“管理性强制性规定”,是指法律及行政法规没有明确规定违反此类规范将导致合同无效或者不成立,而且违反此类规范后如果使合同继续有效也并不损害国家或者社会公共利益。《企业国有资产法》第30、33、47条规定了国有企业转让重大财产由公司股东会、股东大会或者董事会决定,以及按照规定对有关资产进行评估。上述条款并未明确规定公司违反上述规定处置重大财产导致合同无效。上述条款并非效力性强制性规定,应属于管理性强制性规定,对于违反上述规定原则上不应当认定合同无效。且上诉人李某已经依照房屋买卖合同的约定支付了房款,办理了房屋过户手续,现在四上诉人并无充分证据证明上诉人之间系恶意串通损害国家利益,如依据上述条款认定房屋买卖合同无效,将不利于维护合同的稳定和交易的安全。综上,上诉人天恒化医公司和李某称四被上诉人不符合诉讼主体资格及四被上诉人起诉超过诉讼时效的理由和依据不足,法院不予采纳;上诉所称原审判决适用法律错误有事实和法律依据,法院予以采纳。上诉人要求改判驳回四被上诉人对上诉人的诉讼请求,合法有据,法院应予以支持。原审判决认定事实清楚,但适用法律错误,判决结果不当,应予以纠正。

河南省濮阳市中级人民法院再审认为:关于鲁某某、于某某、刘某某、李某某的股东身份及其诉讼主体资格问题,因其四人均依法登记在股东名册之上,因此天恒化医公司称鲁某某、于某某、刘某某、李某某不是天恒化医公司合法股东的辩解理由不能成立,法院不予采纳;李某及冉某某并非天恒化医公司的高管,鲁某某、于某某、刘某某、李某某等人起诉天恒化医公司、李某、冉某某,无须先行书面请求公司监事会或者监事;作为依法登记的公司股东,鲁某某等人在公司及股东权益受到侵害时,提起诉讼并无不当。

本案所涉房产不动产权属原登记在天恒化医公司名下，天恒化医公司属国有控股企业，控股股东是濮阳市外贸化工医药五矿公司，企业类型为全民所有制，故该房产属于国有资本控股公司的重大财产。依据《企业国有资产法》的相关规定，国有资本控股公司转让重大财产，应当由公司股东会、股东大会或者董事会决定，并对资产进行评估。但天恒化医公司与李某签订房屋买卖合同，既没有按照法律规定召开相关会议，也未提供涉案房屋的评估报告。因此天恒化医公司处置该房屋的行为违反了《企业国有资产法》的相关规定。

因该房屋产权原登记在天恒化医公司名下，其代理人称该房屋系外贸化工医药五矿公司出资以天恒化医公司的名义购买，系外贸化工医药五矿公司所有的理由证据不足；天恒化医公司虽被吊销了营业执照，但股东均在，冉某某以天恒化医公司的名义与李某签订买卖合同既属无权处分，也损害了国家利益和其他股东利益。案经法院审判委员会讨论决定，依照《民事诉讼法》第 207 条第 1 款、第 170 条第 1 款第 2 项，《企业国有资产法》第 30、33、47 条的规定，判决如下：一、撤销法院(2015)濮中法民开终字第 00324 号民事判决；二、维持濮阳市华龙区人民法院(2014)华法民初字第 4234 号民事判决。

三、裁判规则提要

《企业国有资产法》第 47 条属于强制性规定。并且，《企业国有资产法》第 47 条属于效力性强制性规定。国有独资企业、国有独资公司和国有资本控股公司合并、分立、改制，转让重大财产，以非货币财产对外投资，清算或者有法律、行政法规以及企业章程规定应当进行资产评估的其他情形的，应当按照规定对有关资产进行评估。未对有关资产进行评估的，属于交易方式严重违法的情形，涉案合同一概无效。

《企业国有资产法》虽然在立法体系中独立于《公司法》，但在内容上、精神上与《公司法》一脉相承，是在《公司法》所确立的维护公司生存权与发展权、公司善治、股权文化、契约精神与信托义务等一系列理念与制度的基础上对国家出资企业予以特别调整的特别法。《企业国有资产法》的立法宗旨在于“维护国家基本经济制度，巩固和发展国有经济，加强对国有资产的保护，发挥国有经济在国民经济中的主导作用，促进社会主义市场经济发展”。《企业国有资产法》第 47 条对关系国有资产出资人权益的重大事项提出资产评估要求，旨在确保上述重大事项中的程序严谨、对价公允，防止国有资产流失，维护国家利益与社会公共利益。该条蕴含着国家出资企业生存权与发展权、公司善治、股权文化、契约精神与信托义务等公序良俗,是效力性强制性规定。违反《企业国有资产法》第47条的合同属于交易方式严重违法的情形,直接损害了国家利益和社会公共利益,应属无效。对国家利益与社会公共利益的保护应当优先于对交易安全的保护。

四、辅助信息

高频词条:

《企业国有资产法》

第47条 国有独资企业、国有独资公司和国有资本控股公司合并、分立、改制,转让重大财产,以非货币财产对外投资,清算或者有法律、行政法规以及企业章程规定应当进行资产评估的其他情形的,应当按照规定对有关资产进行评估。

《民法典》

第153条 违反法律、行政法规的强制性规定的民事法律行为无效。但是,该强制性规定不导致该民事法律行为无效的除外。

违背公序良俗的民事法律行为无效。

第154条 行为人与相对人恶意串通,损害他人合法权益的民事法律行为无效。

《全国法院民商事审判工作会议纪要》

30. 合同法施行后,针对一些人民法院动辄以违反法律、行政法规的强制性规定为由认定合同无效,不当扩大无效合同范围的情形,合同法司法解释(二)第14条将《合同法》第52条第5项规定的"强制性规定"明确限于"效力性强制性规定"。此后,《最高人民法院关于当前形势下审理民商事合同纠纷案件若干问题的指导意见》进一步提出了"管理性强制性规定"的概念,指出违反管理性强制性规定的,人民法院应当根据具体情形认定合同效力。随着这一概念的提出,审判实践中又出现了另一种倾向,有的人民法院认为凡是行政管理性质的强制性规定都属于"管理性强制性规定",不影响合同效力。这种望文生义的认定方法,应予纠正。

人民法院在审理合同纠纷案件时,要依据《民法总则》第153条第1款和合同法司法解释(二)第14条的规定慎重判断"强制性规定"的性质,特别是要在考量强制性规定所保护的法益类型、违法行为的法律后果以及交易安全保护等因素的基础上认定其性质,并在裁判文书中充分说明理由。下列强制性规定,应当认定为"效力性强制性规定":强制性规定涉及金融安全、市场秩序、国家宏观政策等公序良俗的;交易标的禁止买卖的,如禁止人体器官、毒品、枪支等买卖;违反特许经营规定的,如场外配资合同;交易方式严重违法的,如违反招投标等竞争性缔约方式订立的合同;交易场所违法的,如在批准的交易场所之外进行期货交易。关于经营范围、交易时间、交易数量等行政管理性质的强制性规定,一般应当认定为"管理性强制性规定"。

公司法上效力性强制性规定识别案件裁判规则第 18 条:

《企业国有资产法》第 53 条是效力性强制性规定

〔**规则描述**〕:《企业国有资产法》第 53 条旨在防止国有资产流失,维护国家利益与社会公共利益,蕴含着国家出资企业生存权与发展权、公司善治、股权文化、契约精神与信托义务等公序良俗,是效力性强制性规定。国有资产转让由履行出资人职责的机构决定。履行出资人职责的机构决定转让全部国有资产的,或者转让部分国有资产致使国家对该企业不再具有控股地位的,应当报请本级人民政府批准。未经上述决定或批准程序转让国有资产的,涉案合同一概无效。

一、类案检索大数据报告

时间:2020 年 10 月 23 日前;

案例来源:Alpha 案例库;

案例数量:33 件;

数据采集时间:2020 年 10 月 23 日。

本次检索获取 2020 年 10 月 23 日前共 33 篇裁判文书,整体情况如图 18 - 1 所示,其中认定《企业国有资产法》第 53 条是效力性强制性规定的案件 11 件,占比为 33%;认定《企业国有资产法》第 53 条是管理性强制性规定的案件 22 件,占比为 67%。

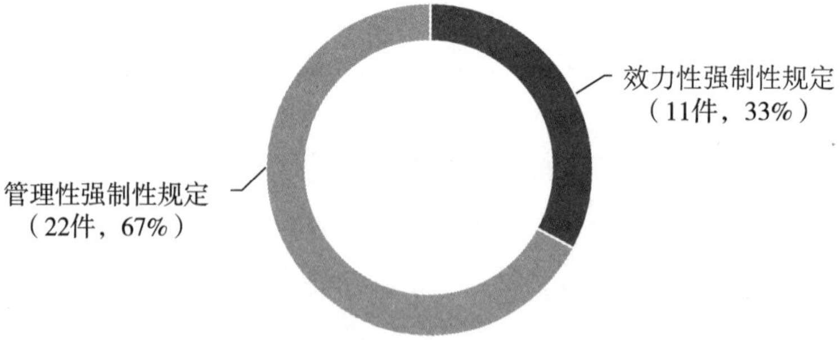

图 18 - 1 《企业国有资产法》第 53 条的案件性质

如图 18 －2 所示，从案件年份分布情况可以看出当前条件下案件数量的变化趋势。

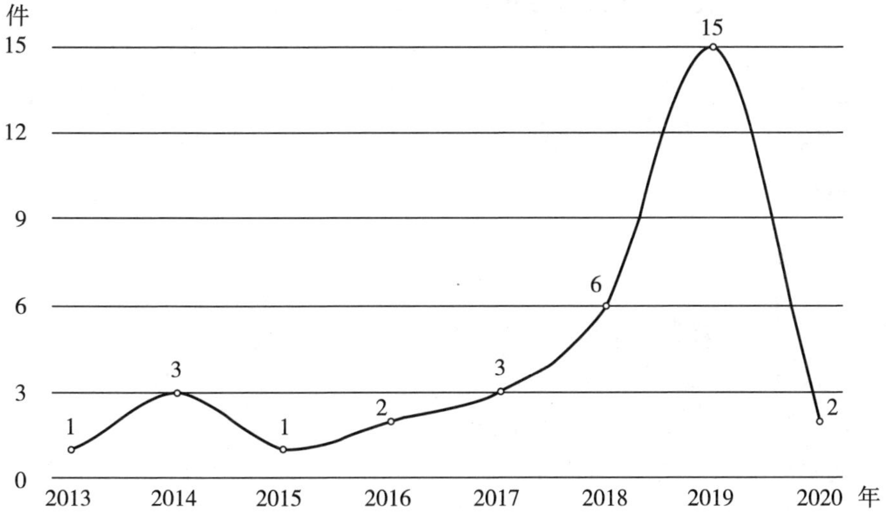

图 18 －2　案件年份分布情况

如图 18 －3 所示，从案件主要地域分布情况可以看出，当前案件主要集中在湖北省、贵州省、新疆维吾尔自治区、湖南省、安徽省。

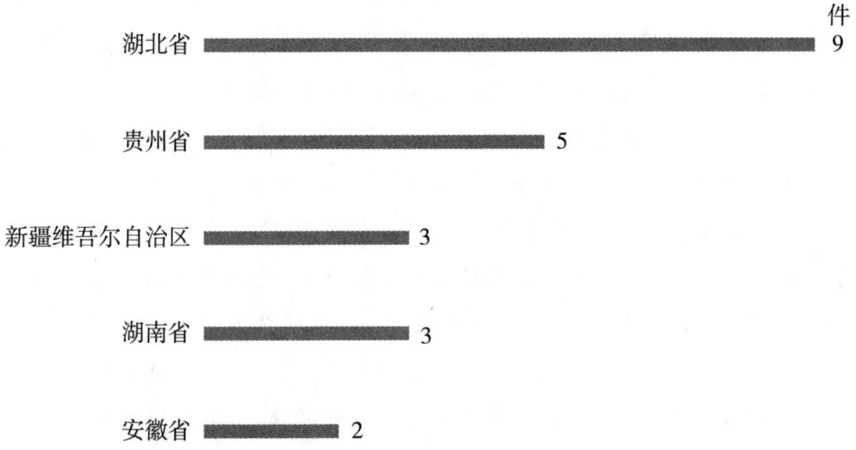

图 18 －3　案件主要地域分布情况

二、可供参考的例案

例案一｜三亚市食品贸易公司与黄某某股权转让纠纷案

【法院】

海南省三亚市中级人民法院

【案号】

(2019)琼02民终222号

【当事人】

上诉人(原审被告):三亚市食品贸易公司

被上诉人(原审原告):黄某某

原审第三人:三亚昌群实业有限公司

【基本案情】

2002年6月18日,三亚市食品贸易公司(以下简称食品公司)与黄某某签订《联营合作协议书》,约定:双方合资在三亚市国营南新农场设立昌群公司,经营生猪批发、屠宰等;昌群公司实行独立核算、自主经营。三亚昌群实业有限公司(以下简称昌群公司)注册资金100万元,食品公司出资51万元占51%;黄某某出资49万元占49%。第一期(合资公司注册登记1个月内)投入30万元,其中食品公司15.3万元,黄某某14.7万元。第二期(合资公司注册登记1年内)投入70万元,其中食品公司35.7万元,黄某某34.3万元;昌群公司设立财务总监,食品公司上级委派财务经理担任,法定代表人由黄某某担任等。昌群公司于2002年8月26日设立。2002年11月21日,黄某某出资30万元。同日,三亚海诚会计师事务所出具的三海会(2002)145号《验资报告》载明:截至2002年11月21日止昌群公司收到股东缴纳注册资本30万元。2002年11月18日,食品公司与黄某某签订承包合同,约定:昌群公司由黄某某承包经营20年;黄某某自筹资金,自主经营,自负盈亏;黄某某承担昌群公司的一切经济和法律的责任,食品公司不负任何责任等。

食品公司没有出资,且未参与昌群公司的经营管理,昌群公司实际由黄某某自主经营,自负盈亏。2012年7月2日,食品公司与昌群公司签订《协议书》,约定:1.食品公司同意向乙方转让《联营合作协议书》条款中载明的51%股份。2.在《联营合作协议书》条款中表述的食品公司投资51万元占股51%,食品公司事实上未投资,因此股份转让食品公司也不需要乙方向其支付任何股份转让款。3.根据双方签订的承包合同第4条的约定，昌群公司每年应支付给食品公司提供经营管理信息和业务指导费用2万元，九年来昌群公司尚未兑现过，食品公司希望昌群公司能履行该条款。4. 鉴于事实上食品公司在昌群公司无任何投资，食品公司仅作为昌群公司一个虚设的股东，不承担责任和不享有权利，在上述两份协议书内容里早已明确。因此食品公司的存在是没有意义的，即日起食品公司退出昌群公司。昌群公司的经营风险和债权债务与食品公司无关，食品公司也无权享受昌群公司的经营利益。因食品公司未协助黄某某办理股权过户登记，黄某某遂提起诉讼。

【案件争点】

1. 本案法律关系应定性为公司股东之间的股权转让还是公司回购股东的股权。

2.《协议书》的合同效力。

【裁判要旨】

海南省三亚市中级人民法院二审认为：关于争点一。1. 食品公司的上诉主张互相矛盾，书面上诉状中主张"《协议书》依法属于无效的股权转让合同"，二审庭审中补充的意见认为应该属于公司股权回购。2. 如上所述，《协议书》的双方当事人是食品公司与黄某某，双方均系昌群公司的股东，《协议书》约定的内容应为股东之间的股权转让，而非公司回购股东的股权。3. 正常情况下，禁止公司自己持有自己的股份，但依据《公司法》第74条第1款"有下列情形之一的，对股东会该项决议投反对票的股东可以请求公司按照合理的价格收购其股权：（一）公司连续五年不向股东分配利润，而公司该五年连续盈利，并且符合本法规定的分配利润条件的；（二）公司合并、分立、转让主要财产的；（三）公司章程规定的营业期限届满或者章程规定的其他解散事由出现，股东会会议通过决议修改章程使公司存续的"的规定，公司可以有限制地回购股东的股权，但本案明显不符合上述法律规定的情形。综上，本案性质应为股东之间的股权转让法律关系，案由应定为股权转让纠纷。一审判决认定食品公司与昌群公司可以相互转让股权没有法律依据，法院予以纠正。

关于争点二。《公司法》第28条规定："股东应当按期足额缴纳公司章程中规定的各自所认缴的出资额。股东以货币出资的，应当将货币出资足额存入有限责任公司在银行开设的账户；以非货币财产出资的，应当依法办理其财产权的转移手续。股东不按照前款规定缴纳出资的，除应当向公司足额缴纳外，还应当向已按期足额缴纳出资的股东承担违约责任"。依据上述法律规定，未按期足额履行出资义务的股东，承担的是足额补缴出资及向已按期足额缴纳出资的股东承担违约责任。

黄某某及昌群公司关于因食品公司未履行出资义务,故其不享有昌群公司的权利和承担义务,是虚设的股东的主张,与法律规定不符,法院不予支持。

食品公司系全民所有制企业,其持有的昌群公司51%股权依法应为国有资产,食品公司转让其持有的国有资产必须符合企业国有资产法的相关规定。1.《企业国有资产法》第53条规定:"国有资产转让由履行出资人职责的机构决定。履行出资人职责的机构决定转让全部国有资产的,或者转让部分国有资产致使国家对该企业不再具有控股地位的,应当报请本级人民政府批准"。依据上述规定,食品公司应当报经履行出资人职责的机构即三亚市食品总公司或市国资委决定,并报请本级人民政府批准,但食品公司在签订《协议书》时并未履行该条法律规定的报市国资委决定和三亚市人民政府批准的强制性义务。2.《企业国有资产法》第54条第2款规定:"除按照国家规定可以直接协议转让的以外,国有资产转让应当在依法设立的产权交易场所公开进行。转让方应当如实披露有关信息,征集受让方;征集产生的受让方为两个以上的,转让应当采用公开竞价的交易方式。"食品公司与黄某某签订的《协议书》违反了上述法律规定,交易程序不合法。3.《企业国有资产法》第55条规定:"国有资产转让应当以依法评估的、经履行出资人职责的机构认可或者由履行出资人职责的机构报经本级人民政府核准的价格为依据,合理确定最低转让价格。"依据上述规定,国有资产转让应当经过依法评估,合理确定最低价转让价格。本案中,食品公司在未经资产评估的情况下,直接约定其持有的昌群公司51%股权无偿转让给黄某某,违反了上述强制性规定。

综上所述,食品公司将其持有的昌群公司51%股权无偿转让给黄某某的行为,违反了企业国有资产法的强制性规定和交易的程序性规定,损害了国家利益,依据《合同法》第52条第2项、第5项的规定,应当认定《协议书》为无效合同,自始不具有法律约束力。黄某某诉求食品公司将其持有的昌群公司51%股权过户登记到其名下与法律规定不符,法院不予支持。一审判决认为食品公司退出昌群公司不损害国家利益不当,应予纠正。

例案二 | 陈某光、郑某兴股权转让纠纷案

【法院】

福建省福州市中级人民法院

【案号】

(2016)闽01民终5368号

【当事人】

上诉人(原审原告)：陈某光、郑某兴、陈某忠、黄某彬

被上诉人(原审被告)：福清市人民政府音西街道办事处、福清市音西街道经济发展服务中心

原审第三人：福清市五星服装厂

【基本案情】

1993年11月10日，陈某光、黄某彬和音西企业管理站，以及案外人陈某、陈某开等五方签订一份《集资协议》，约定集资800,000元兴办五星服装厂，其中陈某光、黄某彬与案外人陈某、陈某开每人各出资100,000元，音西企业管理站出资400,000元。1993年11月23日，福清市音西镇人民政府作出音政综〔1993〕23号《关于同意开办福清市五星服装厂的批复》，主要内容如下：经研究同意开办福清市五星服装厂，住所与经营场所福清市融城镇西大路14号，租赁音西镇人民政府大礼堂，面积800平方米；企业经济性质为集体所有制；法定代表人陈某光；注册资金800,000元，其中固定资金600,000元，流动资金200,000元；经营范围和方式为服装、雨衣的生产、来料加工、销售；从业人员为46人。1993年12月9日，第三人五星服装厂经工商注册登记领取营业执照，法定代表人陈某光，注册资金800,000元，企业性质集体所有制。1996年8月1日，陈某光、黄某彬与案外人陈惠、陈躬开在原有的基础上每人各增资100,000元，音西企业管理站出资额不变，第三人五星服装厂将注册资金增加为1,200,000元，并向工商登记部门办理了变更登记。1999年12月15日，第三人五星服装厂因企业扩大生产需要再次进行增资，并向工商登记部门申请将注册资金变更登记为7,200,000元。现第三人五星服装厂工商登记的企业类型为集体所有制，出资人及出资情况如下：音西企业管理站1999年11月18日认缴出资40万元、持股比例5.5556%，陈某光1999年11月18日认缴出资140万元、持股比例19.4444%，陈某忠1999年11月18日认缴出资170万元、持股比例23.6111%，黄某彬1999年11月18日认缴出资170万元、持股比例23.6111%，郑某兴1999年11月18日认缴出资200万元、持股比例27.7778%。2000年6月20日，陈某光、郑某兴、陈某忠、黄某彬与音西镇企业管理站签订一份《协议》，约定音西镇企业管理站同意将五星服装厂的40万元股份原价转让给四原告(其中陈某光4万元，郑某兴16万元，陈某忠10万元，黄某彬10万元)，陈某光、

郑某兴、陈某忠、黄某彬同意接收音西镇企业管理站的40万元股份。2003年5月,音西企业管理站更名为福清市音西镇经济发展服务中心。2007年11月,因区划重新调整再次更名为福清市音西街道经济发展服务中心(以下简称音西发展服务中心)。音西发展服务中心是事业单位法人,其举办单位是福清市人民政府音西街道办事处(以下简称音西街道办事处)。

2014年6月16日,陈某光、郑某兴、陈某忠、黄某彬曾对音西街道办事处向一审法院提起诉讼,诉请确认原音西企业管理站在五星服装厂的40万元出资归陈某光、郑某兴、陈某忠、黄某彬所有,其中4万元归陈某光所有,16万元归郑某兴所有,10万元归陈某忠所有,10万元归黄某彬所有,并判令音西街道办事处就上述所确认的出资归属事项协助办理工商变更登记手续。2014年12月18日,一审法院作出(2014)融民初字第3611号民事判决书,判决驳回陈某光、郑某兴、陈某忠、黄某彬的诉讼请求。陈某光、郑某兴、陈某忠、黄某彬不服,上诉,福州市中级人民法院二审认为一审认定事实清楚,适用法律正确,判决驳回上诉,维持原判。

一审另查明,2016年4月25日,陈某光、郑某兴、陈某忠、黄某彬致函音西街道办事处,表示愿意按照2000年6月20日与音西企业管理站签订的《协议》向音西发展服务中心支付40万元股份转让款,并承担五星服装厂所有债权债务,要求音西街道办事处责令音西发展服务中心按照协议约定接收转让款并协助办理股份转让工商变更登记手续。同日,第三人五星服装厂致函音西街道办事处要求将上述股权转让事项向其备案。

【案件争点】

案涉《协议》的效力如何。

【裁判要旨】

福建省福清市人民法院一审认为:案涉《协议》涉及企业国有资产转让,该协议虽签订于2000年6月20日,但签订后一直未履行,现陈某光、郑某兴、陈某忠、黄某彬要求履行该协议,该协议效力的认定应适用自2009年5月1日起施行的《企业国有资产法》的规定。该法第51条规定:"本法所称国有资产转让是指依法将国家对企业的出资所形成的权益转移给其他单位或者个人的行为"。第53条规定,国有资产转让由履行出资人职责的机构决定,履行出资人职责的机构决定转让全部国有资产的应当报请本级人民政府批准。国务院1991年11月16日颁布的《国有资产评估管理办法》第3条规定,国有资产占有单位转让国有资产的,应当进行资产评估。由此可知,我国法律、行政法规规定国有资产的转让应当依法履行审批、评估等程序。上述法律、行政法规作出如此规定的目的在于防止国有资产流失和受到损害，继而国家利益遭受损害，其调整的对象并非是限制国有资产占有单位的行为资格，而是直接针对处置国有资产行为本身，因此，上述规定属于效力性强制性规定，而非管理性强制性规定。案涉《协议》约定音西发展服务中心将其在第三人五星服装厂5.5556%股权的国有资产全部转让给陈某光、郑某兴、陈某忠、黄某彬，并未履行上述法定的评估、审批等程序，违反了法律、行政法规的强制性规定，根据我国《合同法》第52条第5项关于“违反法律、行政法规强制性规定的合同无效”的规定，该协议依法应属无效。

福建省福州市中级人民法院二审认为，五星服装厂虽是集体所有制企业，但案涉股权转让协议的出让方音西发展服务中心系事业单位法人，其经费来源于国家财政全额拨款，根据1991年11月国务院发布的《国有资产评估管理办法》第3条关于“国有资产占有单位（以下简称占有单位）有下列情形之一的，应当进行资产评估：（一）资产拍卖、转让……”的规定、1992年7月施行的《国有资产评估管理办法施行细则》第4条关于“《办法》第三条所说的国有资产占有单位包括：……（二）国营企业、事业单位……”的规定，音西发展服务中心所持有的五星服装厂的股权属国有资产，案涉协议涉及企业国有资产转让，上诉人关于案涉股权属集体资产，不属国有资产的上诉意见，无事实依据，法院不予支持。

虽案涉转让协议签订于2000年，《企业国有资产法》于2009年5月1日才施行，但本案纠纷发生于当下，上诉人关于《企业国有资产法》对本案不具有溯及力的上诉理由，于法无据。《国有资产评估管理办法施行细则》第6条规定：“《办法》第三条所说的情形中：（一）资产转让是指国有资产占有单位有偿转让超过百万元或占全部固定资产原值百分之二十以上的非整体性资产的经济行为……”本案所涉股权转让金额虽仅为40万元，但音西发展服务中心于1993年11月对五星服装厂的出资就为40万元，而时隔7年后其将持有的股份转让给上诉人的对价仍为40万元，在各方未依法对案涉股权进行评估的情况下，该转让对价是否客观反映股权转让时的价值，不得而知，可能存在国有资产流失、损害国家利益的情形。故上诉人关于本案金额才40万元，按《国有资产评估管理办法施行细则》第6条的规定，亦无须进行评估的主张，法院不予支持。

所谓效力性规范，指法律及行政法规明确规定违反了这些禁止性规定将导致合同无效或者合同不成立的规范；或者是法律及行政法规虽然没有明确规定违反这些禁止性规范后将导致合同无效或者不成立，但是违反了这些禁止性规范后如果使合同继续有效将损害国家利益和社会公共利益的规范。而管理性规范是指法律及行政法规没有明确规定违反此类规范将导致合同无效或者不成立,违反此类规范后如果使合同继续有效也并不损害国家或者社会公共利益,而只是损害当事人的利益的规范。如上所述,案涉国有资产在未进行评估的情况下径行转让,可能导致国有资产流失,从而损害到国家利益,故一审法院认定案涉协议因违反前述法律法规效力性强制性规定而无效,适用法律正确。

例案三 | 罗某与邵阳县煤炭供销公司房屋买卖合同纠纷案

【法院】

湖南省邵阳市中级人民法院

【案号】

(2014)邵中民一终字第159号

【当事人】

上诉人(原审原告、反诉被告):罗某

被上诉人(原审被告、反诉原告):邵阳县煤炭供销公司

【基本案情】

2005年1月23日,邵阳县煤炭供销公司原法定代表人银某某在未经过公司集体研究和召开职工代表大会讨论,未经过资产评估和邵阳县国有资产管理局审批的情况下,将公司决定用作贷款抵押的三间门面(讼争三间门面)以30万元的价格转让给时任邵阳县工商银行信贷员的罗某。银某某于2005年2月3日收到罗某15万元。2005年2月6日分别借罗某5万元、10万元(其中4万元未付),2005年2月7日借罗某5000元,共计265,000元系讼争三间门面转让款。2005年1月26日罗某办理了讼争三间门面的国有土地使用权证和房屋所有权证,并于2005年2月2日、2月17日、2月18日、3月23日分别交纳了交易评估费1000元、房屋交易过户手续费5000元、营业税6480元、土地“转让金”3000元,共计15,480元。邵阳县煤炭供销公司职工知道这一转让行为后,阻止讼争三间门面的交付,现讼争三间门面仍被邵阳县煤炭供销公司控制。讼争三间门面每间门面的月租金为570元。

湖南省邵阳县人民法院(2006)阳刑初字第130号刑事判决查明:“2005年1月,邵阳县煤炭供销公司为了缓解公司资金紧张的状况,经集体研究决定将公司临邵新街门面当中的三间作为抵押向县工商银行贷款,并于2005年1月30日形成

公司行政会议纪要，严格规定抵押贷款必须全额交公司财务收入统一支配，贷款一事由被告人银某某操作。由于时近年关，邵阳县工商银行停止对外贷款，被告人银某某便与县工商银行主办贷款业务的职员罗某达成协议，被告人银某某将原来用于抵押贷款的三间门面以 30 万元的价格擅自做主转让出售给罗某，双方为此签订了书面转让合同。为了避免贷款必须交公司财务统一支配的约束和少交房产交易规费，被告人银某某与罗某将合同日期填写在 2005 年 1 月 23 日，将合同成交价格隐瞒为 15 万元。2005 年 2 月 3 日、2 月 6 日、2 月 7 日，罗某按照合同约束分四次将购房款 26.5 万元交付给被告人银某某，其每次交款的金额分别为 15 万元、6 万元、5 万元、5000 元。银某某出具 15 万元收条一张，5 万元、10 万元、5000 元借条三张，其中 10 万元借条有 4 万元未付清。被告人银某某收到购房款后没有交公司财务入账，尔后，被告人银某某从 26.5 万元中为公司支付石满娥水果款 8000 元后，抵扣银某某 2004 年 12 月 25 日私人为公司垫付李安年工程款 2.5 万元，为公司支付邓剑工程款 6 万元，支付公司应退李德元集资建房款 3000 元，抵减被告人银某某 2003 年代公司支付李茂林押金 1 万元，支付公司应付陈步云集资建房款 3000 元，抵减 2004 年 12 月 24 日被告人银某某为公司代交职工养老保险金 4500 元，支付公司车辆洗车费 1000 多元，支付公司业务招待费 1000 多元，支付公司车辆修车费 1500 元。以上共计 11.4 万余元没有向公司财务报账，将余下的 15 万余元挪用，至 2005 年 7 月 26 日案发时超过三个月未归还公司”。该刑事判决已经发生法律效力。

【案件争点】

罗某与邵阳县煤炭供销公司原法定代表人银某某签订的房屋买卖合同是否有效以及邵阳县煤炭供销公司应否返还罗某购房款。

【裁判要旨】

湖南省邵阳县人民法院一审认为：罗某与邵阳县煤炭供销公司时任法定代表人银某某签订关于讼争三间门面的转让合同时，未按国有资产监督管理委员会、财政部联合公布的《企业国有产权转让管理暂行办法》的有关规定，履行经公司集体研究、召开职工代表大会讨论、经过资产评估和国有资产管理局审批的程序，也未按《企业国有资产法》第 53 条关于“国有资产转让由履行出资人职责的机构决定。履行出资人职责的机构决定转让全部国有资产的，或者转让部分国有资产致使国家对该企业不再具有控股地位的，应当报请本级人民政府批准”的规定，履行由邵阳县国有资产管理局决定和是否报批的程序，即违反了该合同成立的效力性强制性规定,根据《合同法》第52条关于“违反法律、行政法规的强制性规定的合同无效”的规定,可认定罗某与邵阳县煤炭供销公司签订的关于讼争三间门面的两份《门面转让合同书》无效。根据《合同法》第58条关于“合同无效或者被撤销后,因该合同取得的财产,应当予以返还……”的规定,罗某依据无效的两份《门面转让合同书》取得的关于讼争三间门面的土地使用权、房屋所有权应当返还给邵阳县煤炭供销公司;邵阳县煤炭供销公司原法定代表人银某某收到罗某关于讼争三间门面的转让款265,000元,应当由邵阳县煤炭供销公司返还给罗某。

湖南省邵阳市中级人民法院二审认为:《企业国有资产法》《企业国有产权转让管理暂行办法》均规定了国有资产转让应当履行的相关程序。上述法律制订的目的是维护国家基本经济制度,加强对国有资产的保护,防止国有资产的流失。该国有资产没有依照上述法律、法规的强制性规定经过法定程序进行转让,原判根据《合同法》第52条的规定,认定合同无效,处理正确,应予维持。罗某交付了银某某26.5万元房款,银某某用该房款中的11.4万余元为公司开支,另外15万元挪用,该事实已为生效刑事判决所确定,现邵阳县煤矿公司以其未收到该款项为由抗辩,不予返还购房款的理由不能成立,法院不予采纳。综上所述,双方当事人的上诉理由均不能成立,法院均不予采纳,对其上诉请求均不予支持。原审判决认定事实清楚,适用法律正确,应予维持。

三、裁判规则提要

《企业国有资产法》第53条属于强制性规定。并且,《企业国有资产法》第53条属于效力性强制性规定。国有资产转让由履行出资人职责的机构决定。履行出资人职责的机构决定转让全部国有资产的,或者转让部分国有资产致使国家对该企业不再具有控股地位的,应当报请本级人民政府批准。未经上述决定或批准程序转让国有资产的,涉案合同一概无效。

《企业国有资产法》虽然在立法体系中独立于《公司法》,但在内容上、精神上与《公司法》一脉相承,是在《公司法》所确立的维护公司生存权与发展权、公司善治、股权文化、契约精神与信托义务等一系列理念与制度的基础上对国家出资企业予以特别调整的特别法。《企业国有资产法》的立法宗旨在于“维护国家基本经济制度,巩固和发展国有经济,加强对国有资产的保护,发挥国有经济在国民经济中的主导作用,促进社会主义市场经济发展”。《企业国有资产法》第53条规定了转让国有资产的决定和批准权限,旨在通过明确履行出资人职责的机构的决定权以及本级人民政府的批准权，防止国有资产流失，维护国家利益与社会公共利益。该条蕴含着国家出资企业生存权与发展权、公司善治、股权文化、契约精神与信托义务等公序良俗，是效力性强制性规定。违反《企业国有资产法》第53条的合同直接损害了国家利益和社会公共利益，应属无效。对国家利益与社会公共利益的保护应当优先于对交易安全的保护。

四、辅助信息

高频词条：

《企业国有资产法》

第53条 国有资产转让由履行出资人职责的机构决定。履行出资人职责的机构决定转让全部国有资产的，或者转让部分国有资产致使国家对该企业不再具有控股地位的，应当报请本级人民政府批准。

《民法典》

第153条 违反法律、行政法规的强制性规定的民事法律行为无效。但是，该强制性规定不导致该民事法律行为无效的除外。

违背公序良俗的民事法律行为无效。

第154条 行为人与相对人恶意串通，损害他人合法权益的民事法律行为无效。

《全国法院民商事审判工作会议纪要》

30. 合同法施行后，针对一些人民法院动辄以违反法律、行政法规的强制性规定为由认定合同无效，不当扩大无效合同范围的情形，合同法司法解释(二)第14条将《合同法》第52条第5项规定的“强制性规定”明确限于“效力性强制性规定”。此后，《最高人民法院关于当前形势下审理民商事合同纠纷案件若干问题的指导意见》进一步提出了“管理性强制性规定”的概念，指出违反管理性强制性规定的，人民法院应当根据具体情形认定合同效力。随着这一概念的提出，审判实践中又出现了另一种倾向，有的人民法院认为凡是行政管理性质的强制性规定都属于“管理性强制性规定”，不影响合同效力。这种望文生义的认定方法，应予纠正。

人民法院在审理合同纠纷案件时，要依据《民法总则》第153条第1款和合同法司法解释(二)第14条的规定慎重判断“强制性规定”的性质，特别是要在考量强制性规定所保护的法益类型、违法行为的法律后果以及交易安全保护等因素的基础上认定其性质，并在裁判文书中充分说明理由。下列强制性规定，应当认定为

"效力性强制性规定":强制性规定涉及金融安全、市场秩序、国家宏观政策等公序良俗的;交易标的禁止买卖的,如禁止人体器官、毒品、枪支等买卖;违反特许经营规定的,如场外配资合同;交易方式严重违法的,如违反招投标等竞争性缔约方式订立的合同;交易场所违法的,如在批准的交易场所之外进行期货交易。关于经营范围、交易时间、交易数量等行政管理性质的强制性规定,一般应当认定为"管理性强制性规定"。

公司法上效力性强制性规定识别案件裁判规则第 19 条：
《企业国有资产法》第 54 条是效力性强制性规定

〔**规则描述**〕:《企业国有资产法》第 54 条旨在防止国有资产流失,维护国家利益与社会公共利益,蕴含着国家出资企业生存权与发展权、公司善治、股权文化、契约精神与信托义务等公序良俗,是效力性强制性规定。国有资产转让应当遵循等价有偿和公开、公平、公正的原则。除按照国家规定可以直接协议转让的以外,国有资产转让应当在依法设立的产权交易场所公开进行。转让方应当如实披露有关信息,征集受让方;征集产生的受让方为两个以上的,转让应当采用公开竞价的交易方式。转让上市交易的股份依照《证券法》的规定进行。违反上述规定转让国有资产的,属于交易方式严重违法或交易场所违法的情形,涉案合同一概无效。

一、类案检索大数据报告

时间:2020 年 10 月 23 日前;
案例来源:Alpha 案例库;
案例数量:50 件;
数据采集时间:2020 年 10 月 23 日。

本次检索获取 2020 年 10 月 23 日前共 50 篇裁判文书,整体情况如图 19－1 所示,其中认定《企业国有资产法》第 54 条是效力性强制性规定的案件 10 件,占比为 20%;认定《企业国有资产法》第 54 条是管理性强制性规定的案件 40 件,占比为 80%。

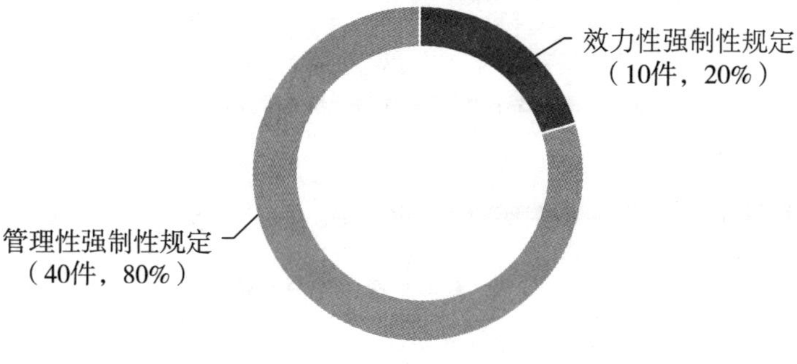

图 19－1 《企业国有资产法》第 54 条的案件性质

如图 19－2 所示，从案件年份分布情况可以看出当前条件下案件数量的变化趋势。

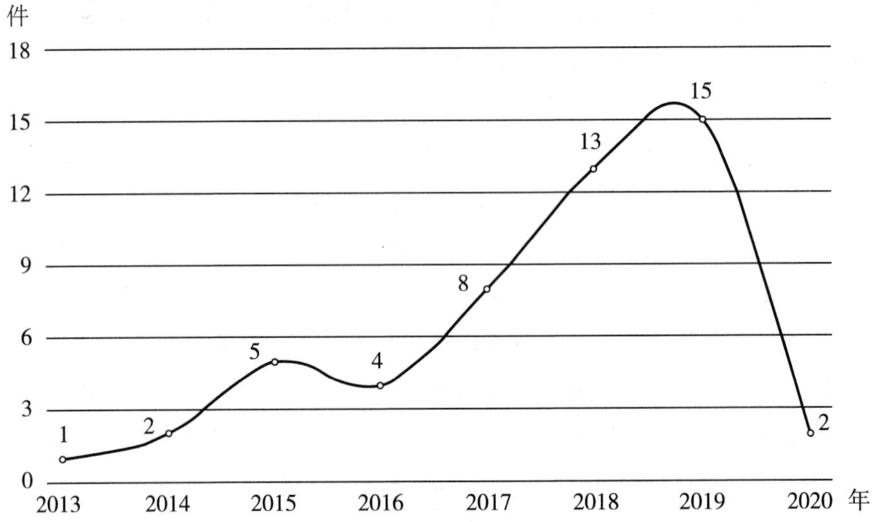

图 19－2　案件年份分布情况

如图 19－3 所示，从案件主要地域分布情况可以看出，当前案件主要集中在广东省、湖北省、北京市、贵州省、新疆维吾尔自治区。

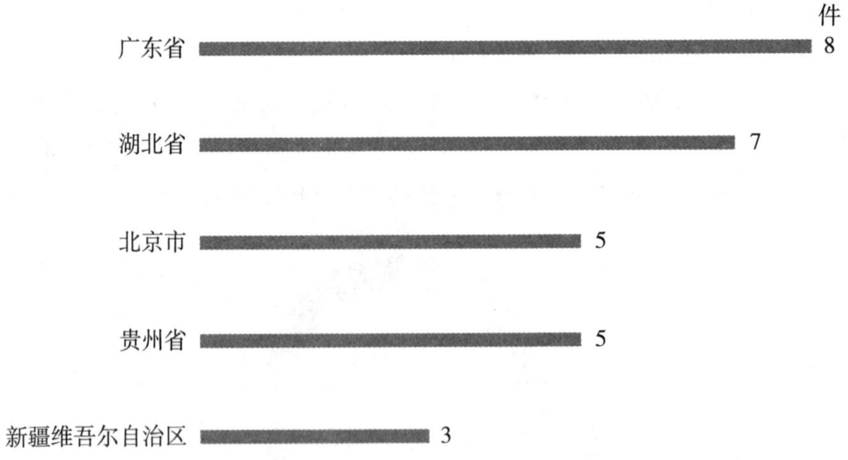

图 19－3　案件主要地域分布情况

二、可供参考的例案

例案一 贵州中创联律师事务所、贵州中创联律师事务所毕节分所委托合同纠纷案

【法院】

贵州省毕节市中级人民法院

【案号】

(2019)黔 05 民终 21 号

【当事人】

上诉人(原审被告):贵州中创联律师事务所、贵州中创联律师事务所毕节分所

被上诉人(原审原告):毕节市工业和信息化局(毕节市大数据发展管理局)

原审第三人:贵州省毕节地区乡镇企业供销公司

【基本案情】

贵州省毕节地区乡镇企业供销公司(以下简称供销公司)与原贵州省毕节地区房地产开发总公司(以下简称房开总公司)因"房屋拆迁合同"发生纠纷,供销公司拟提起诉讼。但因,一方面,供销公司资金紧缺,无力支付律师费;另一方面,公司领导层对诉讼的结果(胜诉或败诉)没有把握。在这种背景下,供销公司选择了不交现钱的"风险代理"方式聘请律师。2006 年 5 月 18 日,供销公司(甲方)与贵州中创联律师事务所毕节分所(以下简称中创联所)(乙方)签订《委托合同》。"合同"载明:"乙方接受甲方委托,指派丁某某律师担任甲方与房开总公司'房屋拆迁合同'纠纷一案的代理人;乙方的代理权限为:承认、放弃、变更诉讼请求、接受和解等;乙方为甲方风险(意为败诉或收不到资产就没有代理费)代理,代理费的收费标准为本次专项法律服务甲方获得的现金或财产折价总额的百分之五十,代理费支付时间为甲方收到本次专项法律服务的现金或财产之日起七日内……"供销公司时任经理、法定代表人张志泓、副经理周鹏在合同上签名并加盖了供销公司的印章。"合同"签订后,中创联所指派的律师丁某某即履行委托合同约定义务,为供销公司向一审法院提起诉讼,进行诉讼活动。2007 年 8 月 2 日,一审法院以(2006)黔毕民初字第 0594 号民事判决书判决:一、由房开总公司在桂花桥至电力公司中段以被告房开公司办公楼底层营业用房三间(面对百大厦右起第一、二、三间,建筑面积 43.2 平方米)安置给供销公司;二、供销公司支付房开总公司安置房款 36,720

元;三、由房开公司支付供销公司违约金100,000元;四、以上各项限本判决发生法律效力之日起30日内履行完毕。房开总公司不服上诉,2007年12月24日,贵州省毕节市中级人民法院以(2007)黔毕民终字第591号民事判决书对(2006)黔毕民初字第0594号民事判决书予以维持。之后,供销公司申请强制执行,一审法院于2010年12月22日将涉案门面三间及执行款150,000元(扣除安置房款)执行给供销公司。同年12月25日,供销公司(甲方)与中创联律师事务所毕节分所(乙方)签订《履行〈委托合同〉协议书》,载明:根据双方2006年5月18日签订的《委托合同》,甲方(供销公司)应按实际收取的现金或物资折款的50%支付给乙方(中创联所),根据"毕兴评(2010)第57号"《资产评估报告书》,执行物资作价864,000元,现金220,000元。双方经充分协商,将执行获得的财物一分为二,一份为位于毕节市七星关区桂花桥至电力公司中段,原毕节地区房地产开发总公司办公楼底层营业用门市(面对原百货大厦右起第二、三间,建筑面积28.8平方米)折价576,000元,另一份为位于毕节市七星关区桂花桥至电力公司中段,原毕节地区房地产开发总公司办公楼底层营业用门市(面对原百货大厦右起第一间,建筑面积14.4平方米)折价288,000元及执行款220,000元,获得第一部分的一方补给另一方34,000元;鉴于甲方资金紧缺无力补偿差额,甲方选择第二部分;乙方同意将本协议第1条甲方折价给乙方的房产登记在代理律师丁某某的名下;本协议生效后,乙方应补偿给甲方的34,000元应在2011年2月28日用现金方式支付给甲方。"履行协议"签订后,未采用公开竞价的交易方式,供销公司就将28.8平方米涉案门面移交给丁某某,丁某某支付给供销公司34,000元补差款。

另查明,供销公司主管部门原是毕节地区乡镇企业局,2010年6月8日,原毕节行署办公室印发毕署办通〔2010〕100号,《毕节地区工业和能源委员会主要职责内设机构和人员编制规定》的文件,将原毕节地区煤炭管理局的职责,原毕节地区乡镇企业局除农产品加工以外的职责整合划入原毕节地区工业和能源委员会。2011年3月31日,供销公司将《委托合同》的履行方案以书面《报告》形式报毕节地区工业和能源委员会,毕节地区工业和能源委员会未作批复,并于2015年6月25日诉至一审法院,请求判如所诉。

再查明,毕节市人民政府并未授权毕节市财政局下属的国资办对涉案的国有资产履行出资人职责,也未授权其进行管理,国资办对供销公司与中创联所签订的《委托合同》及《履行〈委托合同〉协议书》不知晓也未进行追认。本案在执行过程中,中创联所和中创联毕节分所已将70,000元的执行款支付给毕节市工业和能源委员会。

【案件争点】

1. 供销公司与中创联所于 2006 年 5 月 18 日签订的《委托合同》第 11 条的效力如何认定。

2. 供销公司与中创联毕节分所于 2010 年 12 月 25 日签订的《履行〈委托合同〉协议书》的效力如何认定。

【裁判要旨】

贵州省毕节市七星关区人民法院一审认为，原告是供销公司的主管部门，对供销公司具有监督管理职责，是涉案国有资产的监督管理机构，其以供销公司与二被告签订的合同损害国有资产权益为由提起诉讼，主体并无不当，具有诉讼主体资格。《合同法》第 52 条规定："有下列情形之一的，合同无效：……（五）违反法律、行政法规的强制性规定。"本案中供销公司与中创联所签订的《委托合同》第 11 条约定："乙方为甲方风险代理，代理费的收费标准为本次专项法律服务甲方获得的现金或者财产折价总额的 50%；代理费的支付时间为甲方收到本次专项法律服务的现金或者财产之日起 7 日内。"该条款约定的事项涉及国有资产的处分，供销公司作为国有企业在处分国有资产时，未接受其原主管部门毕节地区乡镇企业局的监督管理，该条约定违反了 2003 年 5 月 27 日国务院发布施行的《企业国有资产监督管理暂行条例》第 11 条第 2 款："所出资企业应当接受国有资产监督管理机构依法实施的监督管理，不得损害企业国有资产所有者和其他出资人的合法权益。"的规定，故《委托合同》第 11 条为无效条款。因此对原告主张确认供销公司与中创联所于 2006 年 5 月 18 日签订的《委托合同》第 11 条无效的诉请，予以支持。

根据 2009 年 5 月 1 日施行的《企业国有资产法》第 53 条"国有资产转让由履行出资人职责的机构决定。履行出资人职责的机构决定转让全部国有资产的，或者转让部分国有资产致使国家对该企业不再具有控股地位的，应当报请本级人民政府批准"和第 54 条第 2 款"除按照国家规定可以直接协议转让的以外，国有资产转让应当在依法设立的产权交易场所公开进行。转让方应当如实披露有关信息，征集受让方；征集产生的受让方为两个以上的，转让应当采用公开竞价的交易方式"的规定，供销公司与中创联毕节分所于 2010 年 12 月 25 日签订了《履行〈委托合同〉协议书》后，供销公司在未报经原告批准，亦未采用公开竞价的交易方式，将涉案财产转移给了中创联毕节分所，原告至今未对《履行〈委托合同〉协议书》进行追认，故对原告主张确认《履行〈委托合同〉协议书》无效，二被告返还原告位于毕节市××区××路,现贵州省毕节市房地产开发有限公司办公楼底层,面对原百货大厦右起第二、三间门面(建筑面积28.8平方米)的诉请,一审法院予以支持。对原告主张二被告返还租金100,000元的诉请,因原告未提供证据加以证明,一审不予支持,待原告具有相关证据时,可另行主张权利。对原告主张确认原告按《贵州省律师服务收费暂行规定》第5条的规定支付被告律师代理费(含一审、二审、执行)120,060元的诉请,不属本案审理范围,当事人可依法另行主张权利。

贵州省毕节市中级人民法院二审认为,关于供销公司与中创联所于2006年5月18日签订的《委托合同》第11条的效力如何认定的问题。国有企业对其经营管理的企业国有资产负有保值增值的责任,虽然供销公司在维权诉讼过程中支付必要的诉讼费和律师费是合法合理的,且该公司作为市场经济主体享有自主经营权,但鉴于国有资产的特殊性,法律对企业国有资产设立了专门的保护制度,国有企业在维权过程中,不得以损害国有资产作为代价,更不能把国有企业舍弃国有资产的行为视为国有企业的正常经营风险。本案中,供销公司以其资金紧缺、无力支付律师费及对诉讼结果没有把握为由,选择"风险代理"方式与中创联所签订《委托合同》,在《委托合同》第11条中约定以供销公司获得的现金或者财产折价总额的50%支付代理费,对该公司可能取得的资产进行了预先处分,但其行为并未接受其原主管部门毕节地区乡镇企业局的监督管理,有可能造成企业国有资产重大损失,该约定违反了2003年5月27日国务院发布施行的《企业国有资产监督管理暂行条例》第11条第2款"所出资企业应当接受国有资产监督管理机构依法实施的监督管理,不得损害企业国有资产所有者和其他出资人的合法权益"的规定,一审法院根据《合同法》第52条第5项的规定,判决确认供销公司与中创联所于2006年5月18日签订的《委托合同》第11条无效并无不当。中创联所、中创联毕节分所主张《委托合同》第11条有效的理由不能成立,法院不予采纳。

关于供销公司与中创联毕节分所于2010年12月25日签订的《履行〈委托合同〉协议书》的效力如何认定。虽然《履行〈委托合同〉协议书》是基于《委托合同》产生的合同,但根据《履行〈委托合同〉协议书》的内容,《履行〈委托合同〉协议书》为债务抵偿性质的合同,已涉及对具体国有资产的转让。根据《企业国有资产法》第53条"国有资产转让由履行出资人职责的机构决定。履行出资人职责的机构决定转让全部国有资产的,或者转让部分国有资产致使国家对该企业不再具有控股地位的,应当报请本级人民政府批准"、第54条"国有资产转让应当遵循等价有偿和公开、公平、公正的原则。除按照国家规定可以直接协议转让的以外,国有资产转让应当在依法设立的产权交易场所公开进行。转让方应当如实披露有关信息，征集受让方；征集产生的受让方为两个以上的，转让应当采用公开竞价的交易方式。转让上市交易的股份依照《证券法》的规定进行”的规定，以及《企业国有产权转让管理暂行办法》第18条“经公开征集只产生一个受让方或者按照有关规定经国有资产监督管理机构批准的，可以采取协议转让的方式。采取协议转让方式的，转让方应当与受让方进行充分协商，依法妥善处理转让中所涉及的相关事项后，草签产权转让合同，并按照本办法第十一条规定的程序进行审议”的规定，国有资产转让应当由履行出资人职责的机构决定，应当遵循等价有偿和公开、公平、公正的原则，并应当在依法设立的产权交易场所公开进行，即便按照国家规定可以直接协议转让的国有资产，也需要先经公开征集只产生一个受让方或者按照有关规定经国有资产监督管理机构批准。本案中，根据供销公司于2011年3月31日提交给原毕节地区工业和能源委员会的《毕节地区乡镇企业供销公司履行代理合同的报告》，可知供销公司对《履行〈委托合同〉协议书》中涉及转让的国有资产需报经国有资产监督管理机构决定或者批准是明知的，中创联所和中创联毕节分所作为从事法律专业服务的机构，对国有企业处置国有资产时应履行的相关程序事项亦应当知晓，但《履行〈委托合同〉协议书》所涉转让的国有资产并未在依法设立的产权交易场所公开进行，未经履行出资人职责的机构决定，也未经公开征集只产生一个受让方或者按照有关规定经国有资产监督管理机构批准，该《履行〈委托合同〉协议书》已经违反了法律的强制性规定。据此，一审法院依照《合同法》第52条第5项的规定，判决确认供销公司与中创联毕节分所于2010年12月25日签订的《履行〈委托合同〉协议书》无效正确。中创联所、中创联毕节分所主张《履行〈委托合同〉协议书》有效的理由不能成立，法院不予采纳。根据《合同法》第58条“合同无效或者被撤销后，因该合同取得的财产，应当予以返还；不能返还或者没有必要返还的，应当折价补偿。有过错的一方应当赔偿对方因此所受到的损失，双方都有过错的，应当各自承担相应的责任”的规定，因《履行〈委托合同〉协议书》无效，一审法院根据毕节工信局的诉讼请求，判决中创联所、中创联毕节分所返还其依据《履行〈委托合同〉协议书》取得的位于毕节市××区××路，现贵州省毕节市房地产开发有限办公楼底层，面对原百货大厦右起第二、三间门面（建筑面积28.8平方米）并无不当。

例案二　广州捷城房地产开发有限公司与广州五羊房地产开发公司、广州市工业发展集团有限公司股权转让纠纷案

【法院】

广州市越秀区人民法院

【案号】

(2016)粤0104民初780号

【当事人】

原告:广州捷城房地产开发有限公司

被告:广州五羊房地产开发有限公司、广州工业发展集团有限公司

【基本案情】

2009年9月21日,原告(转让方)、被告广州五羊房地产开发有限公司(以下简称五羊公司)(受让方)与黄金广场公司(标的公司)签订的《股权债权转让合同》(五羊司合字〔2009〕第003号),约定:"'转让方'与'受让方'合称为'合约方';1.'标的公司'股东及重要资产,'标的公司'是位于广州市中山六路118-152号、海珠北路2-36号地段地产项目(以下简称黄金广场项目)业主,'转让方'对'标的公司'享有100%的股权;'合约方'同意,'转让方'将其持有'标的公司'注册资本的百分之四十五(45%)的股权转让给'受让方';'合约方'同意,'转让方'将对'标的公司'所拥有全部债权中的7200万元让给'受让方';转让应于'本合同'签署后立即办理必要的审批手续和变更手续,'合约方'必须按要求提交各方有效的股权转让决议等相关资料;'转让'股权债权及对价。2.本次'转让'是占'标的公司'注册资本的45%转让价格为450万元(以下简称'股权转让价'),股权转让价,包括但不限于所有有形和无形资产,过去、现在应分未分红利的权益;'转让方'对'标的公司'债权总计约为16,000万元,以对标的公司进行清产核资、审计确认该项债权为准,本次转让的债权为所拥有全部债权中的7200万元,该债权的转让价格为3600万元(以下简称'债权转让价'),本款所述债权交割后,'合约方'同意将该项债权(包括转让和未转让部分)不计付利息。3.除本条第1、2款规定及'本合同'第10条规定的有关税款外,'受让方'无须为'股权''债权'支付其他任何性质和任何形式的对价、费用或支出;'转让'的前提条件;有效转让取决于所有以下条件的实现:1.'标的公司'的资产已经聘请符合相关规定资质的专业中介机构进行清产核资、审计和资产评估;2.清产核资报告和资产评估报告已经'标的公司''合

约方’三方确认；3. 本项股权转让已经由‘合约方’按规定履行完毕决策报批程序；4. 本次‘股权债权转让’如未获中国有关审批机关的批准或未能按时进行相关工商变更登记手续，‘转让方’应在七天内无条件将全部股权转让价款退还‘受让方’”。

原告又分别于 2009 年 9 月 30 日、2012 年 1 月 19 日、2012 年 11 月 28 日、2013 年 9 月 13 日（同时订立两份补充合同）与两被告签订了 5 份股权债权转让合同补充合同，就股权回购、“合作”期限、借款安排及“管理费”支付等内容作了约定。

2014 年 12 月 17 日，被告五羊公司（甲方）、原告（乙方）、被告广州工业发展集团有限公司（以下简称工业集团公司）（丙方）、黄金广场公司（丁某）共同签订了《协议书》，约定：“甲乙丙丁四方经协商一致，就乙方收购甲方持有丁某的 45% 股权及甲、丙方享有的丁某债权事项等达成以下协议（以下简称本协议）条款：一、甲方拟将持有丁某的 45% 股权以及 2000 万元债权、丙方拟将持的丁某 3150 万元的债权整体打包出售，乙方清楚知悉，这些资产的出售，甲方和丙方须按国有资产管理的相关法律法规规定进行审计、清产核资、评估并报主管部门审批同意后，在广州产权交易所公开挂牌出售；乙方和丁某愿意配合甲方和丙方做好出售资产的相关工作，乙方确认参与摘牌，并同意按以下条款摘牌：股权价格不低于评估价且不低于 1450 万元，债权价格为甲、丙对丁某享有的债权 5150 万元及计付期限至交易日的违约金（以上①合称挂牌低价，下同），如果乙方未能参与交易或有效应价导致标的未能成交或低于挂牌低价成交的，乙方同意补足差额款项，丁某同意承担连带清偿责任，如果乙方参与交易，并有效应价，那么，乙方应按本协议书内容履行义务，否则，乙方构成违约，甲方有权没收保证金，因此造成甲方、丙方损失的，甲、丙方有权向乙方追偿损失；二、本协议签订当日，乙方须向甲方交付 300 万元人民币保证金作为履行上诉承诺及保证的担保；如乙方未能参与交易或未能有效应价导致标的未能成交的，视为乙方违约，乙方同意将该笔保证金作为违约金赔偿给甲方；三、因政府及政策原因导致本次股权及债权整体打包转让交易未能完成的，甲、乙、丙方均互不负违约责任；四、甲方及丙方向乙方、丁某在本协议中披露的所有内容，乙方、丁某均同意接受，乙方、丁某均不得因此主张甲方、丙方违约；五、本协议所约定条款与以往签订的任何合同条款有不一致的，以本协议为准”。

同年 12 月 31 日，黄金广场公司召开股东会大会，原告和被告五羊公司代表该公司股东 100% 的表决权，作出决议经黄金广场公司股东表决权的 100% 通过，股东会决议如下：广州工业发展集团有限公司与五羊公司持有的本公司 45% 股权及债权整体打包在广州产权交易所公开挂牌出售，同意五羊公司就该事项委托广东诚安信会计师事务所有限公司依法依规对本公司进行清产核资、审计，基准日为2014年11月30日。

另查明，根据广州市工商行政局2016年1月16日出示的商事登记信息显示，被告工业集团公司的唯一股东是广州市人民政府，被告五羊公司的唯一股东是被告工业集团公司。故两被告均是国有独资企业。

庭审中，原告表示双方的根本法律关系是借贷关系，签订回购协议、转让协议都是为了被告的债权得以实现，当债务(合作期)到期后被告一再将股权归还给原告，这实际是通过股权作为借贷的担保，并非真的转让股权。另，原告提供了一系列证据，以证明其已完成借贷关系的还款责任。

另查明，黄金广场公司股权转让的评估程序启动后被中止了，所以未完成评估程序，也尚未启动黄金广场公司股权转让的招标程序。因此，两被告认为原告主张直接以450万元对价转让黄金广场公司的股份不符合法律规定和合同约定。

【案件争点】

原告主张按2009年9月21日至2013年9月13日所签订的6份合同，要求以450万元的价格“回购”45%的黄金广场公司的股份；而被告认为该系列合同已被2014年12月17日的《协议书》所修改，“回购”变更为“公开挂牌，进行清产核资、评估，报送主管部门审批同意后，在广州产权交易所公开挂牌出售”，已将股权价格“450万元”变更为“不低于评估价且不低于1450万元”。

【裁判要旨】

1. 原告主张的2009年9月21日至2013年9月13日所签订的6份合同来看，合同的主要标的是被告五羊公司转让的股份标的为黄金广场公司的45%的股份以及相关的对价和手续，被告主张的2014年12月17日的《协议书》，其合同标的也是被告五羊公司转让的股份标的为黄金广场公司的45%的股份以及相关的对价和手续，两者针对的合同标的一致，所以2014年12月17日的《协议书》是2009年9月21日至2013年9月13日所签订的6份合同的补充协议，是合同各方以新协议的形式修改了之前的协议，之前的协议与此份协议不一致的，应以此协议为准。2014年12月17日的《协议书》已明确将股权转让的手续变更为“公开挂牌，进行清产核资、评估，报送主管部门审批同意后，在广州产权交易所公开挂牌出售，不低于评估价且不低于1450万元”等条件，故原告主张以450万元直接回购的诉求的合同依据已被修改，法院不予支持。

2. 退一步说，即使原告主张的合同依据仍然有效，黄金广场公司的45%股份已是国有独资企业五羊公司的重大财产,原告直接以固定价格、不在产权交易场所公开进行转让,已违反了《企业国有资产法》第47、54、55条的效力性规定,因此该合同条款无效。

3.再退一万步说,原告所依据的第一份合同(2009年9月21日),也是明确约定了"有效转让取决于所有以下条件的实现",即资产清算和评估、按规定履行决策报批程序的,现双方确认第一步资产清算和评估都未完成,按原告主张的合同也未能达到原告的诉讼目的。

例案三 泸州东晟置业集团有限公司与中国石油天然气股份有限公司四川泸州销售分公司房屋拆迁安置补偿合同纠纷案

【法院】

泸州市江阳区人民法院

【案号】

(2018)川0502民初6517号

【当事人】

原告:泸州东晟置业集团有限公司

被告:中国石油天然气股份有限公司四川泸州销售分公司

第三人:中国石油天然气股份有限公司四川销售分公司

【基本案情】

2013年1月30日,原告泸州东晟置业集团有限公司(以下简称东晟置业)(甲方)与被告中国石油天然气股份有限公司四川泸州销售分公司(以下简称中石油泸州分公司)(乙方)、泸州江阳区蓝田旧城改造建设指挥部(丙方)签订《蓝田下坝62号资产拆迁补偿协议书》(以下简称协议书),载明:"甲方因蓝田旧城改造项目,需拆迁产权属乙方上级单位中国石油四川销售分公司所有的蓝田下坝62号房地产,一、拆迁范围:拆迁乙方位于蓝田下坝62号宗地的全部资产,具体如下:中国石油四川销售分公司蓝田下坝62号所有房屋,产权建筑面积1292.28平方米,地上,地上砼坝等构筑物、附着物和其他辅助设施等固定资产,中国石油四川泸州销售分公司上级公司中国石油天然气股份有限公司四川销售分公司所有的蓝田下坝62号使用权类型为作价出资、用途为仓储用地的土地。二、补偿条款:1.补偿原则:由甲方用合计价值600万元的土地和现金作为乙方的拆迁补偿和搬迁费用;2.补偿方式:由乙方报名参与江阳区酒城大道510500-2012-C090地块土地使用权竞买,如在600万元以内竞买成功,则乙方出具付款委托书(代收据),由甲方直接缴纳土地款和竞买税费给国土局(甲方代乙方缴纳土地竞拍保证金140万元,如竞拍成功则保证金转为土地款,并在600万元内抵扣,如不成功退还甲方),以600万元计算扣除缴纳的土地款及竞买税费后的余额作为现金补偿……如在600万元人民币以上竞买成功的,则超出人民币600万元以外的费用由乙方自己负责。3.为了满足乙方管理需要,在乙方上级公司正式审批同意拆迁补偿事宜后,由甲、乙、丙三方签署置换协议,置换协议与本协议冲突的,以本协议为准。三、乙方如土地竞拍成功,乙方则在签订本协议后90日内自行搬迁可搬迁的固定资产,并将其余拆迁资产交给甲方拆除。四、……(三)乙方如土地竞拍成功,则在本协议签订180日内,乙方应将被拆迁房屋所有权证、土地使用权证交付甲方,由甲方出具收据,并由甲方到房屋产权监理部门办理被拆迁房屋产权注销登记手续。……”当日,原告东晟置业(甲方)与被告中石油泸州分公司(乙方)再次签订《补充协议》,载明:“一、《蓝田下坝62号资产拆迁补偿协议书》中第2条、第3点系乙方针对自己上级公司内部管理方式的需要,《协议书》经甲、乙、丙三方签订协议后即生效;二、《协议书》中‘乙方如土地竞拍成功,乙方则在签订本协议后90日内自行搬迁可搬迁的固定资产,并将其余拆迁资产交给甲方拆除’修改为‘乙方在取得新土地之后一年内自行搬迁可搬迁的固定资产,并将其余拆迁资产交给甲方拆除’;三、《协议书》中第4条第3项修改为‘乙方在取得新土地之后一年内,应将被拆迁房屋所有权证、土地使用权证交付甲方,由甲方出具收据,并由甲方到房屋产权监理部门办理被拆迁房屋产权注销登记手续’”。

2013年1月23日,被告中石油泸州分公司向原告出具《付款委托书》,载明:按《协议书》的约定,原告应到泸州市土地矿产交易中心缴纳土地竞拍保证金140万元,由中石油泸州分公司参加酒城大道地块竞买,如竞拍成功则保证金转为土地款,并在约定的600万元补偿内抵扣,如不成功则保证金退还。2013年1月29日,原告按照被告中石油泸州分公司的要求,向泸州市土地矿产交易中心代缴纳保证金140万元。

2013年2月8日,泸州市国土资源局出具《公开出让国有土地使用权成交确认书》,确定位于(宗地编号510500-2012-C-090)地块由被告中石油泸州分公司竞得人应在支付成交土地价款后,与泸州市国土资源局签订《国有土地使用权出让合同》,如竞得人违约,保证金不予退还。此后,因被告中石油泸州分公司的原因，未与泸州市国土资源局签订《国有土地使用权出让合同》，保证金也未退还。

另查明，涉案的位于兰田下坝62号1～6幢房地产原系贵州省石油总公司毕节地区驻泸州商业转运站所有。1997年，贵州省毕节地区驻泸州商业转运站与被告中石油泸州分公司签订《房地产转让合同》，约定将上述房地产转让给被告，合同对每处房地产涉及的房屋建筑面积及土地使用权面积均进行了明确约定。至今，兰田下坝62号1～6幢的房屋所有权仍然登记在被告中石油泸州分公司名下，而上述地产的土地使用权于2007年6月19日登记在第三人中石油四川分公司。

另查明，2009年，泸州市江阳区人民政府与拉萨恒兴工贸有限公司签订《泸州市江阳区蓝田旧城改造招商投资协议》，约定位于泸州市江阳区蓝田街道办事处北侧长江沿岸的蓝田旧城改造、土地整理、房地产开发项目，由拉萨恒兴工贸有限公司投资，项目区内的拆迁工作由泸州市人民政府负责实施，拉萨恒兴工贸有限公司派员配合管理并承担费用。同年，泸州市江阳区人民政府、拉萨恒兴工贸有限公司、四川创美置地有限公司签订《泸州市江阳区蓝田旧城改造招商协议补充协议二》，约定："拉萨恒兴工贸有限公司已注册成立了四川创美置地有限公司作为蓝田旧城改造的实施单位，拉萨恒兴工贸有限公司的权利义务由四川创美置地有限公司承担和享有"。2010年5月5日，四川创美置地有限公司取得《房屋拆迁许可证》。2011年1月5日，泸州市江阳区人民政府（甲）与本案原告（乙）签订《泸州市江阳区蓝田旧城改造招商投资补充协议三》，约定："2010年11月11日，经泸州市江阳区人民政府批准，由乙方全面完整地承接《泸州市江阳区蓝田旧城改造招商协议》、《补充协议》等所确定的权利和义务"。此后，因本案被告未将位于蓝田下坝62号宗地的全部资产（含位于兰田下坝62号1幢至6幢房产及川国用第01554号土地使用权）交付原告，致原告未能拆迁，遂起诉至法院。

【案件争点】

原告与被告签订的《蓝田下坝62号资产拆迁补偿协议书》是否有效的问题。

【裁判要旨】

根据《合同法》第52条"有下列情形之一的，合同无效：……（五）违反法律、行政法规的强制性规定。"及最高人民法院《关于适用〈中华人民共和国合同法〉若干问题的解释（二）》第14条"合同法第52条第5项规定的'强制性规定'，是指效力性强制性规定"，本案中，原告与被告约定由原告支付被告600万元的现金作为乙方的拆迁补偿和搬迁费用，被告作为国有控股公司，根据《企业国有资产法》第47条"国有独资企业、国有独资公司和国有资本控股公司合并、分立、改制，转让重大财产，以非货币财产对外投资，清算或者有法律、行政法规以及企业章程规定应当进行资产评估的其他情形的，应当按照规定对有关资产进行评估”及第54条“国有资产转让应当遵循等价有偿和公开、公平、公正的原则。除按照国家规定可以直接协议转让的以外，国有资产转让应当在依法设立的产权交易场所公开进行。转让方应当如实披露有关信息，征集受让方；征集产生的受让方为两个以上的，转让应当采用公开竞价的交易方式”之规定，原告与被告的上述交易，既未对房地产进行评估，未采取公开竞价的方式，也未在产权交易所公开进行，违反了竞争性缔约方式，交易方式严重违法，有可能导致国有资产的流失。故双方所签订的《蓝田下坝62号资产拆迁补偿协议书》违反了效力性强制规定，属无效合同，对于原告主张被告按照合同履行交付房地产的请求，法院依法不予支持。对于原告已经为被告垫付的140万元保证金，原告可另案主张。

三、裁判规则提要

《企业国有资产法》第54条属于强制性规定。并且，《企业国有资产法》第54条属于效力性强制性规定。国有资产转让应当遵循等价有偿和公开、公平、公正的原则。除按照国家规定可以直接协议转让的以外，国有资产转让应当在依法设立的产权交易场所公开进行。转让方应当如实披露有关信息，征集受让方；征集产生的受让方为两个以上的，转让应当采用公开竞价的交易方式。转让上市交易的股份依照《证券法》的规定进行。违反上述规定转让国有资产的，属于交易方式严重违法或交易场所违法的情形，涉案合同一概无效。

《企业国有资产法》虽然在立法体系中独立于《公司法》，但在内容上、精神上与《公司法》一脉相承，是在《公司法》所确立的维护公司生存权与发展权、公司善治、股权文化、契约精神与信托义务等一系列理念与制度的基础上对国家出资企业予以特别调整的特别法。《企业国有资产法》的立法宗旨在于“维护国家基本经济制度，巩固和发展国有经济，加强对国有资产的保护，发挥国有经济在国民经济中的主导作用，促进社会主义市场经济发展”。《企业国有资产法》第54条规定了国有资产转让的等价有偿和公开、公平、公正的原则，以及交易场所和交易方式，旨在通过加强对国有资产转让过程的监管，防止国有资产流失，维护国家利益与社会公共利益。该条蕴含着国家出资企业生存权与发展权、公司善治、股权文化、契约精神与信托义务等公序良俗，是效力性强制性规定。违反《企业国有资产法》第54条的合同直接损害了国家利益和社会公共利益，同时也属于交易方式严重违法或交易场所违法的情形，应属无效。对国家利益与社会公共利益的保护应当优先于对交易安全的保护。

四、辅助信息

高频词条：

《企业国有资产法》

第 54 条 国有资产转让应当遵循等价有偿和公开、公平、公正的原则。除按照国家规定可以直接协议转让的以外，国有资产转让应当在依法设立的产权交易场所公开进行。转让方应当如实披露有关信息，征集受让方；征集产生的受让方为两个以上的，转让应当采用公开竞价的交易方式。转让上市交易的股份依照《中华人民共和国证券法》的规定进行。

《民法典》

第 153 条 违反法律、行政法规的强制性规定的民事法律行为无效。但是，该强制性规定不导致该民事法律行为无效的除外。

违背公序良俗的民事法律行为无效。

第 154 条 行为人与相对人恶意串通，损害他人合法权益的民事法律行为无效。

《全国法院民商事审判工作会议纪要》

30. 合同法施行后，针对一些人民法院动辄以违反法律、行政法规的强制性规定为由认定合同无效，不当扩大无效合同范围的情形，合同法司法解释（二）第 14 条将《合同法》第 52 条第 5 项规定的“强制性规定”明确限于“效力性强制性规定”。此后，《最高人民法院关于当前形势下审理民商事合同纠纷案件若干问题的指导意见》进一步提出了“管理性强制性规定”的概念，指出违反管理性强制性规定的，人民法院应当根据具体情形认定合同效力。随着这一概念的提出，审判实践中又出现了另一种倾向，有的人民法院认为凡是行政管理性质的强制性规定都属于“管理性强制性规定”，不影响合同效力。这种望文生义的认定方法，应予纠正。

人民法院在审理合同纠纷案件时，要依据《民法总则》第 153 条第 1 款和合同法司法解释（二）第 14 条的规定慎重判断“强制性规定”的性质，特别是要在考量强制性规定所保护的法益类型、违法行为的法律后果以及交易安全保护等因素的基础上认定其性质，并在裁判文书中充分说明理由。下列强制性规定，应当认定为“效力性强制性规定”：强制性规定涉及金融安全、市场秩序、国家宏观政策等公序良俗的;交易标的禁止买卖的,如禁止人体器官、毒品、枪支等买卖;违反特许经营规定的,如场外配资合同;交易方式严重违法的,如违反招投标等竞争性缔约方式订立的合同;交易场所违法的,如在批准的交易场所之外进行期货交易。关于经营范围、交易时间、交易数量等行政管理性质的强制性规定,一般应当认定为“管理性强制性规定”。

公司法上效力性强制性规定识别案件裁判规则第 20 条：

《企业国有资产法》第 55 条是效力性强制性规定

〔**规则描述**〕:《企业国有资产法》第 55 条旨在防止国有资产流失,维护国家利益与社会公共利益,蕴含着国家出资企业生存权与发展权、公司善治、股权文化、契约精神与信托义务等公序良俗,是效力性强制性规定。国有资产转让应当以依法评估的、经履行出资人职责的机构认可或者由履行出资人职责的机构报经本级人民政府核准的价格为依据,合理确定最低转让价格。未经该定价程序转让国有资产的,属于交易方式严重违法的情形,涉案合同一概无效。

一、类案检索大数据报告

时间:2020 年 10 月 23 日前;

案例来源:Alpha 案例库;

案例数量:31 件;

数据采集时间:2020 年 10 月 23 日。

本次检索获取 2020 年 10 月 23 日前共 31 篇裁判文书,整体情况如图 20－1 所示,其中认定《企业国有资产法》第 55 条是效力性强制性规定的案件 7 件,占比为 23%;认定《企业国有资产法》第 55 条是管理性强制性规定的案件 24 件,占比为 77%。

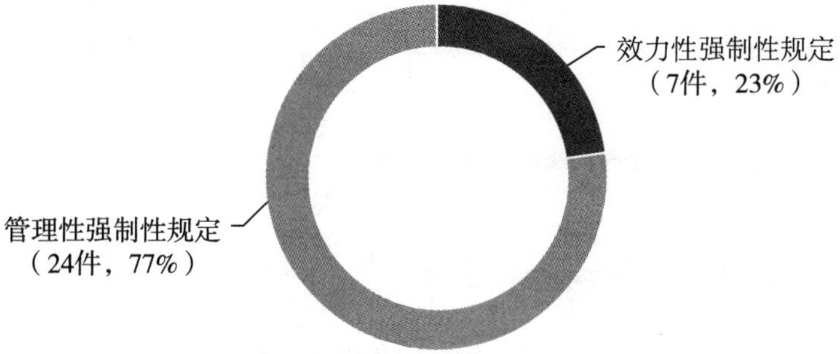

图 20－1 《企业国有资产法》第 55 条的案件性质

如图 20－2 所示，从案件年份分布情况可以看出当前条件下案件数量的变化趋势。

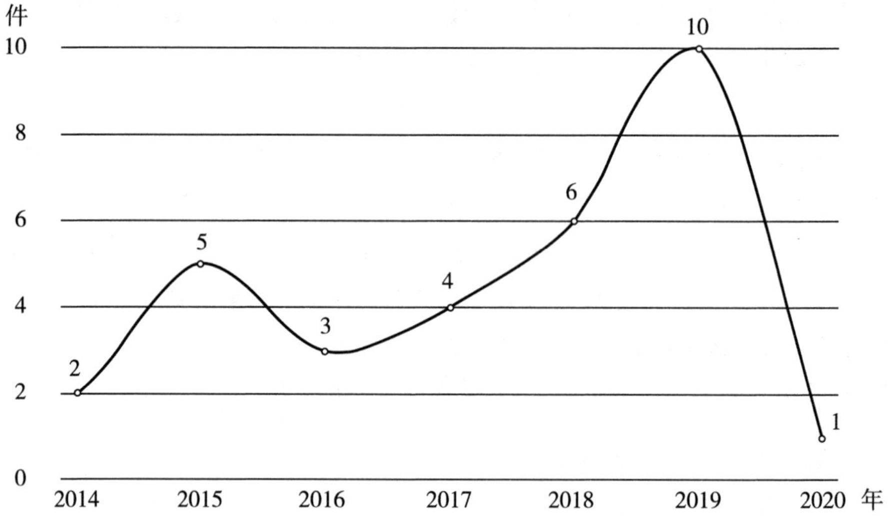

图 20－2　案件年份分布情况

如图 20－3 所示，从案件主要地域分布情况可以看出，当前案件主要集中在湖北省、广东省、新疆维吾尔自治区、黑龙江省、四川省。

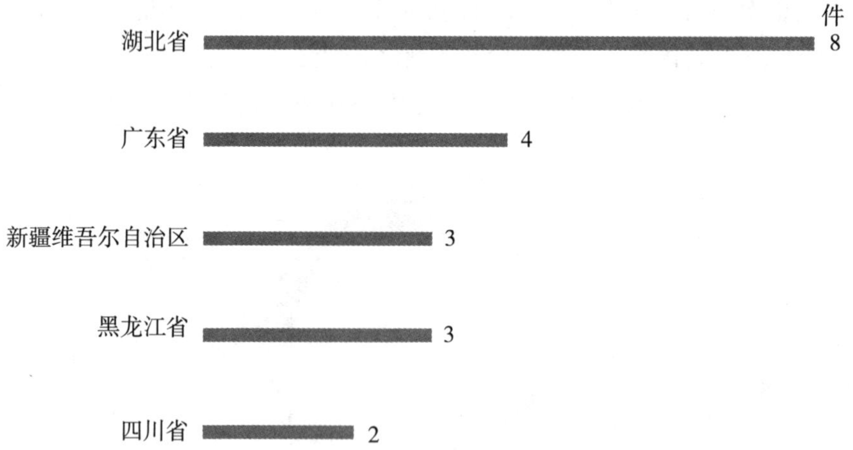

图 20－3　案件主要地域分布情况

二、可供参考的例案

例案一 黑龙江加州国际投资咨询有限公司与黑龙江化工建设有限责任公司、哈尔滨华尔化工有限公司、哈尔滨投资集团有限责任公司、中国信达资产管理股份有限公司黑龙江省分公司确认合同无效纠纷案

【法院】

黑龙江省高级人民法院

【案号】

(2015)黑高民申二字第590号

【当事人】

再审申请人(一审被告,二审上诉人):黑龙江加州国际投资咨询有限公司

被申请人(一审原告、二审被上诉人):黑龙江化工建设有限责任公司

一审被告:哈尔滨华尔化工有限公司

一审第三人:哈尔滨投资集团有限责任公司、中国信达资产管理股份有限公司黑龙江省分公司

【基本案情】

1999年12月1日,黑龙江化工建设有限责任公司(以下简称化建公司)向交通银行哈尔滨分行南岗支行(以下简称交行南岗支行)借款502万元,借款期限自1999年12月1日至2000年7月1日,月利率5.1188‰。上述借款由哈尔滨化工二厂承担连带责任保证。2000年,化工二厂分立为哈尔滨华尔化工有限公司(以下简称华尔公司)和哈尔滨华资实业有限公司(以下简称华资公司)。以上借款合同期满后,华建公司于2003年1月17日偿还借款本金2万元。

2004年6月7日,中国信达资产管理股份有限公司黑龙江省分公司(以下简称信达资产公司)与交行南岗支行就上述债权达成债权转让协议,信达资产公司成为新的债权人。2004年9月22日,信达资产公司和交行南岗支行就上述债权转让行为在《黑龙江日报》上发布《债权转让暨催收公告》,依法告知债务人和保证人。

信达资产公司就该笔债权诉至哈尔滨市中级人民法院,2005年11月30日,该院作出(2005)哈民三初字第195号民事调解书,载明:化建公司于本调解书送达之日起十日内偿还信达资产公司借款本金5,000,000元,利息2,411,978.46元,总计7,411,978.46元。如到期不能给付,利息按借款合同的约定即月利5.1188‰计

算至给付之日,诉讼费23,534.95元由化建公司承担。华尔化工和华资公司对以上付款义务承担连带保证责任。

2005年12月8日,道外区人民政府下发哈外政综(2005)77号关于同意化建公司等34户企业改制的批复,同意化建公司等34户企业的改制方案和职工安置方案。

2008年3月13日,黑龙江省工商行政管理局向化建公司下发企业名称变更核准通知书,同意其企业名称变更为黑龙江化工建设有限责任公司,并在5月30日的企业改制登记申请书中载明:该企业原经济性质为全民所有制,主管部门为哈尔滨市道外区经贸局,改制后公司类型为有限责任公司。

2008年11月5日,信达资产公司与哈投公司就该笔债权及其从权利达成债权转让协议,同日,哈投公司又再次与华尔公司就上述债权及其从权利达成债权转让协议,最终华尔公司成为新的债权人。

2008年11月21日,信达资产公司和哈投公司就上述债权转让行为分别在《黑龙江日报》上发布《债权转让公告》,依法告知债务人和保证人。

2008年12月2日,哈尔滨市香坊区人民法院下发(2007)香执字第187－3号执行裁定书,载明:变更哈投公司为该案件申请执行人,并享有哈尔滨市中级人民法院(2005)哈民三初字第195号民事调解书所确定的权利。

2012年4月5日,华尔公司和加州公司签订债权转让协议,约定华尔公司将其对化建公司的债权及其从权利转让给加州公司,截至2008年9月20日,转让债权清单为本息合计13,557,128.84元。该协议未对转让金额做出约定。

2012年4月17日,华尔公司与加州公司在《黑龙江日报》上对化建公司及华尔公司、华资公司发出债权转让暨催收通知。

2012年6月20日,加州公司变更企业登记信息,公司类型由有限责任公司(外资)法人独资,变更为有限责任公司(法人独资)。

2012年7月24日,黑龙江省哈尔滨市动力公证处(2012)黑哈动证内经字第0364号公证书载明:华尔公司和哈投公司共同委托代理人魏俊林,到公证处申请向化建公司送达债权转让及催收通知的过程进行保全证据。

2012年7月26日,香坊区人民法院下发(2007)香执字第187－5号执行裁定书,载明:因被执行人化建公司未履行(2005)哈民三初字第195号民事调解书中义务,现查明哈尔滨市化工建筑滑模工程公司、哈尔滨市化工建筑工程总公司、黑龙江省化工建设公司已合并和更名为化建公司,故对以上三家企业名下的房产档案及土地使用权档案进行了查封。

2013年4月15日，香坊区人民法院执行局组织哈投公司、化建公司、华尔化工、华资公司及加州公司进行执行听证，该次听证中，哈投公司、华尔化工和加州国际均委托袁捷、魏俊林为其委托代理人。

2013年8月8日，香坊区人民法院下发(2007)香执变追宇第187－1号执行裁定书，载明：变更加州公司为该案申请执行人，原申请执行人哈投公司在该案的权利由加州公司继受。变更化建公司为该案被执行人，原被执行人在该案的义务由化建公司承继。

2013年11月19日，哈尔滨市道外区工业信息商务局向香坊区人民法院发出哈外工字(2013)125号关于金融债权转让相关问题的函，载明：化建公司系其所属的国有企业，2008年启动改制，但由于职工未得到妥善安置，拖欠职工债务14,250,000元、拖欠社会保险12,070,000元、拖欠财政并轨资金借款6,444,000元尚未偿还，该企业产权转让协议一直没有签订，资产也没有过户给新公司，资产性质仍属国有，改制工作尚未终结。华尔公司系国有企业，该笔债权属于国有资产，华尔公司作为国有企业处置并转让该国有资产时，未按《国有资产管理法》和黑龙江省人民政府国有资产监督管理委员会关于印发《企业国有产权转让程序》的通知等相关法律的规定执行，也未公开竞价处置，而是以协议的方式转让给了加州公司(当时为外资企业，现为内资私企)，存在国有资产流失风险，侵犯了广大职工利益，违反相关程序，应属无效行为。

2014年5月15日，哈尔滨市人民政府国有资产监督管理委员会向道外区工信局下发哈国资发(2014)91号关于对转让化建公司金融债权有关事宜的意见，载明：华尔公司原为哈投公司和华融资产公司组建的有限公司，现由哈投公司实际控股，属于市属国有控股有限公司。华尔公司在转让所持化建公司债权时，我委并不知情。华尔公司作为国有控股公司，在转让上述金融债权时，未进行债权评估，未在我委备案，未履行进场公开挂牌交易等程序，根据《企业国有资产评估管理暂行办法》(国务院国资委令第12号)第27条第1、4款等规定，应确认其相应的经济行为无效。

化建公司诉至原审法院，要求确认加州公司与华尔公司签订的债权转让协议无效。

【案件争点】

1. 化建公司是否是本案适格主体。

2. 加州公司与华尔公司签订的债权转让合同是否有效。

【裁判要旨】

黑龙江省哈尔滨市香坊区人民法院一审认为:关于化建公司是否系本案适格主体的问题。因华尔公司为国有控股企业,其企业性质属于国有企业,故其转让债权应依照《企业国有资产法》和《企业国有资产评估管理暂行办法》的规定,履行上报、评估、备案及公开挂牌交易等程序,在合法的前提下,债务人即化建公司有权进行平等竞买。但本案中,华尔公司仅以协议的形式转让债权,未履行以上法定程序,化建公司认为该行为剥夺了其公平竞买权,并造成了国有资产的大量流失,故其应作为利害关系人参与诉讼,依据《民事诉讼法》第119条之规定,化建公司因享有公平竞买权,系本案利害关系人,属于本案适格主体。

关于华尔公司与加州公司债权转让是否合法的问题。依据《企业国有资产法》第55条和《企业国有资产评估管理暂行办法》第27条第1、4款之规定,因华尔公司系国有控股公司,属于国有企业,其所有的债权亦应属于国有资产,其与加州公司的债权转让仅以协议的形式进行,未告知其上级主管单位即哈投公司,未进行债权评估,未在哈尔滨市人民政府国有资产监督管理委员会备案,未履行进场公开挂牌交易等程序,违反了法律法规的强制性规定,故应确认该债权转让协议无效,故判决:确认华尔公司与加州公司的(2012哈华债转字第3号)债权转让协议无效。

黑龙江省哈尔滨市中级人民法院二审认为:关于化建公司是不是本案适格主体的问题。化建公司原为国有企业,改制后虽在工商登记部门登记为有限责任公司,但原审中哈尔滨市道外区工业信息商务局向法院出具函件说明,化建公司因职工未得到妥善安置及拖欠职工债务等相关费用,改制并未完成,资产性质仍属国有。因此,化建公司仍属国有企业。本案所涉债权是交行南岗支行作为金融不良债权剥离到信达资产公司,信达资产公司将其转让给哈投公司,哈投公司转让给华尔公司,华尔公司转让给加州公司。根据《关于审理涉及金融不良债权转让案件工作座谈会纪要》(以下简称《纪要》)第12条的规定,《纪要》适用于"最初转让方为国有银行金融资产管理公司通过债权转让方式处置不良资产形成的相关案件。"化建公司起诉要求确认华尔公司与加州公司之间的债权转让协议无效,属于转让国有企业金融不良债权引发的纠纷,应适用最高人民法院《纪要》。原审判决认为本案不属于金融资产公司对外转让不良债权,不应适用《纪要》的规定,系适用法律错误,应予纠正。

根据《纪要》第5条"为避免当事人滥用诉权,在受让人向国有企业债务人主张债权的诉讼中，国有企业债务人以不良债权转让行为损害国有资产等为由，提出不良债权转让无效抗辩的，人民法院应当告知其向同一人民法院另行提起不良债权转让无效的诉讼”“国有企业债务人提出的不良债权转让合同无效诉讼被受理后，对于受让人的债权系直接从金融资产管理公司处受让的，人民法院应当将金融资产管理公司和受让人列为案件当事人；如果受让人的债权系从金融资产管理公司转让给其他受让人后，因该受让人再次转让或多次转让而取得的，人民法院应当将金融资产管理公司和该转让人以及后手受让人列为案件当事人”的规定，《纪要》赋予了国有企业债务人要求确认不良债权转让合同无效的诉权，故化建公司是本案适格的主体。原审判决认定化建公司是本案适格主体的结论正确，但依据《纪要》第 4 条“债务人主张优先购买不良债权的，人民法院不予支持”的规定，原审判决认为化建公司享有公平竞买权，系本案利害关系人的理由不当，应予纠正。加州公司关于化建公司不具有本案诉讼主体资格的主张，法院不予支持。

关于加州公司与华尔公司签订的债权转让合同是否有效的问题。华尔公司是国有企业，其将债权转让给加州公司属于处置国有资产。《企业国有资产法》第 55 条规定“国有资产转让应当以依法评估的、经履行出资人职责的机构认可或者由履行出资人职责的机构报经本级人民政府核准的价格为依据，合理确定最低转让价格。”《国有资产评估管理办法》第 3 条规定“国有资产占有单位有下列情形之一的应当进行资产评估：(一)资产拍卖、转让……”和《企业国有产权转让管理暂行办法》第 4 条“企业国有产权转让应当在依法设立的产权交易机构中公开进行，不受地区、行业、出资或者隶属关系的限制，国家法律、行政法规另有规定的，从其规定。”根据上述规定，国有资产转让应当履行上报、评估、备案及公开挂牌交易等程序，上述规定属于强制性规定，而非任意性规定。华尔公司转让债权时未履行上述程序，依据《合同法》第 52 条第 5 项，违反法律、行政法规的强制性规定，合同无效，案涉债权转让协议应确认无效。

关于化建公司请求确认转让协议无效是否应当提供担保的问题。《纪要》规定国有企业债务人请求确认转让合同无效应当提供担保。该规定是法院受理此类案件的条件，目的是防止国有企业债务人滥用诉权。本案原审法院未要求化建公司提供担保，虽存在程序瑕疵，但鉴于一、二审经过审理均已确认华尔公司与加州公司之间的债权转让协议无效，故不宜要求化建公司在二审提供担保。

黑龙江省高级人民法院再审认为：化建公司原为国有企业，改制后于 2008 年在工商部门登记企业类型为有限责任公司，但原审中哈尔滨市道外区工业信息商务局向法院出具函件说明，载明化建公司因职工未得到妥善安置及拖欠职工债务等相关费用，改制并未完成，资产性质仍属国有。原审依据哈尔滨市道外区工业信息商务局向法院出具的函件，认定化建公司为国有企业并无不当。

本案所涉债权是交行南岗支行作为金融不良债权剥离到信达资产公司，信达资产公司将其转让给哈投公司，哈投公司转让给华尔公司，华尔公司转让给加州公司。根据最高人民法院《关于审理涉及金融不良债权转让案件工作座谈会纪要》法发〔2009〕19号第12条第2款的规定，该纪要适用于“最初转让方为国有银行、金融资产管理公司通过债权转让方式处置不良资产形成的相关案件”。化建公司系国有企业，其起诉要求确认华尔公司与加州公司之间的债权转让协议无效，属于转让国有企业金融不良债权引发的纠纷，应适用该纪要。

华尔公司系哈投公司国有控股企业，其将债权转让给加州公司属于处置国有资产。《企业国有资产法》第55条规定：“国有资产转让应当以依法评估的、经履行出资人职责的机构认可或者由履行出资人职责的机构报经本级人民政府核准的价格为依据，合理确定最低转让价格”。《国有资产评估管理办法》第3条规定：“国有资产占有单位有下列情形之一的应当进行资产评估：(一)资产拍卖、转让……”《企业国有产权转让管理暂行办法》第4条规定：“企业国有产权转让应当在依法设立的产权交易机构中公开进行，不受地区、行业、出资或者隶属关系的限制，国家法律、行政法规另有规定的，从其规定。”根据上述法律、行政法规规定，国有资产转让应当履行上报、评估、备案及公开挂牌交易等程序，上述规定属于强制性规定，而非任意性规定。故原判决认定案涉债权转让协议无效并无不当。申请人的此节再审事由不能成立。

对于化建公司在一审中没有提供担保，仅是起诉受理的程序性条件，但原审裁判结果并无不当，法院予以维持。至于申请人主张该案审理中存在徇私枉法等问题，未提出任何证据予以佐证，此节再审理由亦不能成立。

例案二 | 永城煤电控股集团有限公司、王某坤股权转让纠纷案

【法院】

禹州市人民法院

【案号】

(2018)豫1081民初663号

【当事人】

原告:永城煤电控股集团有限公司

被告:王某坤、王某栋、蔡某(缺席)、陈某旭(缺席)、李某立(缺席)、禹州市人民政府

【基本案情】

建发煤业依法成立于2008年4月28日,注册登记的股东为王某坤、陈某旭,企业类型为有限责任公司。永城煤电控股集团有限公司依法成立于2007年6月28日,企业类型为有限责任公司。

2010年6月23日,永城煤电控股集团有限公司(以下简称永城煤电公司)(甲方)与禹州市建发煤业有限公司(乙方)签署《关于设立禹州锦富煤业有限公司合同书》,禹州市人民政府作为见证人签署印章,根据合同约定:各方按照本合同的约定设立合资公司;根据河南永华资产评估有限公司对禹州市建发煤业有限公司的资产(不含债权债务)进行评估后出具编号为豫永华评字(2010)第016号的《资产评估报告》,甲、乙双方确认禹州市建发煤业有限公司的全部资产(不含债权债务)评估作价2260.02万元人民币;合资公司注册资本为2600万元;甲方出资1326万元,占合资公司注册资本的51%;乙方出资1274万元,占合资公司注册资本的49%;出资方式:甲方以现金人民币出资,乙方以本合同约定的煤矿经评估的全部资产(不含债权债务)中的一部分1274万元作为出资,占公司注册资本的49%;煤矿评估资产超出乙方出资部分的986.2万元作为合资公司对乙方的负债,在合资公司成立后按照下列约定分期支付给乙方;煤矿采矿权剩余储量及价款的处置,甲乙双方同意根据本合同约定的原则,评估报告由所在地省辖市国土资源部门初审,由省辖市煤矿兼并重组领导小组办公室报请省国土资源厅审核并经省煤矿兼并重组领导小组办公室审查认定且采矿权过户完成后十个工作日内,合资公司按照矿业权评估报告认定的价值金额,一次性向乙方支付剩余储量的全部价款等。

2010年8月28日,禹州锦富煤业有限公司在禹州市工商局注册登记。

在建发煤业与永城煤电公司协商关闭锦富煤业的前提下,2011年11月28日,永城煤电控股集团有限公司(甲方)与禹州市建发煤业有限公司(乙方)签订禹州锦富煤业有限公司股权转让协议,禹州市人民政府作为见证人加盖印章。合同主要内容为:第2条,三、合资公司资产状况1.合资公司根据河南省煤炭企业兼并重组领导小组印发的一系列煤炭兼并重组政策、文件精神,为兼并重组禹州市建发煤业有限公司而设立。鉴于合资公司目前按照国家政策,在隐患整改达标和复工复

产后，面临着开采困难、安全保障系数低、资金投入巨大、投资回报状况差等实际情况，为降低投资损失，经甲乙双方协商同意关闭合资公司煤矿。为满足关闭煤矿的合法性及时效性，根据河南永华资产评估有限公司出具的编号为永华豫评〔2010〕第16号的《资产评估报告》及甲乙双方于2010年6月23日签订的《关于设立禹州锦富煤业有限公司合同书》，确认合资公司净资产为人民币2600万元，作为甲乙双方股权转让的依据。第3条，甲方同意将其持有的合资公司51%股权人民币1326万元转让给乙方，乙方同意受让。股权转让完成后，合资公司为一人有限责任公司。第4条，甲方同意将乙方应支付给甲方的股权转让款1326万元作为对甲方的负债。待合资公司煤矿关闭后，乙方同意在甲方支付乙方的补偿款中扣除以上股权转让款。第7条，甲乙双方同意就合资公司煤矿关闭工作积极争取省市等各级政府的政策支持和财政优惠，争取国家对合资公司煤矿剩余采矿权价款的返还。乙方同意在合资公司取得国家返还合资公司的采矿权价款后，足额将国家返还的采矿权价款支付给甲方。若因乙方债务、抵押等原因导致合资公司有优先债务或者占用国家返还的采矿权价款，乙方不能足额返还采矿权价款的，由乙方足额赔偿。

2011年12月30日，由永城煤电控股集团有限公司（甲方）与禹州市建发煤业有限公司（乙方）、禹州锦富煤业有限公司（丙方）、禹州市煤炭企业兼并重组工作领导小组（丁方）签订《禹州锦富煤业有限公司煤矿关闭协议书》，主要内容为："第3条、甲方作为河南省煤炭企业兼并重组领导小组下发文件（豫煤重组〔2010〕3号）确定的丙方煤矿之兼并重组主体单位，在甲乙丙三方协商一致，且丙方自愿退出煤炭开采行业，关闭其名下煤矿的前提下，丙方向禹州市人民政府提出申请关闭，并经批准报许昌市煤炭兼并重组领导小组备案后，由禹州市人民政府组织按程序实施关闭。甲方同意对乙方进行补偿，补偿金额为1883.9万元（其中包括甲方注入合资公司注册股本金1326万元和资产剩余价款457.9万元），该款性质为捐赠给人民政府对丙方煤矿退出关闭的补偿款。鉴于甲乙双方在前期签订的股权转让协议，乙方同意将支付给甲方的合资公司51%的股权价款1326万元作为对甲方的负债，在甲方支付的补偿款中扣除。扣除股权价款1326万元后，甲方支付乙方剩余的557.9万元。第13条，甲乙双方应按照省政府关于兼并重组煤矿的有关政策，争取更多的煤矿关闭政策优惠。争取国家对关闭煤矿的剩余资源储量的采矿权价款的补偿返还给丙方或丁方。丙方或丁方承诺将国家返还的采矿权剩余储量价款及时全额支付给甲方。如国家返还的采矿权剩余储量价款被丙方用于优先偿还其他债务，丁方有义务协调丙方另行对甲方给予赔偿"。

2012年2月2日，河南煤业化工集团有限责任公司向河南省人民政府国有资产监督管理委员会请示文件（河南煤业化工〔2012〕72号）称“经各方协商一致，永城煤电控股集团有限公司将持有的锦富煤业51%的股权转让给建发煤业，转让价1326万元人民币，转让完成后，建发煤业将持有锦富煤业100%股权，永煤集团收到股权转让价款1326万元，在此基础上，锦富煤业协助许昌市人民政府对其所属矿井依法实施关闭，永煤集团同意以其收到的上述股权转让价款作为部分矿井关闭补偿款”。2010年2月21日，河南煤业化工集团有限责任公司向河南省人民政府国有资产监督管理委员会请示文件（河南煤业化工〔2012〕132号）称：“为确保尽快关闭锦富煤业，减少国有资产损失，将永煤控股持有锦富煤业51%股权按兼并重组时的原资产收购价款1326万元转让给建发煤业。永煤控股拟向当地政府支付除资产价款1326万元和财政补贴款100万元以外，另外支付1.5倍剩余可采资源储量价款457.90万元，以上共计1883.90万元，由地方政府负责监督对方股东完整闭坑后的所有工作。现请示拟由永煤控股以1883.90万元的标准捐赠给禹州市政府作为对自愿申请关闭的锦富煤业的补偿，用于该矿解决内外债务问题，以保证社会稳定。若以后省财政部门根据政策返还剩余可开采资源储量价款457.9万元，则该返还款由永煤控股享有”。以上两份请示，均由河南省人民政府国有资产管理委员会作出了同意请示的批复。

2012年3月31日，永城煤电控股集团有限公司将1883.90万元支付给锦富煤业的补偿款支付至禹州市国有资产管理委员会。后禹州市政府将1326万元转给永城煤电控股集团有限公司。

被告王某坤认可已收到986.02万元的资产价款及557.90万元的补偿款。

2012年7月5日，由王某坤、陈某旭、李某立作为禹州市建发煤业有限公司的清算小组成员出具清算报告，2012年12月25日，禹州市建发煤业有限公司申请注销。

2013年7月24日，王某坤从禹州市磨街财税所领取470.69万元的剩余可采储量价款，2013年7月25日，由禹州锦富煤业有限公司出具申请书，将470.69万元分别支付给他人。

2013年11月17日，由王某坤、王某栋、蔡某作为禹州锦富煤业有限公司的清算组成员出具清算报告，2013年11月17日，禹州锦富煤业有限公司申请注销。

【案件争点】

《禹州锦富煤业有限公司股权转让协议》《禹州锦富煤业有限公司煤矿关闭协

议书》的效力。

【裁判要旨】

《企业国有资产法》第53条规定:“国有资产转让由履行出资人职责的机构决定。履行出资人职责的机构决定转让全部国有资产的,或者转让部分国有资产致使国家对该企业不再具有控股地位的,应当报请本级人民政府批准。”第55条规定:“国有资产转让应当以依法评估的、经履行出资人职责的机构认可或者由履行出资人职责的机构报经本级人民政府核准的价格为依据,合理确定最低转让价格。”本案中原告永城煤电控股集团有限公司原持有的禹州锦富煤业有限公司51%的股权,属于国有资产范围,在转让时,应当经过依法评估并取得履行出资人职责的机构的同意并报请本级人民政府批准。原告永城煤电控股集团有限公司与禹州市建发煤业有限公司签订《禹州锦富煤业有限公司股权转让协议》的时间为2011年12月28日,签订《禹州锦富煤业有限公司煤矿关闭协议书》的时间为2011年12月30日,河南省国资委对河南煤业化工集团有限责任公司关于关闭禹州锦富煤业有限公司矿井相关事宜请示的批复是2012年2月13日和2012年2月27日,也就是说原告在进行股权转让前没有报请本级人民政府批准;原告未能提供在进行股权转让前进行资产评估的报告,根据豫国资依申复〔2017〕4号政府信息公开申请答复书可以认定原告在2011年11月28日股权转让前,没有对转让的国有资产进行评估,直接以出资额1326万元把51%的股权转让给禹州市建发煤业有限公司,其转让行为违反《企业国有资产法》第53、55条强制性法律规定。《合同法》第52条第5项规定,违反法律、行政法规强制性规定的,合同无效。强制性规定包括效力性强制性规定和管理性强制性规定。最高人民法院《关于适用〈中华人民共和国合同法〉若干问题的解释(二)》第14条规定,《合同法》第52条第5项规定的“强制性规定”是指效力性强制性规定。根据以上规定,《禹州锦富煤业有限公司股权转让协议》应为无效协议。《禹州锦富煤业有限公司煤矿关闭协议书》是在《禹州锦富煤业有限公司股权转让协议》的前提下签订的,也因《禹州锦富煤业有限公司股权转让协议》的无效而无效。

三、裁判规则提要

《企业国有资产法》第55条属于强制性规定。并且,《企业国有资产法》第55条属于效力性强制性规定。国有资产转让应当以依法评估的、经履行出资人职责的机构认可或者由履行出资人职责的机构报经本级人民政府核准的价格为依据,合理确定最低转让价格。未经该定价程序转让国有资产的，属于交易方式严重违法的情形，涉案合同一概无效。

《企业国有资产法》虽然在立法体系中独立于《公司法》，但在内容上、精神上与《公司法》一脉相承，是在《公司法》所确立的维护公司生存权与发展权、公司善治、股权文化、契约精神与信托义务等一系列理念与制度的基础上对国家出资企业予以特别调整的特别法。《企业国有资产法》的立法宗旨在于"维护国家基本经济制度，巩固和发展国有经济，加强对国有资产的保护，发挥国有经济在国民经济中的主导作用，促进社会主义市场经济发展"。《企业国有资产法》第55条规定了国有资产转让的定价程序，旨在通过加强对国有资产转让过程的监管，防止国有资产流失，维护国家利益与社会公共利益。该条蕴含着国家出资企业生存权与发展权、公司善治、股权文化、契约精神与信托义务等公序良俗，是效力性强制性规定。违反《企业国有资产法》第55条的合同直接损害了国家利益和社会公共利益，同时也属于交易方式严重违法的情形，应属无效。对国家利益与社会公共利益的保护应当优先于对交易安全的保护。

四、辅助信息

高频词条：

《企业国有资产法》

第55条 国有资产转让应当以依法评估的、经履行出资人职责的机构认可或者由履行出资人职责的机构报经本级人民政府核准的价格为依据，合理确定最低转让价格。

《民法典》

第153条 违反法律、行政法规的强制性规定的民事法律行为无效。但是，该强制性规定不导致该民事法律行为无效的除外。

违背公序良俗的民事法律行为无效。

第154条 行为人与相对人恶意串通，损害他人合法权益的民事法律行为无效。

《全国法院民商事审判工作会议纪要》

30. 合同法施行后，针对一些人民法院动辄以违反法律、行政法规的强制性规定为由认定合同无效，不当扩大无效合同范围的情形，合同法司法解释(二)第14条将《合同法》第52条第5项规定的"强制性规定"明确限于"效力性强制性规定”。此后,《最高人民法院关于当前形势下审理民商事合同纠纷案件若干问题的指导意见》进一步提出了“管理性强制性规定”的概念,指出违反管理性强制性规定的,人民法院应当根据具体情形认定合同效力。随着这一概念的提出,审判实践中又出现了另一种倾向,有的人民法院认为凡是行政管理性质的强制性规定都属于“管理性强制性规定”,不影响合同效力。这种望文生义的认定方法,应予纠正。

人民法院在审理合同纠纷案件时,要依据《民法总则》第 153 条第 1 款和合同法司法解释(二)第 14 条的规定慎重判断“强制性规定”的性质,特别是要在考量强制性规定所保护的法益类型、违法行为的法律后果以及交易安全保护等因素的基础上认定其性质,并在裁判文书中充分说明理由。下列强制性规定,应当认定为“效力性强制性规定”:强制性规定涉及金融安全、市场秩序、国家宏观政策等公序良俗的;交易标的禁止买卖的,如禁止人体器官、毒品、枪支等买卖;违反特许经营规定的,如场外配资合同;交易方式严重违法的,如违反招投标等竞争性缔约方式订立的合同;交易场所违法的,如在批准的交易场所之外进行期货交易。关于经营范围、交易时间、交易数量等行政管理性质的强制性规定,一般应当认定为“管理性强制性规定”。

图书在版编目(CIP)数据

公司法上效力性强制性规定识别案件裁判规则 / 刘俊海主编. -- 北京 : 法律出版社, 2021
ISBN 978-7-5197-5723-6

Ⅰ. ①公… Ⅱ. ①刘… Ⅲ. ①公司法-研究-中国
Ⅳ. ①D922.291.914

中国版本图书馆 CIP 数据核字(2021)第 122650 号

公司法上效力性强制性规定识别案件裁判规则
GONGSIFA SHANG XIAOLIXING QIANGZHIXING GUIDING SHIBIE ANJIAN CAIPAN GUIZE

刘俊海 主编

责任编辑 朱轶佳 韩梦超
装帧设计 李 瞻

出版发行 法律出版社
编辑统筹 司法实务出版分社
责任校对 晁明慧 王 皓 李景美
责任印制 胡晓雅
经 销 新华书店

开本 710 毫米×1000 毫米 1/16
印张 22.5 **字数** 388 千
版本 2021 年 9 月第 1 版
印次 2021 年 9 月第 1 次印刷
印刷 固安华明印业有限公司

地址:北京市丰台区莲花池西里 7 号(100073)
网址:www.lawpress.com.cn
投稿邮箱:info@lawpress.com.cn
举报盗版邮箱:jbwq@lawpress.com.cn
版权所有·侵权必究
销售电话:010-83938349
客服电话:010-83938350
咨询电话:010-63939796

书号:ISBN 978-7-5197-5723-6
定价:55.00 元

凡购买本社图书,如有印装错误,我社负责退换。电话:010-83938349